U0115621

心学圣人
王阳明

燕山刀客 著

湖南文艺出版社
HUNAN LITERATURE AND ART PUBLISHING HOUSE

博集天卷
CS-BOOKY

图书在版编目（CIP）数据

心学圣人王阳明 / 燕山刀客著 . -- 长沙 : 湖南文艺出版社 , 2024.5

ISBN 978-7-5726-1717-1

Ⅰ . ①心… Ⅱ . ①燕… Ⅲ . ①王阳明（1472-1529）－传记 Ⅳ . ① B248.2

中国国家版本馆 CIP 数据核字（2024）第 069787 号

上架建议：传记·历史

XINXUE SHENGREN WANG YANGMING
心学圣人王阳明

著　　者：燕山刀客
出 版 人：陈新文
责任编辑：张子霏
监　　制：秦　青
策划编辑：康晓硕
文字编辑：盛　柔
营销编辑：柯慧萍
封面设计：极宇林
版式设计：李　洁
内文排版：麦莫瑞
出　　版：湖南文艺出版社
　　　　　（长沙市雨花区东二环一段 508 号　邮编：410014）
网　　址：www.hnwy.net
印　　刷：三河市鑫金马印装有限公司
经　　销：新华书店
开　　本：680 mm×955 mm　1/16
字　　数：418 千字
印　　张：24
版　　次：2024 年 5 月第 1 版
印　　次：2024 年 5 月第 1 次印刷
书　　号：ISBN 978-7-5726-1717-1
定　　价：59.80 元

若有质量问题，请致电质量监督电话：010-59096394
团购电话：010-59320018

目　录

自　序　**阳明先生，百世之师** /001

第一章　**少年时光不平凡** /001

一、贵人语迟，不会说话有玄机 /002

二、再有天赋，也得让人知道 /008

三、年龄可以小，理想一定要远大 /012

四、人的一生，可以因一件小事改变 /018

五、遭遇家暴，如何能出奇制胜？ /021

六、打马塞外，小阳明为国争光 /026

第二章　**科举之路实不轻松** /031

一、大喜日子，新郎的行为却很诡异 /032

二、放纵了一夜，内疚了一生 /036

三、"格竹"不顺，否认的不光是自己 /044

四、乡试告捷，成果不同凡响 /046

五、失利不失志，还能逢场作赋 /050

六、连战连败，却敢自号"阳明山人" /053

七、别人的不幸，可以成为你的幸运 /059

第三章　**不安分的小官好折腾** /063

一、日有所思，才能夜有所梦 /064

二、寻访佛道，折腾中受益良多 /068

三、回乡隐居，难弃青云之志 /071

四、主持乡试，考题标新立异 /076

五、开门授徒，学生再少又如何？ /079

第四章　得罪权奸交厄运 /083

一、过早接班，小皇帝各种离谱 /084

二、恶人刘瑾，也有自己的苦衷 /087

三、倒刘之路，真的比登天还难？ /090

四、替父出头，代价是相当惨重的 /094

第五章　逃跑之旅尽显智慧 /101

一、贬官龙场，阳明惜与美人别 /102

二、直面追杀，让你没法心想事成 /106

三、编个谎话，只是不想麻烦别人 /110

四、夜宿破庙，人心之恶胜过猛虎 /112

五、再过二十年，朋友来相会？ /116

六、王门一期，患难之时见真情 /119

第六章　龙场悟道突破自我 /125

一、环境艰苦，却有意外收获 /126

二、龙冈书院，梦开始的地方 /129

三、阳明顿悟，为什么只能在龙场？ /134

四、贵阳讲学，辉煌从这里起步 /140

五、力透纸背，《瘗旅文》字字皆血 /143

第七章　两京讲学步步高 /149

一、心即理，天下道理皆相通 /150

二、庐陵，提升能力的好平台 /152

三、权监末路，乃因不敌"王阳明定律" /156

四、惟精惟一，辉煌始于大兴隆寺 /159

五、"朱陆争端"中招，阳明从此南迁 /163

六、人在滁州，无善无恶心之体 /167

七、金陵治学，"省察克治"结出硕果 /174

第八章　巡抚南赣成军神 /179

一、欲迎还拒，才显得你有分量 /180

二、"事上磨练"，有机会就得演习兵法 /183

三、新官之火，上任伊始就要烧 /186

四、声东击西，玩的就是阴谋 /190

五、一则文告，可抵十万雄兵 /194

六、知己知彼，才能玩出各个击破 /200

七、擒贼先擒王，自然事半功倍 /205

八、剿匪之余，学术成果层出不穷 /212

第九章　宁王造反早有征兆 /219

一、仇恨的种子，多年前已经埋下 /220

二、十年如一日，朱宸濠的准备动作 /224

三、天才末路，唐寅的真心话和大冒险 /226

四、宁王拉拢，王巡抚不想点破 /230

五、生死饭局，最想杀的人没杀了 /233

第十章　游刃有余平叛乱 /239

一、论摆脱追杀，我的经验很丰富 /240

二、哥写的不是信，是谋略 /243

三、知行合一，快速占领敌巢 /248

四、鄱阳湖小战，改变的是历史大格局 /255

五、生擒要犯，显得如此轻车熟路 /260

六、激战正酣，统帅还能忙里偷闲 /265

第十一章　有功被谤巧妙化解 /269

一、叛乱已平，朱寿大将军偏要南征 /270

二、软硬兼施，妙计赶走大麻烦 /273

三、杭州献俘，利用矛盾保全自己 /275

四、扮猪吃虎，让对手无计可施 /279

五、上表奏捷，顺道当上了预言家 /283

第十二章　阳明心学出江西 /289

一、圣学即心学，阳明学派正式出炉 /290

二、阳明哲学的宇宙观：心即理 /292

三、阳明哲学的人生论：知行合一 /295

四、阳明哲学的方法论：致良知 /299

五、王艮拜师，成就泰州学派 /302

第十三章　山阴讲学结硕果 /307

一、新皇登基，阳明入阁梦破碎 /308

二、大礼议，嘉靖的华丽逆袭 /312

三、受封伯爵，父子二人终释怀 /316

四、小城圣地，吸引全国学子 /318

五、纯乎天理，圣人必可学而至 /322

六、天泉聚会，论证狂者气象 /326

七、《遵经阁记》，六经"吾心之记籍" /328

八、老来得子，难以享受天伦之乐 /332

九、抵制佛、道，坚定做圣人之学 /335

十、天泉证道，浙中学派奠根基 /338

第十四章　广西平叛过于轻松 /341

一、"西"行漫记，走得慢但很开心 /342

二、巧定思、田，兵不血刃达到目的 /348

三、出其不意，奇袭两大匪巢 /351

第十五章　一生伏首拜阳明 /355

一、归心似箭，上天偏偏不肯成全 /356

二、立位孔庙，阳明先生成正果 /361

后记 /364

再版后记 /366

三版后记 /369

主要参考书目 /371

自 序
阳明先生，百世之师

1904年2月，日俄战争的爆发震惊了全世界。日本和沙俄大老远跑到中国地盘上干架，吃相相当难看；清政府自作多情地宣布"中立"，显然更加无耻。

次年5月，在至为关键的对马海战中，日本联合舰队表现神勇，给了远道而来的俄国波罗的海舰队以毁灭性打击，从而彻底改变了战争进程。最终，老牌强国俄国被迫签署了《朴次茅斯和约》，在事实上承认了自己的失败。狼不狼狈，丢不丢人，跌不跌份？

指挥这场海战的日本联合舰队司令长官东乡平八郎，则以其举重若轻的领袖风范、出神入化的指挥才能、飘发电举的作战艺术，一举成为五千万岛国民众心目中的英雄。回国之后不久，东乡就光荣地晋升为海军军令部部长，据说，明治天皇亲自为他授勋，并在皇宫举办了规模盛大的庆功宴会。

当晚气氛非常热烈，各界名流荟萃一堂，对东乡平八郎的成就不吝赞美之词，而此时的东乡，却表现得格外冷静，非常低调。面对到场媒体的狂热追捧，他没有说出什么豪言壮语，没有爆出任何猛料，更不会趁机贩卖什么心灵鸡汤，只是默默解下了自己佩带的一方印章（一说腰牌）。

在场的人起初都感到莫名其妙，随后却都恍然大悟。沉默片刻之后，现场爆发出了经久不息的热烈掌声。

印章上只有七个汉字：

一生俯首拜阳明

一位在十六世纪初成名的中国学者，何以受到二十世纪初的日本军神如此推崇？也许我们中国人难以理解，但在阳明心学早已流行的东邻，这其实并不奇怪。早在明治维新时期，阳明思想就是变革派的重要理论武器。

著名学者高濑武次郎指出："我邦阳明学之特色，在其有活动的事业家，藤树之大孝，藩山之经论，执斋之熏化，中斋之献身事业，乃至维新诸豪杰震天动地之伟业，殆无一不由于王学所赐与（予）。"这评价真的是高，太高了。

王阳明，这是一位曾被国人长期严重忽视，却有着突出贡献及特殊地位的杰出人才。他集哲学家、军事家和文学家于一身，几乎在涉足的每一个领域，都取得了当时国人的最高成就。在今天的我们看来，这似乎是一个奇迹。即便在那个学术发展水平不高的年代，王阳明取得如此成就依然让人特别震惊和羡慕。

他的一生充满了传奇色彩，他的经历是最好的励志故事，他的作品至今依然脍炙人口，他的思想更是被无数后人奉为经典。甚至有人断言：五千年中国史中，只有两个半圣人，半个是曾国藩，一个是孔子，另一个就是王阳明。

而王阳明的一生，充满了传奇和变数。

别的孩子一岁便牙牙学语，他到了五岁还不会说话；别的孩子可以在爹娘的悉心照料下健康成长，享受天伦之乐，他却在十三岁时就永远失去了母亲，还碰到了一个虐待自己的后妈。

他未及三十岁就患上了以当时医疗条件无法治愈的绝症（肺痨），却以自身顽强的意志坚持了下来；他多次遭受小人陷害，遭到不公对待，遭遇官场危机，但凭借自己的智慧和胸襟，一次次化险为夷，甚至化危机为机遇；他天才般地突破了程朱理学的束缚，创立了对中晚明学术影响巨大的心学流派，甚至深刻影响了明清之交的政局。他不仅是伟大的哲学家，更是一位伟大的教育家，泽被后世，弟子众多；他留下的诸多诗文，也为中国文学史增添了浓墨重彩的一笔。

如果王阳明的事迹到此为止，那也足够后人永远缅怀了。但对他来说，精彩的故事还远远没有结束。作为出身文官家庭、四十五岁之前没有任何军旅经验的读书人，一旦到了合适的平台，他立刻展示出了不可思议的军事天赋。

王阳明带领万余名编制外的新军，只用了一年多的时间，就永久性地平定了为害南赣二十余年的匪患；他指挥几万临时拼凑起来的民军，只用了大概十天，就平息了宁王朱宸濠精心筹备十多年的武装叛乱；他不损一兵一卒，招降了朝廷多年无可奈何的广西思恩、田州叛军，并给予了八寨、断藤峡的山贼以毁灭性的打击。

他在军事方面的突出表现，甚至令于谦、王越和袁崇焕这些星光熠熠的名字都黯然失色。正因如此，《明史》的编纂者盖棺论定式地评价道：

终明之世，文臣用兵制胜，未有如守仁者也。

这番表述，当然并非溢美之词。

在王阳明传奇一生的背后，是他伟大的人格魅力。"致良知"不仅是心学的要义，也是他一生不倦追求的目标。无论受到多少非议与陷害，他依然对未来充满信心；无论身处多么险恶的环境，他都不忘改善当地民众的生活；无论身体状况多么糟糕，他都十分关心弟子们的学业进展。这样的一位贤人，怎能不让我们肃然起敬？这样的一位大师，怎能不被无数人奉为楷模呢？

"人人皆可成圣。"这是王阳明经常教育和鼓励弟子的名言。他早就认识到：生命只有一次，不能复制也不能重来。而对我们来说，如何让自己短暂的一生过得更加充实，如何能在生命结束之时，多一点欣慰与依恋，少一些懊恼和遗憾，阳明心学会提供很好的帮助和解决方案。而王阳明的传奇经历，更会激励我们砥砺前行、勇敢进取。

须怜绝学经千载，莫负男儿过一生！

王阳明

第一章

少年时光不平凡

一、贵人语迟，不会说话有玄机

要全面了解心学圣人王阳明的传奇经历，就必须从他的出生开始说起。

在中国史学家的笔下，许多伟人的降生都被赋予了让人难以置信的神秘色彩。

比如，史家记载，史上第一个草根皇帝汉高祖刘邦并非男欢女爱的副产品，而是其母亲在郊外休憩时，一条蛟龙与她媾和的产物，这一幕甚至被她老公当场看到，并且后者得意扬扬地四处宣扬；隋文帝杨坚生于佛寺，当时"紫气充庭"，让在场的所有人都喘过不过气来，杨夫人突然发现他头上长着一对犄角，身上长满了鳞，吓得杨夫人把他扔到了地上；宋太祖赵匡胤出生时，据说星光满天，浪漫满屋，抱歉，红光绕屋，而且还有怪异的香味，一晚上都不曾消失。

今天稍有常识的人，都知道这些事情根本不可能发生。可在科学知识极其贫乏的古代社会，信奉者还真的不在少数。好事者神化的对象，可不光是帝王，也包括一些颇有建树的文臣武将——其中自然包括本书的男一号。

明宪宗成化八年[1]（1472）九月三十日，原本平淡无奇的一天，却能够永久地载入史册，只因一位伟人的降生。

此时已是深秋，万木萧瑟。午夜时分，大明浙江布政司绍兴府余姚县一户王姓人家[2]里，有个婴儿呱呱坠地。

1.本书采用皇帝年号纪年，人物年龄均为虚岁。
2.今宁波市余姚市阳明西路36号。

孩子的父亲名叫王华，字德辉，时年二十七岁，是一位饱读诗书的青年才俊，已经中了秀才。

王华曾隐居于龙泉山苦读，因此拥有了"龙山先生"的美誉，又被尊称为"海日公"。他与当地才子陆恒、谢迁和黄珣交往密切，四人经常在一起作文赋诗，研读经典。他们的名气都不大，也没人将这个组合称为"江南四大才子"，但四人日后取得的功名，可比唐寅等人高多了。

比王华只小一岁的黄珣，成化七年（1471）九月就拿下了浙江乡试解元（乡试第一名），在成化八年二月的京城会试中却落选了。可见大明科举竞争"内卷"到了什么程度。

在当时，男人十六七岁、女人十四五岁结婚非常普遍，王华却拖到了二十六才岁成亲，新娘郑氏居然比他还大两岁[1]。可想而知，她的家世与容貌都不会好到哪里去。

不过，令王华开心的是，妻子婚后很快就有喜了；但让他不开心的是，郑氏怀孕多日，据说已经有十四个月了[2]，孩子还生不下来，高龄产妇就是麻烦啊。

全家人盼星星盼月亮地盼着少奶奶分娩，担心早过了十月妊娠期的孩子，会有什么不好的事发生。

就在九月三十日亥时[3]，郑氏屋里突然传出了婴儿的啼哭声。孩子哭了，大人们当然都会开心得笑出声来：是个男孩！这是王家长孙，有着特殊的意义。这不仅仅是一个新生命的诞生，更是新希望的创造，甚至整个家族，都会因此拥抱一个全新的未来。

王华别提多高兴了，昨天，他刚过了生日；今天，他又喜当爹（无贬义），对家族传承也做出贡献了。王华在家里只是老二，生娃却能抢在老大王荣前面，可见当哥的更拉胯。

王华的父亲王伦时年五十二岁，当然还不算老。他和妻子岑氏在隔壁听到啼哭，心上一块大石头终于落了下来。王伦开心地对老伴说："生了就

1.一说大十岁。

2.这种说法出自王阳明弟子钱德洪所编的《阳明先生年谱》。

3.晚上二十一点到二十三点。

好，不管男女，都是王家后代，当然，男孩更好……"

岑氏微微一笑："老爷放心，绝对是个男孩！"那个年代又不能照B超（二维超声检查），她咋能知道呢？

王伦看她的笑容中有几分得意之色，好像知道什么秘密似的，急忙追问。还没等问出个结果，丫鬟就匆匆赶来报喜，说二少奶奶生下了一个小公子。这下岑氏更得意，王伦更疑惑了。

在王伦的不断追问中，岑氏笑个不停，讲出了她早上的经历：

一阵丝竹之声把老太太从熟睡中惊醒。见老伴睡得正香，也不想打扰他，岑氏就悄悄打开门，顺着音乐声走了出去。太阳出来了，云头之上赫然立着一群人，他们身着华丽的服装，弹着琵琶，拨着筚篌，一派喜庆气氛。为首一位天神着绯袍、佩玉带，怀中抱着一个婴儿。岑氏好奇地向天上看，天神也第一时间发现了她。

天神笑呵呵地说："喜降贵人——人——人——（有回音嘛！）给你们家送个小公子。"说着，他降落到地面，把孩子递到了老太太手中。岑氏一看是个男孩，别提有多高兴了。那个年头，谁能没有重男轻女的思想呢。

一行人驾着祥云，很快就不见了。

岑氏抱着孩子，过了半天还不敢相信自己的眼睛，不敢相信发生的这一切。只见孩子粉嘟嘟的小脸蛋非常可爱，忍不住就想去亲一下。小孩一见陌生人，居然哇哇地哭了起来。岑氏大吃一惊，猛地打了个趔趄……

她睁开了双眼，发现自己还在屋里，还睡在老头子身边。刚才发生的一切，原来只是一场梦啊。

两人都起床了，岑氏还没来得及给丈夫讲这个梦，就听到了婴儿的啼哭声。

老两口来到郑氏房间，看到他们的孙子，那能不开心吗？王伦见孩子生得白白胖胖，不觉大喜，就把老伴讲的故事又给全家人复述了一次。在众人有些不解的目光中，老爷子郑重宣布："这是富贵之吉兆。既然神仙从云中给我们王家送来了孩子，就给他起名叫'王云'吧。"

而王家租住的两层楼宇，则被后人称为"瑞云楼"。

圣人的一生充满了传奇色彩，圣人的降生当然也不能平平淡淡。我们的男一号从出世之日起，就显得那样卓尔不凡。这则流传很久的故事是不是历史真实，固然要打一个大大的问号，但我们多数人，还是愿意相信、乐于相信。

这一年是农历壬辰年，因此王云属龙，和东汉名臣班超、大明开国皇帝朱元璋的属相一样。

如果换算成阳历，那么王云生于1472年10月31日，是天蝎男，比哥白尼早生了三个多月。星座说见仁见智，但"天蝎座男性，具有冷静的判断力和敏锐的洞察力，能够客观地观察事物，属于思辨性格"，这样的解读，放在成年之后的他身上，倒真的很合适。

孩子的出生，让王家上下都非常高兴，但好景不长，希望变成了失望，失望甚至变成了绝望，大家都一致觉得，王云这辈子完蛋了。这是为什么呢？

原来，这孩子长到两岁，到了别的孩子都会叫爹叫妈的年龄，却依然没有开口说话。也就是说，他很可能是一个哑巴。现在是，将来还是，永远都是！

无论二十一世纪还是十五世纪，语言表达能力对一个人，尤其是一个男人的重要性是不言而喻的：你不会说话，就不能全力孝敬父母，不能充分讨好领导，不能悉心体贴妻子，还得给他们添麻烦，使他们更辛苦，让他们时不时闹心。你的人生定然会相当坎坷，你的世界无疑会一片灰暗。

村口的桃花开过又谢掉，村前的河水涨潮又退潮，田里的庄稼收割又播种。三年的时光一晃而过，周遭的一切都在变化，老人去世了，秀才中举了，姑娘出嫁了，谢迁都当上状元了[1]，但小王云的嗓子，还和三年前一样。

眼看来到了成化十二年（1476），王云已经五岁，个子长高了，生得皮肤白净，眉清目秀，很招大人喜欢。但他还是一如既往地不会说话，说不了话就只能让人笑话，叫不了爹就只能坑爹。王家先后找了很多名医来看，银子花出去不少，但都看不出个所以然。

一回回求医，一遍遍折腾，一次次失望，王家人也想通了，不再奢求什么了。别说是哑巴，就算有再严重的残疾，王云都是他们王家的儿子，都要一直抚养他。

1.谢迁考中状元在成化十一年（1475）三月，时年二十七。

不过，事情又是如何发生转机的呢？

有一天，王华刚从外面忙完回来，坐在客厅里，还没来得及喘口气，就听到非常陌生的细嫩声音："爹……"王华愣住了，自己只有一个宝贝儿子，还不会说话，这是怎么回事？

他猛地抬起头，发现小王云就站在自己的面前。真是儿子，他真的在叫自己了！王华是个很稳重的人，这时候却也按捺不住兴奋。他一把抱住了儿子，原地转了三圈才放下来。

"我的好儿啊，改名改得太英明了……"

原来，就在前一天晚上，王伦把老婆孩子一干人召集在一起，宣布了一个重要的决定。

"我要给孙儿改名。以后他就名守仁，字伯安。"

众人面面相觑，这是唱的哪出啊？"王云"是你老人家起的名字，能说改就改吗？不过在家里，王伦的威望是不可动摇的，他说改就得改。理解要执行，不理解也要执行。

为何改名"守仁"，也只有博览群书的王华清楚。《论语·卫灵公篇》中有云："知及之，仁不能守之，虽得之，必失之。"老爷子应该是做足了功课。

看着大家疑惑的眼神，王伦有点不耐烦地问："你们想不想知道我今天遇到了谁？"

这天中午，王伦陪着小哑巴孙儿在家门口乘凉。一个和尚远远地走了过来，看到这么大的孩子还咿咿呀呀地说不出一句话，不免着急。于是和尚叫住了老爷子，在他耳边神神秘秘地说了八个字。后者一听，幡然醒悟：宝贝孙子这名字是非改不可了。

"他爹，老和尚到底说了什么啊？"岑氏忙问。

"好个孩儿，可惜道破！"王伦一捋胡须，"听明白了吗？我孙子是从云中来的，但名字叫'云'就道破了天机，上天这是略做惩戒，不服不行啊……"

而且，所谓"人云亦云"，云在汉语中还有"说"的意思。你道破了天机，神仙就不让你孙子说话啦。

王华"学养深厚"（乡试屡次失败），很有见识，觉得老爹听信一个来历不明的和尚之言，就轻易改孩子的名字，这样的行为相当不靠谱。

但后来的事情似乎证明，王伦这个决策，不仅相当靠谱，而且相当英明。

提起这个王家，那可是名门望族，家谱可以追溯到山东琅邪。西晋末年发生"八王之乱"时，先祖为避战乱迁到了江南。也就是说，王伦他们和东晋大书法家王羲之有着共同的祖先。

王云的六世祖王纲生活在明朝初年，和"大明设计师"刘基（刘伯温）是好朋友，曾任兵部郎中、广东参议，在平定苗民叛乱时，于广东布政司的增城遇难。儿子王彦达用羊皮将父亲的尸体包裹运回老家，并发誓不再为朝廷出力。王彦达之子王与准精通《仪礼》《周易》，为了响应父亲的呼吁，一生未入仕，只是平民，自号"遁石翁"。王与准之子王世杰，人称"槐里子"，却入朝当上了太学生。王世杰的儿子就是王伦。

王伦，字天叙，生于永乐十九年（1421）。正是在这年的正月初一，大明的京师从南京搬到了北京。老爷子不会想到，自己与两千里之外的京城，也会有特别的缘分。

王伦特别喜欢竹子，在自己家的屋前屋后都种满了这种植物。他还给自己起了个"竹轩翁"的号，以显示自个儿淡泊名利：似乎只要有一间竹屋，能给他遮风挡雨，就别无他求了；只要有一张竹床，能让他躺下休息，就心满意足了；只要有一辆竹车，能载着他游历四方，这一生就无怨无悔了。

竹子在汉语中有着特殊的意义，象征着读书人超脱的品性、清高的风骨、坚强的毅力。王伦也希望自己和王家后代，在大明王朝这么一个认官不认人的污浊时代中，能够保持君子的节操，也能像竹子一样品行端正。

在科举取士的时代，一个读书人没有功名，就如同今天一个歌手开不了演唱会，一个明星出不成写真集，一个教授出不了论文集，一个球员拿不到名次，一个土豪追不上白富美，都是很没面子的事情。因此，他把所有的心血，全部的精力，都放在栽培自己的宝贝儿子身上，希望王华能够承担起光宗耀祖的使命。

王华当然很努力。他不但要自己中进士，还要教育和培养好儿子，让王家成为绍兴的名门望族。当爹的牵着儿子的小手来到书房，想让儿子见识一下自己优越的学习环境。

王华让王守仁坐下来，顺手操起了一本《孟子》，冲着他微微一笑："孩子啊，天将降大任于是人也……"突然，老爸笑不出来了，双眼直勾勾地盯着儿子，似乎不相信他是自己生的。

王华的表情越来越吃惊，神色越来越紧张，呼吸越来越急促，最后，干脆一下子坐在了椅子上！

小守仁却还摇头晃脑，站在那里念个不停：

> 故天将降大任于是人也，必先苦其心志，劳其筋骨，饿其体肤，空乏其身，行拂乱其所为，所以动心忍性，曾益其所不能。人恒过，然后能改；困于心，衡于虑，而后作；征于色，发于声，而后喻。入则无法家拂士，出则无敌国外患者，国恒亡。然后知生于忧患而死于安乐也……

天哪，这小子把《孟子·告子下》轻松地背出来了，而且一点错都不带有的。别人都是"学而知之"，我儿子是"生而知之"，太神奇了！莫非这孩子真是文曲星转世？

这也太离谱了吧，王华想到这里，额头上的汗都流下来了。他稳定了一下情绪，严肃地问："你怎么会背这个，谁教你的？"

"禀告父亲，爷爷以前读书时，孩儿听过几遍，故而全记下来了。"

呵呵，不能开口说话不代表听不见，听得见的人不一定能背得下来，能背下来的人不一定能背得全对，但我的孩子做到了，我的孩子可真不简单。王华抚着孩子的小脑瓜，很快乐很满足。

没过几年，当爹的就又有了更多的快乐。

二、再有天赋，也得让人知道

也许是多年的死记硬背打下了扎实基础，也许是儿子的聪明伶俐给自己带来了好运，也是考试题目碰巧是自己最擅长的，成化十六年（1480）九月，已经三十五岁、在乡试中屡次失败的王华，终于以浙江第二名的成绩高中举人。实话实说，三十五岁，这岁数已经有点大了。

到了年底，他老人家当然要赶赴京城，准备参加次年二月开始的会试。对王华来说，乡试能够名列三甲，最后捞个县令当当，这辈子应该就知足了，毕竟岁数在那里摆着。

但"脑洞"再大的编剧，恐怕也不敢写出这样的剧本：一直生活在小县城、没见过大世面，更不可能有大靠山的王华，居然笑到了最后，在殿试中荣膺状元——全国第一名！全家人为此欣喜若狂。

当届的榜眼，居然还是王华的好哥们黄珣，你就说气人不气人？

消息传到余姚，王家人的欣喜和满足真是无法形容。

这一年，小守仁才刚刚十岁，还在家乡的私塾念书。他很快就表现出了超出同龄人的学习能力，而且他的学习态度相当端正，很受老师的喜欢。王华一直让好友陆恒指导自己的宝贝儿子，这可能是王守仁能超越同龄人的重要原因。

新科状元王华进了翰林院上班，担任从六品修撰一职。他和妻妾在北京稳定了下来之后，很想念远在家乡的父母和宝贝儿子，想让他们都来享受大都市的舒适生活。于是，在成化十八年（1482）春天，王状元决定把他们从余姚接来京师。

收到王华的亲笔信之后，王伦夫妇很快就带着小守仁出发了。[1]他们取道上虞和绍兴，赶赴浙江省府杭州。随后，一行人在大运河口的拱宸桥码头上了船，准备前往通州。

距码头不远的太平坊南新街，就是名臣于谦的故居。六十二年之前，这位"大明捍卫者"进京赶考，当然也是从拱宸桥码头上船的。王守仁的一生，与杭州有太多缘分，而于谦，则是他一生的偶像。

今天的我们搭乘飞机，两个多小时就能从杭州赶到北京了。但当时，先辈们至少得在路上折腾十五天。交通条件的改善，等于延长了人的生命。想一想要把大量的时间浪费在路上，不得不说是人生的憾事。不过，对从未出

1.大部分史书仅讲王伦带孙子上京。但笔者以为，当时的王伦已经年过六十，途中不可能没有妻子照顾。

过远门的小守仁来说，这未必是件坏事。

一路之上，这孩子一边欣赏着运河两岸的风景，一边听船夫讲沿岸各地的风土人情、风流趣事。当听到岳飞英勇抗金却被以"莫须有"的罪名杀害的时候，小守仁露出了非常愤怒的表情，似乎想穿过时光隧道去修理那个大奸臣秦桧；而当听到王安石被罢免宰相之职后，一再谢绝朝廷的丰厚待遇，坚持隐居于南京时，王守仁也对这个同姓大人物的古怪行为感到不可理解。

过了苏州，船到镇江。这天晚上，王伦领着小守仁上岸，有人把他们领到了江边的一个酒楼。当地老友已经摆好了酒宴，专程款待远道而来的王家爷孙。

这天是个晴天，一轮皓月挂在半空，码头之上灯光点点，把万里长江装扮得分外壮观。在不远处的江面上，有著名的金山寺，间或还能听到报更的钟声。

在座的大都是文人，酒过三巡，菜过五味，众人不免就来了诗兴。于是主人提议，请王老先生作诗。王伦微笑着捋了一下长须，悄悄地向孙子摆了个苦脸。意思是说：我哪里做得出来——我连个秀才都不是。

谁知道王守仁却"腾"地站了起来，恭恭敬敬地向在座的长辈行了个礼，说："爷爷最近身体不好，一直在吃药。就由孙儿我来献丑，请各位爷爷叔叔指正吧。"

在座的人看着这个皮肤白净的小孩子，开心地交换了一下眼神，都表示同意，似乎也是在等着他出丑。

只见这孩子清了清嗓子，不慌不忙地吟道：

金山一点大如拳，打破维扬水底天。
醉倚妙高台上月，玉箫吹彻洞龙眠。

小守仁刚刚吟诵完毕，不知道谁突然叫了一声"好！"于是，在座的长辈们都鼓掌附和。坐在王伦旁边的一个中年人马上向老爷子道贺："小守仁不愧是状元郎之子，我看日后还会青出于蓝胜于蓝！""哪里哪里，抬爱了。"王伦急忙发扬中国人的传统美德，表示谦虚。同时暗暗给小守仁递了个眼色，对他这种好出风头的行为表示一定程度的不满。

相对于万里长江的浩瀚无际，金山岛还真只有拳头大小，但它往长江中这么一立，竟让长江的流向发生了变化。别说，形容得还真是到位！喝醉了倚靠在月光下的高台吹箫，美妙的乐曲让洞中龙也能酣然入梦，好一幅气势宏大的画卷，何等丰富的想象力，如果是成年人写出来倒很正常。但问题是，吟诗的是个孩子，而且不过十一岁！

大人们不免会想，我们这些人十一岁的时候，还只知道上树掏鸟蛋，下河摸泥鳅，往小丫头的后脖子里塞爬虫，做人的差距咋就这么大呢？慢着，这真是小孩子自己写的吗，他怎么想得到醉倚高台，怎么会吹箫，怎么会有这么多丰富的联想，似乎远远超过他的生活经验？难道……难道是他的状元老爸事先写好，再让儿子背熟，然后故意表演给大家看，人为制造一个天才的神话？

人造神童？文二代？

在一片质疑气氛中，有人提议，让王守仁以当地一景"蔽月山房"为题，当场作诗一首，以验证这个小朋友的天才成色——到底是包装出来的，还是确实有真功夫。

当然，这种方式显得有点不尊重人，不过小守仁还是满足了长辈们的不合理要求。他略一思考，又当场吟出了四句诗，又把众人惊奇坏了。

原来，王守仁是这么说的：

> 山近月远觉月小，便道此山大于月。
> 若人有眼大如天，还见山小月更阔。

当然，从文学鉴赏的角度来说，这首诗用词简陋，文风质朴，缺乏诗歌追求的美感与韵味，可以称得上一首打油诗。但别忘了，这可是一个十一岁的孩子，面对完全不熟悉的题目，面对无数大人质疑的眼光，面临作不出诗就会被怀疑是小骗子的情形，能在短时间内脱口而出，一气呵成，已经相当不容易了。

况且，这首诗并不简单，其中包含的辩证法思想，让在座的大人细细一琢磨——还真是那么回事。

王守仁没有学过物理，也不知道月球围绕地球转，地球围绕太阳转的规律，更不明白人眼的成像原理（当然，那年头的大人也不知道），但他却能在知识量远不如今人的背景下，得出与我们类似的结论，其敏锐的洞察力堪比牛顿洞察苹果从树上落地、瓦特感悟水蒸气冲开壶盖。而且，王守仁在这个岁数就能接近两位大师，这不是天资聪慧，又是什么呢？

当然，我们也都熟悉"伤仲永"的故事。方仲永，这个王安石的同乡，五岁就会作诗，而且质量要明显胜过《蔽月山房》这种水准的打油诗。结果呢，地球人都知道："泯然众人矣。"

一个人拥有的天赋固然重要，有天赋却不善加利用，反而无谓地透支和消耗，无疑是更大的悲剧。

小守仁的未来会是怎样的呢？

三、年龄可以小，理想一定要远大

爷孙一行人一路向北，终于抵达了运河的终点通州，在这里换乘马车赶往京城。

十一岁的王守仁离开余姚定居北京，堪比少年达·芬奇离开芬奇镇，来到文艺复兴时代欧洲的艺术中心佛罗伦萨。

当高大巍峨的北京城出现在眼前时，想必小守仁应该会印象深刻，甚至震撼不已吧。

成化十八年的北京顺天府，不光是大明王朝的首善之区，也是这个世界上屈指可数的大都市之一。而且，有别于中国历史上其他大一统王朝的首都，此时的北京距国境线最近处仅有大约一百里，相当于绍兴府城到杭州的距离。长城以北，就是蒙古人的地盘。

北京靠近边境，但丝毫不影响其中国政治文化中心的地位。全国的资源都往北京倾斜，全国的政策都给北京方便，全国的人才都想来北京发展……和五百多年后的今天相比，几乎没有任何区别。

作为翰林院修撰，王华的办公地点在天街以东，上班非常方便。他的府第在长安西街，与很多高官比邻而居，朋友圈经营得也是愈发豪华。好哥们谢迁就不用说了，李东阳、王鏊和丘濬等重臣，都和王华过往甚密。林俊和储罐等青年才俊结识这位状元之后，进而与其长公子成为好友。

有一说一，对王华并不怎么真心佩服的王守仁，日后能取得那样伟大的成就，与有这么一个爹关系真的不小。

长安西街上，有著名的长安街坊，又称壅坊。坊内不光有林立的店铺，更有不少佛寺道观。最著名的是大兴隆寺和朝天宫。而佛、道两教对王守仁的影响，可以说是断断续续地贯串了他的一生。

听父亲讲述了小守仁在金山寺的精彩表现，王华心里可乐开了花：行！不愧是我的儿子，有我当年的一丢丢神韵。见到了日夜想念的母亲，王守仁当然格外兴奋。

从这一天开始，小守仁再也不是出没于浙江小县城的熊孩子，而是活跃在京师核心区的官二代了。

三月，一位学术泰斗抵达北京，在大兴隆寺开班讲学，小阳明也有幸见识了大师风采。

八月，一位贵客造访王府，与王华敲定了一件影响了小守仁一生的大事。

到了成化二十年（1484），王守仁十三岁了，已度过第一个本命年，并遭遇了一系列人生变故。

这一年，又到了三年一度的会试之时。二月，王华担任廷试弥封官，他居然"举贤不避亲"，让王守仁担任自己的助手，入场评卷。

为了宝贝儿子的将来，王华不惜重金，把他送到了京师最好的私立学堂，业师是京城文化名人吴伯通。在这里，王守仁能接受最系统的正规教育，能有最光明的发展前景，还能结识最有潜力的同学。什么叫"赢在起跑线"？这就是。

现代生物学研究表明，一个人的性格形成期一般在五到十一岁期间，在十七岁之前基本定型。王华当然不懂得这些，但他知道，让儿子上更好的学堂，就能有更好的学习和生活环境，这对儿子的成长与成熟，无疑是非常有好处的。但是——

十岁出头的男孩子，正处在一生中最顽皮也最难管教的时期。王守仁不是刘基，既不会预测天气，也无法过目不忘。他当然也不是曾国藩，一篇文章背十几遍也背不下来。客观地说，小守仁属于比较聪明，在同龄人中算得上出类拔萃的那一类。当然，他也符合一般规律：对于没有挑战性的学业，早已没有努力的意愿。他的兴趣开始转移了。

千万别以为小守仁是个循规蹈矩的"乖乖虎"，一不留神，他就会变成惹是生非的"霹雳虎"。

尽管王守仁生活在全中国教育水平最高的城市，上的是全北京教学手段最好的私塾，但它毕竟不是现代学校，不可能学习代数几何、自然常识与生理卫生，只是一些最基础的经史子集，并不需要多高的领悟能力，只要有不太差的记忆力就能搞定。

这些事情对王守仁来说，简直就像一个NBA（美国篮球协会）球星去参加居委会组织的篮球联赛，太没有挑战性和成就感了。那些文章他早就能够背诵，那些段落他早就能够默写，他出现在课堂里是为了给老师面子；他什么都做，就是不看书；他什么都会，当然不想看书。那他还能干什么呢？

恭喜，你答对了：他调皮捣蛋，捉弄同学，忽悠老师；他上课睡觉，看课外书，做小动作；他下课胡闹，爬树抓鸟，惹大麻烦……就是一问题少年啊。多亏大明的私塾没有女生，这才使小守仁少了很多使坏的机会，也让老师不至于整天应付家长投诉。

王守仁不光想着破坏，也偶有想要有所建设。有一个故事，被后来人津津乐道。

有一天，王守仁突然走到老师跟前，规规矩矩地行了个礼，然后问："请问先生，何为人生第一等事？"

人生中最重要的事情是什么呢，这么宏大的问题，出自一个十三岁的少年之口，让老师感到有些怪怪的：这个小朋友的问题也太超前了吧。当然老师也不能太敷衍，当时就回答了他。不过老师的答案让小守仁很不满意，差点让老师下不来台。

什么是人生中最重要的事？对企业家来说，并不是再赚多少个亿的美元，而是将自己的企业做成商业帝国；对足球明星来说，不是蝉联多少次世界足球先生，而是赢得世界杯；对大导演来说，不是在国内取得多少票房，而是捧得奥斯卡小金人……终极的梦想，最后的目标，往往都要超越表面上的利害得失。

这老师并没有过人的见解，当然也无法预见王守仁日后的伟大，他很随意地回答道："当然是金榜题名，高中状元，入朝为官。"这个回答虽然没有什么新意，但也算合乎情理。不料，小守仁居然大摇其头，脱口而出：
"不对，不对！"

"不对？那……那你说是什么？"

小守仁这边话一说完，老师的脸腾地一下红了，让一个孩子这么反驳，
真丢人！

"中状元绝不是第一等事，读书学圣贤，才是最重要的……"

不过，你这可不是提问，而是质问；不是请教，而是挖坑，有些太不厚
道了。小守仁应该庆幸自己面前站的是一个善于控制脾气的老师，而不是善
于修理儿子的老爸。如果换成王华，早就大嘴巴抽上去了："我让你小子
逞能！"

虽说一笔写不出两个王字，但王守仁与王华的性格差异，比南北两京居
民的习俗差别还大。

"书中自有颜如玉""书中自有黄金屋"当然只是比喻，但王华确实从
小酷爱读书，好像真能从里面读出个漂亮媳妇。有一次，他在屋内摇头晃脑
地读个不停，母亲则在窗下纺线。可能是怕儿子太辛苦，也怕儿子把眼睛读
坏了，配眼镜都找不到地方，岑氏就想让他休息一下。

"娘，我不累。"这孩子真不领情啊。

不一会儿，不远处的街道上锣鼓喧天，人声鼎沸。原来这一天是迎春节
日，街上有很多庆祝活动。街坊邻里的孩子全跑去看热闹了。可王华就像是
被钉在椅子上一样，根本不想出去。

"孩子啊，外面这么热闹，你也出去玩一会吧。"

王华平静地抬起小脑袋，一句话就把母亲说得没脾气了，只得叹道：
"孩子，你说得对，是我错了。"

天啊，好心不得好报吗？王华是这么说的："母亲此言差矣。屋外春色
固然好，哪里比看书更有乐趣？"

若换成王守仁，不用母亲叫，他早跑得没影了。

不知道是王守仁的成长中有什么基因突变，还是北京靠近边境，给他年
幼的血管里注入了更多狂热激情，他不再满足于像老爸一样死读书、读死
书，唯一的目的是应对科举考试。他还有很多爱好。

他喜欢看兵书，会把老爸书房里的兵书随机偷出来，看得那叫一个如饥似渴、全神贯注。读到精彩的地方，趴在床上咯咯笑个不停；看到伤心之处，眼泪不停地掉下来。

这还不算完，他还把家里人吃完的桃核等收集起来，摆在自己的房间里玩排兵布阵，类似于我们今天的沙盘推演。

中国传统的文化人讲究"琴棋书画"，这棋指的是围棋。在相当长的时间内，文艺青年下围棋，普通青年才下象棋。围棋精致，象棋粗犷；围棋变幻莫测，象棋大开大合。围棋是高雅品位的象征，象棋是俗气习俗的标志。

但王守仁作为状元的公子，北京小爷，总得讲究点生活格调，别给老爸到处丢人吧。他却莫名其妙地喜欢上了象棋，而且相当痴迷，丝毫不担心被人笑话。也许是由于下象棋更像战场上真刀真枪的对垒，火药味更浓，对抗性更强吧。

王守仁用家里给他的零用钱买了副象棋，藏在学校附近的一个安全地方。然后他就约上两三个同好，一有机会就跑过去玩，经常杀得难解难分，乐不思蜀。

世上没有不透风的墙，班上总有爱告密的娃。终于有一天，当他捏起"车"大喊"将军"之时，抬头看到的却是一张最熟悉的苦脸。

棋友们立即飞快地消失，只留下了这一对父子。王守仁果断地蹲在地下，双手护住脑袋。不过王华这次倒没有动手，他长叹一声，缓缓端起棋盘，走到了不远处的小河边。

听到"哗啦啦"的响声，王守仁不看也知道，他要和这些"伙伴"永别了。

为了悼念无辜阵亡的象棋，他还特意赋诗一首：

> 象棋终日乐悠悠，苦被严亲一旦丢。
> 兵卒堕河皆不救，将军溺水一齐休。
> 马行千里随波去，象入三川逐浪游。
> 炮响一声天地震，忽然惊起卧龙愁。[1]

1.在《王阳明全集补编》中，束景南先生认为这首诗写于成化十六年，即王阳明九岁时。

王华这个天真的书呆子，以为扔了象棋，儿子就能断了念想从而专心读书。却不知道"哪里有压迫，哪里就有反抗"。而且，压迫越重，反抗越激烈。很快，他儿子就有了全新的娱乐项目，更惊险更刺激，也更能吸引爱好者加入。

小守仁新开发的项目是什么呢？这是一种大型益智游戏，类似于今天的真人CS（户外军事模拟竞技）。厉害吧？

简单地说，就是忽悠两拨孩子进行军事演习。王守仁从小就展示了良好的组织才能，以及在同龄人中的威信。领袖气质不是天生的，更不是靠拼爹就能有的——大家的爹都差不到哪去，而是用自身能力来证明的。谁能在十岁出头的时候读这么多兵书，并且把书中的计策领会得这么到位，谁当然就有资格当老大。

他一声令下，将参与游戏的同学分成两队，一边主攻，一边主守。不过，调兵遣将的人只有一个，就是他王守仁。而这些孩子居然很乐意接受这样的安排，并且玩得很爽很投入。

可惜，事情很快就发生了意外。

这天，两队人马正在激烈交锋，而小守仁站在高台上，挥着令旗忙得不亦乐乎。他掌控一切，如果攻方打不开局面，他就会教他们一些新战术；如果防守方的阵容不堪一击，他就会指导他们摆出新阵形；如果双方差距悬殊，他就会及时对阵容进行调整。

当大家玩得正嗨时，突然发生了意外，所有的士兵像见了鬼一样，四散奔逃，把主帅一个人丢在高台上——这也太不负责任了吧。

一个熟悉的身影，再次出现在王主帅面前。一张熟悉的苦瓜脸上，再度显露出明显克制的愤怒："赶紧给我回家！"

一路之上，王华都紧紧攥着拳头，他是在压抑自己内心的强烈冲动，不想在众目睽睽之下实施家庭暴力。好了，终于到家了，门一关，我的地盘我做主，看谁敢干涉我们家的"内政"！今天，我非把这小兔崽子好好修理一顿不可！

"你为什么不好好读书，这么贪玩？"

王守仁听到之后，表情倒是非常淡然，似乎意识不到即将到来的危险："我这样挺好啊，为什么要读书？"

王华强忍住自己想抽人的冲动，苦口婆心地劝说："孩子啊，你只有好好学习，将来才有可能考中进士，甚至像你爹我一样考中状元，享受世人的尊敬与仰慕……"

"父亲中了状元，子孙后代未必能中状元吧？"小守仁一如既往地不服气。

"状元又不能世袭。你不努力肯定中不了，连个秀才都考不上。"王华是真急了。可接下来儿子的一番话，更让他觉得对不起列祖列宗——怎么生出这么个逆子？

"秀才不当就不当了。再说了，儒者患不知兵。真正对国家有用的人才，应该是文武双全的，提笔能写漂亮文章，提枪能上马保家卫国。如果只能做夸夸其谈的文人，平时想着捞取功名，为蝇头小利算计半天，国家有危难的时候却束手无策，这样的读书人，是国家的耻辱！"

王华又不傻，这么阴阳怪气，讽刺谁呢？反了不成？于是他大喝一声："来人，拿家法来！"

郑氏应声走了进来。王守仁如同行走在沙漠中的迷路者看到了水源，连忙躲进母亲的怀里。王华长叹一声，心说：算你小子又逃过一劫……

但是，王华显然低估了自己的儿子。"读书学圣贤"的抱负，并不是王守仁的突发奇想，人家确实把这个作为努力的方向了。当然，随着年龄的增长，小守仁的出位行为有所收敛，和父亲及老师的关系也有所改善。这又是为什么呢？

四、人的一生，可以因一件小事改变

不知不觉，王守仁从小县城余姚来到大都会北京已经有两年了。老爸忙于公务和应酬，对他的管教有点力不从心——真给打残了，对自己能有什么好处？老妈当然是心疼孩子的，再怎么调皮也舍不得惩罚。王守仁令人hold（掌控）不住，玩得也有些野了。

但是，一个陌生人的出现，让他的行为从此有了很大改变。

　　这一天，阳光明媚，空气清新。王守仁与两个小伙伴跑到了长安街坊的繁华闹市区游玩。他们碰到一个中年人，正提着笼子卖一只鹦鹉。小守仁被它的声音深深吸引了，想不到这种貌不惊人的小鸟，能发出如此接近人类的声音。于是他把身上的零花钱全掏了出来，准备买回家把玩。谁知道卖鸟的看了一眼，提着笼子就走："我可不卖给小孩子！"

　　小孩子怎么了，小孩子也是人，也有购物资格呀，别这么看不起人！王守仁就和两个跟班拦住了他的去路。这可把卖鸟的人惹火了："耽误我做生意，让你们吃不了兜着走！"

　　正争执间，突然来了一个算命先生，须发皆白，一看就岁数很大了。他颤颤巍巍地走到几个人跟前，问道："怎么回事？"

　　卖鸟的人心情不好，刚想发火，看到这么个瞎子晃到自己跟前，不觉倒吸一口凉气，马上老实了。算命先生在大明朝可是有地位的职业，一般人做不了。再说了，自己不过是个打工的"北漂"，在京城没有什么靠山，这瞎子万一和那几个小兔崽子是一伙的，他往地下一躺一诈，他这几个月就白忙活了。

　　王守仁从来不惧生人："我们想买他的鸟，可他不卖给我们！"

　　算命先生听这孩子说话，嗓音洪亮，中气很足，不觉一喜。他回头对自己的助手说："此子将来一定能大富大贵，且要立非常的功名。"他完全不顾助手吃惊的表情（反正他也看不见），径直近前说："老哥，准备卖多少钱，我买下鸟送给这个小官人，不知可否？"

　　"五两银子。"卖鸟人巴不得早点离去，听对方这么一说，立即打算出手。算命先生一摆手，跟在后面的助手就掏出银子，交给了卖鸟人。

　　王守仁走到近前："多谢老先生，不过我没有这么多钱……"

　　老人乐了："好孩子，我说了是买下来送给你的。"说着，他继续向王守仁走了过来："我再给你算一卦吧。别担心，不要钱！"

　　说着，算命先生伸出了一双满是污垢的大手，在王守仁白皙的小脸蛋上又摸又捏，嘴里还念念有词，显得相当专业。而小守仁却不免有些紧张，汗水都从额头流了下来。这要是碰上个武林高手，捏两下还不把你的小脑袋捏扁啊？

　　很长时间过去，算命先生终于松开了手，说了几句足以永载青史的名言，王守仁听着听着，不觉越来越开心，兴奋之情无以言表。心说爷爷和母亲对我再好、再爱夸我，也夸不到这样的高度呀。而他的两个小伙伴，则是一头雾水，不知道算命的想做什么。

等算命先生说完，王守仁就要下跪行礼。却见老人表情严肃地告诫他："孺子须刻苦读书，洁身自爱，我所说的将来才能应验。不然，世上可没有后悔药吃！"说完，他就在助手的搀扶下走远了，留下这个还没有回过味儿来的小少爷。

当天晚上，王守仁在床上翻来覆去，久未入眠。算命先生的一席话似乎依然停留在耳边，好像刚刚讲过一样。

"我真的就命中注定会成为圣人了吗？如果我什么都不做呢？照样能成为圣人吗？"

"如果我出什么意外呢？"

"如果我哪天突然死去呢？"

刘秀（东汉开国皇帝）命定要当天子，俄狄浦斯命定要杀父娶母，丘吉尔命定要当英国首相……如果一切都是命运安排好的，那努力又有什么用呢？

"孺子记吾言：须（胡须）拂领，其时入圣境；须至上丹台，其时结圣胎；须至下丹田，其时圣果圆。"

这是让他热血沸腾的声音。但是，又有不和谐的声音响了起来：

"孺子须刻苦读书，洁身自爱，我所说的将来才能应验。不然，世上可没有后悔药吃！"

这个十三岁的孩子，一旦获悉自己有成为圣人的潜质，内心的热情与冲动就被激发了出来。

他的一生，在十三岁似乎已经定调了。但若干年之后，回想起当年的这场奇遇，他却悟出了另一番道理。

从此之后，那个比普通孩子更能跳更爱闹更会捉弄人的王守仁不见了，取而代之的是一个没事就读书背诗，并不畏困难、尝试研读晦涩的程朱（指北宋的程颢、程颐兄弟和南宋的朱熹）学说的好孩子。此外，他还开始囫囵吞枣地研读佛、道二教的经典。

王守仁的转变，让王华摸不着头脑，让王伦和郑氏非常开心，更让老师们刮目相看：这孩子长大了，懂事了。

可是，谁也没想到，他的转变是因为算命先生的一席话。

那么，如果王守仁不碰到这位算命先生，他会还继续调皮捣蛋吗？

如果王守仁继续调皮捣蛋，他还能在学业上有所建树吗？

如果在学业上没有建树，他还能成为后来的心学圣人吗？

相信每个读者，都会做出自己的判断。

沉浸在学业中的王守仁没开心多久，又一个意外发生了。

五、遭遇家暴，如何能出奇制胜？

"世上只有妈妈好，没妈的孩子像根草，离开妈妈的怀抱，幸福哪里找？"

王守仁当然不会唱这首歌，但一定会有类似的感触。只有十三岁的他，就深深理解到了人生的无奈、命运的无情。"痛不欲生"这四个字，不再只是写在纸上的成语，还是他的真切感受。

成化二十年，母亲郑氏突然离开了人间，具体时间不详，死因同样不详。这足以说明，王家对这位少奶奶有多不重视。

王守仁清楚地记得，在自己还不会说话的那些年月里，母亲是如何天天向佛祖祈祷，如何夜夜哭泣；在父亲抢着板凳修理自己的时候，母亲不顾一切地劝阻，不惜跪下为自己求情；有多少个酷暑，母亲守在他的床边，为他驱赶蚊虫；有多少个冬日，母亲会顶着寒风跑出家门，为生病的自己请大夫……

可是，自己却喜欢和母亲顶嘴，因为她从来不会像父亲一样发怒；自己还喜欢捉弄母亲，躲在角落里故意让她找不着，看着她手足无措的样子暗自得意。为什么不能在她还能看到的时候，为她轻轻擦去脸上的汗水？为什么不能在她还能听到的时候，大声地说一句：母亲，您辛苦了！

每个生命都是这个星球的过客，都有告别亲人的那一天。只是谁也不希望那一天来得太快，总是希望与亲人相伴的时间能够长一些。

母亲的死，是他生命中第一次与重要的亲人永久别离。这个年轻的生命，开始考虑起了生与死这样宏大的问题。

生又何欢，死又何惧？活在一个没有关怀与爱的世界上，就算长命百岁，比死亡又能强到哪里去？

但奇怪的是，王华对老婆的死却表现得非常平静。他没有留下悲痛欲绝的话语，没有留下深情哀婉的悼文，没有一个丈夫对亡妻的深刻怀念，反倒是留下了一些被历史学家和八卦爱好者一致关心的逸事。

老婆死后没多久，王状元就做出了一个惊人之举。它让儿子非常愤怒，让老子不能理解，让皇上刮目相看，让街坊邻居在背后指指点点，让翰林院同事在酒桌上有了热烈讨论的话题。

王华办完了丧事办喜事，收完了红包再收红包。妻子死后不到一年，他就在王府大办婚礼了。

新娘子姓赵，比王守仁大三岁。俗话说"女大三，抱金砖"，老爹给你娶媳妇，你还有意见？

不过王守仁此时才十四岁，犯得着这么早结婚吗？身体器官还没有发育成熟呀。

想多了，这妹子是王华给他自个儿准备的。怎么，不服气吗？我老人家是当朝状元，刚满四十，还处于一个男人生命力最旺盛的时期，凭个人魅力娶个十七岁的媳妇，犯法了？

更让我等loser（失败者）眼红的是，王华一不做二不休，顺道纳了一位杨姓小姐为妾。

王华成亲的那一天，王家大院那是相当热闹，高朋满座。好在当时的媒体不发达，不然，以王状元的知名度和事件本身的娱乐性，足以登上很多报纸的头版，出现在多家网站的重点推荐位。

刚摘下重孝的小守仁，也被突如其来的喜庆气氛搞昏头了：母亲难道复活了？

婚礼当天，父亲把一个身形婀娜、服饰华丽的美女领到王守仁跟前，让他叫娘。这孩子定神一看，呆住了：这娘啊，比自己大不了多少。只见她蛾眉皓齿，面庞秀丽，皮肤白皙，身形婀娜，真的好美好标致。十四岁的男孩子，对女性魅力已经有初步的认识了。不过这没有用，这改变不了自己对她的讨厌——娘只有一个，谁也代替不了！

王华成功再婚，并且娶了一枚非常漂亮妩媚的年轻女子（可能还是正宗的北京大妞），这让他的虚荣心得到了极大程度的满足，也让他在家里的地位火速下降。美女老婆当然是王华的快乐之源，他对老婆唯命是从；儿子守仁对自己的态度，也明显不如以前尊敬了，他当然知道是因为什么。

如果生活在今天，继母赵氏甚至还不到结婚年龄。只因老爸收了王大叔的彩礼，自己就被迫上了王大叔的花轿，进了王大叔的洞房，做了王大叔的二婚妻子。王华既不英俊也不浪漫，床上床下功夫都不怎么样，但人家毕竟是状元之才、朝廷重臣，名利双全。

更重要的是，王大叔很疼媳妇，对她言听计从，体贴入骨，无微不至。自己在王府的地位真是没的说，想吃什么自己做主，想买什么他掏钱，那就委屈一下吧。

不过，赵氏还真是个闲不住的主儿。那双本来应该绣花、弹琴的纤纤素手，却经常把家里的棒子和扫把抢得倍儿欢。当然她可不是去干家务、做农活——那不是一个有身份的贵妇人应该做的——而是拿前任王夫人的儿子出气。谁让这小子不认自己当妈，而且对自己不尊重呢？[1]

一边是自己的宝贝心肝，一边是自己的宝贝儿子，手心手背都是肉，王华还真不好办。一来自己很疼老婆，凡事都让着她；二来这个王守仁也正处于顽皮捣蛋的时期，自己有时候同样有想抽他的冲动；三来单位工作忙，经常要加班，老婆趁机打孩子，他也没法管。

王伦夫妇倒是心疼孙子，但对儿媳的暴行也没有多大约束力。可怜的小守仁，又能有什么对策呢？

这天，天色将晚，老王又在翰林院加班。当年的北京，街上没有酒吧可泡，家里也没有电视可看，更不鼓励女性shopping（购物）和shaping（塑形，指去做美容），她们通常只能早点上床休息。

继母洗漱完毕后，伸着曼妙的懒腰进了卧室，打着诱人的哈欠走到床边，伸出粉嫩的小手拉开被子，准备优雅地躺下来休息。忽然，她眼前一

黑，"啊！"地惨叫一声，差点背过气去。

只见昏暗的灯光下，一只叫不上名字的大鸟从被子中一飞而起，发出凌厉的怪叫声，在卧室里盘旋。继母不过是个小姑娘，早已吓得花容失色，修理王守仁时的果断与从容荡然无存，只会躲在帐子里大喊："来人啊……救命啊……"

一个丫鬟闻声赶来，麻溜地支起了窗户。大鸟转悠了片刻，从窗口飞出去了。而可怜的继母，一晚上辗转反侧，根本无法入睡。第二天一早，她立即命人去请当地有名的女法师，以消除凶鸟进宅的晦气。

工夫不大，一位穿着盛装、举着法器的大婶就走进了王家大院。听继母讲述了事件经过之后，法师微微一笑："这个好办，我请一位真神下凡，包能为你带来好运，消除灾祸。"可怜的继母瞪着通红的双眼，欣喜地询问："真的吗？"

法师摆了摆手，丫鬟忙把准备好的银子送给她。法师揣好钱，就在原地念念有词。不多久，她就直挺挺地倒在了地上！

继母和丫鬟忙俯下身子想去搀扶，只见她慢慢睁开了双眼，刚一张嘴，就把继母吓得花容失色："你是……"

法师是这么说的："姑娘，我家相公一切安好？"

看继母丝毫没有意识到问题的严重性，法师一把推开佳人的娇躯，猛地站起身来，在院子里走来走去："连姑奶奶我都不认识？我就是那个挨千刀的王华（众人表示诧异）——他老婆，听说我刚走没几个月，他就娶了一个小狐狸精，是不是你啊？"伸手过来就是一记耳光。继母一边躲闪一边求饶："大姐息怒，是王老爷向家父下了丰厚的聘礼，我才被迫嫁给他，真不是我故意要勾引他啊！勾引也要勾上档次的不是？"

"什么，嫁给我相公还委屈你是不是……"说着还要打。突然，法师停住了："我儿守仁何在？"

"他上学去了。"

"上学去了？我听说，你经常虐待我的孩儿，经常打他，是不是？"

"没有啊大姐，我从来不打他……"

"是吗，那我怎么总能听到他的哭声？要不，我们去学堂找他问问？"

"不要啊大姐……"继母腿一软，当场给她跪下了："大姐你放心，我今后一定好好照顾您的孩子，一定像对待自己的亲儿子一样，如违此誓，天打五雷轰！"

看着小美女梨花带雨地哭泣，法师强忍着不让自己笑出声来，真如此，那不就太残忍了吗？她只是板着面孔，冷冷地说道："此话当真？你说话算数吗？"

"我发誓，我发毒誓啊……"

"姑且就信你这一次，如果下次让我逮到你，那我就把你撕成一片一片的！"她的眼睛越睁越大，双手还在不停地比画着，小美女已经吓得浑身抖如筛糠了。

话音未落，法师口吐白沫，昏了过去。不大工夫，她慢慢地恢复了知觉，也恢复了和蔼的表情，看着守护在旁的小美女："夫人，我刚才去哪里了？"

继母哆哆嗦嗦地讲了刚刚发生的一切之后，法师善解人意地安慰她："夫人放心，凶象已除，以后有事再来找我，下次半价哟……"

继母连连点头，恭恭敬敬地送法师出门。

从此，赵氏对王守仁的态度来了个180度的大转变，再不打他了，还给他缝衣服，给他煲汤，甚至王华教训儿子时，只要被她看到，她都要朝老公瞪眼睛。

王守仁这个乐啊。

可怜的继母，完全被"变故"吓坏了，她就不知道定下神来想一想，自己态度转变，最大的受益人是谁？能做出这种事，最大的嫌疑人是谁？

那天，到底发生了什么？谁会是幕后主使？让我们坐上时光机，回到事故现场看看吧。

镜头一：王守仁带着两个助手，扛着捕鸟工具，在林中抓了一只老大的鸮。然后潜回家中，溜进继母卧室，把大鸟塞在床上的被子中。

镜头二：王守仁叫住了丫鬟，吩咐她：如果这样这样，你就那样那样……

镜头三：王守仁挥舞着一张银票，在女法师耳边嘀嘀咕咕，后者不断点头，间或忍不住哈哈大笑……

乖乖，完成这一切的王守仁，当时可只有十四岁啊。谁说看兵书没有用？谁说下象棋是浪费时间？谁说组织真人CS是瞎胡闹？没有前面那些积累，刚到青春萌动、垂涎妹子的年纪，他能打出这样的组合拳，能打完这样的漂亮仗吗？

有人也许会说，小小年纪就这么诡计多端，怎么还能成圣人呢？王守仁的招数是损了点，但只是为了争取自己在家中的正当权益，绝对不是想加害继母。因此他的行为在一定程度说上是自救，对一个十四岁的孩子来讲，说不上无可厚非，但也是情有可原了。

更重要的是，从此之后，王守仁并没有继续捉弄或恐吓赵氏；成人之后，对她更是恭敬有加，如同对待亲生母亲一样。

摆平了继母，王守仁就可以安心读书了吗？

六、打马塞外，小阳明为国争光

即使赵氏不再找碴了，即便自己不像之前那样胡闹了，虽然已经是大孩子了，王守仁依旧做不到"两耳不闻窗外事，一心只读圣贤书"。王守仁跟他的状元父亲差异明显，不是一路人。

生活在承平年代的王守仁，却特别佩服那些能够治军的文人，特别是本朝的刘基和于谦。

刘基在北京生活的时间很短，连"北漂"都算不上。于谦则前前后后在京城生活了十多年，故居就在东长安街上的西裱褙胡同。

成化元年（1465），宪宗朱见深正式即位后就迫不及待地给被父皇朱祁镇杀害的于谦平反昭雪，并将于谦在北京故居改为"忠节祠"，以方便打老爹的脸，抱歉，是方便京城百姓凭吊瞻仰。

就在祠前，小守仁留下了这样一副对联：

赤手挽银河，公自大名垂宇宙；青山埋白骨，我来何处吊英贤。

写得情真意切。但王守仁可不是只会耍嘴皮子的主儿，要玩，他就玩真的。

成化二十二年（1486）一个秋日的早晨，趁着父亲不备，小守仁偷了家里的快马，带上家里的弓箭，一路打马狂奔，来到了兵家必争之地——居庸关外。可他还只是个孩子啊！

尽管已经多年没有战争，雄伟的关卡，还是让人联想到了当年那些气吞山河的战役。小守仁敬佩徐达、常遇春等开国元勋大败蒙古人的勇猛，更感慨一介书生于谦指挥京师保卫战的果敢，也为他后来的不幸遭遇无限同情，感慨万端。

这时，丢人现眼的土木堡惨败已过去了三十七年，蒙古暂时也没有也先式的战争狂人出现，边境难得地呈现出一片祥和安宁的气象。

但王守仁却不这么看。他知道在这个世界上，没有不吃人的狼。狼会偶尔放过一个行人，但你要认为它就此想和人类交朋友，那你一定会倒大霉。

突然，两个蒙古人出现在小守仁的视线之内。这两个中年男人穿着便装，骑在马上，表情轻松地说说笑笑。很显然，他们把这里当成郊游的场所，跑到大明边境上度假来了！

这也太猖狂了吧。王守仁一时火起，拉弓搭箭，瞄准了两位大叔。

这俩游客显然还没从美好的气氛中回过味儿来，听到弓弦响动急忙躲避。等看清楚了，才发现攻击他们的不过是个孩子。两个大人觉得很冤枉：到你们的地盘来旅游一下都不行吗？我们不偷不抢，不拐卖妇女，干粮都是自带的，也不随手丢垃圾。可是，可是，北京的小孩怎么这样，这么不欢迎我们……

看着王守仁还在继续瞄准，大有不搞死他们不罢休的狠劲，俩大人急了，心说冤冤相报何时了，祖辈的恩怨，为什么要今天的我们来承担……想这些有什么用呢，赶紧跑吧。真把命搭在这里就太不合算了。

一个十五岁的孩子，独自跑到塞外，并且吓跑了两个蒙古人，这不能不说是一件很有面子的事情。这让王守仁的感觉大好，信心大增。这么大的孩子不太考虑危险，还沉浸在赶跑敌人的兴奋之中。他也许会认为，这是自京师保卫战以来，我大明王朝对蒙古作战的又一次重要胜利，主导这场大捷的就是我王守仁。

生命中的第一次，当然总是让人难以释怀的。你第一次拿到奖状，第一次领到红包，第一次和小流氓单挑，第一次和小姑娘接吻……都能让你在短时间内热血沸腾，都能让你于长时间中无法忘记。

人生，就是不断地实现突破、填补空白、开发潜能。你的第一次创造的价值得越多，你的人生就越有意义；你的第一次来得越早，你的幸福感就越强烈。若六十岁时买下十六岁买不起的裙子，四十岁时追到二十岁不敢追的女神，你的心里肯定更多的是凄凉，而不是得意。

如果没有突破，没有挑战，得过且过，四平八稳，明天是今天的重复，明年是今年的翻版，十七岁就能想象得到七十岁的生活，十八岁就有了八十岁的心理。这样的人生，就算能长命百岁，又有多大意义呢？

当然，冷静下来回想时，王守仁还是会有一些后怕的。自己的行为，还是勇猛有余，智慧不足。

但据知情人士透露，这位占了便宜的熊孩子并没有马上回家，而是在长城沿线的居庸关、紫荆关、倒马关（合称"内三关"）一带考察采风、勘测地形、访问土著，甚至与人比武，俨然有为将来北伐鞑靼（明朝称蒙古成吉思汗后裔各部为鞑靼）做调研的意思。一个月之后，王守仁才意犹未尽地回到家中。不知道他这些天是怎么活下来的，更不清楚老爹揍他的棍子打断了几根。

当天晚上，小守仁心潮难平，过了好半天才睡着。在梦中，他清楚地看到，自己来到了供奉东汉名将马援的伏波将军庙。在庙里，王守仁恭恭敬敬地上了香，并在将军像前讲述了自己勇斗蒙古人的辉煌经历。即使在做梦的时候，他还能忙里偷闲，写下了一首七言绝句：

卷甲归来马伏波，早年兵法鬓毛皤。
云埋铜柱雷轰折，六字题文尚不磨。

若干年后，当王守仁真的踏入伏波将军庙时，眼前的场景让他大吃一惊，不由得想起十五岁时做的这个梦。不过，在这个年龄段，少年人做点春梦才正常吧？

男大当婚，女大当嫁。在那个年代，男孩子到了十五六岁，女孩子到了十三四岁，在生理、心理发育都还不成熟之时，长辈就忙着给他们张罗定亲了。特别是女生，紧迫感更强，危机感更重。一个姑娘家如果二八年华（十六岁）还嫁不出去，就会被视为大龄剩女，日后越发不好找婆家。

父母之命、媒妁之言是把双刃剑。方便之处，是省得自己苦苦追求，避免了因为社会经验不足而上当受骗；不利之处在于，无论你对理想婚姻如何憧憬，最后却很可能一辈子对着自己根本不爱的人。

十五岁的王守仁已经进入了青春期，处在一个不安分的年龄段。

总有一天，他会对来自同龄异性的一举一动感到特别好奇和迷恋；总有一天，他看到喜欢的女生会情不自禁地害羞；总有一天，他会因为一些身体器官的变化而格外紧张和兴奋；总有一天，他会不想再当孩子，也不想别人再把他当作孩子。

他要当男人，一个真正的男人。

第一个闯入他的世界，让他深刻体会女性魅力的，很可能就是继母。她动手打过自己，下手还那样狠，但王守仁根本无法否认，她的美是实实在在的。这种真实性，如同河水在冬天会结冰，浮冰在春天会融化；如同小辈见了长辈要行礼、下属见了上司要磕头一样，毋庸置疑、千真万确。

世界上还有比继母更漂亮，能让他不顾一切地去追求的女性吗？

自打王守仁十五岁起，到王府来说亲的人就从来没有断过。奇怪的是，身为状元公的王华，对自己的小妻子百般疼爱，对长子的婚事却一点也不上心，甚至轻易地回绝了不少上门说亲的媒人。老王为什么要这么做？对未来的儿媳妇，他到底有什么要求呢？

王守仁从小就立下了做圣贤的志向，挑选另一半的眼光，自然也不寻常。并不是随便一个美女，都能让他动心的。当然，如果一位姑娘连美女都算不上，恐怕也很难能吸引到他的注意吧。

那么，小守仁会如愿以偿吗？会和老爹互撑吗？

王阳明

科举之路实不轻松

第二章

一、大喜日子，新郎的行为却很诡异

岁月如流水般奔腾向前，很快来到了成化二十三年（1487）。

王守仁做梦可能也不会想到，一个人的死，让他连京城都待不下去了。

不过，此人级别有点高，高得自个儿一死，天下百姓都不得安生，都得披麻戴孝——他就是成化皇帝。八月二十二日，明宪宗驾崩于紫禁城。

皇太子朱祐樘擦干眼泪登基，次年改年号为弘治。明朝十六帝中奇葩很多，弘治皇帝却是其中比较有为、锐意进取的一个。他在位期间广开言路、重用贤臣、倡行节俭、关注民生（至少是表面上），因而他开创的治世被后世史家（不无夸大的）赞誉为"弘治中兴"。

而有幸生活在这个时代的王守仁，无疑是重大受益者之一。如果换一个皇帝，本书男主角的成长路径很可能会完全不同。

王华本来想通过"荫一子入国子监"的方式，让"是非精"王守仁进入官场。可成化老兄这么一完，王华的小算盘也打不成了，只能让老大走正常程序，老老实实地参加科举。

京城的花花世界诱惑太多，正能量太少。你小子还是回到状元的故乡，好好受熏陶吧。再说了，想参加乡试，通常还得回原籍报名。

王守仁哪一年通过童生试[1]的，正史上并无记载。但十六七岁的他，显然已经有秀才身份，有资格参加乡试了。经常与王守仁相提并论的两个浙江老乡，刘基十二岁中秀才，于谦则是十五岁中的，和他们相比，王家大公子应该也不会晚多久。

1.获取秀才资格的考试，分为县试、府试和院试三个阶段。

当时，王伦老两口可能是在京城住腻了，也可能是跟赵氏相处得不愉快，也有了回乡的打算。这不正好吗？祖孙仨人一起回去，正如五年前他们一道过来。

各位看官，王华是不是大脑又短路了？在老爹眼皮底下，王守仁都敢各种作，各种撑天撑地，各种脑回路清奇。要是把这小子放回老家，在爷爷的纵容之下，他不得把瑞云楼拆下来，组装成几艘战船，开到姚江操练水战？

那不能。家里还有很多亲戚朋友可以好好盯着王守仁，不会容忍他无法无天。而且，王华还有别的着数制约老大。

转过年，就到了孝宗弘治元年（1488）。七月的一天，王阳明正在余姚自家书房埋头苦读（课外书），突然收到当爹的寄自北京的一封亲笔信。这一年，王华被擢升为经筵官，还参与了《明宪宗实录》的编纂，可谓官运亨通。

感谢大明发达的驿站制度，老爹这封信能及时送到熊孩子手中。王守仁不看则已，一看就傻眼了：

我完全没有心理准备嘛，人家还这么年轻……

按中国传统的年龄算法，王守仁已经十七岁，算是成年人，可以娶妻生子了。

按今天的标准，他小朋友不满十六周岁，只是个小屁孩，只配对着姑娘的背影流口水。

王华让儿子马上收拾东西，前往江西布政司首府南昌。去南昌也就罢了，还要他去拜见一个陌生的叔叔；见叔叔也就罢了，还要和叔叔的闺女拜堂成亲！

南昌对王守仁来说，是个完全陌生的城市。在他的记忆中，八百一十三年前（675），唐代大才子王勃在南昌写下的《滕王阁序》，读书人都爱看；一百二十五年前（1363），刘基策划的鄱阳湖大战，可以说中国人都知道。除此之外，就再没有什么关于南昌印象了。

把一个从未见过面的女生娶回来相守一辈子，风险指数有些大，幸福指数有些低。当然在那个年代，神州大地上就几乎没有自由恋爱的年轻人，他们既没有这样的机会和缘分，又没有这种意识与能力。

王华为什么急着给儿子成亲？还不是希望有人能替自己管教他。

有人说："男人如果不结婚，永远都是个孩子。"我管不了你，不信你未来的岳父和媳妇，还能任由你这么折腾！王华当然没法给瑞云楼装监控，但以自己多年来对儿子的了解，他知道王守仁和"安分守己"之间，还隔了好多条街。

而且这场婚礼，还是女方家主动提出来的，并建议婚礼就在南昌办。盛情难却，王华又怎么可能不答应呢。

不过，由于公务繁忙，他还得留在京城，不能见证儿子娶亲了。

这时候的王守仁一定不会想到，自己的一生，将会和南昌有这么多的缘分。

南昌的历史，因为王守仁的贡献而更加精彩；而因为南昌，王守仁一举奠定了自己的传奇地位。

他不光是南昌的女婿，还是南昌的红人，更是南昌的骄傲。

按说王华贵为当朝状元、朝中红人，他的长公子王守仁相貌出众、谈吐不凡，自然会被京城官员青睐。很多家有女儿的官员或商人，肯定想打他的主意，想攀这门亲事，想改善后代的遗传基因，想让自己有更多吹牛的资本。

既然如此抢手，王状元为什么不为孩子找个正宗的北京大妞，把王家血脉搞得更"高贵"一些，却要舍近求远，大老远地在南昌给小守仁定亲呢？

没办法啊。王华是个重合同守、信用的人。这门亲事在他中状元不久，就已经定下了。

镜头一闪，回到成化十九年（1483）的八月。当时王华还在翰林院上班，余姚老乡诸让担任本年顺天府乡试的考官，顺道来王华府第拜访。王华就让小守仁出来拜见长辈。

结果，就因为在王家多看了几眼，诸让再也忘不了这孩子清秀的容颜。

王守仁年纪虽小，待人接物却很有分寸，落落大方，诸让越看越喜欢（可惜小守仁日后各种掀天掀地的名场面，他都无缘领教）。诸让立刻想到，这孩子再过几年，上门提亲的恐怕能把门槛踏断。到那时候，只怕自己长相平平的女儿，连进入候选名单的机会都没有。女大十八变？那都是别人家的女儿！

不行，先下手为强，后下手遭殃。诸让立即开门见山地提出了自己的想法。

当时的王华只是一个翰林院修撰，人家诸让怎么说也贵为吏部郎中，正经的正五品官。再说，无论从王、诸两个家族的利益，还是从两个男人的交情来讲，都不能拒绝这门亲事。

至于诸小姐[1]相貌如何，是否能让儿子满意，这可不在王华考虑的范围内。"娶妻娶德"，这是中国读书人的传统理念。（不满意的话还可以"娶妾娶色"，老爹不就是典型吗？）

诸让开口提亲，王华很快就答应了下来。自打订下了这门娃娃亲之后，诸让在官场上也是平稳进步，当上了从四品的江西布政司参议。王华就更不用说了，在北京城有了体面的工作、体面的府第、体面的新夫人。当初王家的条件似乎还配不上诸家，现在，两家完全是门当户对，强强联合了。

不过，天知道这诸让怎么想的。古往今来，有几对夫妻是在女方家里办婚礼的？王守仁又不是倒插门。可能是老爷子太喜欢女婿了，也太看重这门亲事，想着法子帮王家省钱。

过去有人认为，诸让是王守仁的远房舅舅，诸小姐是王守仁的表妹。这种说法是否准确呢？我们后面会讲到。

婚礼这一天，是皇历上大吉大利的日子，诸府装饰一新，大红喜字贴得到处都是。南昌城里很多有头有脸的官员和名流都来了。

仪式是讲究的，礼数是周到的，流程是烦琐的，酒宴是丰盛的，主家是用心的，来宾是愉快的……

在热烈欢快的气氛中，一对新人走了出来，开始走婚礼的各种流程。在座的客人警惕地交换了一下眼神：这阵势他们从来没见过啊。

只见这俩孩子身着盛装，举止讲究。其中一个顶着大红盖头，当然是新娘子；另一个，脸上却戴着图腾面具！在众人的一片惊诧声中，久经大场面的诸让不失时机地站了起来：

"各位，这是夫家那边的风俗。"

对嘛，既然把婚礼都放在娘家办了，当然也要尊重一点人家的习惯。

1.在《此心光明：王阳明传》中，作者杨东标认为诸小姐名叫诸婉龄；《我是王阳明：知行合一的心学之旅》中，作者宗承灏认为她名叫诸芸。

客人们无法打消疑惑，但在这样的大喜日子里，也不愿意多想。当年又没有手机，谁还能上网搜索一下"浙江余姚有没有男子结婚戴面具的传统"？

不过这个新女婿也真有个性，给客人们敬酒时面具都不摘；有小孩子起哄，他甚至要抢起拳头打人。

一天的喧嚣终于归复平静，送走了最后一个客人，诸让把一对新人叫到了房间。你说都这个时候了，难道他还要给年轻人讲解动作要领？

新郎慢慢摘下了面具，长长地出了一口气。这个人皮肤较黑，哪里是王守仁嘛！

诸让从怀里掏出了一张银票，递给了"新郎"，并且非常严肃地提醒："此事万万不得声张出去，不然……"

那人急忙点头："大人放心，小生万万不敢！"随后很知趣地消失在夜色中，当然也消失在了历史长河里。

新娘子也摘下了盖头，面带泪痕，绝望地问父亲："夫君是不是不喜欢我啊，他还会不会回来？"

"天太晚了，明天一早我就多派家丁，全城寻找。如果是被人绑架了，要多少赎金，我都满足他们的要求！"

话虽这么说，一家人怎么可能睡得着？本来是成亲的大好日子，新郎官王守仁却突然失踪了。为了把婚礼进行下去，诸让不得不找了个替身和女儿拜堂。为了不被人看破，还特意想出了戴面具的点子。

天已经大亮了，诸让把家丁集合在一起，给他们布置了任务，要在南昌城展开地毯式搜索，不惜一切代价，也要把新姑爷找出来！

王守仁这是逃婚，还是被人给绑架了？

二、放纵了一夜，内疚了一生

诸让训话完毕，家丁们正准备出发，突然听到"咯吱"一声，没关的大门被推开了，一个年轻人从外面走了进来。

他似乎很疲倦，步履蹒跚，踉踉跄跄，随时都有可能摔倒在地。诸让见了，却如同在沙漠中行走了三个月的迷路者，突然看到泉水一样兴奋，上前一把拉住了这小子："孩子啊，你总算回来了……"

王守仁自己回来了！诸让真是开心，连端岳父架子教训女婿：这么重大的事情都忘记了。什么叫真爱，这就叫真爱！可他就不想问问，小兔崽子在过去这段时间里，到底经历什么事情？

对于包办婚姻，王守仁本来就不抱什么希望。古人结婚，小两口事先肯定是不能见面的，成亲如同"拆盲盒"。但只要动些小心思，未婚妻的真容还能发现不了？

洞察到真相的王守仁，失望之情自然无以言表。想想自己的后半生，就要和一个完全无法心动、完全没有幸福感觉的异性生活在一起，还要对她尽丈夫的义务。这样的婚姻，有还不如没有；这样的日子，真不如出家为和尚、当道士！

无论如何，不能拥有一个红颜知己，不能与她情投意合、心心相印，这一生注定会留下极大遗憾。不管嘴上承不承认，无奈的眼光骗不了自己。

这天早上，想到就要完成从男孩到男人的转变了，压力山大的王守仁没有给诸让打招呼，就偷偷溜出诸府大门，想到大街上透透气。

离开让人心情压抑的府第，走到车水马龙、人头攒动的大街，这感觉太好啦。在这个陌生的城市，没人知道我来自何方，没人管我要去哪里，没人在乎我的喜怒哀乐，没人介意我的随心所欲。我想要这最后一天的快乐，最后一时的自由，最后一刻的放纵。

从中午开始，这个世界就不再属于我，我的人生就完全不同了。

走着走着，王守仁来到了一座道观，观前非常热闹，上香的善男信女络绎不绝。他一打听，才知道自己无意中游荡到了南昌当地有名的铁柱宫。王守仁打小就沉溺佛、道二学，喜欢去寺院、道观打卡，这里离诸家已经非常远了，要不要进去看一下，马上出来？

没想到这一进去，出来后就是第二天一早了。

铁柱宫又名万寿宫，称得上南昌的地标性建筑，当年洪武皇帝都曾亲自参观过，因此香火非常旺盛，香客络绎不绝，其中自然不乏一些相貌特别精致的妹子，多数也是为求美好姻缘而来。王守仁见了想必更为惆怅，更加痛恨老爹的专制，更想抱怨命运的不公。

怀抱一颗受伤的心，准新郎在铁柱宫里瞎转悠。也许潜意识中，他真的希望电光火石之间，有能令他一见钟情的姑娘突然出现，两人可以手拉手一起私奔，脸贴脸一道放纵。但随着时间流逝，这位失意者居然被一个男人深深吸引住了，你说这叫什么事吧？

就在后殿，王守仁遇到了一个道士，道士正在侧殿的蒲团上盘腿打坐。道士有什么稀奇的，他不住道观，难道住寺院吗？

但此人还真是不简单。满头的白发，证明了他的年迈；而如孩童般细腻的面庞，却显示了他不光身体健康，而且驻颜有术，也就《天龙八部》中的天山童姥能与之媲美。这样一位老人，让人无法不惊讶、不羡慕、不尊重。

王守仁立即想起了自己去世的母亲。如果母亲能得到这位道长的指点，能够学会更多养生之术，只怕现在还能看到母亲的笑容，听到她的唠叨，吃上她做的饭菜，穿上她做的衣衫，让媳妇给她敬茶，让孩子叫她奶奶。可是……

王守仁不敢大声，生怕打扰到老人家。不过即使再小心，老道还是看到他了，向他轻轻点了点头。王守仁只能上前，深施一礼："参见道长！"

老人微微一笑，上上下下打量着这个清秀的年轻人："你身体不怎么好吧？"

王守仁被说中了，有些不好意思。他问："道长您是哪里人？"

"贫道是四川人，访问道友来到南昌，没想到在这里长住了下来。"

"道长您高寿？"

老人有点不高兴了，似乎在说：我皮肤这么光滑紧致，你真觉得我老？他面无表情地回答："我一点都不老。"

"那您到底有多大？"王守仁坚持要问，真是个"直男"啊！等老人回答之后，他更加惊讶了。

老人很平静地回答道："我才九十六。"

和多数人一样，王守仁对长寿的人很是佩服，就想请教道长尊姓大名。

"我从小就漂泊四方，父母起的名字早就不用了，不过蒙道友们抬爱，他们都叫我'无为道者'。"

无为道者？俗话说："无为而有为则可为，有为而无为则不为。"刻意追求某种结果，反而总得不到结果。你一心求富，却总是发不了财；你想阅尽人间春色，却得不到女生的真心；你一门心思地学做圣贤，就一定能修得正果吗？多少帝王梦想长生不老，却都活不到六十寿辰。这老者不求长生，九十六岁却有如此健康的体魄，且鹤发童颜。想到这里，王守仁再次深施一礼："我想道长这是领悟到长生的秘诀了吧？"

"这个世界上哪有什么长生的秘诀，但养生的方法肯定是有一些的。"老人相当随和地说："来来，坐下，我给你讲讲养生之道。"

王守仁犹豫了一下，还是坐了下来。今天，可是他入洞房的大喜日子，这养生……

老人说：养生的道理其实很简单，只要牢记一个字就好——静。

"静？"

"就是清静，清心，才能寡欲。道家中谁的成就最高？"

"学生无知，但想应该是老子和庄子吧。"

老人点点头表示肯定，然后接着说："老子清静，庄子逍遥，他们才能有这么高的道行。要是整日纠缠尘世中的恩恩怨怨，钩心斗角，心中自然充满怨气，必将折损阳寿，养生当然无从谈起。"

老人估计好长时间没见过这么英俊又这么有礼貌的听众了，自然非常高兴，话匣子一旦打开就有点关不住，恨不得把平生所学都展示出来。可见再追求清静的人，内心深处依然有表现自己的渴望，依然希望得到别人的认可。所谓"无为"，往往是得不到认可时主动采取的高姿态，本质上还是有为。

"来来来，我教你如何打坐……"

"这个……"王守仁本来准备告辞的，婚礼马上就要开始了，各项仪式相当隆重，来宾众多，贵客盈门，婚礼一结束，把客人们打发走，还有更重要的工作等待自己完成，还有更重要的仪式等着自己履行，难道真要跟一个老头子在这儿练习打坐？要让老丈人知道了，非打得你坐不下去。

但是，老道不知道有什么魔力，让这个准新郎无法拒绝。他很听话地盘腿坐下，闭上了双眼，让丹田之气向上奔涌。

两个年龄相差近八十岁的男人，就这样枯坐在铁柱宫中。王守仁忘记了时间的流逝，忘记了天色已经全黑，忘记了吃饭与喝水，忘记了尘世间的一切杂念，当然也忘记了拜堂成亲尽新郎义务，把诸让和女儿在家里急得如坐针毡，二人自杀的心都有了。

眼看东方露出了鱼肚白，依然在打坐的王守仁猛然惊醒，想起了那缺少自己的婚礼现场，想起了来宾的诧异与喧哗，想起了被严重冷落的新娘子，想起了被彻底惹毛的岳父大人，他脸上的汗"刷"的一下就下来了。王守仁不得不叫醒已在打坐中睡着的无为道者，说自己必须告辞，马上回家了。据消息灵通人士透露，道长当时还微微一笑，神秘地说："小相公珍重，二十年后，我们还会相见于海上。"

王守仁一听，这话怎么听着有些瘆人呢。他倒是听说过，那些被处决的人，临刑之前会高喊什么"二十年后，老子又是一条好汉"之类的话。

十三岁遇到算命先生，把自己的前程与胡子长短联系起来；十七岁又碰到神秘道长，说二十年后要和自己相见，这可能性有多大呢？二十年后，老人家可就一百一十六岁了，就当是对他的美好祝愿吧。

王守仁现在更担心的是，岳父大人会不会把自己绑起来摔在地上，让家丁抢起棒子猛打？新婚妻子会不会一时想不开，出什么意外？

事不宜迟，王守仁紧赶慢赶，一路狂奔，终于回到了诸家。要不然，年方十七的他，完全不应该这么憔悴嘛。

王守仁已经做好了接受惩罚的准备，准备跪下向岳父认错。但没想到的是，一见他平安回来，诸让的笑容是那样急切，连声音都颤抖了："回来就好，回来就好……"

王守仁瞬间被真的感动了，同时更加内疚和自责。想象中的棍棒、皮鞭根本是没影的事，甚至连王华式的讽刺挖苦都没有，岳父只让他尽快去向妻子解释。

王守仁轻轻地敲门，在得到允许之后，才缓缓地走了进来，深施一礼："娘子，守仁向你赔罪了……"

诸小姐眼中似乎还有泪，她关切地问："相公，你平安回来就好，我一晚上都睡不着……你到底去哪里了？"

受到鼓励的王守仁坐到了她身边，犹犹豫豫地牵起了她的手。看着他笨拙的动作，诸小姐开心地笑了。他猛然发现，原来她笑起来也挺好看的——毕竟是大家闺秀。

在那个非常迷信的年代，新娘子在洞房花烛夜被冷落，是十分严重的事情，是会带来一生晦气的。但是，看到王守仁的道歉非常诚恳，这个善良本分的新娘子，很快就忘记了不快，反而关心起王守仁饿不饿，要亲自下厨为丈夫做饭。

一边是对丈夫非常关爱、尽心照顾的诸小姐，一边是对妻子心存内疚、不敢再出乱子的王守仁，两个年轻人的感情迅速升温。诸让看在眼里，喜在心头。很可能是为了早点抱外孙，他说什么也不让王守仁回余姚或者上京城，而是把女婿留在了南昌，随便安排了一份差事。

王守仁的职业生涯，居然是从南昌开始的。

我们的男一号工作不忙，压力不大，薪水也不低。衙门里的人都知道，这位帅小伙是王羲之家族的直系后代，更是诸大人的乘龙快婿，谁敢给人家找麻烦，给自己找不痛快啊。

衙门的工作实在太清闲了，逼得王守仁找些事情做来打发时间。作为书圣后人，他对书法艺术有着与生俱来的灵感和发自内心的热爱。上班时间练字说起来不是什么体面的事情，但不明真相的群众看着王小帅哥整天趴在桌子上奋笔疾书，还以为他在给朝廷写什么重要公文呢，谁敢提出疑问？

据说因为王守仁太喜欢写字，使得南昌府白纸的采购量大增，甚至供货商都提价了。西晋的时候因为左思，有了"洛阳纸贵"的典故；一千多年之后，因为王羲之的后代王守仁，南昌的纸也贵起来了。

王守仁的字好到什么程度呢？绍兴人、大书法家徐渭有这样的评价："王羲之以书掩人，王守仁以人掩书。"意思是说，书圣王羲之的书法太有名气了，以至于让世人忽略了他其他方面的才华；而王守仁在其他方面太成功了，让世人忽略了他在书法上的造诣。潜台词就是：我们尊敬的王大师，就算啥事也不做，照样可以凭借书法艺术家的身份，在五千年中华文化史上占据一席之地。

当然，王守仁的志向是做圣贤，而绝不是当第二个王羲之。但所谓"既来之，则安之"，这份工作还是挺惬意的。要说王华这老公公当得也真是稳当，儿媳妇这么长时间都不来拜见自己，他也压根不着急。

不过，细心的读者恐怕已经看出来了，小两口结婚五百多天也没孩子，不是媳妇这方面有问题，就是丈夫那方面有障碍。

王守仁在拜堂之日"放鸽子",给新婚妻子造成的伤害可想而知。但作为那个时代的大家闺秀,诸氏对"三从四德"的理念深信不疑,她从没有拿这个出来说事。而自感内疚的王守仁,每次欢爱之时也是分外体贴,希望以此作为补偿。

小两口从未采取过安全措施,妻子的腹部却是一如既往地平坦。诸让请来了南昌城最有名的医生给两人诊断。当知道结果时,年轻的诸氏无法掩饰自己的绝望,放声痛哭起来。

她没有生育能力,不可能生出自己的孩子。这样的现实,对一个向往做母亲,并且渴望母以子贵的女性来说,几乎是给她一生的幸福宣判了死刑!

不孝有三,无后为大。按照封建专制社会的"妇人七出"之条,王守仁可以心安理得地休掉妻子,诸家人告状都没地儿告,各级官府都不会受理。但是,这种事情他是根本做不出来的。

诸氏虽不是王守仁希望的那种心灵伴侣与知己,她各方面都很普通,但她有一颗善良的心,善良到让同样善良的王守仁不忍伤害她。

何况,王守仁自己还年轻,他暂时不想要孩子,不想因为孩子的出生影响自己当前的头等大事——考科举。而且,没准将来有一天,随着大明医疗技术的进步,她的病能治好呢。

在南昌衙门待了约莫一年半之后,岳父大人终于放过了女婿,同意他带着妻子回乡——家里出变故了!

弘治二年(1489)十二月,王守仁告别了岳父,带着诸氏返回余姚,探望已经病重的爷爷王伦。

归家途中,路过广信府(今江西省上饶市)时,王守仁有幸拜会了知名学者娄谅(别号一斋)。娄老先生比王守仁大整整五十岁。在那个年代,娄老先生显然可以做后者的爷爷了。

这次短暂会面,对王守仁的影响却是终生的。

当老人家主动提出让自己的小女儿[1]与王公子见一下时,刚刚成亲没两年的他急忙推辞,说是不便打扰,其实,他只是不想多见一位中年妇女

1.一说是孙女。在《此心光明:王阳明传》中,作者杨东标认为娄谅小女儿名为娄素珍。

罢了。

就这样，娄小姐从后堂款款走出，对着我们的男主角微笑行礼。王守仁急忙站起来还礼，心跳猛然加快了很多，甚至有了窒息之感——对面的小姑娘实在太漂亮了。她显然比王守仁还要年轻，更像是娄谅的孙女。娄小姐乌黑的发髻下面，一双大眼睛如同秋水般清澈，那种浑然天成的灵气和妩媚，不事造作的从容与优雅，是诸小姐从来不曾具备，也注定永远不可能拥有的。两人之间的差距，大致就像东施与西施。

此时的王守仁，如果说一点遗憾也没有，恐怕并非事实。命运的安排真让人无奈！但这种念头只是一闪而过，它很快就被娄老先生的热情掩盖了。

王守仁不会想到，下次与娄小姐见面要间隔那么多年。而且再见的时候，她会是那样一身装束，那样一种结局。

和王守仁一样，娄谅很早就立下了"成圣贤"的志向，并且，他喜欢结交佛道中人。他是著名大儒吴与弼的学生，学识深厚，在江西有着极高的威信。

据说娄谅还有特异功能，能未卜先知。最经典的一个段子是：

有一年，娄谅和一帮人约好去京城参加会试。刚刚行至杭州，他老人家突然就不走了。别人很奇怪，就问他怎么回事，娄谅神秘地说："此行非但不第，而且有祸患。"谁信他这一套啊？结果一个月后，京城传来噩耗，举行会试的贡院起火，烧死了不少举子。

这可不是江湖传说，黄宗羲可是一本正经地将它记录在了《明儒学案》里，并说娄谅是因为长期静坐，才有了常人不具备的神术。"静久而明。"不过，娄先生真的有这么大的本事吗？

只要想想他把宝贝女儿嫁给了谁，就会觉得娄先生这个"特异功能"并不靠谱。

但是，在与娄谅的交流中，有一句话深深地打动了王守仁。这句话，他一生也没有忘记，并且说给无数人听。

"圣人必可学而至！"

真的能"学而至"吗？真的不需要门槛吗？

三、"格竹"不顺，否认的不光是自己

人生在世，避免不了与亲人的一次次别离。

王守仁小两口回到余姚后不久，爷爷王伦就去世了。临终之前，王伦见到了孙媳妇，走得也算踏实了。

王守仁的悲伤无以言表。十三岁时失去了母亲，未到十九岁又失去了爷爷。人，来于尘土，最终还是要归于尘土。只是，谁都想让团聚的日子长一些，让分别的痛苦少一点。

不久之后，王华从京师赶回余姚奔丧。弘治三年（1490）正月，王华将父亲安葬在了风景秀丽的穴湖山。

按大明的传统，官员在父母过世后必须辞掉本职，返乡丁忧守制二十七个月。王华因此住在了家乡。他正好也利用这段时间悉心辅导妹夫牧相，堂弟王冕、王阶和王宫，以及"麻烦少年"王守仁，希望他们的学养能上一个台阶。

王华展现了一位好父亲的拳拳爱心，倾注了全部心血，希望能复制自己昔日的传奇。但他没想到的是，自己的宝贝儿子，结了婚后依旧奇葩，娶了妻后依然胡闹，甚至还和竹子杠上了。

目前学术界主流的观点，认为"守仁格竹"发生在王守仁携妻返回余姚之后，乡试中举之前。也就是说，在王守仁十九到二十二岁之间。

但是，在《王阳明年谱长编》第一册中，束景南先生却认为王守仁"格竹"的时间在成化二十二年，也就是说，与他出关游历同年。这么一来，"格竹"的地点就只能是北京了。

什么？北京纬度那么高，冬天气温那么低，还能种竹子？太能了啊！知道紫竹院吗？但是在五百多年前，京官想在自家后院种活竹子，难度约等于今天的我们在阳台上养企鹅。再说了，当时的王守仁才十五岁，对理学典籍尚缺乏领悟能力，也就不太可能做如此荒唐之事。因此，笔者认同的还是主流观点。

在中国人心目中，竹不仅仅是一种植物，更是一种文化的象征。王伦生前特别喜欢竹子，他不仅自称"竹轩翁"，还在自己的门前屋后种满了这种植物。

在那个年代，朱熹是仅次于孔子的第二大圣人。他的《四书集注》是科举考试的指定教材，他的思想被官方和民间一致推崇为经典。王守仁既然立下了当圣贤的愿望，对于朱熹的学说，就不可能不仔细研究。

而朱圣人最著名的学说，莫过于"格物致知"。儒家经典《大学》有云："欲修其身者，先正其心；欲正其心者，先诚其意；欲诚其意者，先致其知；致知在格物。"大意是说，任何事物之所以呈现出现在的状态，是因为其内部有"理"，也就是自身的规律。只有不停地"格物"，与事物做亲密接触，才能明白其中包含的"理"。

在与娄谅的交流中，王守仁发现这老爷子也持类似观点。

那还等什么啊，行动起来。王守仁约了一个姓钱的朋友，每天早早起床，吃过早饭后，就站在院中的一株翠竹下，目不转睛地注视着竹叶。在十九岁的他看来，透过竹子，看到的是整个世界；参透了竹子的生长玄机，也就掌握了宇宙万物的变化规律。

一个时辰，两个时辰……一天，两天……他俩忘记了吃饭，忘记了喝水，忘记了周遭的一切，眼中只有这株碧绿的竹子。到了第三天，小钱就劳累过度，不"陪太子读书"了。王守仁表面上安慰了朋友一下，内心里却笑话他缺乏毅力，没有成圣的机缘。

一个人的坚持更加困难，一个人的死杠更有风险。到了第七天，王守仁的身体越来越沉重，视力越来越模糊，呼吸越来越急促，心跳越来越混乱……恍惚之中，他看到了朱子站在天上朝他笑，不过不是善意的微笑，而是戏弄式的大笑，而且，他似乎听到对方在说："傻孩子啊，你走火入魔了，我老人家说的'格物'，是叫你这么'格'的吗……"

王守仁醒来，发现自己已经躺在了床上。妻子拿着方巾，正小心翼翼地擦去他脸上的汗水。妻子道："大夫刚来过了，说你身体虚弱，要好好休息……"王守仁脸上直发烧，自己这个当丈夫的，本应扛起家庭的重担，思维却如此跳跃，行事却如此莽撞。

王华也气不打一处来。如果换成十年前的王华，非拎着棒子把"是非精"王守仁从床上打起来不可。可现在人家有媳妇了，自己不得克制不是？再说了，看儿子病成这样，做父亲的其实也很心疼。

朱子说的"格物致知"，只是说自然界的一草一木都有存在之理，需要多观察思考，总结规律。人家并没有说，你天天盯着一块石头就能参透它的机理。

但天性敏感的王守仁，却对朱熹学说的权威性产生了一定的怀疑。至少朱熹的"格物致知"之说，并不是通向圣人之境的康庄大道，而且很容易让人产生误解。

朱熹可能是错的！这种思想在当时无疑是离经叛道的。专制社会的教育强调的是接受与服从，而非怀疑与挑战。一个二十岁的少年，尽管已经娶妻，但从各方面讲还是个孩子，他居然敢质疑朱熹？那普天之下，恐怕就没有什么是不能质疑的了。所有的经典，在他眼中也不再完美无缺。

也许没有"守仁格竹"的失败，就很难有后面的"龙场悟道"。年老时的王守仁总结道：

"大家都知道格物要学朱子，但又有谁是这么做的？我就做过。当年，我与姓钱的朋友讨论'做圣贤要格遍天下之物'。现在，我怎么能有这么大的力量？……我在贵州待了三年，才深深领会了朱子的意思，才知道天下之物本来就没有可格的。格物之功，只在自己的身心，我决然认为，人人可以成圣，这就有了担当……"

但是，"格竹"留下的后遗症，也是相当严重的！

四、乡试告捷，成果不同凡响

"格竹"失败，连带着大病了一场，让王守仁暂时放弃了快速成圣的幻想。更不幸的是，自此以后，肺病和哮喘成了他一生的亲密伴侣，令他长年生活在与病魔苦苦缠斗的郁闷之中。也许只有拼命读书与不停写作，才能让他暂时忘记身体的病痛。

在那个时代，多数读书人只能靠科举考试获得功名，进入仕途。你可以轻视科举，但不能回避它。你可以认清它扼杀创造力的本质，但不能被它所扼杀。不然，即便像蒲松龄一样才高八斗，一辈子也得不到编制。

不过，王守仁却没有这么多顾虑。想想啊，老爹已经是当朝状元了，自己再怎么努力，最多也只是老王家第二个状元，能有多大意思。而且自己的前程，不是早就确定了吗？"中状元绝不是第一等事，读书学圣贤，才是最重要的……"

是骡子是马，得拉出来遛遛。弘治五年（1492）八月，王守仁的身影出现在了杭州，出现在了乡试考场。

千万别小看乡试，这是三年才举行一次的国家重要考试，考试时间全国统一。举办地点当然不是乡村，而是各布政司所在地，绝对的中心城市。

乡试共分三场，每场答题的最长时间为两天，中间要清场。第一场初九开始，考《四书》义三道，每道二百字以上；经义四道，每道三百字以上。第二场十二日开始，论考一道，三百字以上；判语五道，诏、诰、表各考一道。第三场十五日开始，考经史策论五道，每道三百字以上。

乡试的考场是各布政司的贡院。现场用木板搭起了成千上万个简陋的隔间，称为"号房"。在这八九天里，考生除了两个晚上能暂时离开之外，其他时间都得待在号房里。现场当然不卖盒饭，秀才们只能吃自带的干粮，待遇有些类似囚犯。

乡试既是智力与学识的较量，也是体力与毅力的考验。考中了，至少可以获得举人资格，有了入京考会试的机会，以及无限的可能；考不中，就得再继续苦读三年，再努力三年，再纠结三年。

向前一步是幸福，退后一步是痛苦，差别太大了。

对大明十三布政司的地方官来说，这就是他们能够承办的最重要的考试了。通过乡试，全国每三年也只能产生一千多名举人，即"向朝廷荐举的人"。这些幸运儿即使以后不能入朝为官，在地方上也都会被安排体面的工作，从此脱离劳动人民阶层。

想一想《儒林外史》里范进老先生中举之后的狂喜表现，就知道乡试的门槛有多高，举人的含金量有多高了。

第二年二月，两京十三司的新老举子，全部集中在京进行会试，从中再产生三四百名进士（为朝廷提供的士子）和同进士出身。如果说举人算精英，那进士就是精英中的精英，前途不可限量。

王华已是京官，但官员的孩子通常并不能在顺天府参加乡试，只能回原籍。浙江，这是文曲星扎堆下凡的地方！这里每一个乡村都能冒出一位才子，这里的每一条小巷都能培养一名举人。但残酷的竞争，往往也能把一个人的潜力逼出来。

而状元公的儿子，果然没有辜负老爸的期望。王守仁不光顺利地考中举人，排名还高居全省第六（一说第七十）。从此，王守仁就有了铁饭碗。而他的从叔和姑父却集体落榜，完美地当了一回背景板。

王华在乡试中多次落败，三十五岁时才艰难中举，在这一点上比儿子差远了。

王守仁并不知道，就在自己中举后大约一个月，一位名叫克里斯托福罗·哥伦布的航海家发现了美洲大陆。但他似乎知道，不远的前方有一块新大陆，等待自己去征服。

和王守仁一同中举的，还有孙镀和胡世宁两位青年才俊。这一年为农历壬子年，著名学者王世贞称他们为"壬子浙江三仁"。理由何在？后面笔者会讲到。

二十一岁就考中举人，取得第二年入京会试的资格，确实是一件非常不容易的事情。

元宁宗至顺三年（1332），处州青田人刘基以二十二岁的年龄光荣中举，第二年又去大都参加了会试，高中进士，成绩是三甲第二十六名。

永乐十八年（1420），杭州钱塘人于谦顺利地考中举人，时年二十三岁。次年他上京参加会试，以三甲第九十二名的成绩取得了"赐同进士出身"。

在《弇山堂别集》中，王世贞将王守仁与两位前辈合称为"浙江三大功文臣"。作者深情地写道：

> 洪武三年（1370）庚戌，御史中丞刘基以谋策功封诚意伯，天顺十四年［应为正统十四年（1449）］己巳，兵部尚书于谦以靖乱功加少保，正德十六年（1521）辛巳，南京兵部尚书王守仁以擒叛乱功封新建伯。文臣中最为灼然者，皆浙人。刘赠太师，于赠太傅，王赠侯，皆在易世论定之后。

这三位改变大明历史走向的名臣都是浙江人，都是二十出头的年纪在杭州中举，都在北京（大都）参加会试，都以文臣的身份创造了不世军功，这三人还真的特别有缘分。

王守仁高中举人，王华的二十七个月丁忧也即将期满。很可能就在这段时间，王华做出了一项重要决定，也深刻影响了老大之后的生活。

王华"常思山阴山水佳丽，又为先世故居"，决定将王家府第由余姚迁到绍兴府城所在地山阴（今江苏省绍兴市越城区）的光相坊。

目前，学界没有争议的是：王守仁及其弟子钱德洪都出生于余姚瑞云楼，王守仁晚年修建的新建伯府在山阴。也就是说，王家宅邸肯定是搬迁了，但迁到山阴的具体时间，与"守仁格竹"一样难有定论。

在《姚江王氏、迁居山阴、争袭击爵位三考》等论文中，诸焕灿认为，王家迁居应在新建伯府第落成，即正德十六年之后。

在《越城活动考》中，陈来指出，王家在弘治十六年（1503），甚至有可能早在弘治十二年（1499）就已经迁到山阴。

在《王阳明年谱长编》中，束景南认为，王家是弘治十年（1497）秋由余姚迁到山阴的。

在《姚江秘图山王氏家族研究》中，华建新认为，王家迁徙居的时间，应该在王伦殁后，即弘治三年（1490）以后；

在《儒学正脉——王守仁传》中，钱明认为，王家迁居山阴在成化十七年（1481），即王华高中状元的那一年。

以上几位学者的分析当然都有道理，但笔者认为，王家迁到山阴的时间，应该是王华守孝期满之后，进京上班之前，也即弘治五年三月到弘治六年（1493）九月之间。

显然，如果王家早早就迁到了山阴，那王伦没有必要葬在余姚的穴湖山，毕竟山阴才是老王家的根基所在。

既然老爹都埋在余姚了，王华在守孝期间也没有理由搬家，太过折腾，也是对老人的不尊重。他不如留点力气，就守在余姚，一来祭奠方便，二来可以好好指点一下老大等人的学业。

王华丁忧期满要回北京复职，因此在老大中举后不久搬迁老宅的可能性是最大的。而弘治十年时，王华一直人在北京，以他的秉性，应该不大会放心由王守仁来操办。

当然，随着"王学"研究的深入，更多史料的发掘，这一历史悬案也许会有真相大白的一天。而即将参加会试的王少爷，能不能马到成功呢？

五、失利不失志，还能逢场作赋

弘治五年十二月，王守仁回到了他离开了五年多的京师，备战次年的会试。

与无数长途奔波的学子相比，身为官二代的他，确实有更好的条件，也有更足的底气。当大多数考生，包括陕西解元李梦阳都要忍受着客栈糟糕的环境时，王守仁却可以坐在自家舒适宽敞的书房中，泡一杯好茶，焚一炷好香，甚至点一桌好菜，怡然自得地调整备考状态了。

大明王朝每三年才能产生三百到三百五十名进士及同进士出身。会试时间为二月初九、二月十二日，二月十五日，与乡试隔了整整半年。考生依然要在简陋的号房中答题，依然要承受各种不便不适不安，依然要挑战生理和心理极限。

更要命的是，会试时间在春节之后，因而也被称为"春闱"。但此时的北京依旧千里冰封，白天的温度通常都在零下。晚上就更不用说了，迎风解个手只怕都能冻成冰柱。考生可以在号房里点上火盆，但一来作用有限，二来隔间里到处是易燃物，一不小心就会引发火灾，甚至波及其他隔间，引发连锁反应。

说大明举子们"拿生命在考试"可能并不夸张。而对身体一直欠佳的王守仁来说，压力无疑更大，困难肯定更多。

这一年的主考官，正是父亲的老熟人、太常寺少卿兼侍讲学士李东阳。

那些天，王守仁感觉自己发挥得还不错。成绩揭晓了，他和一大帮考生焦急地挤在贡院的皇榜前面，瞪大了眼睛寻找。看来看去，还是没看到最熟悉的那三个字。无奈之下，王守仁终于接受了现实：自己落榜了。

看来，想取得进士资格，真不是那么简单的事情。比他小一岁的李梦阳取得了二甲第十七名，自然要以李东阳为"座师"。

此时王华还在余姚丁忧。得知王家长公子科举失利的消息，京城有很多官员都登门探望，鼓励他三年之后重新来过，不要着急。只要你有能力、有愿望，朝廷是不会埋没人才的。

李东阳都亲自上门安慰了，难道是为自己没能录取王公子而惭愧？在亲切友好的气氛中，老李特意把王守仁叫到了一边，随和地拍着年轻人的肩膀，不知道语重心长地开导了他什么，只见王守仁不断点头，露出了欣喜的笑容。

诸氏正张罗着留各位长辈用餐，却见老公捧着一大张宣纸从里屋走了出来。他一开口，媳妇脑子就"嗡"的一声，差点没当场昏过去。

"我已经写好了状元赋，请李伯伯和各位大人指正！"

如果王华在家，那不得立马勃然大怒、火冒三丈？

这个欠揍的，都落榜了还好意思在家见客，在家见客还好意思写状元赋，写了状元赋还好意思大声宣布——生怕别人不知道你蠢，你老爹管教无方吗？

幸亏王华并不在场，诸氏也不会动手抽老公。只是王公子的壮举，从此在京城就被无数人传为"佳话"了。

原来，老李与王守仁单独说话，只不过是想说点好听的，让他高兴一下。儿子高兴了，少不得要向老子汇报。老子知道了，还不得念李大人的好？

李东阳的原话大概是这样的："年轻人，你的根基不错。你今年没考上，是朝廷的损失。老夫相信你未来必定中状元。来来来，趁各位叔叔伯伯都在，你不如当场写个状元赋，让大家高兴高兴啦。"

这位好叔叔说完，就坐下来跟其他叔叔继续喝茶聊天，王守仁去哪儿他当然不关心，也不想关心。李东阳当然也不认为王贤侄真的好意思写。但万万没想到的是，这个实诚的孩子，居然当场把状元赋写了出来！李东阳这个悔恨啊，为自己刚才的不冷静深深自责。

在今天的很多人看来，王守仁真是情商太低，太过耿直，跟自己的两位知名老乡刘基和于谦有一拼。但是，做人太过圆滑，就一定好吗？

在场的叔叔伯伯们相互传阅状元赋，一个个都露出了嘉许的神色。果然思路敏捷、洋洋洒洒、一气呵成，所有人都不吝赞美之词，纷纷夸奖王家公子是天才，不愧是状元之子，大有青出于蓝胜于蓝之势，将来的前程必定是无可限量！这篇状元赋没有流传到今天，也是一件很遗憾的事情。

当然，也会有官员表示不满："真让这孩子考上了，他眼里还有我们这些人吗？"

此时，岳父诸让已经出任山东布政司左参政，从三品官。王守仁遂与妻子一道前往济南，正好可以排遣考试失利的痛苦。

中国有句俗话："一个女婿半个儿"，可从来没有"一个媳妇半个女"的说法。相比婆媳之间天然的不对付，老丈人对女婿的关爱往往真诚得没法说，王守仁也特别喜欢这个岳父——岳父脾气好嘛。

在济南，王守仁过得比在自家快活多了，不用看老爹的苦瓜脸，不用被老爹没完没了地数落，可以每天睡觉睡到自然醒，闲暇时期四处游玩，好不快活。此外，在此期间诸让给了王守仁很大的鼓舞，让他重拾信心。

夫妻俩一直到四月才依依不舍地乘船南下。他们回到山阴之后，王华似乎并没有追究儿子迟迟不归和写状元赋的责任，更不可能再提着扫把抽人了——有了媳妇，还真的等于有了保护伞。

不久，从朝中传来了好消息，王华被晋升为右春坊右谕德，充经筵讲官。别看官阶只有从五品，但这绝对不是一般人能当的，拥有给太子讲课的天大荣耀。明朝第一首辅张居正在入阁前，做的正是这份工作。

直到九月，王华才赶回京城上班。一路陪在身边的正是多年来一直让他头疼的宝贝儿子。

各位看官，王老爷子这是给升官的喜悦冲昏了头脑，忘了王守仁还要科举的正事吗？

当然不是。王华运用自己的人脉，给老大找了一份学习深造还能领工资的美差，类似今天的在职硕士研究生——太学生。上班的地点是北京国子监，又称北雍。

不能不说，王华帮儿子帮得理直气壮，王守仁拼爹拼得云淡风轻。在国子监，王守仁可以接受更加系统的学术训练，可以结识更多有才华的同学，可以翻阅更多珍贵的传世典籍，甚至还进一步提高了自己的骑马射箭水平。

不过，弘治八年（1495）二三月间，王守仁突然中断了学业，和妻子赶往济南。

除了北京，泉城是他最熟悉的北方城市。根本不老的诸让突然去世了，时年仅有五十七岁。诸氏当然难过得无以复加，而想起岳父过去多年对自己的帮助和照顾，王守仁同样极其悲伤。在守丧的日子里，他写下了《祭外舅介庵先生文》，祭文情真意切，堪称明朝祭文的典范。其结尾写道：

> 生为半子，死不能襚。不见其枢，不哭于次，痛绝关山，中心若刺。我实负公，生有余愧，天长地久，其恨曷既。我父泣曰："尔为公婿，宜先驰奠。"我未可遽，哀绪万千，实弗能备，临风一号，不知所自。呜呼哀哉！呜呼痛哉！尚飨！

"外舅"是当时对岳父的一种尊称。由此也证明了：诸让与王守仁没有血缘关系，诸氏也并非他的表妹。

这些年来，诸让一直在默默帮助王守仁，尽力支持他，积极鼓励他，无条件袒护，甚至"纵容"他。平心而论，岳父对女婿的关心甚至不输亲爹，但人家从来不会像王华一样干涉孩子的自由，打着"为你好"的名义限制你的天性。每每想起往事，王守仁怎能不遗憾、痛心和自责！

然而世间没有后悔药可吃，他只能愈发珍惜与妻子的感情，不做任何令她不悦的事情，以求得岳父大人在天之灵的原谅。

五月，王守仁才返回北京，继续在太学读书。王华并不打算给儿子捐官，而是希望他能通过考科举，堂堂正正地跻身公务员队伍——这才更配得上状元公子的身份嘛。于是，王守仁学得更刻苦，身体也更差了，视力想必也更糟了。别看他很多时候"吊儿郎当"，一旦认真起来时，连自己都怕。

那么，这一次的他，会交上好运吗？

六、连战连败，却敢自号"阳明山人"

转眼到了弘治九年（1496），这是王守仁人生中第二个本命年。都说这一年会有麻烦事，需要系个红腰带来辟邪，他却不大相信这一套。明朝的科举制度已经相当完善了，考场上最终靠的还是实力，不是门路或者运气。

王守仁再次回到自己无比熟悉的贡院，再次坐在并不陌生的隔间，再次挥笔疾书，再次向命运发起挑战。但命运再次和他开了个玩笑，他再次和三年前一样，在皇榜上从头瞅到尾，结果仍是找不到自己的名字。

不得不说，岳父的离世，对他的影响还是相当大的。

本命年，真是流年不利啊。他倒不在乎自己的输赢，可老爹的一腔心血打了水漂，做儿子的也不可能没有愧疚感，但是——

当有好心人过来安慰他时，王守仁却轻描淡写地笑着答复："世以不得第为耻，吾则以不得第动心为耻。"显得相当洒脱，但正应了一句俗话：煮熟的鸭子，只剩下嘴硬。其实内心深处，他已经很不淡定了。

二十五岁了，连续失败了两次。到底是继续挑战科举，还是留在京城上班，王家父子显然都纠结了一段时日。直到九月，王守仁才辞别了老爹，从通州乘船南下。

看这架势，他是要扎根家乡，继续奋战了。

行到济宁的时候，因为心情烦闷，王守仁去参观了当地著名的太白楼，并留下了《太白楼赋》，其中写道：

> 生逢时以就列兮，固云台麟阁而容与。夫何漂泊于天之涯兮？登斯楼乎延伫。信流俗之嫉妒兮，自前世而固然。怀夫子之故都兮，沛余涕之漫漫。庙堂之偃蹇兮，或非情之所好。唯不合于斯世兮，恣沈酣而远眺。

王守仁表面上是在为李白感慨，实际上是在为自己纠结；表面上是总结诗仙的坎坷一生，实际上是反思自己的悲惨落第。值得一提的是，整整一百五十年前，即元惠宗至正六年（1346）四月，刘基也来到了同一个地方，并留下了一首《登济州太白楼》：

> 小径迂行客，危楼舍酒星。
> 河分洸水碧，天倚峄山青。
> 昭代空文藻，斯人竟断萍。
> 登临无贺老，谁与共忘形？

不过，王守仁是从北京南下，准备回家乡奋发读书。而刘基则是北上京城活动，想讨个一官半职。当王守仁登上太白楼时，可曾想到自己与这位前辈有着某种程度的心灵沟通？不过，当时的王守仁年仅二十五，而刘基来济宁时已三十六，年龄相差较大，心态自然不同。

十月，王守仁来到南京朝天宫，拜会了当地著名的道长尹从龙。这位真人还有个"尹蓬头"的雅号，什么意思？蓬头垢面嘛，不爱干净。可身为官二代的王守仁，一向是非常注意形象和衣品的。那他为何要专程拜访这位首长呢？

答案不难猜测：还不是为了调养身体，省得整天药不能停。看着举止仪态如此讲究的年轻人这样重视自己，尹蓬头能不得意吗？兴奋之余，他也说了实话："年轻人你特别聪明，很有修仙的潜质。但你是贵公子，筋骨脆弱，没法学我。我能够入道，秘诀在于吃苦忍耐，一般人肯定受不了。"

这番话让王守仁相当失望。可道长后面的总结，却让王公子又开心起来了："你没有修道长生的天分，但可以凭借功名流芳后世！"

尹真人的"真空炼形法"被后世传得神乎其神，什么"心身皆空，通体光明"当然纯属吹牛。在今天的我们看来，这无非就是一些静坐调息之术，修心养性之法。别说羽化成仙了，想治好肺病都根本不可能，最多带来一些精神作用。

带着不虚此行的成就感，王守仁回到山阴。可一旦投入花花世界，他又不再规矩了。

这么多年来，王华为了栽培老大，殚精竭虑、费尽心血，甚至无惧别人的冷嘲热讽。可他不清楚的是，自己的好儿子明明已经失败两次了，在老家非但不安分守己、安心补习，还跑回余姚组了一个龙泉诗社。

组织文学团体的风气，在明朝中后期相当流行，东林党和复社更是在政治舞台上有过一番华丽演出。不过二十出头的王守仁，并没有借诗社参政议政的打算，只是为了结交更多朋友，一同吟风弄月、品茶饮酒，一起交流切磋，一道游山玩水、拜会名士，仅此而已。

偶尔，他也流露出了隐居山水、与世无争的想法。遭遇两次失利之后，王守仁深感科举之途实在不轻松，拿命去拼不划算啊。在《次魏五松荷亭晚兴》一诗中，他怅然若失地写道：

> 入座松阴尽日清，当轩野鹤复时鸣。
> 风光于我能留意，世味酣人未解醒。
> 长拟心神窥物外，休将姓字重乡评。
> 飞腾岂必皆伊吕？归去山田亦可耕。

王守仁的身体一直不好，对道家的养生之术兴致盎然。在山阴，他继续观摩、浏览周边寺院和道观，结交高僧与真人，也囫囵吞枣地读了些道家与佛学的经典，甚至一度流露出了厌倦尘世、归隐山林的想法。

据说为了治疗肺病，王守仁还长期坚持服用少量砒霜，以致年纪轻轻就开始脸色发绿。但实话实说，如果没有这样的"以毒攻毒"和由此产生的积极心理作用，他的寿命可能还会更短。

弘治十年对王守仁有着特别重要的意义。这是为什么呢？

山阴古城，风景秀丽，河湖众多。四周山峦环绕，绿树成荫，最著名的是会稽山。当然了，早春时节过来踏青，盛夏之际赶来避暑，初秋前后跑来烧烤，都是相当不错的选择。若是再带上几位红颜知己，赋诗唱和，眉来眼去，那滋味想必是极好的。

隆冬时分，地处江南的山阴同样会下大雪，身体再好的人也不想出门折腾了。偏偏有一位脸色阴暗的病夫，却兴致勃勃地带着仆人，顶着漫天飞舞的雪花，迎着呼啸肆虐的寒风，踩着满是冰碴的山路，在山中瞎转悠。

这位仁兄，当然就是王守仁了。当他决定要做一件事时，别说九头牛拉也拉不回来，就算天塌下来也要做，刮风下雪算得了什么呢？他在大冬天这么折腾，就是想寻找一片适合修道之地。

功夫不负有心人，还真让王守仁找到了。古人把山的南面、水的北面称阳，而会稽山南就有一处洞穴，被称为阳明洞。里面曲径通幽，景致特别，并且特别适合静坐修行。王守仁就在洞里住了下来（一说是搭草房子居住），修炼尹真人传授的"真空炼形法"，并给自己起了一个别号——"阳明山人"。

笔者猜测，也许道长强调了这种功法在大冬天的修炼效果最好，而且最好在山洞里练习。这实诚的孩子，就真的什么都信了。

从此，王守仁就成了王阳明。

王大公子炼成心身通透的"水晶塔子"了吗？当然不可能。但此时的他，应该也不会怀疑尹真人忽悠，只会认为自己功力不够，层次太低，还得再接再厉。幸运的是，王阳明的病情也没有恶化。到了春暖花开之际，他就与陆相等朋友一同出游了。

一方面，王阳明修炼未果；另一方面，无论是从小立下的"做圣贤"宏愿，还是如今身为状元长子的责任感，以及连战连败的不甘，都能令他告别不切实际的想法，重新回到俗世中来："乡里正须吾辈在，湖山不负此公来。"[1]

王阳明志向远大，对于科举骨子里并不热心，也绝对不会在乎一时一地的得失。父亲天资平平都能中状元，以王家现在的条件，以及自己的实力，不可能连个进士都中不了吧。但是——

即便通过了会试，获得了功名，又能怎么样？这个国家，每三年就批量生产一大堆进士和同进士出身，他们手拉手排队，能从西直门一直排到东大桥。这其中，大多数人对明朝江山的贡献微乎其微，对历史进程的影响约等于零。到底有几人能留名青史，能为国家建功，为百姓造福呢？到底有几人，能像李白和苏轼那样才华横溢，能像刘基和于谦那样用兵如神？

那时，北方又传来了鞑靼骚扰边关的消息。此时，朝廷已无于谦般文武全才的统帅。大明是有武科考试，但只能选出一些会骑射搏击的武夫，无法吸纳有韬略和统驭之术的精英。

突然间，一种欲望从王阳明心底升腾起来：去他的科举！我要继续苦读兵书、苦学兵法，我要成为当世于谦，大明兵圣！

华夏大地自古兵戈不息，而武学战略研究也有很高的水平。到了宋代，在辽、西夏、金和蒙古的轮番冲击之下，大宋王朝拙于应付，相当狼狈，但军事研究却跨上了一个前所未有的高度。宋神宗命人重新整理编辑《孙子兵法》《吴子兵法》《六韬》《司马法》《三略》《尉缭子》《李卫公问对》

1.出自《雨霁游龙山次五松韵》。

七种经典兵书，总称《武经七书》，大量印发，以培养国民热爱武学、报效朝廷的热情。

当然遗憾的是，军事交锋并不是比赛谁更精通武学理论，国力强大与否也不在于武学水平的高低。神宗自己的军队在西夏铁骑面前溃不成军，他的亲儿子和亲孙子又一手造成了"靖康之变"，宋徽宗、宋钦宗二人被金人掳走、虐待，并耻辱地丢掉了半壁江山。

感谢刘基、于谦和王越等一个个光荣的名字，让王阳明更加坚定了"书生习武"的信念。对于兵书战法，他有一种本能的亲切感；对于行军布阵，他有一种与生俱来的自信心。再加上王阳明本来就有很好的学习天赋，掌握这些兵书对他来说并不吃力。

王阳明拿出学习四书五经的热忱，再现彻夜"格竹"的气魄，日夜苦读这些看似枯燥、机械，实则变化无穷的兵书经典。他还制作了战术模型，进行实际推演。就连做梦，他都会想到与蒙古骑兵进行对抗。而对他影响最大的，应该是孙武所著的经典《孙子兵法》。开篇的《计篇》中，毫不含蓄地讲道：

> 兵者，诡道也。故能而示之不能，用而示之不用，近而示之远，远而示之近。利而诱之，乱而取之，实而备之，强而避之，怒而挠之，卑而骄之，佚而劳之，亲而离之。攻其无备，出其不意。此兵家之胜，不可先传也。

在讲究"君子之战"的春秋时代，孙子这种思路肯定是"小人做派"，但以"成圣贤"为目标的王阳明，并不愿意做宋襄公的拥趸，他知道很多时候，以恶止恶是必须的。

当然，理论是死的，具体情况千变万化。在这个世界上，有太多兵书读得滚瓜烂熟，讲起军事理论头头是道，但一拿起兵器就歇菜，一上战场就蒙圈的书呆子，赵括先生就是他们的形象代言人。王阳明未来是不是赵括呢，我们后面会讲到，还是先看眼前吧。

王华把老大送回山阴，肯定不是让这个"是非精"研究兵法当于谦2.0版（当然更不是修炼道术），而是要求他潜心攻读，再战科举。

王阳明已经失利过两次了，还敢这么把学业不当回事，还想用自己的爱好去挑战别人的专业，这让远在京城的老爹知道了，那画风一定不太美好，那BGM（背景音乐）一定不会温馨，一定会和"勃然大怒""暴跳如雷""咬牙切齿"等成语紧密关联。

折腾归折腾，王阳明也知道自己耽误不起，他终究还得回到备战科举的正轨上来。在读朱熹《上宋光宗疏》时，有句话吸引了他："居敬持志，为读书之本；循序致精，为读书之法。""居敬"就是集中注意力，"持志"就是树立远大理想，"循序至精"就是按照顺序由浅入深。王阳明很受启发，读书作文也更加得法了。

眼看一切顺利之时，又有不幸降临了。

弘治十一年（1498）八月，王阳明的三叔王衮突然去世。王华当时正担任顺天府乡试主考官，肯定无法回乡。作为王家"守字辈"的长子，很多事情自然要落在王阳明身上。

三次会试前夕，都有重要亲人离世，既令他相当伤感，又严重分心，更让身体素质不如普通人的他，一再感慨生命有限、人生无常。

经历这样的变故和巧合，等候王阳明的将是三连败吗？

七、别人的不幸，可以成为你的幸运

时光荏苒，三年一次的会试时间又到了。弘治十一年冬，王阳明回到北京，准备第三次参加会试。

这一次，并没有多少人特别看好他。倒不是他学兵法、迷佛道和吃砒霜的事情搞得路人皆知，而是他已经失败过两次，年龄上也确实没有优势了。

不过，仅凭他和另一位"七〇后"才子同场比拼，这场会试足以载入史册，传为佳话。

王阳明已小有名气，但就文章诗赋来说，他和此人还有一定差距。我敢打赌说，各位读者也许并不十分清楚此人的生平事迹，但对其名字却耳熟能详，不信吗？

此人不是别人，正是我们既熟悉又陌生的唐寅（唐伯虎）。

唐寅是南直隶苏州府吴县（今江苏省苏州市）人，老家山西晋昌，他因此经常自称"晋昌唐寅"。唐大才子生于成化六年（1470），和弘治皇帝同岁。特别值得一提的是，唐寅的出生时间，居然是庚寅年寅月寅日寅时，这也太神奇了吧！因此家人给他取名唐寅，字伯虎。

唐寅诗词歌赋样样精通，但最拿手的还是作画。让人难以置信的是，他没有拜过什么名师，靠自学就跻身大明最优秀的画家行列——简直和三百多年后的凡·高有一拼。至于备战科举，他其实并没有投入太多精力。但是——苏州府城就在吴县（及长洲县）。在成化二十一年（1485）的院试中，十六岁的唐寅荣膺第一，轻松取得了秀才资格，在这座名城里很快传为佳话。他的面前似乎已经铺就了一条金光大道，只等这个才子哼着小曲，摇着折扇，随心所欲地走过去。

但天有不测风云。随后短短几年内，唐寅的父母、妻子和妹妹相继不幸去世，家境衰落，这严重打击了他参加科举的热情。直到弘治十一年八月，在亲朋好友的资助下，已经二十九岁"高龄"的唐寅，才去南京参加了南直隶乡试。但他确实也争气，一举取得了第一名——解元。

从弘治十二年二月初九开始，王阳明与唐寅同时奋战在北京的贡院中，但两人的目标大不相同。首次参加会试的唐寅信心满满，希望能再接再厉，拿下会试和殿试的第一，实现连中三元的伟业；而王阳明已是第三次参加会试了，他承担不起再失败的代价，也不敢计较名次，只求考上。

一开始，王阳明发挥得还算正常。但到了十五日考策论时，情况却有了变化。试卷一发下来，很多人脑海中想必会浮现出一个成语：大事不妙。考题出得过于刁钻了，让人不知道如何下笔。

如果当时现场有监控录像，主考官就能看到这样一幕幕场景：一些人只是看了题目，就当场两眼一黑，栽倒在隔间挡板上；另一些人瞪着绝望的双眼，抓耳挠腮想了半天依然无从下手；还有一些人则干脆草草写完，就此放弃。王阳明尽管有话可说，也感觉相当吃力，力不从心，心神不宁。对于能不能考中进士，他已经不敢抱太大希望了。

而才子就是才子，在被苦恼与抓狂气氛笼罩的考场上，在别人的一张张愁眉苦脸映衬下（当然他是看不见的），唐寅自信的表情显得是那样与众不同。当他顺利答完所有题目，还可以从容检查之时，其他人还在现场"悲伤逆流成河"，这种反差是何其鲜明，这种成就是何等难得！

如果你是唐寅，接下来的日子会如何度过呢？

出了考场，在与其他考生一起喝酒时，唐寅丝毫不掩饰得意之情，显得信心满满。万万没有想到的是，他酒后一句多余的昏话，却就此改变了自己的一生。

曾经有一个机会摆在唐寅面前，他没有去珍惜，等事态无法收拾之后才后悔不已。如果上天允许他重来一次，他一定会告诫自己，要低调；如果给这个承诺加个期限的话，他一定希望是一万年。

那他到底说了什么呢？

原来，看着同学们那一张张苦瓜脸，唐寅不知道自谦一番以示不脱离群众，反而乘着酒兴，轻描淡写地宣布："本年的会元肯定是我，不可能是别人！"

凭什么啊，就凭你能娶八个老婆，还是能迷住秋香姐？要知道科举考试有着极大的偶然性与不确定性，谁敢说自己一定能考中？更别说中会元了。可这位仁兄倒好，如此口出狂言，不知天高地厚！

不久之后，放榜的日子到了。还在埋头准备殿试，一心想实现"帽子戏法"的唐寅，却发现自己并不是命运的宠儿。

他居然落榜了！更悲摧的是，该来的不来，不该来的倒来得忒快。几个锦衣卫就不期而至，把他和好友徐经抓进监狱严刑拷打，要他们交代向主考官、礼部右侍郎程敏政套取考题的罪行。

两人还算争气，打死都不肯承认，当然也没有真的被打死。

最终因证据不足，唐、徐两人被贬为小吏，终生不得为官；程敏政则被勒令辞职，当年六月就黯然离世。

唐寅到底事先有没有得到考题，有没有和程敏政有约定门生，已经成了千古之谜，难以考证了。但按唐寅的水平与能力，只要发挥不严重失常，中个进士没有太大问题。冒着终生不得为官的风险去买考题，或许是徐经这样没有学习天分、不作弊很难考上的人，才需要做的事情。

但话说回来，即使唐大才子学识才华极其突出，想要战胜各路精英连中三元，也不是手拿把掐的，也需要极大的好运加持。他那番酒后狂言肯定极其不明智，不光给自己招黑，败自己人品，甚至给自己的整个后半生，都造成了永远无法弥补的损失。

唐寅从此被堵死了公务员道路，被同行嘲笑、被生活折磨，只能靠卖文作画艰难度日。徐经更惨，郁闷成疴，八年之后就客死京城了。

有人倒霉就有人受益，王阳明第三次参加会试顺利过关，并在接下来的殿试中取得二甲第七名（总排名第十），赐进士出身。[1]纵然和老爸当朝状元的荣誉相距太远，但毕竟取得了入朝为官的资格。

王阳明已经二十八了，搁到哪个时代都不年轻。如果活在二十一世纪，父母都不会允许他不上班备战考研了，何况五百年前。王阳明应该感谢自己有一个好爹，应该庆幸自己还能拼爹。至于他这次明明准备得不扎实却能过关，当然也不是因为老爹搞到了考题，只能说是运气爆棚。

但有一说一，王阳明这个排名已经非常高了。经常拿来与他相提并论、有"史上最励志笨蛋"美誉的曾国藩，也是二十八岁参加会试，不过曾国藩只取得了三甲第四十二名的成绩，与王阳明有很大差距。

据何炳棣先生估计，在有明一朝的任何一年，在世有进士功名的读书人，也就三千到五千人。而在王阳明生活的时代，全国人口很可能已超过了一亿。由此可见，进士头衔的含金量，实在不是一般地高。

十余年寒窗苦读后，王阳明终于金榜题名。未来的官场之路，他会不会走得很平坦呢？曾国藩都能混进翰林院，那么他的偶像王阳明呢？

1.束景南在其所著《王阳明年谱长编》中认为王阳明获得的是二甲第六名。

王阳明

不安分的小官好折腾

第 三 章

一、日有所思，才能夜有所梦

九年光阴，三进考场，说多了都是泪。弘治十二年三月，"二八年华"的王阳明终于考取了进士。考取功名的他自然要衣锦回乡，接受亲人朋友的祝贺。

五月，王阳明信心满满地自家乡返回北京，却被当头浇了一盆凉水。

由于某些显然不便公开的原因，他未能获得进入翰林院深造的机会，而是被打发到工部实习——"修理地球"去了。

这个打击可谓不小。大明官场不成文的惯例是："非进士不入翰林，非翰林不入内阁。"也就是说，我们的男一号，几乎彻底丧失了进入内阁、成为辅政大学士的可能。

这事说来实在蹊跷。讲出身，王阳明是标准的官二代，父亲王华在京城已经有了相当的人脉；论成绩，二甲第七已经相当不错了。一百一十一年前，解缙取得戊辰科进士三甲第十名；四十八年后，张居正居丁未科进士二甲第九名，他俩都顺利地入了翰林，后来也都当上了首辅。于谦未能成为庶吉士，只因他的殿试成绩相当拉胯：三甲第九十二名。

阳明弟子对此事讳莫如深，真相被小心翼翼地掩盖了起来，乃至成为千古之谜。但是，正如偶像于谦一样，进不了翰林院、做不了庶吉士的王阳明，最终取得的成就、赢得的名声、获得的尊敬，却远超有明一代的大部分首辅，并为"塞翁失马，焉知非福"做了最为有力的注脚。

工部负责各种工程建设，如河渠维护、植树造林。按照封建专制社会的潜规则，此部虽为六部之末，却是一个大有利润可挖、大有油水可捞、大有黑箱可玩的肥缺部门。可是，对一门心思求圣贤的王阳明来说，这些蝇头小利根本就有百害而无一利。他从来都不屑一顾——说到底还是家里不差钱。

空谈道理容易，具体事务难做。今天的企业领袖最受不了新来的大学生谈企业战略，因为那是瞎扯；过去的皇帝和阁老，也对新进官场的年轻人上治国奏疏非常反感，认为这些不过是纸上谈兵。弘治皇帝精心打造了自己的开明形象，经常鼓励大臣上疏言事，但官场的老油条们都知道，这不过是皇帝摆个亲民的姿态而已，认真，你就输了！

按理说，王阳明这样刚入职场不久的年轻人，是不应该对国家大政方针建设说三道四的，何况他还是个大龄实习生。就在入职当月，这哥们却不甘寂寞，洋洋洒洒地写下了一篇《陈言边务疏》。

当然，在文章的开头，他还是很有分寸地谦虚了一下，证明自己不是书呆子，还知道职场中的高低贵贱：

> 新进小臣，何敢僭闻其事，以干出位之诛？至于军情之利害，事机之得失，苟有所见，是固刍荛之所可进，卒伍之所得言者也，臣亦何为而不可之有？

随后，他就迫不及待地提出了自己的八大主张：

> 一曰蓄材以备急，二曰舍短以用长，三曰简师以省费，四曰屯田以足食，五曰行法以振威，六曰敷恩以激怒，七曰捐小以全大，八曰严守以乘弊。

这八大主张不无道理，但严格说来都是泛泛之言，流于空谈，缺少鞭辟入里的深度剖析。如果十五六岁的孩子写出来，还会让人小小吃惊；作为已经年近三十的成年人，就显得不怎么高明了。自以为见解独特，说的不过是老生常谈的东西。再说了，国家如何用兵，是一个工部小官可以指手画脚的吗？

当然，这至少体现了王阳明为国分忧、不愿虚度年华的责任感。

弘治皇帝以开明著称，这份上疏却最终未能出现在他的办公桌上。此前，这年八月朝廷分派的一项任务，却让王阳明非常开心：他要前往直隶大名府浚县（今河南省鹤壁市浚县），督建威宁伯王越墓。

弘治十一年十二月初一（1499年1月12日），王越在陕西行都司甘州（今甘肃张掖）逝世，享年七十三岁。朝廷追赠他为太傅，谥号"襄敏"。

在大明三百年历史长河中，文官因军功而封伯爵的只有三人：一是平定麓川的靖远伯王骥，二就是收复河套的威宁伯王越。至于第三人，咱也不卖关子了，对，就是王阳明。这三人全都姓王。

要说这个王越，其人生经历也算是非常传奇了。作为文官，他熟读兵书战策，擅长带兵打仗，而且几乎没有败绩。其中最显赫的战功，当属成化九年（1473）九月的红盐池之战。在这场骑兵对决中，王越巧设埋伏，引君入瓮，最终大破鞑靼，进而顺利收复河套。明军占领了这片物产丰富的地域之后，蒙古人的日子就更加不好过，大明的西部边疆得以长期安定。功勋卓著的王越，此后不仅当上了兵部尚书，还受封威宁伯。

但是，王越也有让人诟病的污点：他先后巴结成化朝的汪直和弘治朝的李广两大太监，这让很多正人君子为之不齿。但平心而论，这根本不算什么缺点，在一定程度上还算情商高的证明——张居正不也得讨好冯保吗？

从小喜欢兵法的王阳明，对王越的事迹自常欣赏和钦佩。据说在山阴备考的一天晚上，小王读书读到半夜，看着昏暗的灯光，打着疲倦的哈欠，就要上床睡觉了，突然听到了敲门声。

"谁啊，门又没关。"难道是妻子送夜宵来了？

门开了，一位老人走了进来，他白衣飘飘，很是仙风道骨。

更关键的是，他的手里还拎着一把长剑。眼看他越走越近，王阳明不由地打了个冷战。

"老人家，我与你无冤无仇……"

"哈哈哈哈……"笑声在寂静的夜晚显得非常震耳，"这位公子，你误会了，我只是想把家传宝剑送给你……"

"送给我？"王阳明依然非常疑惑。

"听说你两次科举都没有考中，六年的时光就这样蹉跎了，人生能有多少个六年，特别是在他年轻的时候……"

王阳明被说得不好意思了："学生定当勤奋读书，不负先生的期望！"

那人点点头，将宝剑连带剑鞘一并交给了王阳明："年轻人，有缘再见！"

在灯光下，王阳明抽出宝剑，欣喜地看着它放射出的寒光。突然，他呆住了，不敢相信自己的眼睛。

宝剑上赫然题着一行字：威宁伯王越。他公务这么繁忙，还能跑到山阴，还能认得自个儿？

王阳明一惊，从椅子上摔了下来："啊……"

他猛然惊醒，原来是自己读书时睡着了。好在没有打翻烛台、引发火灾什么的。身边也并没有那把宝剑，但那柄剑的样子，他却记忆犹新，无法忘记。

能为自己的偶像修建墓穴，王阳明当然非常开心。

督造陵墓的过程中，王阳明从不坐轿子，而是选择骑马，希望自己有朝一日能够像王越一样驰骋沙场。甚至有一次坐骑受了惊，把王阳明摔得倒地吐血，他依然不愿意坐轿子。

兵书不是白读的，阵法也不是白看的，一个整修陵墓的小小工程，也被王阳明当作了指挥调度的大好机会。他用"什伍之法"管理民工，以五人为一伍，十人为一什，便于随时征调。他还天才地设计出了类似现代企业三班倒的工作模式，把手下的民工分为三批，让这些人在同一段时间内，一批上班干活，一批吃饭休息，一批睡觉。然后三批人按次序进行工作交接。这样一来，就保证了整个工程的有序和高效。

休息时间，王阳明也不愿意闲着，而是按照兵书上的步骤，组织民工们演练"八阵图"等阵法。他有工部身份加持，对待民工也不错，这些老实厚道的人也愿意配合，阵法演练的效果之好，甚至出乎了他的意料。年轻的王阳明不禁感慨，有京官头衔还真好办事。

而且，他看到了一个个普通人身上，潜藏的能量是巨大的。这一点让他印象深刻，也让他受益终身。王阳明一生创造了多次军事奇迹，很多部下都是这样没有经过专业训练的"民兵乡勇"。相比朝廷的正规军，他们的战斗力却丝毫不落下风；他们身上展示出的血性和狠劲，更是官军根本无法匹敌的。

工程进行得很顺利，王越的后人相当满意。他们对王阳明的感激之情无以言表，就拿出了大笔金银珠宝作为酬谢。王阳明怎么可能要呢，他要是收了，怎么对得起自己做人的原则？他好说歹说，总算让王家人收回了财物。这些人觉得不送点东西实在过意不去，就把自家的传世之宝搬了出来。这一次，王阳明倒是痛快地收下了。

原来，王家人拿出的，是王越生前用过的佩剑。据说王阳明拉开剑鞘时，不由地大吃一惊——上面刻的文字，居然和当年在梦中看到的完全一样。看来，这真是王越要把宝剑送给自己，这把剑他没有拒绝的理由。[1]

收下了这把剑，似乎也就预示着年轻的工部实习生王阳明，将要走上他的前辈王越曾经走过的道路。

弘治十三年（1500）六月，王阳明实习期满，被分配到了刑部云南清吏司担任主事。既然升官了，证明他在工部实习期间的表现还是相当不错的，领导还是相当满意的。二十九岁就当上了正六品主事，那三十九岁会是几品呢？各位同学不妨先猜一下。

更让王阳明开心的是，他并不需要去昆明上班，只要留在京城做整理卷宗文书一类的工作。在刑部，王阳明很快结识了一批志同道合的新朋友，加入了名为"西翰林"的文学团体，可以与友人一同吟诗作赋，指点江山。这些人包括陈凤梧、潘府和郑岳等。由此可见，当时的政治氛围，还是比较宽松的。

在新的工作岗位上，王阳明会大显身手吗？

二、寻访佛道，折腾中受益良多

每个人都有一副头脑，但人与人的差距实在太大了。

对一般人来说，刑部清吏司的工作既没有什么压力，又不用承担多少风险，待遇还算马马虎虎。这个级别的小官，通常不用上朝议政，奉天殿没他

1.王阳明的那个梦，很可能是其门生杜撰的。

们磕头的地方。

每天，王阳明只要卯时（早晨五到七点）到办公室报到（人称"点卯"），泡上一杯龙井，翻开一本卷宗，就算开始工作了，大部分时间其实无事可做。只要领导不在，大可随便聊些国家大事、坊间传闻。出去吃顿饭，一个时辰后再回来也不扣工资。正是打发时间、耽误青春的良好选择。

可惜，这个岗位上安排的是一个从十三岁起就坚定不移地以成圣为目标的有志青年。日复一日的单调工作让他无法容忍，没有成就感与挑战性的劳动让他相当痛苦，看不到提升空间与前景的未来让他格外抓狂。

纵然自己是官二代，即便父亲是右春坊右谕德，在高级干部扎堆的京城里，这样的出身并不算怎么显赫，还要靠个人努力。因此弘治十四年（1501）八月，当一个去南直隶诸府巡视地方监狱的机会摆在王阳明面前时，他没有任何犹豫就接受了。

今天，我们普通人坐飞机，从北京到南京只需要两个小时左右。而在明朝，就算你是高官，也得在路上折腾十几天，深深体会"舟车劳顿"一词的内涵。读万卷书，行万里路，很大程度上只是读书人的一厢情愿——他们哪里有这么多的时间？

王阳明来到运河码头，看着那些忙碌的搬运工人，一天的劳累，不过是为了换得微薄的报酬。而富庶人家的子弟，什么都不用做，这一生就无忧无虑，应有尽有。每个人都只有一次生命，却有着完全不同的人生。他暗暗地告诫自己：要珍惜光阴，不要等到日后留下太多遗憾。

王门弟子钱德洪编辑的《王文成公全书》对老师难免有溢美夸大之词，像是说王先生这次南直隶之行"录囚多所平反"，仔细想想根本就不可能。王阳明是朝廷派来的，地方大员当然要象征性地表示一下重视，尽量安排好的吃住条件，适当地送些土特产，以便让来人回北京后说点好话。但是，具体的办案过程，根本不需要一个六品小官来指手画脚。说了也是白说，说了还不如不说。

真实情况恐怕是，王阳明先后在淮安、凤阳、南京、和州、芜湖、庐州和池州审决重囚，其间接触到了一些冤案错案，也产生了一定程度的怀疑与不满，并且与当地官员发生了争执。但是，他的意见很难被采纳，他的行为，更不会受经验丰富的地方官员待见。

这就是官场，这就是社会，处处留心皆学问，世事洞察皆文章。

不过，既然大老远跑出来了，何必急着回京复命，旅游一下不香吗？而且，九华山就在池州郊外，这要是不去也太可惜了吧。

"世间好语书说尽，天下名山僧占多"，而九华山更是中国四大佛教圣地之一。和许多喜欢吟诗作赋的人一样，到了山水之间，王阳明的灵感就复苏了，文思也如泉水一般地冒出。著名的《九华山赋》就作于此时。另有五言律诗《夜宿无相寺》：

> 春宵卧无相，月照五溪花。
> 掬水洗双眼，披云看九华。
> 岩头金佛国，树杪谪仙家。
> 仿佛闻笙鹤，青天落绛霞。

无相、化城等著名寺院都留下了王阳明的足迹。自从那次著名的"格竹"事件之后，他落下了相当严重的肺病，之后一直无法痊愈，因此王阳明非常渴望学习一些能够强身健体，甚至延年益寿的方法。听说九华山上有个道长蔡蓬头（又是不爱洗澡的懒人），王阳明就慕名前去拜访。

一个道士，在佛教圣地显然住不了什么好地方。王阳明找了许久，终于来到了这位高人阴暗潮湿的住所。可蔡蓬头根本不理王阳明，该干什么还干什么，一口水也不给他喝（真喝了估计也得拉肚子）。王阳明不发怒也不着急，依然一副毕恭毕敬的样子。蔡蓬头恨不得早点把这个小官打发走，直说"尚未"，就跑到后亭烤火去了，王阳明马上追了过去，继续求教。

蔡蓬头依旧只说两个字——"尚未"。王阳明不慌不忙，摆出一副要在后亭里过夜的架势，蔡道士真急了："你这个小相公，礼数倒很周全。但我看出来了，你是一心想做官的人，怎么可能真正关心如何修身嘛！"

一语惊醒梦中人，王阳明的脸一下子红了起来。他明白，自己表面上热衷佛、道，骨子里还是摆脱不了对功名的追求。

王阳明听说地藏洞里住着一个怪和尚，生得比蔡蓬头还像"疯狂原始人"。他的衣服都是用树皮做成的，已经多年不吃熟食，从来不用火，过着类似松鼠一样的纯天然生活。王阳明特别喜欢结交这样的怪人，一打听他的住址，竟建在悬崖绝壁之上。去还是不去呢？

老僧这天正在午睡，突然间感觉脚心非常舒服，不知道哪里来的好心人正在给自己做足底按摩。他睁开眼睛，看到一个年轻书生，眉清目秀，长长的胡子却快要垂到胸前。王阳明见老和尚醒了，就抱拳行礼。和尚不好意思地说："我住的地方有些危险啊，年轻人你是怎么过来的？"对方客气地回答道："想要向前辈请教，再危险也得来啊。"

在阴冷的山洞中，两人盘膝坐下，纵论佛道之要义。王阳明听着听着，似乎悟出了一个道理，这个道理让他受益终生：

所有学说的终极智慧，必定会在最高点相会。儒、释、道皆是如此。

谈到儒生，老和尚强调："周濂溪（周敦颐）、程明道（程颢）两人不错。"提到朱熹，却说："朱考亭先生是个好的讲师，可惜未到最上一层。"王阳明很喜欢他的言论，第二天再去拜访时，老和尚已经搬走了。王阳明很是失望，就在石壁上留下了"高谈已散人何处，古洞荒凉散冷烟"的诗句。

弘治十五年（1502）二月，在去茅山的路上，王阳明结识了名士汤云谷，向后者学习了"呼吸屈伸之术"和"凝神化气之道"，希望能对自己调养身体有所帮助。他们一道登上茅山之巅，看山间的云雾缭绕，感慨世间的岁月无常。

在润州，王阳明兴致勃勃地登上了北固山。辛弃疾的词《永遇乐·京口北固亭怀古》，他肯定是读过的。"金戈铁马，气吞万里如虎"的气派，他肯定也是向往的。但自己的身体，能承受那样的军旅劳顿吗？

三月，王阳明行至扬州，肺病突然加重，甚至到了卧床不起的地步。显然，这一路折腾不是什么好事。

他才三十一岁啊。如果生命就此终结，试问谁能够心平气和呢？

三、回乡隐居，难弃青云之志

王阳明从小身体就不好，"后院格竹"失败之后，肺病和哮喘几乎与他形影不离。在扬州病情加重之后，他不得不请了三个月病假，好好休养了一番，身体才渐渐复原。

弘治十五年五月，王阳明回到京城。"明日归城市，风尘又马鞍。"还是大城市的空气亲切，还是大城市的生活舒适，还是大城市的饭局讲究，就算沙尘暴多一点，又有什么关系？他也许会为自己耐不住寂寞而脸红，但也会为自己读书人的使命感而开心。

当时的弘治皇帝较为开明，朝廷对于文官的打压控制，已经远不如开国时期。读书人的政治地位有所提高，经济收入也逐步改善，交流唱和也慢慢多起来了。各种文学团体纷纷组建，各种聚会当然也非常热闹。王阳明的同龄人李梦阳、王廷相等人发起了文学复古运动，反对八股取士，要求向唐宋时代的古文作家学习——这搁洪武时代，一人长三个脑袋都不够砍的。

他们为了壮大声势，几次三番拉状元公子入伙。后者该如何回应呢？王阳明看得很清楚，文学社团有李梦阳这样的"流量小生"唱主角，自己进去了也不过是个跑龙套的角色："我怎能以有限精神，做此无益事情？"正好这时，由于读书太过辛苦，他的肺病又犯了。

八月，王阳明向朝廷呈上了《乞养病疏》，得到批准之后，在当月下旬离开京城，回山阴养病。

但让后人心理不平衡的是，王主事居然开启了"旅游返乡"模式！可见，他这回病得也不是特别严重；更可见，当年的官员考核制度有重大疏漏。

再过润州，他游览了金山、焦山和北固山等名胜，但应该没有再爬山。

在苏州府吴江县（今江苏省苏州市吴江区），王阳明甚至兴致勃勃地登上了吴江塔，览仰高亭，并且赋诗留念，这是一个重病号该干的事吗？

九月，他终于回到了老家。

养病就应该有个养病的样子，至少得一本正经地装装样子。可王阳明却在家里待不住。他又顽皮了。

王阳明又跑到了当年游玩过的会稽山，又住进了昔日生活过的阳明洞，又开始练习道家的导引术，过起了"静入窈冥"的修行生活——考虑过妻子孤枕难眠的感受吗？

以今天的医学观点来说，王阳明根本就是胡乱折腾，没事找事。但神奇的是，这样的呼吸吐纳、枯坐冥想，加上服用丹药，居然让他的身体状况有了一定改善，甚至还有了意外收获。

据后来的弟子描述，修炼了个把月之后，他就掌握了一些超自然的力量。

有一天，王阳明正在洞中打坐，突然把仆人叫了过来，让仆人出五云门去接四位客人。王阳明告诉他，来人中有：

一个老者，五十来岁，背微驼，拄着羊头拐杖；

一个中年汉子，四十岁左右，手拿一把折扇，上面是唐寅画的梅花；

一个道士，身高七尺开外，留着长须，背着布袋；

一个小生，二十开外，相貌清秀，头戴方巾，手捧一坛黄酒。

仆人一听，根本不敢相信，这怎么可能啊？没有办法，主人发话了，只好奔出三里多地去迎接。站在太阳底下，仆人一边擦汗一边抱怨，但工夫不大，眼前的一幕就让他惊呆了。

前面信步走来了四个人，越走越近，仆人看清楚了，四人形貌与大少爷所说的完全相同，一点都不差。他急忙上前施礼，把四人一路引入阳明洞中。

四人听仆人讲了王阳明让他出迎的事情，都非常好奇。他们一到，寒暄了两句，就忍不住问："先生怎么知道我们四个要来，而且知道我们带了什么东西？"王阳明微微一笑："我不过是心境清静，自然看得明白，不值一提。"

主人越谦虚，四位客人就越发佩服，他们自然要把这次经历讲给了更多人听。很快，在山阴城内，越来越多的人慕名前来拜访，咨询各种生活问题。有问儿子科举前程的，有问女儿婆媳关系的，有问自己能娶几个小老婆的，有问老公什么时候"挂掉"的。一时间，原本清静的阳明洞变得非常热闹，大有成为"绍兴府心理咨询中心"的架势，让本打算在这里潜心养病的王少爷痛苦不堪。

世界上是否真有未卜先知的法术，而王阳明是否在三十几岁时就掌握了呢？从他日后的各种经历来看，这种可能性显然不大。不排除阳明弟子为了证明老师的伟大，故意编出这个故事的可能——反正老师已经不在人间，也不能再批评他们了。

但无论如何，王阳明当时迷恋道家思想，甚至有过出家的念头，却是实实在在的。在京城仕途不顺，前途不明；夫妻生活出现了"十年之痒"，失去了激情；肺病一度威胁他的生命，让他对未来更加没有信心，期望靠修炼打坐渡过难关。

沉迷道术之中，让王阳明短期内获得了不小的成就感与满足感，很享受自己这种半仙境界。但是，真的要抛弃一切，修道成仙吗？长生不老是每个人都或多或少期望的，但古往今来，又有谁真正能够长生？从秦始皇到大明皇帝，热衷长生的可不少，但他们的寿命，往往比生活条件恶劣的普通百姓还短。这道理，王阳明岂能不明白？

祖母岑氏已经八十多岁，父亲王华年近花甲，妻子诸氏的脸上，早已没有了少女的光泽，也完全看不到大家小姐的矜持与娇柔，稳步向不修边幅的中年妇女转变。他们都是王阳明在这个世界上最亲的人，难道真的要永远离开他们，隐身山中，不问世事，埋头修炼？

这样即使能够长生不老，又有多大价值呢？

没有亲情的长生，只能是永久的孤独。生命正是因为有限，才格外有价值、有意义，才格外值得人们珍惜。一旦知道自己可以长生不老了，你就没有了痛苦；但没有了痛苦，也就体会不到幸福。在王阳明的心里，还是丢不掉"孝悌"，因此他无法真正修道，无法舍弃尘缘。

"此念生于孩提。此念可去，是断灭种性矣！"

再说了，他从十三岁就立志读书做圣贤，对标的肯定是孔孟朱子，而并非太上老君。十年寒窗，三次会试，就这么放弃吗？Impossible（不可能）！

身体有一些好转之后，王阳明就离开了阳明洞（长年住在山洞里肯定有一些风险），在洞外盖了个茅屋，专心治学。读书之余，他喜欢登山，让自己徜徉在美景之中。有朋友来访，他会热情接待，饮酒唱和。

诗僧释鲁山过来做客，他对王阳明的治学印象深刻，故而写下了《王伯安书舍》：

> 一寻松下地，新构小精庐。
>
> 祛冗入深院，闭门抄古书。
>
> 草盆生意满，雪洞世情疏。
>
> 每欲携琴访，心斋恐宴如。

弘治十六年三月，王阳明决定开启一场说走就行的旅行。他前往杭州，再次住进了西湖边上的净慈寺。十一年前他考取举人时，正是住在这里。

杭州因西湖而闻名，西湖美景甲天下。置身于这样的环境中，人的心情自然也会好起来，并对未来产生许多憧憬之情。就在这里，王阳明写下了著名的《西湖醉中谩书二首》：

> 十年尘海劳魂梦，此日重来眼倍清。
> 好景恨无苏老笔，乞归徒有贺公情。
> 白凫飞处青林晚，翠壁明边返照晴。
> 烂醉湖云宿湖寺，不知山月堕江城。
>
> 掩映红妆莫谩猜，隔林知是藕花开。
> 共君醉卧不须到，自有香风拂面来。

杭州是吴越的都城、南宋的行在所，也是江南寺院道观高度集中之地。王阳明一向喜欢结交异人，到了这里，怎么可能闲得住？

在阳明弟子眼里，老师在钱塘养病时最值得称道的一件事，无疑是虎跑寺中一语惊醒梦中人。

听说虎跑寺有一个和尚，已经闭关三年，终日不发一语、不视一物，王阳明顿时兴致盎然。在别人看来，这位大师功力已经非常了得，但王阳明却有另外的理解。他很想会会这个高僧，但寺院的人都好心地劝他：你还是哪儿凉快哪儿待着吧，人家高僧根本就不可能搭理你。

越是别人觉得不可能的事，王阳明越想挑战一下。他亮出自己六品官员的身份，坚持让寺中的小和尚带他去见高僧。

来到和尚的住所，只见此人一动不动地盘坐在蒲团上，如同一座雕像。王阳明上前，只说了一句话，高僧居然就睁开了眼，恶狠狠地盯着这位不速之客。

显然，高僧被戳中痛点了。

王阳明说的是："喂！你这个老和尚，整天口巴巴说些什么，整天眼睁睁看些什么？"

老和尚一听，知道自己遇到专业人士了，一般人哪儿喊得出这个啊！他很不情愿地睁开了双眼。没想到王阳明接下来的一席话，又让大师放下矜持，放声大哭起来。

王阳明平静地问：“你是哪里人，离家几年了？”

“我是河南人，离家十多年了。”

“那你家里还有什么亲人吗？”

“只有一个老母亲……只是，不知道她是否还在人世。”

“那你还想她吗？”

“怎么可能不想呢？”高僧显然很不满。

“你既然不能不想念，虽然终日不言，心中却在默念着；虽然终日不见，心中却是能看得到。”

“说得好啊！”高僧合掌说：“请施主明示！”

“想念父母是人的天性，怎么可能断灭？你既然说自己不能不想念，就是真性发现。你既然心里想着母亲，却整日呆坐，只给自己增加烦恼。常言道：‘爹娘就是灵山佛’，‘不敬爹娘敬何人？’”

和尚听不下去了，想起生死未卜的亲娘，当场放声大哭起来。过了几天，王阳明再来寺院时，发现高僧已经不见。据知情者透露，此人已经赶回家探望母亲去了。可见即使能闭关三年，还是放不下世间的真情。

王阳明不禁感慨道：“人性本善，说得一点没错，从这位大师身上，可以看得很清楚。”于是他更坚定了自己读圣贤之书、做圣贤之人的信念。

八月，王阳明回到山阴。适逢绍兴大旱，绍兴太守佟珍居然亲自登门请求王公子为家乡父老求雨——真以为他会法术啊。王阳明推脱不掉，但内心相当苦闷。

既然看清了方向，那就回到属于自己的舞台吧。

四、主持乡试，考题标新立异

弘治十七年（1504），巡按山东监察御史陆偁不知道怎么听说了王阳明的大名，居然主动邀请后者担任本省乡试的主考官。这让王阳明有些喜出望外。

山东可不是寻常地方，它在两京十三司中占据着举足轻重的地位。讲历史，这里是孔、孟二圣的故乡，底蕴深厚；讲现实，这里精英荟萃，人才辈出。即使无法与王阳明的家乡浙江，以及江西、四川等南方省份相比，在长江以北，山东绝对算得上是文化大省。

王阳明能得到这个资格，当然与自己这些年的名气有关。但更重要的是，父亲王华已经担任了礼部右侍郎，并和内阁诸位大学士关系密切。邀请王阳明来主持乡试，更多的是为了讨好他爹。不过，得到这样一个机会，对于他日后发展自然是很有好处的。[1]

而且，王阳明自己也有这方面的经验。早在他中进士的前一年，王华主持顺天府乡试时，就曾让王阳明参与改卷。王阳明对于试卷的判断非常准确，让老爸相当满意。而陆偁肯对王阳明的能力肯定会有所了解，这才会放心大胆地提邀请。

当年七月中旬，王阳明来到济南。年轻气盛的他，抓住这样的机会，怎能不表现一下呢？

不过，八月初九第一场，最重要的"四书文"考试，就引来了轩然大波。在山东贡院的格子间里，有人开心得笑个不停；有人气愤得直摔毛笔；有人把卷子翻来覆去地检查，生怕自己看错了；有人干脆当场交卷：对不起，本少爷不陪你们玩了！

原来，王考官编制的题目中，居然有一道是《所谓大臣者，以道事君，不可则止》。

按理说这话也并非什么大逆不道之语，这并不是王阳明自己的狂言，而是孔子老人家的原话。翻译成白话文，意思就是：当大臣的，应该用道义为君主服务，如果老大不讲道义，你就不要愚忠，可以甩手不干。

话固然是孔子说的，但也得看时间和场合。孔夫子生活在什么年代？东周王室衰落，群雄并起，各国君主都礼贤下士，招募人才。到了秦始皇统一六国、天下归一的年代，"君为臣纲"已成为天经地义的信条，再讲什么"不可则止"，简直就是犯上作乱。

贵为"亚圣"的孟子，不过是在自己的著作中写了一些类似"民为贵，社稷次之，君为轻""君之视臣如土芥，则臣视君如寇仇"之类的漂亮话，

1.弘治十六年十月，王华奉旨去江淮祭神时曾路过山东，可能是他暗示陆偁这么做的。

最草根的开国皇帝朱元璋读到之后就大动肝火，放出狠话说："这家伙要是活在现在，我非严办他不可！"老朱完全忘记了自己是吃什么长大的，甚至一度下令将孟子牌位撤出太庙。

如果在洪武年代，王阳明还敢这么玩个性，那结果只有一个：杀头。不过他很幸运，他生活的弘治时期，社会气氛和文化环境都比较开明、宽容。我们千万不要以为王阳明的行为属于脑残；恰恰相反，他正是想通过这种方式，向朝廷，特别是向一直以亲民形象著称的弘治皇帝，展示自己的才华与能力。

另有一道题目《禹思天下有溺者，由己溺之也；稷思天下有饥者，由己饥之也》，也把王阳明的民本思想展现得相当清楚。大禹和后稷位高权重，既然享受了权位带来的好处与名声，自然要承担相应的义务与责任，而对普通人却无须这样的要求。显然，王考官是希望考生们都明白肩上的责任，为官之后不能尸位素餐、无所作为。

王阳明应该庆幸自己生对了年代，从而有了展现个性的空间，并基本上不会有什么风险。即便是相当保守的陆偁，对王阳明的命题工作也没有公开批评和干涉，总体上还是满意的。而王华知道这事之后，更不可能像当年一样抢起扫把就开始抽人。毕竟儿子已经三十好几，自己根本打不动了。

主持完山东乡试，王阳明就要返回京城继续担任刑部主事了。离开齐鲁土地之前，他又到济南周边游玩了一次。孔府孔庙是一定要去的，泰山也不能错过。在这里，王阳明写下了《登泰山五首》，其中第五首写道：

> 我才不救时，匡扶志空大。
> 置我有无间，缓急非所赖。
> 孤坐万峰颠，嗒然遗下块。
> 已矣复何求？至精谅斯在。
> 淡泊非虚杳，洒脱无蒂芥。
> 世人闻予言，不笑即吁怪。
> 吾亦不强语，惟复笑相待。
> 鲁叟不可作，此意聊自快。

对于自己的怀才不遇，王阳明有些感慨，但他也知道，牢骚是不能给自己带来升迁的，反而会引发不必要的麻烦。要想在官场成功，就得尊重它的游戏规则。

那么，他又打算如何突破呢？

五、开门授徒，学生再少又如何?

弘治十七年九月下旬，王阳明回到京城，很快被调到承天门东边的兵部武选清吏司上班，职务依然是主事。武选司相当于兵部的人力资源部，管理武将的选拔与升迁。王阳明喜欢军事，能调到这里，自然是让他高兴的事。

但王阳明才三十三岁，在武选司里只是个打酱油的小官，想对朝廷的军事方针提建议，可能性基本不存在。想要培养自己的亲信，也根本不现实。

按照规定，京官为官六年才能接受京察（工作能力鉴定），以决定是升迁还是降职。对王阳明来说，一切还早得很。

苦闷之余，他开始尝试第二职业。

而这个举措改变了王阳明一生的命运，也成就了他一生的辉煌。

这个第二职业就是开门授徒。

王阳明讲学并未开风气之先，不过是顺应了当时的社会潮流而已。朱元璋死去一百多年之后，朝廷对于文化思潮的打压已经有了一定程度的放松。民间办学早已经形成了风潮。当时，很多学者都有在家乡开堂讲学的经历，影响比较大的有：在江西崇仁讲学的吴与弼、在江西永丰讲学的罗伦、在浙江慈溪讲学的章懋、在广东新会讲学的陈献章，他们都曾名动一时，影响一方。可是，若想在京师、在天子脚下办学，还真是需要很大的魄力，更需要很强的能力。

京师作为首善之区，自然也是全国文化的圣地，这里不仅有最高学府国子监，还有顺天学府，师资力量雄厚，有钱人家都愿意让孩子去那里读书。在京师，私人讲学不是没有，但你得有些知名度，能得到别人认可才行，比如"前七子"之首李梦阳，他的诗词文章就有不少"粉丝"追捧，他开课自然也就少不了学生。

王阳明作为一个三十出头，没有什么学术地位的小官，居然敢在京师公开办学授课，自然引起了一些老前辈的反感。老前辈们指责他标新立异、爱出风头，想红而不择手段。王阳明有一颗强大的心脏，不为这些非议所动摇，前来报名的人再少，他也不改变自己的初衷。不知道老爷子王华当时做何考虑，但一些迹象表明，他对儿子的行为似乎是默认的。

王阳明从来不是内向的人，无论走到哪里，他都有两大爱好，一是游玩，二是交友。游玩可以开阔眼界，也能结识更多知己；交友可以取长补短，也能一起玩个痛快。王阳明自视甚高，但在交友时却没有什么势利眼光。无论是朝中进士还是乡间农夫，都可能和他成为朋友。

不过，王阳明更希望能交到一些心灵相通的真正知己。因此，湛若水的出现，让他非常高兴。

湛若水生于成化二年（1466），他比王阳明大六岁，字元明，号甘泉，广东布政司广州府增城人，后人多尊称他为甘泉先生。湛若水是广东大儒陈献章（人称白沙先生）的学生，三十二岁时，湛若水就提出了著名的"随处体认天理"说。

弘治十八年（1505）初，湛若水进京参加会试，主考官是大名鼎鼎的杨廷和。

杨廷和看到一份考卷，一眼就断定是陈献章弟子所答。后来他揭开糊名处一看，果不其然。湛若水顺利考中进士，并被选为庶吉士，进入翰林院上班。

人比人得死。无论年龄还是家世，王阳明都完爆湛若水。可后者偏偏就能点翰林，他王大公子就得"修理地球"，找谁说理去？

经别人介绍，湛若水认识了王华的长公子王阳明，两人可以说一见如故，都被对方的才华与学识吸引。王阳明说："守仁从宦三十年[1]，未见此人。"而湛若水则说："若水泛观于四方，未见此人。"

这是他们二人第一次见面，却真正做到了"一见如故"，并将友谊维系了一生。

而王阳明的弟子诸俦却会试落第。四月，王阳明送诸俦回余姚，并在扇

1.从四五岁开始读书习字算起。

面上写下了《赠阳伯》一诗，传递了对自己过往多年迷恋佛、道的悔悟。此时的他，更坚定地要修习圣人之学了：

> 阳伯慕伯阳，伯阳竟安在？
> 大道即吾心，万古未尝改。
> 长生在求仁，金丹非外待。
> 缪矣三十年，于今吾始悔。

> 诸阳伯有希仙之意，吾将进之于道也。于其归，书扇为别。阳明山人伯安识。

"大道即吾心"似乎致敬了陆九渊"宇宙便是吾心，吾心即是宇宙"的著名论断。而"缪矣三十年"则是对自己过往的深刻检讨。

王阳明和陈献章不是没有交集。成化十九年春，他挤在大兴隆寺的书生之中。给他们授课的大师，正是白沙先生。

弘治十八年十月，陈白沙的弟子张诩来到了京城，将《白沙先生全集》赠予王华。王侍郎公务繁忙，当然没有时间细读。但他的儿子却每天如饥似渴地研读这部大作。

惊喜之余，王阳明兴奋地写道：

> 白沙先生学有本源，恁地真实，使其见用，作为当自迥别。今考其行事，事亲信友、辞受取予、进退语默之间，无一不概于道；而一时名公硕彦，如罗一峰、章枫山、彭惠安、庄定山、张东所、贺医闾辈，皆倾心推服之，其流风足征也。

王阳明还将陈白沙一生恪守的"默坐澄心，体认天理"作为自己的座右铭，写成字幅挂在书房之中，让它终日监督自己的治学。不过，这八字最早是朱熹的老师李侗提出来的。由此可以看出，程朱理学与心学之间，并非水火不相容。

王阳明一生没有拜名师，而在权威的《明儒学案》中，黄宗羲这样评价陈白沙：

> 有明之学，至白沙始入精微。……至阳明而后大。两先生之学，最
> 为相近。

可见，王阳明受陈白沙的影响确实不浅。后者早已不在人间，但其最优
秀的弟子，却成了王阳明的好朋友。

这一年，也就是弘治十八年，王阳明三十四岁，湛若水四十岁。两人都
认为，已经"八股化"的朱子理学是学术发展的大敌。讲得越详细，道理越
晦涩，分析越精巧，学问越支离破碎。他们希望能从占据主流的理学中解脱
出来，开创属于自己的新学问。

湛若水多年埋头治学，心无旁骛，功底还是要比兴趣广泛的王阳明强一
些的，他的思想自然深刻影响了作为晚辈的王阳明。就像曾子"以文会友，
以友辅仁"一样，两人交往甚密，白天一起为两双手能数过来的学生上课，
晚上秉烛夜谈，惺惺相惜，非常投机。

可惜，这样的日子并不长久，因为一个人的上台，大明历史发生了重大
改变，王阳明也经受了三十多年来的最大变故。

他究竟遭遇了什么危机？

王阳明

得罪权奸交厄运

第四章

一、过早接班，小皇帝各种离谱

皇权社会下，每一次的帝位传承，都会改变无数人的命运。有人因此飞黄腾达，有人因此万劫不复。

还有一些人，能把坏事变成好事，把危机变成机遇，把逆境变成逆袭，让自己走得更远。

弘治十八年五月，正值壮年的孝宗朱祐樘在乾清宫与世长辞，年仅三十六岁。

这位皇帝十八岁登基，父亲成化帝给他留下了一个千疮百孔的烂摊子。在执政的十八年时间里，弘治帝几乎就没有过过几天舒坦日子。据说他日夜操劳，勤政爱民，体力严重透支，在壮年就一病不起，告别人间。

这么一来，年仅十五（按今天的算法是未满十四周岁）、根本还没有玩够的长子朱厚照只能仓促登基，进而引发了一系列的执政危机，对明朝中后期的历史走向也产生了深远的影响。

值得一提的是，弘治帝据说是中国历史上唯一严格实行一夫一妻制的皇帝。传统社会实行的是一妻多妾制，只要家境略微好一些，很多人自然就在正妻之外娶三五个侧室。一个女人再好，也不可能集中世界上所有女性的优点；一个老婆再美丽，时间长了也会让老公产生审美疲劳。

但让人难以置信的是，贵为一朝天子的弘治帝，一生之中除了皇后张氏之外，居然没有任何一个妃嫔，这在两千年皇权专制史中绝对是独一无二的。当然弘治帝不可能有今天中国人的爱情观，但他的举动，放在普通男人的身上都堪称难得，作为一个皇帝，太另类了。

张氏只生了两个儿子，老大就是朱厚照，老二朱厚炜还不幸夭折，使得弘治帝在地球上只剩下了朱厚照这么一个继承人。朱厚照也是自宣宗朱瞻基之后，明皇室第二个集皇长子与嫡长子为一身的皇太子，身份特别高贵。

更让人羡慕的是，按照中国的传统纪年法，朱厚照的降生时间也高贵得离谱。他出生于申时、酉日、戌月、亥年，完全遵照了这四个地支的先后顺序，连如贯珠。对热衷封建迷信的封建皇室来说，这样的日期自然是非常吉利和喜庆的，值得大吹特吹。

弘治帝很喜欢这个宝贝儿子，在朱厚照出生仅五个月时，就迫不及待地立他为太子。但遗憾的是，一个在治国方面还算不差的皇帝，对接班人的教育和培养却乏善可陈。也许是朝中的事务过于繁忙，对于儿子的管教时间就相应不足；也许是觉得孩子还小，不用太着急，便未干预太多。

谁能想到，弘治帝的英年早逝，让朱厚照就这么闪亮登场，为大明历史留下了太多不良记录，为文人墨客制造了太多吐槽话题，为影视作品平添了太多喜剧素材。当然，也让王阳明的历史贡献，显得是那样的难能可贵，不同凡响。

没有朱厚照的奇葩[1]，王阳明就没有机会成就那样的丰功伟绩。

正如没有朱祁镇的脑残，于谦也不可能通过京师保卫战名垂千古。

朱厚照原本可以成为一个很有作为的皇帝。他接班时，正值大明王朝秩序稳定的时期——国力强盛、政治开明、人才辈出。作为新任皇帝，十五岁确实有点小，但老爹一手成就的"弘治中兴"，让自己有了一个还算可以的平台和起点。弘治帝还留下了多位名臣来辅佐自己，只要能力不是特别差，这个班就会接得很舒服，政绩也不会差到哪儿去。

更何况，虽说弘治帝把太多的精力用了政务上，对孩子的管教确实有些放松，但人家也不是没有一点先见之明。在生命垂危之际，弘治帝把刘健、谢迁和李东阳召到乾清宫，叫到自己床前。

这三人的才华与操守，当然距离仁宣盛世时著名的"三杨"还有一定距离，但综合素质也是相当强的。首辅刘健办事果断，雷厉风行；谢迁能言善辩，口才惊人；李东阳心思缜密，多有奇谋，当时，朝中流传着这样的段子："李公谋，刘公断，谢公尤侃侃。"

1.正史对正德颇有微词，但他大体上传承了父亲弘治的宽松做派，而王阳明的主要事功，正是成就于正德年间。

弘治费力地说："朕继承大统十八年，今年三十六，却遭遇重疾无法恢复……特召卿等前来。"

刘健等人慌忙磕头，道："陛下您万寿无疆，怎么突然好端端说这些呢？"

弘治吃力地坐了起来，真诚地向三位老臣告白："朕心里清楚，天命到了，不能强求。"服完了药，他又艰难地说："朕蒙父皇厚恩，选张氏为皇后，生下太子，他已经十五了，尚未婚配。社稷事重，让礼部早早安排吧。"众臣只好答应。

"太子聪明，但年龄太小，喜爱玩乐，各位先生要辅助他走正道，做个称职的君主……"说着说着，弘治眼泪都流出来了。

这几位感动地连连磕头："臣等愿意肝脑涂地，辅佐太子殿下！"

弘治就等他们这么说，要的就是这个效果，不然，他肯定会死不瞑目的。第二天，弘治就去世了，朱厚照登基，定来年为正德元年。

然而，谁也不愿意看到的事情还是发生了。世界上不务正业的继承人很多，但能折腾到正德皇帝这种段位的确实不太容易。正德帝以自己桀骜不驯的放荡个性、玩世不恭的游戏态度、朝令夕改的工作作风，在十六年的执政时间里，为历史提供了一桩桩让人目瞪口呆的真实记录，为世界留下了一份份让人哭笑不得的荒唐档案，当然也为五百多年后的影视导演们提供了一个个拍搞笑片的绝佳素材。以至于到了清朝，皇子的老师们如果看到学生不服管教，往往都会大喝一声："你想学正德吗？"学生马上就老实多了。

据说，正德帝觉得当皇帝没有当黑社会老大刺激，居然天才地想到了一招：他收了京城上百名恶棍为义子，放纵这些人在京城打砸抢偷，然后向他上税纳贡；他不住舒服过头的皇宫，专门修建了豹房锻炼身体，跟老虎、豹子等猛兽比赛摔跤；他向往皇宫外的花花世界，在紫禁城中建立了多座商铺和妓院，让小太监扮成商户，宫女扮成妓女，开张营业，游戏人生，搞得宫内乌烟瘴气；后来，他甚至还封自己为"总督军务威武大将军"，并改名朱寿。

朝中大臣看在眼里，急在心中，当然是极力劝诫，希望皇上改邪归正，去做贤君应该做的事情。然而，小皇帝能听他们的吗？

正德帝这些行为算不上罪大恶极，但肯定不是一个正经君主该干的事。

他特别贪玩，无心打理政事，就把权力下放给了自己最信任的太监刘瑾。而以刘公公为中心，围在他身边的还有马永成、谷大用、张永、罗祥、魏彬、邱聚和高凤七个太监。看着这帮太监和正德帝关系密切，愤愤不平的文官就给他们起了个"八虎"的名号，并一心想置这些阉人于死地。

这些读圣贤之书长大、靠孔孟之道为官的读书人，心肠怎么这么狠呢？他们难道不清楚，真正不务正业的并不是八个太监，而是正德皇帝本人？他们当然清楚。不过，在专制社会，万岁爷是不会也不能犯错误的，也是不受律法制约的。作为大臣，他们必须找到替罪羊，必须有发泄和出气的对象，必须找个柿子捏一捏，即使这个柿子一点都不软。

那么，老学究们是怎么出招的呢？

二、恶人刘瑾，也有自己的苦衷

明朝建立之初，朱元璋考虑到历史上宦官干政的种种祸端，明令禁止太监干预朝政。但规矩很快就被打破了。

朱棣是朱元璋的第四子，被封为燕王，本来只能扎根边疆一辈子，替朱家王朝抵抗蒙古人。但机遇总是垂青有准备的头脑。朱元璋死后，继位的建文皇帝朱允炆草率实施的削藩政策很不得人心，在王室中引起了普遍而强烈的抵触情绪。朱棣趁机举起了"靖难"大旗，经过持续四年的残酷战争，成功地把大侄子赶下台，还搞得大侄子生死不明。朱棣夺取了皇位，是为永乐皇帝。

在战争过程中，以郑和为代表的一众太监发挥了重要作用，永乐帝上台后，自然对他们封赏有加。新皇帝还让郑和组建了一支中国历史上最为庞大的远洋船队，让这位太监担任特使，代表天朝皇帝与西洋各国打交道。

到了宣德皇帝朱瞻基（永乐帝之孙）执政时期，由于朝中奏章太多、过于繁杂，他让太监代替自己行使批阅权。从此，大明王朝就有了一个声名显赫的职业——司礼监秉笔太监。这份工作一看就有些技术含量，至少得识字，而且得有一定水平吧，不然那些好舞文弄墨的大臣写的奏疏你根本就看不懂。这样，朱元璋制定的太监不能读书学习的制度，也肯定要被打破了。

秉笔太监之外，还有一个更重要的岗位，只要会盖章就行了——司礼监掌印太监。皇上的命令，没有盖章就没有法律效用，而什么文件能盖章，往往不取决于皇帝本人——本朝很多皇帝都不看重主业，更喜欢炼丹、打架或者做木工活等副业——而是取决于太监。大明最著名的四大太监：郑和、王振、刘瑾和魏忠贤，除了知名度最大的郑和以正面形象出现在历史中以外，其他三个都是名声狼藉、不好惹的主儿，偏偏王阳明就赶上了一个——刘瑾。

在正史中，刘瑾被说成是十恶不赦的坏蛋，是一心危害大明江山的阴谋家。这样的结论显然有夸大之嫌。对一个太监来说，谋权篡位、改朝换代之后，自己能得到什么呢？他们也是有自知之明的：天下人不会接受一个阉人做皇帝。

细读中国历史，就会发现有很多自相矛盾、无法理清逻辑顺序的记录。像是英宗朱祁镇御驾亲征，在土木堡葬送了几十万大明精锐的京军，自己还可耻地当了俘虏，并"率领"侵略者叩关。但历代史家，却总喜欢把责任推给太监王振，却也不想想，已经二十三岁的朱祁镇又不是王振的傀儡。

有越来越多的资料表明，刘瑾和王振一样并不是十恶不赦的大败类，文官们也不是完美无缺的小天使。他们之间的斗争，不能归于正与邪、善与恶、先进与倒退、光明与黑暗的对抗，他们只是争夺对于小皇帝的影响力和控制力罢了。

在东汉与唐末等个别时期，宦官势力一度非常膨胀，宦官不仅可以掌握国家大权，甚至能决定君主的废立与生死：一不高兴，大伙儿就把皇帝杀了，另立一个玩玩。在明朝，这种事情从来没有过，也根本不可能发生。魏忠贤自称"九千岁"，在天启朝权倾一时，呼风唤雨，为所欲为，但朱由校一死，面对崇祯皇帝朱由检的攻击清算，老魏几乎毫无还手之力。

相比之下，刘瑾和王振的能量显然是要小不少的。

有明一代，皇帝、文臣与太监的三角博弈从来就没有停止过。对聪明的皇帝来说，他需要文臣为自己的江山出力，也需要借助太监的力量对文臣进行制约。只有让文臣和太监斗得不亦乐乎，身为最高权威的仲裁者皇帝，才会坐收渔利，处于不败之地。

成化皇帝即是精于此道的高手。他为了管制朝中大臣，重用太监汪直，让后者组建了比锦衣卫和东厂还要可怕得多的特务机构——西厂，西厂可以任意拘捕，甚至处决大臣，让满朝文武生活在一片恐怖气氛之中。

等汪直表演得差不多时，成化帝又果断地顺应民意，以霹雳手段灭掉了汪直团伙，为蒙冤死去的大臣们恢复荣誉。这样一来，满朝文武自然感激涕零，心甘情愿地为皇上卖力。

而刘瑾，会不会是弘治帝为宝贝儿子安排的一枚棋子，供他杀人立威呢？

说起刘瑾的奋斗史，那也是充满了传奇色彩。他本来姓谈，是西安府兴平县人，著名的汉武帝茂陵就离他家不远。可惜，汉、唐的辉煌早已成为过眼云烟，长安也失去了再做首都的机会。对谈瑾这样的穷人家孩子来说，想按部就班地上学、考试几乎不可能，向上层社会流动的大门基本上被关死。他似乎命中注定要和这世界的大多数人一样，平凡地出生，平庸地长大，平静地老去。有他没他，这个世界不受任何影响。

由于家里穷，谈瑾六岁时被一个叫刘顺的太监收为义子，改名刘瑾。就这样，他离开了生活艰难的家乡，开始了更为艰难的"北漂"生活。幸运的是，刘顺在宫中混得显然还不错，时常能给干儿子带些好吃的，让后者非常崇拜。刘顺甚至还出钱让义子去私塾读书。

刘顺当太监当得威风，干儿子当loser当得憋屈。正赶上太监扩招，刘瑾感觉自己真是白长了那个器官，干脆走干爹的老路算了。从此，世界上就多了一个太监。按清代史家谷应泰的说法，英宗年间的大太监王振正是刘瑾的偶像。[1]两人都是敢于自我了断的狠角色。

刘瑾为人精明、办事果断，很快就在宫中结交了不少朋友。

不过，他也有倒霉的时候。一次出宫采购时，他与卖家发生了争执，一时冲动，居然失手打死了对方。按照大明律，刘瑾非死不可，但死刑命令却被人截了下来。

救了刘瑾的人正是当时的皇太子，后来的弘治皇帝朱祐樘。

弘治帝继位之后，刘瑾当然会得到重用。等朱厚照到了读书年龄，皇上就安排刘瑾去东宫上班，陪太子读书。要知道朱厚照可是帝国继承人唯一的

1.《明史纪事本末·卷之四十三》写道："（刘瑾）颇通古今，常慕王振之为人。"

人选，让一个杀人犯陪在身边，要危险有多危险。

但是，刘瑾与小太子的关系很好，感情也很深。刘公公有当"文体委员"的天赋，总能搞来很多新鲜玩意儿让朱厚照玩得尽兴。他还能在弘治帝面前编谎，帮主子逃避功课负担。

到了后来，一天见不到刘瑾，朱厚照就像丢了魂，急得不得了。这种感情通常会产生在异性身上，没想到，还没来得及对妹子产生好感，小太子却对一个太监有了强烈的依恋。有了这样的情分，朱厚照当上皇帝，怎么可能不重用刘瑾？

刘瑾和正德帝的感情，当然是那帮文官无法理解的；面对文官们的种种质疑，刘瑾也有自己的苦衷：我为小皇帝工作，为他分忧、替他扛事，每天干得比牛多，吃得比鸡少。我都这么辛苦了，你们还对我有这么大意见？

三、倒刘之路，真的比登天还难？

正德帝上台还不到一年，就遭到了三位辅政好伯伯的严厉批判，搞得他相当不爽。刘健等顾命大臣的上疏列出了皇帝的五宗罪：

一、上朝太晚，为政不勤；

二、以九五之尊，到内务府看木匠做活，有失身份；

三、不经允许，跑到湖上泛舟，不考虑风险；

四、外出打猎过于频繁；

五、内侍所进食物，不经检验就随便食用。

看到几位老臣这么一本正经地提意见，正德帝真不知自己是应该哭还是应该笑。这帮老古董，简直就像是私塾的先生管学生一样管我，不，是管朕啊。这样下去，早晚有一天，我和皇后办个事，需要什么准备活动，有哪些具体步骤，都得先向老头们汇报，得到同意才能action（活动），而他们随时能喊cut（停）。简直受不了！

当然，这时候的正德，皇帝的位子还没有完全坐热，皇权的力量还没有充分领悟，还不敢和老臣们公然翻脸。他虚心地接受了批评，表示一定要认真注意，会努力改正，会不断提高业务水平。看着这么谦虚的小皇帝，老臣们能说什么呢，都表示相当满意。

很快，三位阁老发现皇帝确实改了，但还不如不改呢。你说他上朝太晚，他干脆就取消早朝，一次睡个够；你说他湖上泛舟不对，他就悄悄跑出京城，到长城边上去采风；你说他看木匠干活有失体面，他就到处找乐子，让太监们看他干活，替他把风。

正德元年（1506）八月，张太后为宝贝儿子纳夏氏为皇后，估计是想让他多陪陪媳妇，从此别再贪玩。可事实证明，当妈的实在想得太简单。

三位阁老看在眼里，急在心中，要是自己的亲儿子，大嘴巴早就抽上了。可人家是皇上啊，不能动手。有必要收拾一批替罪羊，来给万岁爷提个醒。本来主要责任是正德小朋友的，阁老及其支持者，却觉得是皇帝身边的太监把主子教唆坏了，要是能处决几个阉人，杀一儆百，宫廷的风气就会好转许多。

当年十月，文官集团对刘瑾的围攻正式开始了。由三阁老压阵、户部尚书韩文牵头，上了一封文采极为华丽、口气极为严厉的奏疏（执笔者为李梦阳），抨击正德身边最得宠的"八虎"，说他们是教唆皇上不务正业的罪魁祸首，和东汉十常侍、唐朝仇士良等一个德行，不杀则后患无穷。奏折最后写道：

> 窃观前古阉宦误国，为祸尤烈。汉十常侍，唐甘露之变，是其明验。今照马永成等罪恶既著，若纵而不治，将来益无忌惮，为患非细。伏望陛下奋刚断、割私爱，上告两宫，下谕百僚，……明正典刑，以回天地之变，以泄神人之愤，潜消祸乱之阶，永保灵长之业。

这份上疏来势汹汹，写得杀气腾腾，把正德帝吓得眼泪都流出来了，到了中午都没心思吃饭。可一帮老学究未免把问题想得太简单了，对于"八虎"，他们根本拿不出什么确凿的罪证，只会用汉唐的宦官专权来类比，就想把这些陪正德帝玩耍多年的"好朋友"置于死地。这别说小皇帝不能答应，换历史上哪个贤君，恐怕都不会允许这样捕风捉影的事情发生。

老头们在弘治当政时不这么玩，偏要利用正德执政时间不长的档口，来给人家出难题，还不是欺负小皇帝不熟悉业务，根基不牢靠，容易受他们摆布？

当然，看着三大阁老并朝廷六部九卿十三司一起上疏，即使再糊涂的天子都能感觉到压力山大。正德又不是真傻，他不过是爱玩罢了。这一次，小皇帝知道问题相当严重：要是把这些人都给得罪完了，没人给他干活，国家的正常运转都成问题。而且这些老古董都好面子，不服个软道个歉，他们的老脸都没地方搁。

也罢，谁让我年轻呢？承认一次错误，天不会塌下来。我还能继续当我的皇上，你们还得继续给我磕头，看各位能唠叨到什么时候。

至于"八虎"，杀是不杀呢？当然万万杀不得，还要留着过年呢。按正德的小心思，先把他们送到留都去"思过"（玩耍），过段时间再接回来不就OK了嘛。但老臣们岂能答应，一定要让将刘瑾等立即正法。为了早点回宫玩耍，小皇帝只能让步，承诺明天逮捕"八虎"。

第二天一早，志在必得的文臣高官们早早就来到奉天殿，准备逼正德下最后的决断。他们都是这个国家最富政治智慧的精英，最有政治斗争经验的老手。很多老前辈甚至在正德还没生下来之时就已经在官场上钩心斗角了，对付小皇帝有的是经验。

何况，他们当中的那仨阁老，还是前朝皇帝的顾命大臣，正德再怎么非主流，也不敢公然违背先帝教诲，打自己亲爹的脸吧。

正德姗姗来迟。众人跪倒，山呼万岁。等到大伙抬起头来，才惊异地发现，那个昨天还被吓得愁眉苦脸、差点当场哭出声来的小皇帝，今天倒显得神色平和，不慌不忙。这到底是好事还是坏事呢？

一会儿，正德发话了，先是向各位老臣表示了敬意，说你们为国家分忧，动机是真诚的，态度是端正的，精神是可嘉的，但效果可能是不好的。随后，他命令太监宣读圣旨。

文官们听正德这么一讲，立即感觉到不对劲。等到听完了圣旨，一个个都惊呆了，他们这才明白，仅仅一夜之间，局势发生了一百八十度的大转变。

"八虎"之首刘瑾，不但未受任何处罚，反而担任了司礼监掌印太监，接替了文官们在后宫的同盟王岳。马永成成为东厂提督，宪宗时被关闭的西厂也恢复了，由谷大用担任提督。这一下，"八虎"等于全面控制了朝中大权，随时可以对文臣武将进行抓捕和审讯。

这帮老臣万万没想到，他们的努力，会因一个叛徒的告密而付之东流。

此人就是吏部尚书焦芳，他早早便是刘瑾安插在朝中的眼线。就在昨天晚上，焦尚书见形势不妙，立即派亲信向刘瑾汇报。刘公公得到情报之后，带着其他七人，拼着老命敲开了皇宫的大门。

正德不忍心拒绝这帮老伙计，让刘瑾等人进宫，准备和他们做最后的话别。

但刘瑾是什么人，到了这个时候，他能不做最后的挣扎吗？

八人齐刷刷地跪倒，一把鼻涕一把泪地倾诉自己的冤屈。刘瑾并没有把责任全推给刘健等文臣，而是一口咬定司礼监掌印太监王岳挑拨离间，要置他们于死地。

"皇上啊，我们这些人要是都被奸臣害死了，以后谁来照顾您呢？"

"不至于吧！"小皇帝半信半疑。这帮老骨头走个道都费劲，真的如此狠心吗？

眼前这八位，不光是小皇帝的好奴才、好玩伴，甚至可以说是他最信赖的好朋友。真要一股脑地赶走，甚至处决，第一个不开心的肯定是正德本尊了。

"皇上啊，都是王岳和那帮奸臣串通一气，颠倒黑白，才将奴才逼得无路可走啊！"

王岳在后宫再有势力，哪比得了刘瑾和正德的交情？看着泣不成声的刘瑾等人，小皇帝被感动了，并终于做出了最慷慨的决定……

事情已经到了这一步，三位阁老眼看着自己的努力成果付之东流，对小皇帝的失望之情无以言表，他们想出了第二招——集体辞职！

皇帝刚继位不久，内阁成员就一起撂挑子，这当然不是什么光彩的事情，等于抽皇帝的耳光。而且，三位大学士都是先帝钦点的顾命大臣，否定他们，就等于否定自己的亲爹。

按常理说，这个级别的官员辞职，皇帝一定要反复驳回三五次，以显示对他们的重视。但正德帝可不管这些——年轻，没有什么不可以！他立即批准了刘健和谢迁的辞呈，单单把李东阳留下了——一锅端总是有点不好看。

这么一来，李东阳自然就成了首辅，却也成了光杆司令。于是刘瑾体贴地将焦芳和王鳌（廷议推荐）送进内阁，让李东阳的首辅当得非常轻松——什么事都不用管。

摆平了内阁，刘瑾就开始清理门户。他把韩文和左都御史张敷华贬出京城，还想收拾"天才枪手"李梦阳。小李走投无路，只能求救于投靠了刘瑾的"前七子"成员康海，这才保住了自己的官位。

王岳被勒令提前退休，去南京养老，却不幸"病死"在了半道中。

如此一来，满朝大臣都对刘瑾噤若寒蝉，不敢造次。不久之后，坊间传言，正德是"坐皇帝"，刘瑾则是"立皇帝"。"坐皇帝"其实整天坐不住，变着花样地东跑西颠找刺激；"立皇帝"也只在真皇帝面前立一下，平时坐在自家屋里，就把大明的基本工作抓起来了。

明朝实行的是两京制，首都是北京，留都南京有完整的六部九卿十三司，不过除了兵部掌握南方军队实权外，其他部门基本上是荣誉职位，头衔好听，只是个摆设。一般人宁愿到北京当工部侍郎，都不想去南京当吏部尚书。

面对刘瑾的打压，文官集团当然不会束手就擒。而这一次，南京的官员给了北方同仁最有力度的支援。戴铣、李光瀚等六科给事中，以及薄彦徽、蒋钦等十三道监察御史站了出来，联名上疏，请求"斥权阉，正国法，留保辅，托大臣，以安社稷"。

对付这些书呆子，刘瑾懒得动脑筋，而是以武宗的名义，将戴铣、牧相等十八人缉拿到北京，准备好好"招待"一番。值得一提的是，其中的牧相，正是王华的妹夫，王阳明的姑父。

这场迫在眉睫的惨剧，王阳明不会看不清楚，而他又能做些什么呢？

四、替父出头，代价是相当惨重的

高手打架，段位低的只能看热闹，只有当观众的份儿。刘瑾集团和朝中文官的斗争，按理说小小的兵部主事王阳明，官阶不过正六品，比七品芝麻官也就高了一级，影响力基本为零，根本没有和刘瑾过招的份儿。

但是，有一个人的存在，却让王阳明不得不出头。

此人正是他的父亲王华，王华此时正担任礼部左侍郎，未来很有可能担任尚书，或者进入内阁。

南都多位言官的遭遇，自然在北京引起了广泛关注。王阳明觉得自己不能置身事外，需要有所表示了。但他只是个六品主事，人微言轻，说了通常等于白说，根本起不了任何作用。

但说了有时也不是白说，这个时候，你的立场比你的理智更重要。在那个文臣集体上疏声讨刘瑾的日子里，多王阳明的一份不多，少他的一份也不少，但你要是没有基本的立场，连个姿态也没有，那恐怕就要得罪太多的人。

十一月中旬，反复考虑之后，王阳明上了一道《乞宥言官去权奸以章圣德疏》，为蒋钦和戴铣等人鸣冤，其中说道：

> 我听说，君主仁慈，那么大臣就正直。如今戴铣等人作为言官，职责就是提意见。如果他们说得对，陛下就应欣然采纳；即便说得不对，陛下也应当包容，让他们敢于说话。如今赫然下命令，大老远地去南京抓他们。想来陛下的心思，不过是略微做点惩戒，让他们以后不敢草率地妄发议论，肯定不是有意愤怒地处罚他们。一些下等官员无知，胡乱疑虑担心，我真是替他们惋惜啊。不过从这以后，就算有了关于宗社安危的大事，他们也会缄默不说了。请求陛下追回前面所发圣旨，让戴铣等人继续保留原职，使他们继续弘扬大公无我的精神，坚持臣子敢于直言的勇气。这样，您的圣德传播到远处，令百姓开心，这不是皆大欢喜的事情吗？

显然，王阳明并不想过多地触怒刘瑾，不想做无谓的牺牲。这个奏疏写得也算是点到为止，既不批评刘瑾的专权，又不讽刺正德的胡闹，而是相当委婉地提出了一点建议。因此，标题的"去权奸"三字，想必是后人加上去的。

按说，这一份不痛不痒的奏疏，当朝皇上完全没必要过目；这样一个职位低微的小官，他的意见完全可以当不存在。你越认真对待，就越显得对他重视；你越是想要惩罚他，就越显得他不平凡。

"九〇后非主流"的正德事务（玩耍）繁忙，当然不可能看这份奏疏，看到它的是刘瑾。刘大总管当然也犯不着和一个六品小官过不去。收拾他，不就等于是在捧他吗？不合算。

不过，这个小白脸的老爹，可是在京城有相当声望，甚至很有可能入阁的王华。

老王自己不行动，儿子就得冲到前面。刘瑾自然也明白，如果不对王阳明采取行动，肯定有更多的中下层官员站出来搞事。

能杀一儆百，还能恐吓王华，何乐而不为呢？刘公公是一位行动派，知行合一，说干就干。他很快以皇帝的名义拟出了一道圣旨。

当戴铣等人还在押往京师的路上时，王阳明已先于他们住进了锦衣卫的诏狱。

大明官员都清楚，诏狱和鬼门关区别不大，很多犯人都莫名其妙地"病死"在里面了。显然，要不是老爸花重金疏通关系，王阳明随时都有可能发生意外。

一个有爹可拼的年轻人是幸运的，而一个处处需要拼爹的社会是可耻的。

从小生活在书香门第、衣食不愁的王阳明，生活水准一下子回到了原始社会。阴暗肮脏的囚室里，他艰难地吞咽着最劣质的食物，平静地忍受着最夸张的羞辱，积极地憧憬着最理想的改变。他明白怎样做才对自己有利，才不会给自己惹出更大麻烦。

活着，就有希望；坚持，就有出路。这点困难压不倒我，这点皮肉之苦吓不住我。刘瑾，现在你得意一时，只是报应还没有到！我会勇敢地活下来，等到你被处理的那一天！

坐牢的这段日子，一本《周易》一直放在王阳明身边，他读了很多遍，并且用木棍进行推演。"文王拘而演《周易》"，在这里，他似乎与周文王进行了精神交流。得道与做圣人的理想，如同一团火，在他胸中肆意地燃烧。躺在冰冷的草席上，他反而感觉不到冷。王阳明还写了一首五言诗《读易》：

囚居亦何事？省愆惧安饱。

瞑坐玩羲易，洗心见微奥。

乃知先天翁，画画有至教。

包蒙戒为寇，童牿事宜早。

蹇蹇匪为节，虩虩未违道。

遁四获我心，盅上庸自保。

俯仰天地间，触目俱浩浩。

箪瓢有余乐，此意良匪矫。

幽哉阳明麓，可以忘吾老。

继佛教、道教之后，王阳明又从《周易》之中吸取了不少智慧。他每日每夜潜心研究，越发觉得《周易》中的每一卦、每一爻，都蕴含深刻的意境，让自己更加深刻地意识到了生命的奥义。一定程度上甚至可以说，没有北京诏狱中的这段经历，很可能就不会有后来的"龙场顿悟"。

大理寺评事林富当时也和王阳明关在一起，两人正好能一道交流读《易》之获。林富比王阳明小三岁，中进士正好也晚一科。这段特殊经历，让他俩成了一生的挚友。

各位观众，林富和林俊都姓林，都是福建莆田人，都是王阳明的好友，二林可能还有亲戚关系。但他俩年龄相差二十三，可别搞混了。

作为三品大员的长子，王阳明知道自己不可能在诏狱里过一辈子。但他没想到的是，自己出狱的代价还真的是一点也不小。

正德元年十二月二十一日，北京的天气已经非常寒冷，滴水成冰，而比天气更为恶劣的，是恐怖的政治氛围；比寒风更让人心寒的，是报国无门的官场。一个毫无存在感的兵部主事，仅仅因为一封只能算不痛不痒的上疏，就要付出无比惨重的代价。

这一天，几个全副披挂的锦衣卫校尉来到诏狱，把还在坚持看书学习的王阳明揪了出来，要带他到一个他一直非常向往，但几乎没有去过的地方。

他们身上那让人有些炫目的飞鱼服，让王阳明印象深刻。

这里是午门，不远的地方就是奉天殿，是这个国家权力的核心地带，是皇帝每天朝见大臣、商议国事的地方。当然，通常只有五品以上的高官，以及一些特殊部门的负责人，才有资格进入朝堂。六品小官王阳明，旁听的机会都屈指可数。这一次，他倒是有幸站到了离权力核心很近的区域，并且品尝到了皇权的威力。

　　一个面无表情的太监宣读完了圣旨，几个粗壮的大汉就粗暴地把王阳明按倒在地，熟练地扒下了他的裤子，让他白净的双腿完全暴露在了零下十几度的低温中。这么一来，王阳明就成了大明开国以后，第一个被脱干净了再打的官员。之前，很多人还可以享受垫毛毡、裹棉被挨打的"优厚"待遇，即使这样，依然得卧床休息数月，甚至留下后遗症。而身体素质本就不如普通人的王阳明，怕不得当场秒变尸体？

　　王阳明无奈地闭上了双眼，摆出一副听天由命的架势。几位老粗可能没见过这么白的男人大腿，警惕地交换了一下眼神，那意思好像是说，赶紧打，早点打完早点收场，别把人家王公子冻坏了嘛。老粗随手扔过一块方巾，让王大人堵住嘴。

　　大棒落了下来，每一下都是钻心的疼痛。每一棒下来，他都能感觉到鲜血的喷涌而出；每一棒下来，他都以为自己要死了。对一个体质偏弱的人来说，流血过多可是致命的，刘瑾看来是下了死命令啊，没有一棒是走形式的。才二十几棍，王阳明就已经昏死了过去，大汉们一盆凉水浇下，他又醒了过来，无奈地继续接受这个煎熬。

　　朝廷给予王阳明的处分就是廷杖四十（一说三十），谪为贵州龙场驿丞。

　　驿站，是古代供传递书信文件的信使、官员中途休息和住宿的地方。驿丞，就是驿站的管理人员，从九品。贵州，位于祖国大西南，是十三布政司中最穷的一个，通常是流放犯人的首选场所。

　　廷杖是大明王朝最有特色的刑罚方式，就是把触怒皇帝或者权臣的官员拖出午门杖打。负责行刑的是锦衣卫校尉，监刑的是司礼监太监。受杖的大臣会被扒掉官服，用草绳捆绑，趴在地上。行刑校尉都有多年的执法经验，他们以司礼监太监的表情动作作为下杖轻重的依据：若太监两脚向里并拢，就叫"用心打"，受刑之人尚能留下一条性命；若太监两脚呈八字朝外张开，是为"着实打"，这位仁兄八成就得毙命杖下。

　　大明廷杖的主要特色一是公开透明，没有猫腻。传旨太监当廷宣布某人的罪行，宣布打某人的屁股，而不是遮遮掩掩地给犯错的人留面子。二是严肃认真，不走形式。廷杖绝不是吓唬人，做做样子，而是招招有力，棍棍见血。三四十棍下来，轻者要割掉数块腐肉，留下终身残疾；重的直接住进棺材，告别这个世界。三是捉摸不定，说来就来。皇上情绪变化之快，有如热恋中的少女，明明刚才还口口声声叫你"爱卿"，一个转身又能叫你趴下；刚才还夸你是国家栋梁之材，片刻之间就能把你打成废材。

但王阳明挨的这一顿，并非出自正德皇帝的本意，完全是刘瑾的公报私仇。

闻讯赶来的王华，只能呆立一旁抽泣，毫无办法。他很清楚，儿子这四十棍是替自己挨的。如果王阳明不受这顿暴打，他王华身为礼部左侍郎，对刘瑾的专权不做有分量的实质性表态，就逃脱不了满朝文官的指责。

谁让他是王阳明的亲爹呢，儿子不给老爸挡枪，怎么算得上父慈子孝？

王阳明的屁股被打开了花，王华的官位也算保住了。

行刑的人只管打，并不对受刑人的生命安全负责。打死也不会承担任何法律责任。据不完全统计，有明三百年间，廷杖时当场被打死打残的官员，都可以组建一个百户所了。

万幸的是，被打得半死的王阳明得以离开诏狱回家养伤。大夫小心地割去王阳明身上的腐肉，上了药包扎起来，当年也没有破伤风针，很多受仗责之人会因为伤口感染而死。王阳明自格竹以后就体质虚弱，能不能通过这道鬼门关，他也没有什么信心，一切听天由命。

转眼就是除夕，新的一年就要来到了，京城的年味是最足的。家家户户挂起了春联，贴起了窗花，放起了爆竹。而即将三十六岁的王阳明，却度过了他人生中最特别的一个元旦[1]：他是趴在床上度过的。

但是，父亲和妻子日夜守在床边，使他倍感温暖；至亲的悉心照料，令他的伤势日渐好转；好友的来访探望，给了他更多的信心与动力。

生命是如此脆弱，没有理由不去珍惜；

人生是如此短暂，没有理由随波逐流；

命运是如此坎坷，没有理由就此沉沦；

邪恶是如此猖獗，没有理由不去抗争！

不过，他现在人是出了诏狱，但整个京城，已被刘瑾变成了一座更大的监狱。遥远的龙场，陌生的环境，会给王阳明带来人生转机吗？

1.明朝的元旦相当于现在的春节。

逃跑之旅尽显智慧

第五章

一、贬官龙场，阳明惜与美人别

正德二年（1507）到了。这一年的特别之处，是它有两个正月。

闰正月初一，王阳明的伤势已经基本恢复。就在当天，他和被贬山西的李梦阳一道离开京城，奔赴各自的目的地。

不知道王华都先后请了哪些名医，王阳明休养个把月便能自如走动了，这绝对称得上大明医学史上的小小奇迹。

我们看《水浒传》等古装剧，经常见到两个衙役押着一个戴着重枷的犯人，一路奔波赶往发配地。但王阳明的幸运之处在于，他一来不用戴枷，二来没有官差盯着，三来也没有严格限制报到时间，也就不用那么着急，甚至可以先回老家看看。

得罪了刘瑾，王阳明在京城已经让很多人见了就躲。但他离京的那天，通州的大运河起点处，依然有不少人前来送行。真正的友谊，是经得起强权威胁之考验的。

湛若水、汪俊、崔铣、乔宇、陆深、杭淮、储罐，诸位兄台，感谢你们来送我。山高水长，各自珍重。等我回京，再请各位痛饮几杯，不醉不归。

湛若水当场写下了《九章》，安慰好友的同时，展现了一位哲学家的风范。崔铣则和了一组《五诗》，王阳明则以《八咏》回赠。都是文化人，告别方式也很有仪式感。但朋友们都闷闷不乐，他们知道王阳明此行是凶多吉少——他的身子骨这么弱，能经得起折腾吗？

片刻，几个人突然都笑了。他们很有默契地闪到了一边。

上个特写镜头：她来了。

北京女孩通常会被称为"大妞"。因为她们爱得果断，爱得勇敢，爱得霸气，爱得不顾一切。他一次次地躲着她，一次次地提醒她，自己是个有妻室的人，况且一把年纪了，不想辜负她。可她却不在乎这个。

再说了，婚外情也是真情。

她款款走来，手捧一条丝巾，拴在了他的脖子上。他笑了，她想拴住自己的心，可自己却不会选择她。

王阳明的疑似"出轨"，已经被他的弟子小心翼翼地从档案中抹去。今天的我们，已经不知道这个北京大妞的姓名与家世，留在这世界上的，只有王阳明的两首诗[1]：

> 忆与美人别，赠我青琅函。
> 受之不敢发，焚香始开缄。
> 讽诵意弥远，期我濂洛间。
> 道远恐莫致，庶几终不惭。

> 忆与美人别，惠我云锦裳。
> 锦裳不足贵，遗我冰雪肠。
> 寸肠亦何遗？誓言终不渝。
> 珍重美人意，深秋以为期。

船开了，美人的身影消失在了视线里，也消失在历史中。但这条丝巾，却与他结下了一段不解之缘。

闰正月初六，刘瑾对言官的惩戒行动开始了。数十位正直之士被打得皮开肉绽，甚至奄奄一息。蒋钦连续三次被杖责，共计九十棍。生命垂危之际，他依然在大牢里奋笔疾书，上疏请除刘瑾。这位书生想用自己的死促使皇帝醒悟，但朱厚照怎么会在乎他的苦心？

蒋钦最终死于狱中，朱厚照对刘瑾依然信任如故。当月二十九日，王华被"提升"为南京吏部尚书，正二品。当然，瞎子都能看出来，这是明升暗降。

1.这两首诗是《八咏》的最后两首。

当年三月，王阳明辗转来到了杭州。正值春光明媚，百花盛开之时，西湖之滨游人如织，他的肺病却又加重了——难道被人传染了？不得已，王阳明向朝廷写了申请，隐居在南屏山净慈寺养病。

这已经是他第三次下榻净慈寺了。在这里，王阳明还听到了来自京城的一条趣闻，乐得饭量增加了不少。

也许出于心底的自卑，刘瑾这哥们对文官大下黑手，还整理出了一个包含五十三人的奸党名录，类似北宋著名的"元祐党人碑"。其中排列在前的就是大学士刘健、谢迁，尚书韩文、杨守随、林瀚，都御史戴珊，六位朝廷重臣，"前七子"之首李梦阳排在第七；而在这份光荣榜上高居第八的要犯，是王阳明非常熟悉，也是万万没有料想到的——

居然就是他自己，前兵部武选清吏司主事王阳明。那么多高官，都排他后面，这也太荒唐了吧。

刘瑾可真是"活菩萨"啊，生怕王阳明火不起来，拼了老命地帮这个年轻人宣传、"炒作"，很感人嘛。

王阳明不急着赴任。以他这体质，要是走得太匆忙，没准就交代在半路上了。再怎么说，自己的父亲当过皇帝的老师，在朝中也有一些人脉，有可能正德帝一高兴，就会把王华叫回北京；再一高兴，就能赦免王大公子的罪过。

王阳明真是自带"流量"，走到哪里都不缺追随者。妹夫徐爱就不用说了，冀元亨、朱节、蒋信和刘观时等青年才子，有事没事都往净慈寺跑。

弟弟王守文当时也在杭州，正准备参加乡试。王阳明受了朝廷处分，但他并未受到株连。在省城里，兄弟俩还能经常见面。王阳明的母亲郑氏只生了他一个宝贝疙瘩，守文和妹妹守让都是继母赵氏所生。杨氏则生下了守俭和守章。

时值盛夏，王阳明于六月移居万松岭畔的胜果寺，躲避酷暑，调养身体。他依然坚守陈白沙"默坐澄心，体认天理"之说，并悉心向前来拜访的钱塘学子传授治学心得。

不久之后，王阳明又特意去了三台山，拜谒自己的偶像。

天顺元年（1457）正月十七日，英宗经"夺门之变"成功复辟。二十二日，他就以谋逆罪处斩了于谦和大学士王文。次年，于谦灵柩被送回故里，安葬在了三台山山麓。

王阳明敬佩于谦的高风亮节，羡慕他的卓著功绩，更痛心他的悲惨命运：

> 呜呼！公有姬旦、诸葛武侯之经济勋劳，而踵伍子胥、岳武穆杀身亡家之祸，神人之所共愤也，卒至两地专祠，四忠并列，子孙荫袭，天悯人钦，冥冥中所以报公者，岂其微哉！

于谦这样的国之柱石都不能善终，都说杀就杀，自己一个小小的前兵部主事，生命还不得和蝼蚁一样卑微？不行，一定要好好保住这条命，一定要坚持"成圣贤"的远大理想，一定要等到刘瑾倒台的那一天！

八月已是初秋，王阳明没等到朝廷赦免自己的消息，却等来了自己根本不想见的人……

这一天，守文正在家温书，突然有两个陌生人上门拜访。他们自称沈玉和殷计，是阳明先生的仰慕者，并把阴阳先生身上发生的惨剧大致讲述了一下。随后，二人交给守文一幅长卷。当弟弟的急切地打开，看着看着，大颗的眼泪就不断滴落在纸上。

原来，这正是王阳明亲笔写下的遗书，还附有两首绝命诗。弟弟当然认得亲哥的笔迹，知道造不了假。

守文一边大哭，一边追问："我大哥他……他真的投水自杀了吗？"

两人连忙安慰道："公子保重，人死不能复生，锦衣卫欲加害阳明先生，我等没能救下先生，只能眼睁睁看他投水，实在是无能啊！"说着说着二人的眼泪也下来了。

守文强忍悲痛连连作揖，对二人深表谢意。

没过多久，杭州府的巡逻士兵上门拜访了。他们说是奉布政司之命，拿了在钱塘江边发现的一双鞋给王家人辨认。守文一看，正是大哥这几天一直穿的。他顿时眼前一黑，认定王阳明没有生还的希望了。

守文已经不是孩子了。他稳定了一下情绪，火速修书向在南京的父亲汇报。王华指示儿子，无论花多大代价，也要想办法把大哥的尸首捞上来。

守文高薪聘请了几位水性好的渔民，在沈玉和殷计的指引下打捞大哥遗体。经过十来天的努力，尸体倒是捞出了几具，但显然都不是王阳明的。

这时候，徐爱突然放声大笑，可把其他人吓坏了，都以为这孩子受的刺激太大，疯了。

徐爱开心地说："天生阳明，倡千古之绝学，岂如是而已耶！"意思是说：我大舅哥还没有完成自己的使命，肯定死不了的！

我们今天也知道，王阳明的确没死，不然也不会有后来一系列改变历史进程的大动作。但他怎么会留下遗书，又在江边留下鞋子，后来又如何摆脱了锦衣卫的追杀呢？

二、直面追杀，让你没法心想事成

让我们回到事故现场，看看当时都发生了什么。

这一次的经历，对熟读兵书的王阳明来说，确实非常惊险。可以说在他有生之年，这样的危机也屈指可数。

这是一个闷热的午后。王阳明坐在胜果寺门口乘凉，手里捧着佳人赠送的纱巾，回想起昔日的温情、分离的痛苦、曾经的回避、未来的迷茫，不由觉得心情沉重。古人不像我们，不管相隔多远，打开电脑就能上网，拿起手机就能通话，登上微信就能视频通话。距离，永远是他们无法突破的障碍。

突然，王阳明听到了陌生的脚步声，有人来了！

他慢慢地抬起头来，看到的是两个身材魁梧、面相冷峻的大汉。这俩伙计的体型，一看就不是杭州本地人。他们头戴矮帽，身穿紧身衣，腰挂长刀，上来就问："阁下是不是王伯安王驿丞？"

王阳明一听，标准的京片子，还挺有礼貌，应该是从北京来的差役。他已经有些日子没听到京腔了，感觉挺亲切的。他心想：这是要接我回京吗？还是什么别的人要试探我？

"在下就是王伯安。"

对面一人亮出了腰牌："那好，跟我们走吧！"

锦衣卫！

另一个人突然笑了："你一个大男人摆弄丝巾干什么啊，别说，千万别说……我猜我猜我猜猜猜，肯定不是老婆给的，是小情人送的吧？"

是福不是祸，是祸躲不过。王阳明也学过一点功夫，但知道在这两个锦衣卫面前，自己没有半点胜算。硬拼是不行的，逃跑只会带来更大麻烦，不如跟他们走，随机应变。

"我病了，走不了远路。"

"没事，我们俩搀着先生就好。"

就这样，两个锦衣卫搀着王阳明走了两三里，突然后面有人高喊："等一下！"

王阳明和锦衣卫都不禁回头，只见后面追过来了两个人。他们已经累得大汗淋漓，其中一个喘着粗气说："我们住在胜果寺旁边。我叫沈玉，他叫殷计，早就听闻先生大名，但平时不敢和您打招呼，听说您被官差挟持，想到他们很可能会对您不利，我们就跟着过来了，想看看他们要把您怎么样。"

锦衣卫一听就火了，心说我们做些什么，还要向你小朋友汇报吗？其中一人"当啷"抽出了长刀，刀锋在夕阳下闪着耀眼的光芒："这是朝廷钦犯，你们最好离远一点！"

王阳明认识这种刀，他不禁倒吸一口凉气。

绣春刀！

大明一朝二百多年间，锦衣卫高官可以和朝廷大员一样身着蟒服，而中下级军官则穿着醒目的飞鱼服，腰挎锋利的绣春刀，神出鬼没，四处埋伏，堪称大明二百多年间一道靓丽的风景线。不过这一次，为了工作方便，这两个官差选择了便服。

"大人啊，既然朝廷已经罢了王大人的官，就不应该再加罪了吧。"说着，沈玉从怀里掏出了两锭银子。两个锦衣卫警惕地观察了下周围，飞快地将银子装进了自己的口袋。

"你们是想给王守仁收尸吧，那跟我们走。但最好别乱说、乱动，不然……"

两人急忙赔笑："是，是……"

天色黑了下来，几个人走到了钱塘江边的一座空房间，四下无人，正是杀人灭口、毁尸灭迹的理想场所。锦衣卫走累了，也被跟烦了，就准备在这里做个了断。

两人拔出长刀，指着沈玉和殷计说："我们奉刘公公之命，来处决王守仁。你们与此事无关，趁早离开，别给自己找麻烦！"

要说两人白长了那么高的个子，一点脑子都没有。这种事能说出来吗？

不过，他们是否真的就是刘瑾指使，还是有人打着刘公公旗号使坏，真相已经很难搞清楚了。

"那你们准备怎么杀王先生呢？"沈玉关切地问。俩锦衣卫一听，哭笑不得："我们杀过的男人比你见过的女人都多，还用得着你操心！"沈玉又说："王先生怎么说也算是一代名士，就这样死在你们的刀下，连个全尸都保不住，是不是太惨了？"

"那给他绳子，让他上吊，这样可以吧？"

沈玉依然不满："死在绳下，与死在刀下一样惨，很不人道！"

真挑剔！锦衣卫火了："你俩婆婆妈妈说这些，是想让我们放过这个姓王的吧？实话告诉你，如果我们杀不了王守仁，回去自个儿就得死，你俩再这么多废话，就吃我一刀！"

也许是为了证明自己不是哑巴，殷计这时终于开口了："大人，别发火嘛，愤怒有害健康，生气是拿别人的错误惩罚自己……这么着行不行？我们不是在钱塘江边吗，这条江可是天然的自杀宝地。等到半夜，让王先生投江自尽，既能保一个全尸，又不会污染环境，你们也好交差复命，这不是两全其美的事情吗？"

两个锦衣卫的智商真让人着急，投江和上吊有多大区别呢？他们居然觉得殷计说得有道理。沈玉接着说要去买肉买酒，算是给王阳明送行。

当年杭州的商业已经相当发达，大半夜的居然还能买到酒肉。五个人围坐在一起，几杯酒下肚，锦衣卫的脸色也不那么凶了，甚至还向王阳明敬酒，希望这位才子不要怪罪自个儿，当然死后也别化成鬼来找麻烦。沈玉和殷计则哭得跟泪人一样。王阳明乐了："我得罪了朝廷，死就死吧，我自己都不哭，你们哭成这样算什么？"

菜越吃越少，酒越喝越嗨。酒桌上的气氛已经相当融洽，不明真相的群众还真以为是五个好友聚餐呢。趁两个锦衣卫喝得高兴，王阳明起身说："我酒量不好，不能再喝了，人既然要死了，得留下一些遗言，是不是啊？"两个锦衣卫附和道："对。"随后，王阳明又让沈玉和一个锦衣卫出去买了文房四宝，殷计在一旁磨墨。才子就是才子，王阳明略加思考，挥笔一蹴而就：

> 学道无成岁月虚，天乎致此意何如。
> 身曾许国渐无补，死不忘亲恨有余。
> 自信孤忠悬日月，岂论遗骨葬江鱼。
> 百年臣子悲何极，夜听涛声泣子胥。

想想自己转眼就要葬身江中，王阳明也是悲从心起，生命是如此珍贵，世界是如此美好，自己成圣成贤的道路还差得很远，奶奶和父亲还需要自己的照顾，天下苍生还需要自己的点化，大明王朝还需要自己的奉献，就这样离去，实在是太不甘心了啊。反正要死了，不妨给后世多留一点遗作吧，反正墨汁还有，那就再来：

> 敢将世道一身担，显被生刑万死甘。
> 满腹文章方有用，百年臣子独无惭。
> 涓流归海今真见，片雪填沟旧亦淡。
> 昔代衣冠谁上品，状元门第好奇男。

写完了绝命诗，王阳明又接着写遗言，可一不小心，这遗言写得收不住，眼看就要没墨了。他觉得有必要把两个帮过自己的人记录下来，于是就换了字体，写下了一行小字："阳明已入水，沈玉、殷计报。"

酒也喝好了，遗书也写成了，接下来，就应该到王阳明投水的时候了。王阳明谢过两个锦衣卫保留全尸之恩，就沿着江岸向远处走去。两个杀手喝了太多的酒，看东西都有了重影，也懒得动了，想王阳明也玩不出什么花招。

很快，他们听到"扑通"一声，随后又没有了动静。两人追过来看，只见江边有一双鞋，这正是王阳明穿的。江面上漂过来一块纱巾，眼尖的锦衣卫也认出来了，不由得心情大好：这不就是那厮一直留在身边的宝贝吗？这么珍贵的东西都看不住，就算淹不死，回头也得让小情人给活活打死啊。

沈玉和殷计也赶了过来，见此情景不由得放声大哭，他们心疼的当然不是酒钱，而是这样费尽心思，还是没保住王先生的性命。

锦衣卫想把鞋和纱巾都带回去交差。沈玉劝道："你们可以把鞋留在这里啊，这样杭州人都会知道王守仁跳水自杀了。消息传到京城，你们在刘公公那边不是更有面子吗？"

"好主意，谢谢啊。"两个锦衣卫感动地离开了。这两个家伙本来就蠢，喝了一顿酒就更糊涂了，拿女人用的丝巾回去，能证明是王阳明的遗物吗？

沈玉和殷计把王阳明的绝命书交给了王守文。弟弟认出笔迹之后，不禁放声痛哭，也就有了前面的一幕。

但大家都知道，王阳明并没有死，不然大明历史就面目全非了。那么，他是如何从江中活过来的？

三、编个谎话，只是不想麻烦别人

王阳明是没有死，但和死神的距离，可能也就0.01公分。

那天晚上，天上没有月亮，天色很暗。王阳明麻溜地沿江走出老远，先脱下鞋子放在江边，制造了一个自杀现场。随后，他把情人送的丝巾取了下来，咬咬牙，扔到了江面上，看着它顺流而下。接着，王阳明吃力地抱起一块大石头，拼命向江中扔去。震耳的"扑通"之声，老远都能听到。

一片黑灯瞎火之下，两个喝得醉醺醺的锦衣卫，居然就轻易相信这个王驿丞真的跳江了。沈玉、殷计也为自己没能成功搭救王先生而痛哭一场。但王阳明自己却没有走远，只是找了个草丛躲了起来。

那一晚上，王阳明始终觉得自己离死神只有一寸远。躲在草丛中实属不得已，如果他拼命跑开，就难免发出大声响，再让两个锦衣卫追上，那是万难活命的。即使布置了自杀现场，如果那两个杀手不轻信，沿着江边这么一搜，他一样会被发现。

幸运的是，王阳明碰上了两个不太合格的杀手，有惊无险地摆脱了追杀。第二天早上，他就光着脚找到了一个船家，花重金让其开船到广信府。

随后，王阳明又不断换船，一路逃到福建，本以为可以松口气了，却碰上了一队巡海兵。他们看王阳明的模样不像商人，怀疑是倭国（日本）间谍，就把他当场扣押了。士兵们警告王阳明，再不老实交代，就要大刑伺候。

王阳明冷笑两声，看来，不使出绝招，是吓不住这些没文化的大兵了。

这位"逃犯"略加思考，清清嗓子，讲出了一段自己最为得意的故事。没等他说完，那些刚才还特别嚣张的士兵，一个个肃然起敬，露出了羡慕嫉妒恨的神色，赶紧给王阳明松绑，甚至还摆下丰盛酒菜，为这位爷压惊。其实王阳明一点都没受惊，受惊的是这帮没文化的老粗。

可见，无论在二十一世纪还是十六世纪，良好的口才和想象力是何等重要，不仅能让你保住性命，还能让你有酒喝。

王阳明是这么说的：

"我乃兵部主事王守仁，只因得罪了朝廷，受到廷杖处分，被贬为贵州龙场驿丞。我自觉罪孽深重，就想到了自杀。我不会游泳，一个猛子扎进钱塘江，身体迅速下沉，视力渐渐模糊，思维也慢慢麻木了……"

"那你是人是鬼？"士兵们显然有些害怕。

"听我说完……就在这时，一双有力的大手托住了我。我定神一看，只见一个长着鱼头人身的怪物出现在我面前，我刚开始以为他要吃我，谁知道他……他居然开口说话了，而且我还能听懂。他说自己是巡江使者，奉了龙王的命令来接我。"

真的假的啊？士兵们交头接耳。

"我跟着他去了水晶宫，宫内设施豪华，各种鱼头人身的怪物汇聚一堂，只为迎接我这个小小的驿丞。头戴金冠的龙王亲自出来迎接，拉着我的手进了水晶宫，并且摆下了丰盛的酒席招待饥饿已久的我。龙王告诉我，我的阳寿还很长，要好好珍惜，未来的前程不可限量。吃饱喝足之后，我谢绝了龙王要我入住龙宫的邀请，因为我急着去贵州赴命，报效朝廷。龙王就让接我的那个鱼头使者送我离宫，并亲自驾船送我西行。我从钱塘江到这里，只用了一天时间，请问这是哪里呢，离杭州有多远？"

士兵们全都听傻了，这里是福建地界，距离杭州已经近千里，这个姓王的是怎么过来的呢？看他严肃认真的样子，不像是吹牛。这样的牛人，我们可得罪不起，要好好招待人家，不然人家一生气，叫龙王来收拾我们……

想到这里，士兵们赶紧为王阳明松绑，并且置办了丰盛的酒席，王阳明强忍着，不让自己笑出声来。

按说做人要诚实，不能说谎，可也得看时间、地点与场合。为了自己的安全，在不伤害别人的情况下，编一些谎话来达到平安脱险的目的，不仅不算是过错，反而是极为聪明的表现。

这个世界上会说谎的人很多，把谎言说得这么动听，让人这么相信的，却不是很多。

喝得差不多之时，王阳明借口自己要解手，一头冲入黑暗中，发力狂奔起来。

这一下不知道跑出去了多远。当一个人的潜能被激发出来之时，他可以创造自己都无法想象的奇迹。患有严重疾病的书生王阳明，奔跑起来的速度，绝不亚于训练有素的士兵。

他这是要跑到哪里去呢？

四、夜宿破庙，人心之恶胜过猛虎

王阳明一口气跑出了大约三十里，已经完全迷失了方向，不知道自己跑到了哪里。只见四处青山环抱，峰峦重叠，绿树成荫，水流潺潺，好一安逸祥和的所在。如果旅游度假，这里倒是个非常不错的选择，可惜他在逃亡之中。

王阳明迷了路，不可能像我们那样掏出手机GPS（全球卫星定位系统）。他连指南针都没有，只能听天由命，走到哪儿算哪儿。眼看天色已黑，自己是又累又饿又渴，急需一场高质量的睡眠来驱走疲劳、一桌高规格的酒宴来增加营养，如果有一位高颜值的妹子来抚慰心灵，那更是求之不得。

不过这荒山野岭的，肯定也搞不到什么好吃的，能弄点无毒之物填饱肚子就算不错了。

就在这时，王阳明突然看到前面有一座寺院，他不禁露出了欣喜的神色。过去二十年间，他走过无数的庙宇，结交过形形色色的和尚，也留下了很多香火钱。王阳明自认并不是特别擅长与人打交道，但说起与和尚交流沟通，他倒是有很多心得。

那还犹豫什么，敲门吧。不过让他吃惊的是，敲了半天，里面居然没有任何回应。当王阳明有些无奈地转身欲走时，只听"嘎吱"一声响，门开了。

一个胖和尚出现在了王阳明的面前中，胖和尚一边推门，一边打着哈欠，显然对来人打扰了自己的好梦相当不满。

"这位施主，什么事？"

施主还等着你施舍食品呢。"我是过路之人，想在贵寺借宿一晚，请大师行个方便。"在人屋檐下，王阳明不得不陪个笑脸。

"不行不行！"那个和尚拼命摇头。"本寺有严格规定，不得留宿香客，不过……"他突然换了一个比较温柔的表情，顺手一指，"离本寺处不远有个山神庙，那里可以随便住，不要钱，告辞！"

"哐当！"寺院大门就这么关上了。

王阳明没办法，只好按和尚指点的方向去找山神庙。庙倒是很快找到了，他打开随身携带的火镰，察看了一下周围环境：

房子年久失修，一片狼藉。门也没了，窗子也掉了，这地方能睡人吗？

睡，还是不睡？

四个时辰之后，东方露出了鱼肚白，火红的朝阳升上了地平线。镜头切回到寺院。这一次，大门不敲自开，胖和尚从里面走了出来，手里还提着根铁棍。都说无利不起早，他这么一大早起来，是为了什么？

和尚一点不耽误时间，出门就直奔那个破山神庙，径直走了进去。他走得很沉稳，棍子点在地下，发出"当当当"的声响，似乎在寻找着什么。

突然，香案下面传出了清晰打鼾声，惊得胖和尚一个哆嗦，棍子都差点掉在了地上。他定了定神，原来是昨天被自己赶走的流浪汉。这家伙居然还活着，居然还敢在光天化日之下打呼噜？太……太不可思议了。

看着依然熟睡的王阳明，胖子吓得半天说不出话来：

"你你你……是人是鬼？"

这个地方，不是他让王阳明来的吗？他又在害怕什么？

俗话说，你永远叫不醒一个装睡的人。王阳明根本就是在装睡打呼噜。

他知道这和尚肯定会来，肯定以为自己已经死了，肯定会来拿自己的行李，当然，也肯定会被自己吓得不轻。

这一夜之间，到底发生了什么？

四个时辰之前，王阳明坐在破庙里，一边喘气一边纳闷：

门都没有，我还背了个包。要是半夜有打劫的过来，怎么跑得了？

这么不安全的地方，那个和尚为什么要向我推荐？

再怎么说，寺院走廊都比这里安全得多，他为什么还要郑重推荐？

难道，是要把我介绍给当地的土匪，然后向他们收提成？

不行，这破庙太不安全了，本大少爷躲哪儿好呢？王阳明上下左右看了半天，最后还是觉得，只能躲到房梁上去，"梁上君子"最安全。

他蜷缩在房梁上，冻得不停地打哆嗦。他不敢睡着，也不可能睡得着，就这样痛苦耗着，只盼望快点到天亮。

深夜的破庙分外宁静，王阳明唯一能听到的，只有自己的呼吸声。

突然，一声嘶叫划破了所有的沉寂，沉重脚步踏过之时产生的声响，简直可以把他从梁上震下来！

王阳明小心翼翼地转过头来，向着声音发出的地方望去。即便眼神不好，朦胧之中看到的情景，也让他浑身紧张，背上的汗刷地就下来了。好在他定力还算不错，没有当场就从房梁上跌下去。

一只老虎！它例行公事一般在破庙里转来转去，嗅来嗅去，很有"我的地盘我做主"的架势。当转了一圈却一无所获之时，老虎也感到非常郁闷，瞪着失望的双眼走了出去。大老远跑一回容易嘛？它哪里想得到，就在不远处的房梁上，还藏着一份丰盛的夜宵，可惜它没有发现。

王阳明算是整明白了，怪不得那个胖和尚要推荐自己来这儿，敢情是让我来喂老虎啊。合着老虎把我吃了，我的行李包裹不都变成你的财产了。多亏自己留了个心眼，没让老虎发现。可是，过去不知道有多少人，就这样葬身虎口了！

乖乖，这里是不要钱，但是要命啊。

想着想着，王阳明不由得笑出声来。这个和尚非常无耻，妥妥是老虎的帮凶，完全没有"出家人慈悲为怀"的理念。但他很快就知道，这恶和尚做人的底线比他能想象的还低。

天色大亮之时，王阳明知道老虎不会再来，就故意躲到神案下装睡。当他听到和尚的那一番话时，差点没笑出声来。这家伙也就这么点出息，他以为自己死定了，专程过来取行李！

贪欲，能让一个人无所不用其极，能让一个人与老虎达成默契，共同加害无辜的过路人。老虎吃人只是为了生存，人害人又是为了什么呢？可见，人比动物凶残得多。

王阳明也就借坡下驴，装出刚刚醒来的样子，从神案下慢慢地爬出来，站起身来。

和尚一见这位流浪汉，不禁大吃一惊："你是怎么活下来的？"

看着这家伙的紧张表情，王阳明自然感觉出了一口恶气，就想好好逗逗他："昨天晚上啊，我又累又饿，在神案下面倒头就睡。谁知道半夜……"

"半夜来了一只老虎？"

真是不打自招。王阳明看着和尚脸上的肥肉，心说就你这智商还出来害人，我就继续逗你玩玩吧。他接着说："半夜啊，来了一群老虎，声势那个大啊，不过它们围着这个破庙又吼又跳的，就是不敢进来，我也不知道为什么……"

"一群老虎？！"和尚不能相信，自己以往固定合作的可就一只啊，难道老虎也和强盗一样，喜欢组团？自己算是碰上神人了，昨天晚上没有留他住宿，人家要是报复，自己可就死定了。想到这里，和尚立即换了一副谦恭的表情："我看您也累了，如不嫌弃，就请到敝寺小住，吃个便饭……"

"不行不行，你们的寺规不是不得收留香客吗？"

"您有所不知，规矩是针对一般人的，您这样的贵客，我们想请都请不来，请您一定赏光……"

王阳明越是不想去，和尚越是低声下气地请求。王阳明不得已，决定给他个面子，答应过去吃饭。胖和尚高兴得双眼眯成了一条线，跟过新年得了大把香火钱似的。

　　几个时辰之前，王阳明还没资格进寺院，只能跑到山神庙里看老虎；转眼之间，他却成了寺院的贵宾。角色转换之快，他自己都不太适应了。那个昨日还不可一世的胖和尚，此刻换上了一副卑躬屈膝的模样，倒也看不出什么精神顾虑。

　　人生如戏，全凭演技。

　　在寺院饱餐一顿之后，胖和尚领客人去休息。走到大殿后面时，王阳明突然看到一个人，感到相当亲切，却又觉得不对劲——他不应该出现在这种地方。

　　正思考间，那人说了一句话，可把王阳明吓住了：这怎么可能嘛。

五、再过二十年，朋友来相会？

　　正要去客房休息之时，王阳明居然看到了一位道士。

　　住在寺院里的道士让人没法觉得不新鲜。更奇怪的是，这位须发皆白但精神很好的道长一见王阳明，居然像见到老熟人一样开心，并大声说道："伯安贤侄，别来无恙，还记得贫道吗？"

　　王阳明一惊，确信自己没听错之后，就开始努力地回想对方到底是谁。可想了半天，他实在是想不起来：自己见过的道士太多了。

　　"哈哈，你还记得二十年前，南昌铁柱宫的无为道者吗？"

　　看着道长花白的头发，红润的面庞，王阳明猛然想到了整整二十年前，自己大婚当晚的奇遇。这么多年过去，道长的容貌居然没有多大改变，确实也不好再变了。都说"岁月是把杀猪刀"，但这把刀对他已经失去了作用。

　　而王阳明自己，却由翩翩少年郎变成了亡命天涯的中年人，头上生了多簇白发，脸上平添了不少皱纹，他背有些驼了，肾有些虚了，腿脚不利索了，视力下降了，并患上了严重的肺病。

　　令王阳明好奇的是，无为道长是怎么认出自己的？他俩只见过一面啊！这么多年过去了，自己和少年时早就大不一样了。

　　无为道长见到王阳明，还像当年见到准新郎一样开心："我说过嘛，二十年后要和你相约海上，这里离大海很近，没有骗你吧？"说着，他拉着这位忘年交出了门，来到一个高台上。王阳明清楚地看到了大海，听到了海浪冲击岩石的巨大声响，急忙点头称是。原来，这里就是著名的福州涌泉寺。

回到后殿，无为道长也不顾忌自己到了和尚的地盘，拉着王阳明又盘腿打坐，聊起了家常。王阳明就把这些年的经历大略讲了一下，描述了自己如何考中了进士，如何得了肺病；又是如何挨了廷杖，如何躲避了追杀。最后他说："我现在得罪了刘瑾这个大恶人，幸运地保住了性命，想从此隐姓埋名、不问世事，您老觉得，我去哪里隐居比较好呢？"

无为道长一听，脸色当场就变了："你父亲不是还在吗？朝廷不是安排你去龙场吗？你要是抗旨，如果有人告发，刘瑾趁机抓了你父亲，诬告你'北走胡，南走粤'，你不是害了他吗？"

一语惊醒梦中人！确实是这个道理。王阳明当下表示，大丈夫一人做事一人当，不能害及无辜，更不能拖累家人。无为听后相当欣慰："看来我这首诗没白写。"接着，他从胸口掏出一张纸。王阳明一看，是首七言律诗：

> 二十年前已识君，今来消息我先闻。
> 君将性命轻毫发，谁把纲常重一分？
> 寰海已知夸令德，皇天终不丧斯文。
> 英雄自古多磨折，好拂青萍建大勋。[1]

无为道长鼓励王阳明勇敢地接受命运的挑战，把龙场之行当成是建立功业的一部分。这也符合孟子"天将降大任于是人也，必先苦其心志，劳其筋骨，饿其体肤，空乏其身，行拂乱其所为，所以动心忍性，曾益其所不能"的观点。王阳明欣然会意："多谢道长提醒，我这就准备去龙场上任。"随后，他提起笔，在大殿后墙上写下了一首七绝：

> 险夷原不滞胸中，何异浮云过太空？

1.转引自束景南：《阳明大传："心"的救赎之路（中卷）》，复旦大学出版社，
　2020，第673页。

　　　　　　　夜静海涛三万里，月明飞锡下天风。

　　王阳明正准备告辞，无为道长神秘地说："有样东西你肯定用得着。"在王公子疑惑的目光中，他变魔术似的从怀里拿出好大一锭银子。钱确实有用，特别是对已经亡命天涯这么长时间，积蓄花得差不多了的王阳明。也不知道一个修道之人，哪里来的这么多钱。更让人无法相信的是，他是如何算准了王阳明一定会来这里，还事先写好了诗。

　　有钱就有了底气，王阳明也不急着去贵州了。他是一个喜欢游玩之人，这次来到福建，他正好四处走走。据冯梦龙《王阳明出身靖乱录》记载，王阳明随后从铅山去了上饶，再次拜会了娄谅。

　　见到这位流放犯，娄老先生半天不敢相信自己的眼睛："王公子啊，先是听说你投江自杀，又来又听说有神人相救，老夫还未来得及搞清虚实，你就来了，太好了。"

　　王阳明当然非常感激："晚辈幸而不死，即将去龙场谪所。但恨不能见到老父亲一面，他一直挂念我，我担心他忧虑生病，也非常不踏实。"

　　娄谅看着王阳明，发现他确实长大了，再不是当年那个过于自我的少年，于是告诉他："逆瑾迁怒于令尊大人，已经让他去留都了。你现在就可以顺道去南京见一见他。"

　　看到娄老先生健康又健谈，王阳明当然非常高兴。更让他高兴的是，他在这里又收获了不少银两做盘缠。然而让他不高兴的是（笔者认为），此时娄一斋的小女儿早就出嫁了，老公是宁王朱宸濠。

　　朱宸濠比王阳明小五岁。当年王阳明在南昌上班时，小朱还只是一个满世界找糖吃的小朋友。二十年后，他已经是娄小姐的丈夫。后来，两人还有了三个儿子。而宁王那个侄孙正德帝，尽管身边女人不断，却一个儿子都没生出来。

　　另一个版本的故事也许更接近事实：

　　返回南京时，王阳明确实路过了上饶，确实去了娄谅府上拜访。不过，他其实没见到娄老先生。

　　娄谅长王阳明整整五十岁。如果当时老先生还在世的话，就得八十六岁高龄了。学界通常认为，娄谅在弘治四年（1491），即与王阳明初相会两年之后就过世了。

人生一世，草木一秋。红颜易老，命运无常。联想到自己的遭遇，王阳明想必也会惆怅一番。

告别了娄谅的家人后，王阳明能顺利见到父亲吗？

六、王门一期，患难之时见真情

正德二年九月下旬，王阳明风尘仆仆地赶到南京。一路之上没人追杀，他似乎都有点不适应了。

鉴于王阳明的特殊身份，他在杭州投水、在福州遇虎的事迹在江湖上已经流传开来，从而吸粉不少。但据说在北京，有一位文人听闻后却哈哈大笑："阳明子佯狂避世也！"

这哥们也太不解风情了，妥妥的"别人撩妹他直播，别人听牌他自摸"。此人正是王阳明的好友、时任翰林院编修的湛若水。由此看来，《王阳明历险记》确实有按剧本摆拍的可能，编剧、导演和领衔主演都是同一个人。

儿子顺利地见到老子，两人抱头痛哭。看到王华身体尚好，王阳明也感到非常宽慰。

这么多年，父子俩从没有这样心意相通。过去，王阳明总是抱怨父亲的专横古板，不知变通；而王华则总认为老大狂妄自大，华而不实。其实，他们两个何其相像？他们都有与生俱来的善良，都有眼里容不得沙子的正直。

二十九日是王华的六十二岁生日。在留都，亲朋好友共聚一堂，为老人家祝寿，很多人还即席赋诗，气氛极为温馨。当然，王阳明的生日也就顺道庆祝了。

十一月，王阳明陪王华离开南京，回归家乡山阴。父亲是打算彻底开启退休模式了，儿子还有很长的路要走，龙场他一定得去。

回到故居之后，王阳明又去了阳明洞，期望用修禅练道来调养虚弱的身体，更调解心头的愤懑，为将来更为艰苦的日子做些准备工作。

王华在家里挑选了三个仆人，让他们陪老大前往贵州。王阳明心想，多住几日无妨，反正朝廷也不急着催自己去上班。这个看似强大的政权，除了个别时期镇压反对派时雷厉风行之外，平时的办事效率总是慢得惊人。江湖传言，如果让大明的官僚机构去换一盏吊灯，至少需要七个人——一个人采购新吊灯，一个人扶梯子，一个人换灯，一个人处理旧吊灯，一个人记录，一个人报账，一个领导负责签字，时间至少需要七天。

半年内能赶去龙场上班，上级都会夸你效率高。

不过，王阳明还未及动身，几个年轻人的到来，却给了他太多欣喜。

王阳明和孔子一样广收门徒，他的学说深刻影响了明中期之后五百年的中国学术圈，这与他门徒众多有很大关系。

而他第一次正式收徒，是在杭州。

镜头切回这年七月的杭州。三位即将参加浙江乡试的年轻人，听说王阳明在胜果寺养病，特来拜访。

按理说，这时候的王阳明已经触怒了刘瑾，前程非常渺茫，属于谁靠近谁倒霉的类型，但这三人却偏要和失意者走到一起，不能不说需要很大勇气。

但三人一合计，却有了一个相当大胆，似乎也相当荒唐的做法：他们要拜这位"逃犯"为师。

王阳明本不想答应，却被对方的真诚与勇气所感动。

这三个年轻人是徐爱、蔡宗衮和朱节。

王阳明桃李满天下，正是由他们开始的，其中，二十一岁的徐爱和王阳明的关系非同一般。此后十年，王阳明最中意的就是此君，有如孔子钟爱颜回。

徐爱字曰仁，号横山，绍兴府余姚县人，王阳明的真老乡。

徐爱生于成化二十三年，也就是宪宗归天之年。他和自己的亲叔叔都喜欢上了王阳明的妹妹守让。碰上这事吧，按理说侄子不好和叔叔争。叔叔无论在人生阅历、收入状况，以及与女性相处的经验上都要明显好于侄子。但王华偏偏喜爱徐爱的单纯———张白纸，可以勾画出无限可能，就把女儿许配给了他。

徐爱有点多愁善感。据说有一次他在衡山游玩，晚上住在寺庙里。迷迷瞪瞪之际，只见一个老僧突然冒了出来，亲切地拍着他的背说："你与颜子（颜回）同德。"徐爱一听，别提多得意了。

可对方接下来的话，却让徐爱如同王华附体，满世界找棍子想抽人。可他左找右找也找不到，还差点摔了个"平沙落雁"。

受惊的徐爱睁开眼睛，原来自己只是做了一个梦。但老僧的话语，徐爱却记得特别真切：

"也与颜子同寿！"

熟悉颜回的人都知道，这位才子只活了三十二岁。当年，孔子获悉颜回去世的噩耗之后，连连叹息："天丧予，天丧予！"

徐爱对这个梦耿耿于怀，逢人就讲，如同鲁迅笔下的祥林嫂。别人都劝他，不就是个梦吗，梦都是假的，你要从相反的方向理解，这是说你肯定长命百岁嘛。可徐爱就是放不下心结。

这年九月，徐爱等三人都顺利了取得举人身份，赢得了次年二月京城会试的机会。十一月，他们来到山阴王府，既是向先生道喜，也是为他送行。

王阳明写下了《别三子》赠给三人，并给了他们极高的评价："（蔡）希颜之沉潜，（朱）守中之明敏，（徐）曰仁之温恭，皆予所不逮。"

得知他们下月就要去京城参加会试，当老师的事无巨细地叮嘱了三人一番，并给自己的好友湛若水写信，让三人上京后联系湛。王阳明还特意强调："增城湛元明宦于京师，这是我的同道好友，你们三个去见他，就和见我是一样的。"三个年轻人当然连连点头。

转年就是正德三年（1508），我们男一号的本命年到了。

大年初一，吃过团圆饭之后，王阳明就带上三个仆人出门了。他们，从姚江上船，踏上了通往贵州之路。

好家伙，整整一年过去了，贬谪龙场之路才走了一半。不知道是王公子自身的知名度已经暴涨，还是他爹打好了招呼，王阳明迟迟不到单位报到，居然也没有受到惩罚。

再过广信府时，王阳明并不想上岸，有人却登船求见了。你说他一个流放之人，按理说别人躲都躲不及，怎么还有人送上门来？

而且，对方可不是空手而来，而是带了一桌丰盛的酒宴，让王大公子好好美餐了一顿。

121

此人正是广信府蒋太守。因为仰慕王阳明的才华和为人，他特意带着仆从，大老远从府城上饶赶过来。两人一见如故，交谈甚欢，让王阳明感到分外温暖。

在新建县（今江西省南昌市新建区）石亭寺停留时，王阳明写下了《夜泊石亭寺，用韵呈陈、娄（陈献章、娄谅）诸公，因寄储柴墟（储巏）都宪及乔白岩（乔宇）太常诸友》，其二有云：

> 怅望沙头成久坐，江洲春树何青青。
> 烟霞故国虚梦想，风雨客途真惯经！
> 白璧屡投终自信，朱弦一绝好谁听？
> 扁舟心事沧浪旧，从与渔人笑独醒。

一腔豪情跃然纸上。

二月初，船过分宜（今江西省新余市分宜县），一位"八〇后"青年才俊正在家丁忧。听说王先生过境，他立即前去迎接，并把王阳明请到自己家里，热情款待。两个人从此成了好朋友、铁哥们。

年轻人的名气未必小于王阳明，我一说大伙儿全知道，不信？他叫严嵩，是明朝历史上一只手就能数过来的大奸臣之一。但在当年，人家还是一位积极向上的正直青年。

很多人以为王阳明和严嵩是两个时代的人。但事实上，严嵩生于成化十六年，只比王阳明小八岁，当然也比后者大部分弟子年长。弘治十八年，严嵩以二甲第二名的成绩高中进士。

在王阳明五十七载的生命历程中，有二十年严嵩都在。

王阳明懂一点相面术，却没有看准这个小兄弟。他做梦也不会想到，这个曾经的正直书生、热血青年，人到中年之后却走上了贪腐之路。更想不到的是，自己去世十四年之后，已经六十五岁高龄的严嵩，还能有机会当上首辅，并作恶二十余年。

经过萍乡，王阳明参拜了当地的濂溪祠。他把自己当成理学大师周敦颐的私淑弟子，并深情地写下了《萍乡道中谒濂溪祠》：

> 木偶相沿恐未真，清辉亦复凛衣巾。

簿书曾屑乘田吏，俎豆犹存畏垒民。

碧水苍山俱过化，光风霁月自传神。

千年私淑心丧后，下拜春祠荐渚蘋。

船到长沙，王阳明连着住了八天——架不住故交太多，饭局太密，应酬太频。陈凤梧、吴世忠和徐守诚等当年"西翰林"的同道，此时都在长沙。天天这么折腾，考虑过刘公公的感受吗？

画面切回北京，刘瑾正在司礼监处理一桌子的公文，并给手下布置任务，忙得连水都喝不上一口。

但王阳明最想念的，还是与他有同游衡山之约的湛若水。于是，他文思又如泉涌，写下《南游三首》寄给湛若水——驿站又派上用场了。

王阳明又特意登上岳麓山，拜访了著名的岳麓书院，凭吊了朱熹和张栻两位大哲。美丽的风景和肃穆的书院，让他的心情也变得更加平和。

听说王阳明驾临，长沙知府赵维藩丢下公务，专程去拜谒一个流放之人，"蹭流量"的姿态昭然若揭，自然在后世留下了话柄，不，传为了美谈。

航船由洞庭湖入沅江，贵州就在眼前——龙场，我来了！

在那荒凉而又神秘的地界，王阳明又会经历怎样的神奇之旅？

王阳明

第六章

龙场悟道突破自我

一、环境艰苦，却有意外收获

中国是龙的故乡，中国人是龙的传人，中国有叫龙场、龙场镇、龙场乡之类的地方不少。但如果不加特指，熟悉王阳明的人都知道龙场指的是哪里——那就是距贵州省会贵阳几十公里的修文县的龙场。

还有一个特别的词语与之相关："龙场悟道"，或称"龙场顿悟"。

这一切，都是因为王阳明。正如世界上大部分竞技项目都有世界杯，但不用特指，全世界的球迷都知道世界杯是什么。

正德三年春三月上旬，经过长途跋涉，王阳明终于来到了自己的目的地——贵州龙场。这里处于"万山丛棘中"，"蛇虺魍魉，蛊毒瘴疠"，根本不适宜生存。等待欢迎他的，是当地的少数民族部落。

这些人的最大爱好不是跳舞，而是吃肉，不过吃的不是野兽飞鸟的肉，而是人肉。他们早就听说，朝廷很贴心地委派了一位驿丞来到龙场，给山区人民改善生活。于是，大家伙一个个摩拳擦掌、兴奋不已。围绕着如何吃王阳明的问题，族人展开了热烈的讨论，有主张烧烤的，有主张切片的，有主张架个大锅煮的，有主张搞个蒸笼蒸的。其气氛之热烈，思维之活跃，场面之"温馨"，堪比《西游记》中众妖怪商量如何吃唐僧肉的盛况。但讨论了半天，最后却是这样有喜感的结局：

> 卜之于神，不吉。夜梦神人告曰："此中土圣贤也。汝辈当小心敬事，听其教训。"一夕而同梦者数人，明旦转相告语。于是有中土往年亡命之徒能通夷语者，夷人央之通语于先生，日贡食物。亲近欢爱有如骨肉。

结果显然是让人怀疑的，考虑到土人们天不怕地不怕的作风，就算刘瑾来了他们照样敢吃，毫无心理负担可言，怎么可能如此畏惧一个"中土圣贤"？透过貌似权威的史料，我们看到了水面之下的坚冰。事实真相恐怕是："中土能通夷语者"带去的不光是问候，还有几马车的礼物。足以让这些土人放弃吃人计划，得到理想的补偿。

不过，土人们虽说不吃王阳明一行了，并不等于能让后者过上王子（没有公主）般的幸福生活。

今天的贵州经济依然不算发达，正德时代更是落后得不成样子。说起来，龙场驿是大明西南九驿之首，洪武年间由大名鼎鼎的奢香夫人主持修建。可一百多年过去了，龙场周边依旧一片荒凉，配套设施一团糟。它号称"驿站"，其实只有几间平房，怎么看怎么像随时要倒的样子；还有二十三匹老马，妹子骑上去，都能把它们给压趴下。

王阳明不再是六品兵部主事，而是从九品的龙场驿丞了。驿站里没法住人，好在他带了三个帮手，可以帮着搭建安全的茅屋。王阳明一边收拾茅草，一边开心地笑个不停。仆人们看到了都很吃惊，怀疑主人"吃错药"了。

王阳明感慨道，当初我中进士后的第一份工作是观政工部，因此学会了搭建房屋。当初以为学这些是浪费生命，没想到，今天派上用场了。可见，世事洞明皆学问。他甚至还兴致勃勃地赋诗一首——《初至龙场无所止结草庵居之》。

> 草庵不及肩，旅倦体方适。
> 开棘自成篱，土阶漫无级；
> 迎风亦萧疏，漏雨易补缉。
> 灵濑响朝湍，深林凝暮色。
> 群獠还聚讯，语庞意颇质。
> 鹿豕且同游，兹类犹人属。
> 污樽映瓦豆，尽醉不知夕。
> 缅怀黄唐化，略称茅茨迹。

很快，乔迁新居的快乐就被恶劣的居住环境所终结。贵州天无三日晴，茅屋既不能挡风，又不怎么能挡雨。每到雨天，外面下大雨，里面下中雨，把屋子淹得乱七八糟。王阳明非常无奈，就差创作一篇《茅屋为春雨所破歌》了。

三百多年后的1845年7月4日，美国独立日当天，刚刚经历了失恋和丧兄痛苦的亨利·戴维·梭罗孤身一人来到了瓦尔登湖畔，尝试过一种简单的隐居生活。这里距他的家乡康科德不远，生活了二十六个月之后，梭罗为美国留下了一部伟大作品——《瓦尔登湖》。

而此时的王阳明，虽有三个仆人陪伴，他内心的孤独感却和梭罗也差不了太多。从骨子里说，他是一个耐不住寂寞、渴望与别人不断交流讨论的人，但这三个伙计，显然不是适合自己的倾诉对象。

空旷的原野中，寂静的长夜里，他想念湛若水，想念徐爱，想念那些可以在心灵上和自己走得更近的人。

偏远的驿站，经常十天八天也没有一个来客，欢聚时分太少，闲暇时间太多。王阳明就带着仆人在周边转悠。文章非天成，妙手偶得之。他也希望自己能够像柳宗元、欧阳修一样，一不小心就能留下《小石潭记》《醉翁亭记》这样的传世名作。

无意中，王阳明在东峰发现了一处天然山洞，当地人称之为东洞。相比那个破草屋，这里宽敞多了，还能够挡风遮雨。几束光线照射进去，洞内云雾缭绕，颇有人间仙境的感觉。王阳明突然一拍手："好，就是这里了！"

他猛然想起了自己当年隐居修道的阳明洞，这两个地方好像！同样是低矮的洞门，同样是宽阔的洞身，同样有溶洞中被冲刷出的千沟万壑，同样有让人留恋的曲径通幽。难道这是天意，冥冥之中，上天早就给你安排好了？

王阳明将东洞改名叫"阳明小洞天"，和三个仆人把行李被褥都搬了进来，布置他们的新家。本着不等不靠、自己动手的精神，他们打制出了粗糙但有用的石桌、石椅，用来休息；简陋的石床，用来睡觉；简易的石灶，用来生火做饭。这样一来，四个来自大城市的文明人，过起了一种类似山顶洞人的穴居生活，倒也新鲜刺激，别有一番风味。

在小洞天附近，王阳明还找到了另一处空石穴，同样宽敞高深。反正没人管，还客气什么？他找来工具，在洞石上刻下了"玩易窝"三个大字，简直有宣示主权的味道了。乖乖，谁会跟你抢呢？

和家乡的瑞云楼、北京的大宅院相比，王阳明的居住环境一下子倒退回了原始社会。可他躺在冰冷的石床上，居然还可以呼呼大睡。既来之，则安之，不要急，只要不挂掉，总有回去的一天。可是……

都说南方空气清新，这里却怎么看怎么像是毒瘴弥漫？王阳明还没有倒下，老爹安排照料病人的三个仆人却全病倒了。这下可好，还得让重病号反过来照顾健康人，让主人反过来服侍仆人。

王阳明每天早早起床，劈柴，担水，给仆人们煮饭、煎药。在他的眼中，已经没有主与仆、尊与卑、高贵与平凡的区别，你们三个是因为我才来到这里，是因为我才得了这样的病，我又怎么能放着你们不管呢。为了减轻你们的病痛，我给你们捶背，你们还嫌我动作不够温柔；我给你们唱歌，你们还嫌我唱得不够动听；那我就给你们讲故事，你们又嫌我讲得不生动、不吸引人，我又不是说书的嘛。

经过主人的精心照顾，三个仆人的身体终于好起来了，主仆关系也终于理顺了。但是，王阳明自己却出了问题。

他是一个追求完美的人，希望自己能成圣成贤。但是，身处这样的恶劣环境中，前途一片漆黑，甚至随时有水土不服倒下的可能，有随时被死神带走的危险。他陷入了深深的绝望之中。

死亡，真的就这么可怕吗？

二、龙冈书院，梦开始的地方

死亡可能很远，但饥饿真的会随时降临。

到了龙场，住进这样的"原始社区"，即使有再多的银子都花不出去，再多的思想也变不成馒头。来时带的粮食消耗得很快，眼看就没得吃了。总不能整天摘野果子、采野蘑菇吧。吃不饱还是其次，若中毒就太不合算了。吃饭问题还得靠自己解决。

王阳明本来以为这里穷山恶水，当地人也很凶残。但他很快发现自己错了。只要你真心对待他们，后者一样会善意地回馈你。相比北京城中那些属蜂窝煤的浑身都是心眼的"文明人"，当地人的品质反而更接近圣人的标准。"仓廪实而知礼节，衣食足而知荣辱"的古训，也需要辩证地理解。

很快，王阳明和少数民族兄弟交上了朋友，这里有苗族、瑶族和黎族等同胞。王阳明向他们学习刀耕火种之法，并借来了种子，在阳明小洞天外开辟出了一块荒地，生平第一次当起了农夫。不过，想吃到亲手种植的谷物，还需要等待漫长的时间。眼下，还必须得向别人借一些粮食。

当然，有三个仆人在，他还不至于天天泡在地里头。

王阳明自己的工作清闲，就经常走出小洞天，和当地少数民族及个别汉人沟通交流。这些汉人基本上是因获罪被流放到此的。王阳明渊博的知识让他们深深震惊。这位驿丞不仅熟悉孔孟哲学、汉唐诗赋，还懂得修房盖屋、兴修水利，甚至还能为小孩看手相、为妇女把脉、为老人做寿衣。他乐观豁达的性格，更让大家由衷地钦佩。

王阳明在工部实习过，有着一定的房屋设计与建造经验。当他看到少数民族同胞的住宅比鸟巢（不是北京那个）好不到哪里去之时，心中的责任感油然而生，关切感更加强烈。

他要帮助他们改善居住环境，让他们住上舒服的房子。

他耐心地教他们如何伐木解板，如何打地基，如何制作土坯，如何造出坚固的房子。

思想在激烈碰撞中才能更快地发展，文化在密切交流中才能更快地传播。在龙场，虽然没有人和王阳明一起砥砺思想，但至少汉族先进的建筑文化能这里传播开来。王阳明发现，当地民众其实并不笨，他们有高人指点，加上自身努力，很快建起了又美观又宽敞的新住宅，并带有民族特色。

看到自己传授的知识能帮助当地居民改善居住条件，王阳明也相当开心和满足。

过了一段时间，王驿丞突然发现，当地民众被大规模地组织了起来。这些人在统一指挥下，砍伐树林，挑土搬石，要在向阳的山坡上修建一座大宅院。他以为当地官府又要搞什么面子工程，就没有在意。

经过近一个月的紧张施工，一座漂亮的宅院拔地而起，把阳明小洞天的光线都挡住了。王阳明还没来得及提意见，工头就找上门来，请王先生参观。横扫亚欧大陆的亚历山大大帝，都不敢挡住希腊大哲狄奥根尼的阳光，这些土人，却把中国大哲王阳明的阳光给挡住了。

只见整个宅院布局合理，有主屋，有书房，有亭院，甚至还有花园，错落有致，曲径通幽，虽然远不如江南园林那样精致，但也算得上像模像样。王阳明暗自思量，以当地的建筑水平，能修成这样，可不能只说好，简直可说是奇迹了。

工头赔着笑脸问："王大人觉得还可以吗？"

"相当不错。不过一直忘了问，你们是给谁修的啊？"

工头又笑了，有一种做了坏事得逞的满足感。等他说出答案，王阳明的脸色骤然变了。

"王大人，就是给您老修的啊。"

王阳明手里多亏没捧着热茶，不然杯子肯定得摔地上了。

看着一张张朴实憨厚的面孔，一双双真诚热切的目光，王阳明被深深地感动了。他无法回绝这份善意，不能不收下这份大礼。在一片欢呼声中，王阳明把自己的书房起名为"何陋轩"——孔子有云："君子居之，何陋之有？"客厅宽敞明亮，取名为"宾阳堂"；凉亭被一片翠竹环绕，取名为"君子亭"。

王阳明当即决定，把这里改造成一个书院，他会免费为各民族兄弟传授文化知识。书院建立在龙场的山冈上，故得名"龙冈书院"。

五百多年过去了，可这些土人在阳明小洞天外修建的房子，却一直保存到了今天，并改造成了阳明文化园。现代建筑存在不少豆腐渣工程，而贵州土著修建的住宅却几乎完好无损地矗立了五个多世纪，让人不禁无限感慨。

时值四月，听说王阳明要开门授课，龙场周边喜欢读书的年轻人都来了。反正书院授课不收学费，不听白不听，听了不白听。很多抱着不妨一试态度过来的人，很快都不想离开了。很多原本想贪便宜的人，都觉得不交学费实在是不好意思，对不起老师的辛苦。

一开学，王阳明就宣读了《教条示龙场诸生》，其中的四大教条是：

立志——立做君子之志。

勤学——勤于君子之学。

改过——勇为君子改过日新之心。

责善——行君子忠爱之道。

这要求确实不低，但王阳明的授课却别具一格。听他的课，学生不会带着沉重的心理压力，不会受到突如其来的体罚，不会被刻板教条的问题禁锢，也不会对自己的智商产生严重怀疑。

他的课堂也不局限于室内，他的讲课也不完全是单向灌输。他会带着弟子们走出户外，与大自然零距离地亲密接触，体会天人合一的美妙感受。

空旷的山谷中，他们盘腿而坐；清澈的流水边，他们牵手同行；皎洁的月光下，他们尽情放歌。他们一起倾听大自然的声音，一起体会万物之灵的伟大。

他会讲述孔子周游列国的辛劳，孟子为民请命的果敢，庄子追随本心的洒脱，荀子学以致用的睿智。他更愿意把自己"圣人之道，吾性自足"的观点讲述给年轻人，让后者明白人人都有成圣成贤的潜质，人人皆可成尧舜，不要自我贬低、自我矮化、自我否定。他满怀激情地告诉他们：

富贵犹尘沙，浮名亦飞絮。

嗟我二三子，吾道有真趣。

胡不携书来，茆堂好同住！

偏僻的龙冈，因为王阳明的到来而变得妇孺皆知；小小的书院，因为王阳明的讲学而变得人潮如织。他的讲课甚至带动了周边餐饮业、文具零售业的发展，一方经济都得到了有效盘活。

有点遗憾的是，他的好弟子兼好妹夫徐爱不在身边。

明代万历时期的学者刘鳞长、民国时期著名学者张君劢和台湾学者林振玉等，均在其著作中认为：王阳明谪居贵州时，徐爱曾不远千里前来探望，留下了一段佳话。但只要整理一下这对师徒的诗文集，再看看徐爱的履历，就会发现一个并不美好的真相：徐爱不太可能去过贵州。

否则，考虑到两人的特殊关系，无论是王阳明的《王文成公全书》，还是徐爱的《横山集》中，一定会留下不少文字的。

正德三年二月，徐爱在京师参加了会试，喜提进士资格。之后没多久，他居然被任命为保定府祁州（在今河北省安国市）知州，从五品。徐爱当了一方大员，公务繁忙，根本没有机会去龙场，去那里一来一回就得折腾小半年。

如果写小说，不妨来上这么一段：

时间来到正德三年五月，已经到了一年之中最热的时候。

一天清晨，王阳明缓缓地推开房门，正想呼吸一下清晨凉爽的空气。不过他刚走到屋外，就被吓了一跳。

一个相貌清秀的年轻人，对着他露出了纯真的微笑。

这个笑容比山中的泉水还要清澈，比天上的阳光更加灿烂。王阳明揉了揉眼睛，不敢相信这是事实：我是在做梦吧？

"先生，真的是我，我来看你了！"

"真的是你？太好啦！"王阳明突然上前，张开有力的臂膀，一把将来人搂在了怀里。对方吃了一惊，脸马上就红了。

来的并不是王阳明的什么红颜知己，只是他的弟子兼妹夫徐爱。小徐也是非常吃惊，很不适应这种见面方式。即使是妻子守让如此热情地拥抱自己，他都会觉得难为情。何况是自己的大舅哥？

可他怎么能理解，王阳明心中的快乐，只有这样才能充分表达出来呢？

男人与女人之间的亲密，靠的是性的吸引力；男人与男人之间的友谊，靠的是相同或者相似的价值观。从某种意义上来，两个男人之间能够保持长期的友谊，是比爱情更大（不能说更伟大）也更困难的奇迹。

妹夫的到来，让大舅哥非常开心，王阳明的身体似乎一下子好了起来，讲课也更有精神了。

当然，本书是一部传记作品，就不能如此虚构了。即使身边没有徐爱，王阳明的生活，还是非常充实的，他的日程，排得满满当当。

贵州宣慰使安贵荣听说王阳明在龙冈办学的事迹之后，一心想结交这位大儒。他先是邀请王阳明为新修的象祠作记，随后又送来了金银珠宝和酒肉米粮等厚礼。王阳明收下了食物，却婉言谢绝了财宝。安宣慰从此更加敬佩王阳明，经常写信请教。

五月，安贵荣试图裁撤贵州驿站，征求王阳明意见时，后者却根本没有客套，直言要求他罢手，并指出这是越权行为，会让朝廷忌惮的。意识到问题严重性的安贵荣，对王阳明更加刮目相看。

转眼到了六月，王阳明收到了来自山阴的家信——谁说驿站没用呢？看过之后，他的心情又不好了。

三、阳明顿悟，为什么只能在龙场？

收到王华的亲笔信，王阳明才知道死太监刘瑾依然不肯放过父亲，随时想找机会陷害。做儿子的，不能守在老爹身边尽孝；做臣子的，不能为朝廷铲除权奸。再联想到自己现在的处境，一向乐观豁达的他，现在也感到相当失落。

王阳明对仆人说："刘瑾的愤怒还没平息，随时可能生事。得失荣辱，我都可以置之度外，唯有生死一念，我自省，依然还未超脱。"

没过几天，仆人们就惊奇地发现，主人又顽皮了——他舍弃了舒适的大宅，又回到了阳明小洞天。

这还不算完。王阳明又把他们召集在一起，声称要用山中的石板，给自己打造一样东西。

三人一听就有些不乐意了。你小子还这么年轻，用得着那玩意儿吗？现在就打造，早点了吧。王阳明却用不容置疑的语气回复："早晚会用得上的。"

得，谁让你是大少爷呢，谁让你爹给我们发工资呢？粗糙的石棺很快做好了，就摆在阳明小洞天里。每天晚上，这副棺材都不是空的。

我们的王驿丞就睡在里面，也许这样，他才能更清楚地思考生与死、存在与毁灭、暂时与永恒这样的问题。

本来山洞就够阴森的了，时不时能跑出个耗子什么的吓人，现在又多了个石棺，想拍个恐怖片，道具都是现成的。

"龙场顿悟"是王阳明最传奇的经历，也是我们很熟悉的典故。如果王阳明不得罪刘瑾，后者不发配他到龙场守驿站，前者就成不了心学大师了吗？当然也未必。但是，经过这番顿悟以后，王阳明确实有如脱胎换骨一般，思想境界得到了爆发式的提高。

自从那个神奇的夜晚之后，许多人一定会产生这样的疑惑：为什么顿悟的年纪不是二十七，不是四十七，而是三十七，是他人生第三个本命年？为什么顿悟之地不是南京，不是北京，不是余姚，不是杭州，为什么只能在龙场？

天才不是一夜就能成就的。通向成功的道路，通常不是用鲜花，而是用荆棘铺成的。王阳明之所以在三十七岁成就"龙场顿悟"，看似偶然，实际上有深刻的合理性。这无疑是他人生体力、智力最成熟的时期。

"顿悟"通俗的解释，就是"顿然领悟""辗转反侧，豁然开朗"。事实上，它更像是一个佛教禅宗术语，属于六祖惠能提倡的"明心见性"法门。指通过正确的修行方法，迅速领悟佛法要领，从而指导正确的实践而获得成就。

知识与智慧的增长通常需要一个漫长的过程，指望突然"开天眼"式的发展，是不科学也不现实的。所谓的"顿悟"，并不是毫无根基的快速膨胀，而是在长期学习和思索基础上的厚积薄发。用今天的话语来说，就是在量变的基础上产生了质变。

一位短跑世界冠军，必然要经过长期刻苦训练，才有可能在某一时刻，让突破人类的生理极限成为可能；

一位绘画大师，必然要经过无数次反复练习，才有可能在某一瞬间，把对艺术的理解升华到更高的层次；

一位学术泰斗，必然要经过长年累月的读书思考，才有可能在某一阶段，把对生命的感悟提升到一个新的境界。

甚至一个普通人，往往也要经历多次失败之后，才有可能在某一刻深刻领会人生的规律。

王阳明从十三岁立志做圣人，开始阅读儒家经典，十九岁有过失败的"格竹"经历，二十七岁在阳明洞静坐修炼，三十四岁开门授课。二十多年来，他手不释卷；无数个夜晚，他在灯下苦读。

三十一岁，他得了严重的肺病；三十四岁，他得罪刘瑾，遭受杖责，危在旦夕；三十六岁，他遭到追杀，生命悬于一线；三十七岁，他来到龙场，面对的是极为恶劣、随时会死的生存环境。

这些经历让他成长，这些痛苦令他奋发，这些磨难使他更加成熟。

成化二十年是他第一个本命年。他的母亲去世了，十三岁的他，见证了生命中第一个至亲的告别。对于死亡，对于生命的有限性，他有了比同龄人更深刻、更痛苦的理解。就在这一年，他还有幸跟随父亲进入科举考场，开始了他"读书做圣贤"的孜孜追求。

弘治九年是他第二个本命年。他已经成家，却迟迟不能有孩子。他既不愿放弃父母选择的妻子，又在内心深处感到相当遗憾。这年二月，他第二次在北京参加会试，第二次落榜，国子监生涯更成了好事者眼中的笑柄。

而人生中第三个本命年，他待在偏远孤寂的龙场驿站，身边没有想亲近的人，手边没有想品读的书，屋内没有想倾诉的对象，屋外没有想欣赏的风景。一阵疾风刮起，阳明小洞天如冰窖一般寒冷。

对于可能遇到的困难，王阳明当然有足够的心理准备。但他必须承认，问题远远比他想象的还要复杂。每天睡在石棺里，他已经有了随时离去的心理准备。他真的不敢保证，自己一定能活过这第三个本命年。

但是，上天不忍看到这样的天才过早离去，在王阳明没有完成自己的使命之前，还是会千方百计为他搭建表演舞台的。

> 客行日日万峰头，山水南来亦胜游。
> 布谷鸟啼村雨暗，刺桐花暝石溪幽。
> 蛮烟喜过青杨瘴，乡思愁经芳杜洲。
> 身在夜郎家万里，五云天北是神州。

余姚"格竹"催生的病痛，阳明洞修炼引发的孤独，午门廷杖带来的屈辱，贬谪龙场的愤懑，这些都是生命中的一部分，无法抹去，也不用抹去。那些不能毁灭你的，终究会使你变得强大。

悟道的那一晚上，究竟发生了什么？这肯定是无数王学研究者苦苦思考的问题。而端坐于石棺的那些天里，王阳明当然也在苦苦思考。

我是谁，我来自何方，我的归宿又是哪里？

而这三个问题，恰恰都是哲学上的终极命题。

朦胧之间，他似乎看到了一个仙风道骨的身影。这不是孟夫子吗？王阳明急忙上前，鞠躬请教。孟子也不谦虚，为他讲起了格物之理。[1]听着听着，王阳明不觉大声叫好，声音在空旷的洞中显得非常刺耳。

他醒来了，世界还是原来的样子；但他，已不再是从前的他了。

王阳明翻过《周易》很多遍，差不多都能默写了。"文王拘而演周易"，周易讲述的道理，不就是天人合一吗？

所谓"格物"，不就是格这个物吗？

所谓"致知"，不就是致这个知吗？

不必思索言语行动是否得当，那什么是得当的？

不必勉强为人处世一定合理，那什么又是合理的？

总不能超出本心吧。

正因为是本心，行动的得当性无须考虑，为人处事的合理与否，也不必勉强。

如果舍弃了自然的本心，而去追逐别人教你的看法，就算想得到，做得来，也不过是从支流取水，最终无法抵达江海。你的知，也仅仅是一事一物的知，而不是原原本本的知。你试着做出改变，却觉得有障碍，由不得自己做主。必须得按孔子说的，能"从心所欲不逾矩"，这才是最好的自省。不去体验，就无法得到真切的感受，而盲目体验，又让你走入歧途。

你一回回地格物致知，一次次地探究天理，一遍遍地默坐澄心。却真的不曾意识到，致知岂能格尽天下之物？

经历磨难，经历荣辱，经历生死，为什么总是参不透其中的奥秘呢？

天理，难道不在你的心中，而在你的心外？

突然间，王阳明从石棺中一跃而起，放开嗓门，大声呼喊：

> 圣人之道，吾性自足，不假外求！
>
> 圣人之道，吾性自足，不假外求！
>
> 圣人之道，吾性自足，不假外求！

1.《王阳明出身靖乱录》中，冯梦龙认为孟子传授的是良知之学。但在龙场时，王阳明显然还没有将"致良知"作为自己的学问主旨。

重要的事情说三遍！这喊声在空旷的洞穴中特别尖锐，特别刺耳，特别瘆人。三个仆人从梦中惊醒，吃惊地看着他们的主人，主人手舞足蹈，非常快乐。三人警惕地交换下眼神：

少爷这是天天睡棺材睡疯了吧？

可他们哪里知道，王阳明一夜之间参透了生死，对死亡的担忧再也不会困扰他。而他，也从此开启了自己的宗师之路。

为了强调龙场顿悟的重要性，笔者可以举三个类似例子：

公元前六至前五世纪，在伽耶（菩提伽耶）的一棵菩提树下，三十五岁的古印度净饭国王之子乔答摩·悉达多长久静坐，终于顿悟成道，被信徒尊为"释迦牟尼"，创立了对世界影响深远的佛教。

公元30年左右，在巴勒斯坦沙漠，三十岁的犹太青年耶稣经过四十天禁食修行，认为自己得到了上帝的启示，并从此开始在罗马占领的加利利省传教，被信徒称为"基督"，这位青年当然是基督教创始人，直到被钉上十字架为止。

公元610年左右，在麦加附近的希拉山，四十岁的穆罕默德继续着他一年一度的斋戒打坐。这一次，他似乎听到了真主安拉的指示。目不识丁的穆罕默德居然口授出了一部《古兰经》，并成为伊斯兰教创始人。

世界三大宗教的创始人，都在三四十多岁的黄金年龄，在体力、精力与思辨能力最强的时期，在自虐式的苦思冥想之后，产生了与王阳明类似的"突然觉醒"，这应该不是简单的巧合。

但是，必须强调的是，王阳明的"龙场顿悟"与佛教大师的顿悟有着本质不同。

佛教是一种出世的宗教，讲究的是放下，就这一点而言，它与中国本土的宗教——道教是一致的，但显然与儒家的追求南辕北辙。"为天地立心，为生民立命，为往圣继绝学，为万世开太平"，这些漂亮辞藻背后，隐藏的正是儒家对功名的极度渴望。

当然，求名求利并非完全不可取，那种舍我其谁、责无旁贷的使命感，正是两千年来，一代代读书人能够对中国历史产生深远影响的终极原因。如果仅仅是简单粗暴地笑话或者指责他们热衷名利，无疑是不公允的。

这一夜之后的王阳明，即便生活环境没有什么改变，生活压力没有些许减少，他的生活态度却更加积极了。

据说授课之余，王阳明还忙里偷闲，创作了一部专著。他身边并没有参考资料，只是靠默记"五经"（《诗经》《尚书》《仪礼》《周易》《春秋》）的内容，结合自己的领会，就给《五经》写下了注解，并取名为《五经臆说》，来教导启发自己的学生。

不过，明穆宗隆庆六年（1572），谢廷杰刻三十八卷本《王文成公全书》中，并没有收录这部作品。

王阳明的"龙场悟道"在当时还未产生太大影响，龙冈书院的名声却在周边迅速扩散，终于传到了思州知州[1]的耳朵里。这哥们难免心理不太平衡：一个流放之人，不经我老人家的同意就敢办学，不知道收了多少银子的学费，也不知道孝敬我老人家，太不把上级放在眼里了。

知州派人赶往龙冈书院，去提醒王阳明注意工作方式。也就是暗示他，要向地方长官行贿。王老师搞的是义务教学，哪有银子孝敬知州，就算有收入，也不能这样接受别人的敲诈吧。王阳明冷笑一声，请他们回去。

这帮人看光动嘴不行，就准备用武力了。可惜，他们来错了地方。少数民族朋友没有王阳明那么好的定力，却有比王老师大得多的火气。对于让自己不爽的人，他们只会用拳头招呼。更何况这帮人挑衅的是他们心中的圣人。不一会儿，几个公差就被打得鼻青脸肿，狼狈逃窜。

众人正忙着欢呼胜利，王阳明却紧锁眉头，知道未来会发生什么。果不其然，他很快收到了一封信，是自己的老乡、都察院左副都御使毛应奎写来的。

他对王阳明的遭遇表示同情，但又强调一点，无论如何打人是不对的，而且是下级打上级。你必须亲自来州府一次，向知州大人磕头谢罪。王老师看完之后长叹一声，强龙难压地头蛇，而自己也根本不算什么强龙。

这头，是磕还是不磕呢？

1.正史上没有留下名字。

四、贵阳讲学，辉煌从这里起步

思州知州派来的公差在书院被打，理应服软了事。但王阳明是个自尊心很强的人，并不打算向知州磕头认错，只是写了一封信寄去：

> 昨天承蒙您派人来告诉在下事件的利害祸福，且命我前往知州衙门谢罪。如果您对在下没有深情厚谊，是绝不会这么做的，您说的无可厚非！但是，知州派来的人在龙场闹事，是他们仗势要威，并非知州指使。龙场那些土著与他们争斗，也是因为土著们愤愤不平，并非在下指使。然而，知州偏要用地位差别羞辱我。在下又未尝轻视知州，那为什么要来道歉呢？跪拜的礼节，也是日常生活的小事，不足以构成羞辱，但是，也不能无缘无故就不当地去下跪。不该做的做了，与该做的不做，在构成羞辱上来讲，是一回事……
>
> 在下住在龙场，与瘴疠虫毒和平相处，和魑魅魍魉共同出游，每天都可能三次面对死亡。而我却能泰然处之，应该是对死亡无动于衷之故吧。知州如果真的想加害在下，我也当是瘴疠虫毒、魑魅魍魉罢了，岂能因此而害怕？

王阳明强调，打人根本不是自己的本意，实在是知州手下的人太不像话了，暗批思州知州不能约束好手下。而且，跪拜之礼非同小可，没有正当理由，自己是不会这么做的。

最后王阳明总结道：我生活在恶劣环境外，早就对生死泰然处之了。因此，即使是死亡威胁，对我也是没有用的。言外之意，你们用什么手段，我也不害怕。毛应奎无可奈何，只能将来信转给那位知州。

读了这封信之后，知州很生气，后果很"严重"——生气是觉得自己太小心眼，不像个男人；他差一点马上奔赴龙场，给王阳明道歉。

只给毛御史写了一封信，就把事情顺利摆平了。不能不说，王阳明一封信的震慑力，甚至超过了一万精兵。从此之后，他也一而再再而三地发挥写信特长，并将之当成了实现人生目标的一个得力工具。

如果王阳明生活在今天，那些自媒体红人们，估计得有不少要考虑改行了。

正德四年（1509）春，一位官员来到贵阳任职。不久之后，他也把春天带给了王阳明。

此人名叫席书，字文同，号元山，四川遂宁人。英宗天顺五年（1461）生，比王阳明大十一岁。孝宗弘治三年，席书考中进士，后来一直做到了户部员外郎。正德帝继位之后，席书改任贵州提学副使，相当于省教育厅厅长。

户部员外郎级别的京官，来到穷困的贵州担任提学副使，在一般人看来绝对是朝廷对自己的打击。但席书并不这么想。他希望把西南之行当作一个跳板，为改变贵州教育的落后面貌做一点实事，当然也可以作为日后提拔所需要的政绩。听说王阳明在龙场讲学的事情后，席书立即坐专车前往龙冈书院。

一个人想要少走弯路，就需要在成长道路上遇到几个贵人。比王阳明大十一岁的席书，无疑充当了这个角色。其实早在京城上班的时候，后者就听说过王阳明，对他敢在首都讲学的事情也略知一二。

那时的席书还不搞教育工作，一时也没想结识这位状元公子。但现在不同了——一个已经在龙冈办学办得小有名气；另一个则在贵阳为官，希望振兴地方教育。这两人不走到一起都不可能。

贵阳府到龙场驿只有六七十里，马车半天的时间就到了。席书耐心地等王阳明讲完课，才向他通报了自己的身份，同时向后者提出了一个尖锐的、也是长期以来令自己纠结的问题。

朱熹和陆九渊，谁的学说更值得学习？

这是一个很棘手的问题，世人都知道大明王朝"是朱非陆"。问题是，王阳明其实更青睐陆九渊，他怎么能说前辈的坏话呢？

这是一个两难的问题。如同你媳妇问你："我和你妈落水了，你先救哪一个？"

真相只有一个，选择只有一个。无论你如何选择，对另一方都是不公平的。

可王阳明之所以能成为王阳明，一定有他过人的地方。

他只说了一句话，就让席书记住了，而且印象深刻。在王阳明不长的一生中，这句话喊多少次都不多，因为它实在是太重要了。

王阳明平静地说："圣人之道，吾性自足，不假外求。"

这不就是他老人家睡棺材睡出来的哲理吗？

席书惊呆了，做圣人还能自学成才啊，那满大街不都是圣人，愚夫愚妇也能当圣人了？

不过，后来席书和王阳明又有几次深入交谈，终于领悟到了此话的真实含义。这样一来，他对王阳明的佩服，真的如长江之水滔滔不绝，又如黄河泛滥一发不可收了。席书越发相信，此公是个不可多得的人才，正是自己一心想要寻找的教育专家。

于是，当年九月，席书正式礼聘王阳明，担任贵阳文明书院的教席。

不过，这并不是王阳明首次来到贵阳。正德三年时王阳明便应当地官员之邀请来过贵州首府，参与商讨平定阿贾、阿札叛乱的事宜。值得强调的是，这也是日后有"大明军神"美誉的王阳明人生中首次涉及军旅事宜。当安贵容对叛乱采取放任态度时，王阳明未顾及自己的身份，第一时间写信予以提醒和警告，最终叛乱被顺利平息。

话说回来，因席书的欣赏与信任，王阳明得以首次在正规书院授课。这是贵州教育史上的一小步，但却是王阳明人生历程的一大步。

之后不久，贵州巡抚王怀来又礼聘王阳明担任私塾教员。《阳明祠碑记》写道："阳明之学，言于天下，由贵始也。"

王阳明讲课的主要内容，可以归结为四个字，这是绝大多数中国人都非常熟悉的四个字——知行合一。

他对弟子是宽容的，但也是非常严格的。因为是官学，他不可能根据自己的喜好挑选弟子，但他希望他们，不要成为让自己不能接受的人。

他让学生把理学大师程颢的语录贴在墙壁上，作为校训时时牢记：

才学便须知有着力处，既学，便须知有着力处。

学要鞭辟近里着己。

为名与为利，虽清浊不同，在其利心则一。

不求异于人，而求同于理。

他要求学生立志、勤学、改过、责善。

王阳明把一腔热血奉献给了学生，奉献给了文明书院。他很喜欢教学，即便在这里连续教多年的书，想必也非常愿意。特别是看到学生们对听课如此专注，对知识如此渴求之时，他更坚定了这种信念。

干一行爱一行，我们的王驿丞这是要扎根贵阳，将教育事业进行到底吗？那诸氏怎么办呢？

五、力透纸背，《瘗旅文》字字皆血

清人吴楚材、吴调侯编纂的《古文观止》是古代中国发行量最大、影响力也最大的文言名篇荟萃，其中收录的名篇基本上可以代表中国古文创作的最高成就。全书仅收录二百二十二篇文章，其中明朝只有十二人的作品入选，十二人中唯一能够被选入三篇的作者，不是刘基，不是宋濂，不是归有光，不是李梦阳，不是这些文坛领袖、文学大师，而是本书的主人公，心学大师王阳明。

王阳明入选的文章是《象祠记》《瘗旅文》和《尊经阁记》。前两篇都写于贵阳。

《象祠记》读起来相当轻松。象祠供奉的可不是大象，而是传说中舜的同父异母弟弟象。根据古代传说，象在父母怂恿下，曾多次企图谋害舜，皆未得逞，但圣人舜并不记仇。之后，象被舜所感化。

王阳明指出，当时百姓为象立祠，其实是为了纪念舜，"爱屋及乌"。通过象的改变，王阳明认为"吾于是盖有以信人性之善，天下无不可化之人也"。这也与他一贯强调的"人人皆可成圣"相一致。

相比之下，祭奠一位无名小吏的文章《瘗旅文》，可谓字字是血、行行是泪，让读者无法不动容，无法不震撼。《古文观止》也收录了韩愈的《祭十二郎文》、张溥的《五人墓碑记》等祭文，但无论从思想深度还是感人程度来说，与王阳明的文字尚有一定距离。

生与死，不仅是哲学家热衷考虑的问题，也是每一个普通人都要面对的烦恼。不知不觉间，王阳明从北京流放到千里之外已经两年多了。他非常想念京城的那些朋友，非常关心从京城传来的消息。有天夜里他发现有一个北京来的小吏到了贵阳郊外，投宿到苗人家中时，当然是非常激动的。

第二天一早，王阳明就急不可待地想见那个小吏，结果派仆人打听时，人家已经出发回京。就在他还在为没见到人而可惜之时，第三天，却得知一个噩耗：小吏和他的儿子、仆人都死在了路上！

王阳明无比伤感。他十三岁丧母，三十出头就患上了重症，对死亡的敏感远远超过常人，谁知道下一个倒下的会不会是自己，谁知道自己的尸体能埋在何处呢？他满怀悲愤，写下了这篇饱含深情的祭文。

优秀的作品，可以流传千古，当然也可以超越时空。文言文的表现力无疑更加到位，更能震撼我们的心灵，但翻译成白话文，同样可以让我们感动：

正德四年秋天的八月三日，有位吏目从京城过来，我不知道他的姓名。他带着一个儿子和一名家仆，将要去远方上任，路过龙场，在当地的苗人家中投宿。从篱笆间我看到了他们，当时阴雨昏黑，本想向他打听北方发生的事情，却没有成行。第二天一早，我派人去找他们，却发现他们已经走了。

快到中午时，有人从蜈蚣坡下来，对我们说："一个老人死在了坡下，旁边两人，哭得非常难过。"我说："想必是那个吏目去世了，真让人伤心！"接近黄昏时，又有人过来告诉我们："坡下死了两个人，旁边有一个人坐着叹气。"我询问那个人的相貌，判断是吏目的儿子死了。第二天，又有人从坡上下来，告诉大家："我看到坡下有了三具尸体。"那吏目的仆人也死了！太让人伤心了。

我想到三个人的尸体暴露于荒野，没有人管，就带上两个童子，拿上簸箕、铁锹去埋葬他们。两个童子露出为难的神情。我告诉他们："唉！我和你们，其实和他们是一样的！"两个童子难过得流泪，同意跟我一起去。我们就在山脚下为他们挖了三座坟，把三人埋了。我们又拿来了一只鸡、三碗饭，边流泪边叹气地祭奠他们，我对他们说：

"呜呼，太令人伤心了。你是谁，你是谁呢？我是龙场驿丞，浙江余姚人王守仁。我和你们一样生长在中土，但我不知道你们原籍是哪个郡邑，为什么偏偏要来到这山中做鬼呢？古人把离开故乡看得非常重，出外当官不应超过千里的行程。我是因为被贬官才到这里，没什么好说的，可你们又有什么罪过呢？听说你不过是个吏目，俸禄连五斗米都不到，即便不做官，只带着妻子儿女种地，也能得到这样的收入。为什么要因为五斗米而搭上自己的七尺之躯？这还不算，还要搭上自己的儿子与仆人，呜呼，太让人伤心了。

你要真是为留恋这五斗米而来，就应该高高兴兴地出发，为什么我昨天看到你的面容却是满脸忧愁，似乎有不堪忍受的痛苦呢？你要冲破瘴雾，冒着霜冻，攀登悬崖，突破峭壁，要行走在千千万万座高山的顶峰，还要忍受饥渴，难免劳苦困顿、筋疲力尽，同时又有瘴气瘟疫侵袭于外，忧愁抑郁纠结于心，这怎么可能活下来呢？我固然知道你肯定无法生存，但却没想到你死得这么快，更没有想到，你的儿子和仆人也死得这么突然。这都是你们自找的，要我说什么好呢？”

我是因为你们三具尸体无亲人收殓才来掩埋你们的，但却让我有了无穷的悲怆。呜呼，太令人伤心了！如果我不掩埋你们，幽深的山崖边，狐狸成群结队；阴森的山谷中，毒蛇粗如车轮。它们也能把你埋在肚子里，不至于让尸体长久地暴露在野外。你已经没有知觉了，但我的心怎么能平静下来呢？自我离开父母之邦，来到这里已近三年了，经历了无数瘴雾毒气却还能勉强保住性命，是因为我一天也没有忧愁叹息。今天，我却悲伤到了这个地步，是我对你们看得重，反而把自己看得轻了。我真不能再为你们悲伤了。

我给你们唱首挽歌，你们听听吧。唱的是：

“连绵不断的高山矗立在天边啊，飞鸟无法通行。”

“离家的游子想念故乡啊，却分不清何处是西东。”

“虽然分不清南北西东啊，却都有同样的天空。”

“地方纵然边远偏僻啊，却都在四海之中。”

“心胸豁达就可以四海为家啊，何必非要守在家中？”

“亡灵啊亡灵，请一定不要悲伤哀痛！”

再唱一首来安慰你们吧：

“我和你们都是背井离乡啊，蛮人的言语无法沟通啊。”

"人的性命无法预期，我要是死在这里啊，请带着你的儿子和仆人，来到我身边啊。"

"我将要和你们漫游嬉戏啊，驾着紫虎、乘着彩纹的蛟螭啊，登高遥望故乡而叹息啊。"

"如果我侥幸能够活着回去啊，你的儿子和仆人，依然会伴随着你啊，不要因为没有伙伴而悲伤啊！"

"道路两旁的坟墓一座又一座啊，大都是从中土来的流浪者啊，你们可以一起徘徊，又说又唱啊。"

"以清风为正餐，以露水为饮品，你们不会饥渴啊。"

"早上可以与麋鹿一起玩耍，晚上可以和猿猴一起休息啊。"

"你们一定要安心待在自己的住所啊，不要化身厉鬼扰乱附近的村落啊！"

这哪里是在哭吏目，分明是在哭自己。侬今葬花人笑痴，他年葬侬知是谁？人生如白驹过隙，真的要浪费在这里吗？

埋葬了三人，王阳明也累得出了一身大汗，他坐下来休息，也不敢过于悲伤了。因为他很清楚，自己的身体已经不能透支，自己的精神不能过于悲痛。否则，他就很可能无法继续自己的教学，甚至无法再回京城看望亲人朋友。

不过，王阳明的担心是多余的。也许是苍天有眼，已经看出了他的顾虑。仅仅四个月之后，一纸任命书就来到了龙场。而他的贵阳生活，就这样画上了句号。

正德四年年底，王阳明赴任江西布政司吉安府庐陵知县。

其实，王阳明并不想马上走，在贵州生活了两年，他已经爱上了这片土地。

在这里，他大规模收徒授课，让心学在西南边陲生根发芽；

在这里，他彻底看穿了生死，生存与死亡，从此不再是他担心的问题；

在这里，他完成了一生中最传奇的龙场悟道，走出了成为圣人的关键一步。

这里的生活条件不如中土方便，但这里的环境让人感觉自由。

这里的一草一木，都让他备感亲切；这里的一山一水，都让他无法忘记。

再见了，龙场；再见了，阳明小洞天；再见了，文明书院；再见了，贵州的父老乡亲。如果有缘，我们还会在这里相聚。

王阳明从此再也没有踏上龙场驿站的土地，再没有登上文明书院的讲台，但这里保存的阳明遗迹，却是全国最多的。这是当地人民对王阳明最好的怀念。

而王阳明的下一个岗位，会给他带来好运吗？

两京讲学步步高

第七章

一、心即理，天下道理皆相通

人生，其实就是一场旅行。

再聪明的人，离开朋友都会寸步难行。王阳明能够离开贵州，靠的正是京城朋友的努力。户部侍郎乔宇和前户部侍郎储巏一直在为把王阳明调离贵州而到处奔走。他们打通了吏部尚书杨一清的关系，为好哥们争取到了庐陵知县这个名额。

王阳明去江西，基本上还是沿着两年前走过的水路前行。同样的行程，两年前走的时候相当痛苦，相当无奈。两年之后，虽说前程未卜，但心态当然会大不相同。

正德四年的除夕，王阳明已经来到湖广地界，在船上过了个新年。他即将迎来三字头的最后一年，感怀之余，挥笔写下了《舟中除夕二首》：

> 扁舟除夕尚穷途，荆楚还怜俗未殊。
> 处处送神悬楮马，家家迎岁换桃符。
> 江醪信薄聊相慰，世路多歧谩自吁！
> 白发频年伤远别，彩衣何日是庭趋？
>
> 远客天涯又岁除，孤航随处亦吾庐。
> 也知世上风波满，还恋山中木石居。
> 事业无心从齿发，亲交多难绝音书，
> 江湖未就新春计，夜半樵歌忽起予。

每逢佳节倍思亲。王阳明肯定特别想念家乡的亲人，感慨自己飘零的处境、蹉跎的岁月。他也有隐遁的打算，但听到激越的樵歌，又将自己的好胜心激发出来。

再多的挫折，也不能令他向命运低头。

正德五年（1510）正月，船到湖广辰州，弟子们已经在这里等候多时了。领头的年轻人叫冀元亨。

冀元亨，字惟乾，常德府武陵县（今湖南省常德市）人，生于成化十八年，比王阳明小了整整十岁。《明史·卷一百九十五·列传第八十三》是王守仁传，编著者特意将冀元亨的小传与其师放在一起，并且宣称："守仁弟子盈天下，其有传者不复载。惟冀元亨尝与守仁共患难。"

王阳明的弟子何止千百，这样的殊荣却独一无二，连徐爱都没捞到。可见冀元亨与王阳明的关系实在很不一般。

船入洞庭湖，烟波浩渺，一望无边。王阳明向几个弟子讲起了在贵州的经历，一群人发出了感慨声。而听老师讲到"心即理"时，冀元亨有些不明白，就想让他解释一下。

王阳明让书童拿来一本《战国策》，打开第一页，是一张战国时期的各国形势图。

王老师将地图扯了下来，撕成十几张碎片，然后交给冀元亨："把它拼起来。"

冀元亨乐了——我历史学得多好啊，齐楚燕韩赵魏秦，宋卫中山鲁滕邹。我倒背如流，拼这个，太容易了！那我就卖弄一下自己丰富的历史知识吧，不好意思。

不过，很快小冀就乐不起来了。撕成碎片的地图，已经无法让他看清形势，背再多的国家也没用，拼来拼去也无法拼出全貌。冀同学急得头上的汗都冒出来了。

王阳明的书童看着好玩，就说："让我也试试。"

冀元亨轻轻地哼了一下，心说本才子都完不成的任务，你这个小朋友更是连门都没有。我看你怎么拼？

可就在他闭眼休息的工夫，书童就把完整的地图交给了主人。

王阳明让冀元亨过来参观。冀同学这回彻底崩溃了：难不成小书童会变魔术？

王阳明问书童："你是怎么做到的？"

这孩子有点脸红了。他说："我以前看过这本书，知道地图背面是编著者的头像，我就把地图翻过来拼。这……算不算投机取巧啊？"

"哈哈，当然不算。惟乾，你明白什么了吗？"

心即理，天下岂有心外之物、心外之理？

冀元亨突然开窍了，只要动机是善良的，用什么方法都是其次。宇宙间万事万物之"理"，和人心之"理"，难道不是相同的吗？

二、庐陵，提升能力的好平台

正德五年（1510）三月十八日，王阳明顺利抵达庐陵，新的职业生涯开始了。

这一年他三十九，中进士已经是整整十一年前的事情。

三十九岁时，诸葛亮正在做蜀汉的军师中郎将，于谦正在当大明的兵部右侍郎，曾国藩正任大清的礼部右侍郎。而他王阳明，还只是小小知县一枚，七品芝麻官。五年前在北京上班时，他就已经是六品的兵部主事了。这些年来，完全是"逆成长"。

不过，新岗位再怎么平凡，也比在贵州睡棺材强。而且，相比给人跑腿的打酱油的京官，能够独立管理一个县，领导上万老百姓，也算是提升管理能力的绝佳机会。

提起庐陵县及其所在的吉安府，中国人恐怕都不陌生。"翰林多吉水，朝士半江西"，说的就是这里人文荟萃，人才辈出。欧阳修、杨万里、文天祥、解缙和杨士奇这些名人都在这里出生，在这里成长，从这里走向辉煌。明成祖朱棣即位之初建内阁，七名翰林学士中，有五人来自江西，而五人中竟然有三个来自吉安府。

庐陵地杰人灵，这里的每一条街道，都可能有进士的故居；这里的每一座茶馆，都可能有状元亲笔的墨宝。生活在这里的人，自豪感没法不强，自信心没法不足，自负情绪没法不严重。庐陵知县不好当也就非常自然合理了。

刚到庐陵，王阳明没有立即上班，因为严嵩又来拜访了。

丁忧期满之后，严才子没有马上进京，而是继续留在分宜专心读书。听说王先生到庐陵做官，他第一时间前来拜访。王阳明带严嵩参观了当地著名的白鹭洲书院和净居寺，鼓励后者认真读书，日后做一个忠于职守、造福百姓的好官。严嵩一边仔细听，一边认真点头，就差掏个小本本做笔记了。

严嵩后来都做了些什么，熟悉明史的人都很清楚。

送走严嵩之后不久，王阳明就去知县衙门上班。可他万万没想到，自己的庐陵生涯是这样开始的。

第一天升堂的王大人，还没有来得及摆一摆县太爷的威风，就被告状的人铺天盖地包围了。衙门里一下子涌进了上百人，把大堂围了个水泄不通。而在门外，更多无法进来的人还在高呼口号，眼看局面有愈演愈烈之势。

衙役们一个个手上紧握家伙，腿上直打哆嗦，脸上热汗直流，嘴上不停吆喝，生怕闹出什么群体暴力事件，把新知县的后半生交代在这里。而他们的领导却端坐在"明镜高悬"匾额之下，一点也不慌张。这帮人哪里知道，老大在龙场时天天睡棺材，什么危机没经历过？

王阳明一拍惊堂木，这伙人赶紧呼啦啦地都跪下了——条件反射啊，膝盖习惯于打弯。他们推选了个代表向新知县讲述了自己遇到的困难。原来，朝廷要在全国征收葛布税，庐陵并不产此布，但依然要折合成银两缴纳。原本林林总总的税一年税额三千四百九十八两，已经让百姓感觉压力山大了。今年倒好，一下子增加到一万两，几乎是原来的三倍！这对老百姓来说，完全就是不可能完成的差事。他们不找新知县诉苦，还能找谁呢？

王阳明确认民众反映的情况属实，立即宣布免去新增的所有赋税。在一片"知县老爷圣明"的欢呼中，老百姓们很快散去，留下了陷入深思的王知县。

"一言既出、驷马难追"的古训，王阳明深信不疑，从不动摇。但当着众多百姓许下的承诺，上司可未必能答应啊。事已至此，王阳明提笔向知府写了一封题为《庐陵县为乞蠲免以苏民困事》的公函，反映当地百姓的困难，并说：如果因为免了新增税收被朝廷降罪，责任由我王守仁一人承担，即使将我立即罢官，遣送回家种地，我也没有任何怨言。

吉安知府也在庐陵办公，他很快就收到了这封信。

王阳明已经做好了最坏的打算。有点出乎意料的是，知府不但没有处分王阳明，反而默认了这样的处理决定。

这一下，王阳明在庐陵的威信无疑大大提高了。

不过，开局不错的王知县很快便领教到了当地民众的厉害。他们揭下了温情脉脉的面纱，露出了自己的本来面目。

庐陵"民风好讼"的传统名不虚传。当地人太爱打官司了，要真的有什么要紧的大事，诉诸法律当然合情合理。但问题是，他们往往为了一些鸡毛蒜皮的小事都要闹到公堂上来争吵，搞得大家都不开心。什么东家偷了西家一只鸡，张家拿了李家一瓶盐，都要严肃认真地写状纸告到公堂，有点像小学生告状。这样一来，文具产业倒是繁荣了，王阳明却没有了安生日子过。一个知县，如果整天要处理这些民事纠纷，那别的什么事都做不成了。而且，还无端助长了这种风气。

王阳明传令退堂，以今天有重要事情为由，把这些人都赶了出去。关上门，他开始做自己所说的重要事情了——写告示。

王阳明告诫当地百姓：咱们庐陵可是个文化重地、礼仪之邦，尔等这么热爱告状，我这个当知县的感到很丢人啊。我的身体很不好，不能整天处理这些纠纷。现在我就跟你们说清楚，今后除非有关身家性命的大事，只能通过告状解决不可的，其他诉讼一概不再受理。每份讼词只能说一件事，而且不能超过两行，每行不得超过三十字。不符合标准的一概不受理。故意违反的要处罚。

他开导百姓说：为了一点小事，就忘记自己的出身，攻击自己的亲朋，败坏自己的家庭，遗祸自己的子孙，何必如此呢？不如广结善缘，与别人和睦相处，到哪里都有个好名声。大家好好想想吧。

这样的告示一出，自然引起了不少人的反感，认为王阳明拿着国家的薪水，故意偷懒不做实事，甚至到吉安府衙去控告他。可惜，知府照样不受理。

转眼到了盛夏六月。新官上任三把火没有烧起来，庐陵县却连续出现了三大危机——天旱、火灾和盗匪，让王阳明深深感受到了问题的严重性。不过，刚从龙场棺材里出来的王知县，并没有被困难吓倒，他把危机当成了机遇，当成了展示治理才能的最好机会；他用自己的沉着、坚定与睿智，带领全县居民积极主动地应对困难。

针对因天旱引发的疫情，王阳明首先要求居民做好卫生工作，及时掩埋尸体，消灭传染源；号召富人捐出钱粮，帮助穷人渡过难关。

针对频繁发生的火灾，王阳明利用在工部工作时的专业知识，带着手下对庐陵主要街道的房屋进行了实地勘察，很快发现了问题所在：房屋太密，间距过小，防火设施太薄弱。

于是他提出要求：

一、拓宽街道，各家各户都要退地三尺；

二、邻居之间要留出间距，各让两寸；

三、沿街房屋不得高于一丈六，两层楼不得高于二丈二；

四、每隔一定距离，必须建立储水站，方便灭火。

针对盗匪横行、屡禁不止的现象，王阳明下令在全县范围内实行保甲制度。县城以十户为一甲，农民以村落为单位，实行自保。有强盗来袭之时，相互救助。有窝藏强盗者，集体受罚。

保甲法确实有剥夺民众自由的嫌疑，却是特殊情况下不得已而为之的必要措施。后来，王阳明在保甲法的基础上，创造性地发明了更加严酷的"十家牌法"，在围剿南赣匪帮的行动中发挥了重要作用。

经过一段时间的努力，庐陵的旱灾和疫情得到了明显控制，火灾大大减少，土匪山贼的活动也收敛多了，这个曾经因为写告示限制人民告状而被诟病的王知县，也被当地百姓看作了包青天。百姓们都希望王阳明能够长期留任。不过，在一片惋惜声中，他又开始收拾行李，准备去京师报到了。

王阳明直到三十九岁才有机会第一次独立自主地领导一个县，但他展示出来的管理才能，却让人们刮目相看。领袖可以慢慢栽培，领袖气质的养成却很困难。正如不少人熟读再多的兵书，最后却发展成赵括一样，缺乏领袖气质，即便长年累月看名人传记和管理学大全，还是连个科长都当不好。

王阳明的领袖气质，来自强大的内心，来自对"人人皆可成圣"的坚定信仰，来自对"知行合一"（后面会详细讲）的正确实践。当然，也来自经历无数挫折仍能坦然面对的从容与自信。

能管好一个县，就有能力管好一个州府、一个布政司，甚至一个国家。庐陵的成功经验，让他受用终生。

今天，当年的庐陵县已不复存，而是成了地级吉安市的中心城区之一——吉州区。与吉安大桥相连的城市东西主干道则被命名为阳明路。要知道，王阳明在吉安只生活了半年多。吉安人民对他的敬爱，可以说表达得相当直白了。

而王阳明曾无比熟悉的京城，现在会变得陌生吗？

三、权监末路，乃因不敌"王阳明定律"

仅仅当了六个多月庐陵知县之后，正德五年十月，王阳明回到了他朝思暮想的北京，接受都察院和吏部的工作考核。

王家在北京已无宅第，他住进了陈献章当年住过的大兴隆寺。小时候，他曾多次来此处游玩，还在这里听白沙先生的讲学。多年之后，他与这座名寺，又有了更多不解之缘。

王阳明能够这么快就返回京城，得益于朝中发生的重大变动。

刘瑾死了。

在正德至嘉靖年间，似乎存在一个"王阳明定律"——凡是迫害这位仁兄的人，肯定不会有好下场。这个名单若详细开列，一张A4纸可能都不够写。而刘瑾则为这个定律做了最好的注解。

王阳明当初上疏之时，就预料到刘瑾的专权不可能长久。朝廷中文官的势力依然很强大，只要一有机会，他们随时会反扑。刘瑾和正德帝的关系虽好，但也未到了不离不弃的地步。

当年四月五日，远在宁夏卫的安化王朱寘鐇发动叛乱，他造反就造反吧，还非要打个"诛刘瑾"的旗号。远在北京的刘公公知道之后当然大为恼火。一面调动军队镇压，一面对正德帝隐瞒事实真相。

刘瑾起用了老臣杨一清，让后者带领三万兵马平叛，"八虎"之一的张永担任监军。当月二十六日，官军兵发宁夏。

可他们走到半路上，捷报就送来了。

安化王的造反只用了十八天就被平息。这其中，游击将军仇钺起到了关键作用。他假装投降朱寘鐇，并骗取了对方的信任。四月二十三日，仇钺突然行动，将朱寘鐇和他的同伙都抓了起来，并移交给了杨一清和张永。

朱寘鐇实在太废物，造反是需要技术含量的，他这样的笨人根本不适合。仇钺也实在太能干了，让杨一清和张永脸上无光。大老远跑一趟，可不是来旅游的。这事要追究起来，正德帝可能要处罚他俩。

怎么才能糊弄住皇上，甚至让自己捞一把呢？在昏暗的灯光下，杨一清和张永反复讨论，最后，两人做出了一个艰难的决定：控告刘瑾谋反。

不难看出，这绝对是诬告。刘瑾可能会对官员作恶，但绝不可能造反，正德帝正是他的靠山。一个太监，推倒了自己的靠山，他靠谁去啊？

张、杨二人为什么要推倒刘瑾？作为文官，杨一清恨刘瑾是理所当然的，而且，刘瑾曾以杨一清贪污军饷为名，一度害他下狱，多亏李东阳向刘瑾苦苦求情，他才保住了老命。

张永不是"八虎"之一吗？不是刘瑾的好哥们吗？那都是老皇历了。刘瑾在朝中一手遮天之后，与张永的矛盾也日益激化，甚至想把这伙计赶到南京养老，多亏正德帝出面才作罢。但从此之后，张永就恨死了刘瑾，当然也不乏取而代之的野心。

这哥俩一直赖在宁夏瞎折腾，以证明自己不混饭吃，直到八月才返回北京。

张永跪在正德帝面前，呈上杨一清添油加醋写成的检举文书，并拿出最强演技，一把鼻涕一把泪地污蔑刘瑾要谋反。

正德帝罕见地认真看完了文书。尽管上面列的刘瑾十七条大罪，随便一条都达到了杀头的标准，这位小皇帝却还是无动于衷。

"这事情已经过去了，改天再说。"

张永能不慌吗？他这一次告不成，肯定就没有下一次了——他这番话，很快就会传到人家刘瑾耳朵里；而他本人，很快就得变成尸体。

刘瑾，今天，不是你死，就是我亡！

他跪地抽泣："皇上您多保重，奴才以后再也伺候不了您了！"说着咚咚咚地拼命磕头。

能不能轻点啊？正德帝不高兴了：你头磕破了没关系，地板破了可老费钱了。

"这是何故？！"

"刘瑾有大罪啊，皇上！他要夺取大明天下！"

这话说得够重了吧。张永要是会分身，肯定会分出一个自己飞到半空中，送出一个大大的赞。可人家皇上怎么回答的呢？这绝对是张永做梦都不敢想象的。

"朕把天下给刘公公就好了嘛。"

这是什么人啊，张永死的心都有了。好在他脑子转得快，立即补上一句："天下都是刘瑾的了，皇上您能去哪儿呢？"

正德帝突然清醒了："快去抓他！"

张永都要乐疯了。第二天，刘瑾的家就被查抄，并当场搜出了龙袍等物（八成是锦衣卫自行携带的），以及数额巨大的金银财宝。不管是不是栽赃，刘瑾自己的手脚也是不干净的。脏水里没有干净的鱼，坐在那个位子上，想不受贿是不可能的。

墙倒众人推。多年来致力于搞死刘瑾的文官们此时就像打了鸡血一样积极。他们弹劾这位大太监的奏折，虽说不够开个图书馆，但拿出去卖废纸都是一笔不小的进账了。

刘瑾被定谋反罪，处以最残酷的刑罚——凌迟。时任监斩官的张文麟在《端岩公年谱》中记载，头一天剐了老刘三百五十七刀，之后两天还要再割三千刀，保证剐下的肉片如指甲般大小——疼不疼啊？

在处决这位死太监的那三天，京城的老百姓欢呼雀跃，有如过年。他们争相抢购从刘瑾身上割下的肉片，或者祭祀冤死的亲人，或者拿回家煮着吃，甚至生吞硬咽，以解心头之恨。可百姓们的行为到底有几分理性呢？

一百二十年后，在同样的地方，京城百姓同样争购另一个犯人的肉吃，态度依然积极踊跃，掏钱依然大方豪爽，吃相依然严肃认真。那人叫袁崇焕，是大明历史上用一只手就能数得着的英雄。

这就是群众的盲从。王阳明听说了刘瑾的死法，也是感触良多，似乎觉得有些不太人道。

而人在北京的他，刚待了一个月，又得收拾东西离开了。

四、惟精惟一，辉煌始于大兴隆寺

正德五年十一月，吏部的委任书下来了。因在庐陵的优异表现，王阳明被委任为南京刑部四川清吏司主事，从六品。官阶是升了，但他对这个任命很不高兴。级别和十年前自己的第一份工作——刑部云南清吏司主事一样，等于他这十年原地踏步。

更悲摧的是，他的上班地点还是在南京，远离权力中心。

王阳明已经年近四十，别人是"四十不惑"，他是"四十不获"，一把年纪了，在官场什么都没得着，居然还不如十年前混得好。没有办法，王阳明只好启程南下，在十一月下旬到达南都。

幸好王主事在京城有很多朋友，他们并不希望他驻留南京。在古代中国，几乎做任何事都需要人情，都依靠人脉，都指望人缘。官员升迁调动更是如此。

十二月，经过朋友们大力活动，由杨一清推荐，王阳明被改任为北京吏部验封清吏司主事——这真的不是折腾人吗？

南京离山阴不远。王阳明在就任之前，自然要先回故乡看望祖母和父亲。十二月下旬，他收拾好行李，再次踏上进京之路。

成化十八年（1482），十一岁的王阳明首次北上京师。三十年弹指一挥间，岁月染白了他的头发，时光松弛了他的腰身，但读书做圣贤的志向，却基本上一直没有动摇过。

王阳明并不急着去吏部报到，而是走得不紧不慢，一路之上留下了不少诗篇，也反映了他的不错心情。在镇江听潮轩，他信笔写下：

水心龙窟只宜僧，也许诗人到上层。

江日迎人明白帽，海风吹醉披枯藤。

鲸波四面长疑动，鳌背千年恐未胜。

王气金陵真在眼，坐看西北亦谁曾？

一股豪迈之情跃然纸上。

正德六年（1511）二月初，王阳明抵达京师后住在了长安灰厂，与好友湛若水比邻而居。两人的工作都不忙，空闲时间都多，上班地点也近，可以经常交流切磋。

说来也巧，王阳明刚到北京之时，三年一度的会试正在如火如荼地展开。让这位吏部新主事开心的是，朝廷居然让他担任会试同考官，为这个国家最优秀的学子们批阅考卷。

也正是在这次会试中，王阳明被一份精彩的答卷所吸引，建议将答卷考生定为会元（会试第一名），结果主考官还同意了。

这份试卷的主人，就是邹守益，他后来跻身王阳明最优秀的学生之列，并且开创了"王门七派"中的江右学派。

老朋友不能忘记，王阳明又结识了许多新朋友。

刘瑾已经倒台，这个死太监真的死了。他当年重点打击过的王阳明也成了京城小有名气的"中年才俊"。回京之后，慕名前来拜访的官员络绎不绝。

来的人里还有老朋友储罐在王阳明觐职期间带来的一位年轻人。此君对王阳明后半生的影响非常大。

他名叫黄绾，字宗贤，号久庵，浙江黄岩人，时任后军都事。

黄绾外表帅气，性格豪爽，能言善辩，嘴里时不时能冒出来"天理""人欲""良知"这样的术语，着实能哄住一部分不明真相的群众。他虽说也曾有志于圣人之学，却总是浅尝辄止，无法突破。但认识了王阳明之后，黄绾的优势倒是能充分发挥出来。

没过多久，王阳明把黄绾介绍给了湛若水。三人在大兴隆寺一拍即合，订下了终身共学之盟。待王阳明调回京任职后，三人很快支棱起了一个学堂——这是要致敬陈献章啊。

王阳明是主讲老师，负责传授他躺在棺材里琢磨出来的哲学思想。

湛若水除了讲课，还兼管教务工作，只因王阳明不喜欢做琐碎的事情。

黄绾负责招生，以他能把正的忽悠斜、好腿忽悠瘸的口才，招来了一拨又一拨热爱名利、渴望成功的年轻人。

这三人关系好到什么程度呢。看看黄绾在《阳明先生行状》中怎么说的吧：

> 杨公乃擢公为吏部验封主事。予三人者自职事之外，稍暇，必会讲；饮食起居，日必共之，各相砥砺。

也就是说，这哥仨吃住在一起，工作在一起，游玩还在一起！至于各自的夫人会不会闹情绪，史书又没有交代，大家自行脑补。

如果我们坐上时光机回到五百年前的北京城，就会欣喜地发现，此时大兴隆寺，比未来的《百家讲坛》录制现场还热闹。

一开始，王阳明还是在小房间讲课，再后来换到了大厅，最后干脆换到了广场上——架不住学生太多啊。他又不可能实行小班授课，那样自己的身体也吃不消。而且，相同的内容，他不愿意讲第二次。

台上，王老师用他有些尖细的南方口音，以自己独特的清新风格，讲授那些被社会公认、往往也是科举必考的经典。台下，是一张张如饥似渴的面庞，一双双专注认真的眼睛，一只只不时记录的粗手（男人嘛）。略微有些遗憾的是，偌大的现场，没有一位女同学，缺失了红袖添香伴读书的意境。如果有几个漂亮美眉在场，王老师说不定会更有灵感，更加妙语连珠。

遥想弘治十八年，王阳明第一次在北京开门授徒时，真可谓"门前冷落鞍马稀"，没有一个高帅富。当时，年轻人都被李梦阳吸引走了，对王阳明那些略显高深的理论没有兴趣。而他刚刚踏上讲坛，也是底气不足，讲课纯属边教边学，学着教，教着学。

而经过"龙场悟道"的艰苦磨炼，有在龙冈和文明两大书院的成功经验，身边又多了湛若水和黄绾这样的得力帮手，如今的王阳明胆子更大、底气更足，自信心更是非常强劲。

更重要的是，他的讲课技巧也上升到了一个新的台阶。

不是每个满腹经纶的人，都适合站在讲台上，站在讲台上都能进退自如。

你需要有强大的气场，镇得住那些学生。

你需要控制讲课的进程，让学生跟着你的节奏走，被你的讲授所吸引。

你需要有自己独特的风格，吊起学生的胃口，让他们不听你的课不舒服。

你甚至需要做饥渴营销，突然消失一两个月，让满世界的学生在没有你的日子里，感觉世界都变成了黑白色，让他们依恋你，如同loser依恋女神（的视频）。

王阳明的学生不仅仅限于小年轻，也有中老年人；不限于正在科举道路上艰难前行的学子，还有一些早已拿到学位，甚至当上高级干部的人。户部左侍郎乔宇就是他们中间的优秀代表。

乔宇要调到南京担任礼部尚书，但人家并不高兴。首先，他觉得自己还年轻（才四十八岁），可不想去那个超级养老院。其次，他再也没法听阳明先生讲课了。

失落的乔宇来到大兴隆寺，向王阳明辞行。他不会想到，几年之后，自己还能和王先生有那样的交集。

王阳明告诉他："学习贵在专心。"

乔宇说："没错啊，我从小就喜欢下象棋，一度达到了废寝忘食的地步。（向你致敬！）我每天不是下棋，就是走在去下棋的路上（我爹不打我）。我每天双眼不是在看棋子，就是在看棋谱（反正不看兵法）。因此我下棋下得非常好，所以学习贵在专心。"说完微微一笑。

王阳明说："学贵在专精。"

乔宇说："没错啊，我长大以后学习诗词，对每个字都精益求精，对每个句子都精雕细琢，现在我已经不学相对粗浅的唐诗宋词，开始研究更有品位的汉魏乐府诗了，确实是学贵在专精。"说完哈哈大笑。

王阳明说："学贵在态度正确。"

乔宇突然难过起来："对呀，我中年之后才喜欢上了圣人之学，后悔学什么下棋，读什么乐府，但我现在已经静不下心来，无法专注了。你说，我应该怎么办啊？"当着王阳明的面，他差点就哭出声来。

王阳明让童子给乔宇倒了杯茶，稳定了一下这位准尚书的情绪，然后告诉他："学下棋，学诗词，学圣人之学，都是做学问。但只有学圣人之学，你才能走得更远。圣人之学是大道，其他的学习都是荆棘小路，很难走得通。因此，只有专心于圣人之学，才是真正的专心；只有专精于圣人之学，才是真正的专精。专心于下棋，那只能叫作沉溺；专精于文辞，那只能叫怪癖啊。"

乔宇脸有些发烫，他连连点头，说可惜没早跟着王先生学啊。

王阳明接着说："文艺技能也是从圣人之道中衍生出来的，但离道太远，只能算旁枝末节。要学圣人之学，必须把意向调整到圣人之道本身上来，才能把'惟精惟一'落到实处。非精则不能以明，非明则不能以成。你要把精力集中到关键之处，成功还是指日可待的。"

王阳明最后总结道："'一'，是天下之大本；'精'，是天下之大用。"

乔宇满心欢喜。到了留都之后，他逢人就讲王阳明的哲学。王阳明人不在南京，南京已经有了他的传说。

王阳明在吏部的领导方献夫，也甘愿给自己的下属当学生。方献夫出生于成化二十一年，字叔贤，广东南海人，是那个年代的"八五后"。早在弘治十八年，二十一岁的他就高中进士，后来受到正德帝赏识，出任吏部郎中。

这就出现了一幕罕见的景象：在吏部，王阳明要向领导方献夫行礼；转身到了课堂上，方献夫却要用大礼参拜老师王阳明。

王氏学堂名声日益远播，收入自然也不差。堂堂京师，天子脚下，真的没人能管得了他们吗？

五、"朱陆争端"中招，阳明从此南迁

大兴隆寺的学习班人满为患，火爆程度媲美今天的考研一条街，甚至影响到了顺天府学的生源质量。很多人自然看王阳明不爽，希望能打击这种涉嫌非法办学敛财的活动。

内阁和礼部接到的投诉文书越来越多，相关官员也不得不慎重起来，再不能整天喝茶聊天了。治治这个姓王的，让他过得不舒服、讲得不痛快、赚得不easy（轻易），虽说没什么实质性伤害，但至少可以向上级领导证明，我们不是每天混工资的闲人，大家伙也有在工作的嘛。

不过，王阳明的老爸王华是退休了，但他的一些朋友和门生现在却当着高官，湛若水和黄绾在京城也有不少门路。真要下命令把学校关了，还不得得罪很多老干部、老学究啊。可就在这时候，有个叫徐成之的人公开了一封王阳明的亲笔信。这一下，礼部官员半夜睡觉时突然醒了——是笑醒的。

徐成之是什么来头，居然可以让王老师写亲笔信？

其实，他不算什么风云人物，不过是大兴隆寺几百号学生中的普通一员，扔人堆里绝对找不出来的那种。

但王阳明信中写的内容很敏感，讲的是朱陆异同。

朱熹与陆九渊都是宋明学术史上绕不开的名字，并在同一个时代生活了五十四年。两位大师"所学多不合"，并曾在鹅湖展开过大辩论，搞得很不和谐。但严格地说，两人的分歧其实只是学术观点不同，并没有什么不共戴天的矛盾。他们之间是君子之交，陆九渊还曾受邀在朱熹主持的白鹿洞书院讲课。

南宋宋孝宗淳熙二年（1175），吕祖谦为了调和朱、陆之间的理论分歧，特意邀请陆九渊及其兄陆九龄与朱熹见面。六月初，朱熹与陆氏兄弟应约先后来到信州（今江西省上饶市西北）鹅湖寺，双方就各自的哲学观点展开了激烈的辩论，这就是历史上著名的"鹅湖之会"。

两人辩论的中心议题是"教人之法"。朱熹老先生的一贯主张就是"格物致知"，认为"格物"就是穷尽事物之理，"致知"就是推致其知以至其极。朱熹声称"格物致知"只是一事，不过是认识的两个方面而已。也正因为这样，朱熹主张学者要多读书、多观察事物，根据经验，加以分析、综合与归纳，然后才能得出结论。

陆氏兄弟则从"心即理"出发，认为格物就是"体认本心"，因此主张"发明本心"，心明则万事万物之理自然贯通，不需要读书太多，也不需要终日观察外界事物，去除此心之蔽，就能通晓事理。因此尊德行、养心神是最重要的。他们反对多做读书穷理的工夫，声称读书学习并不是成为圣贤的必由之路。

陆九渊甚至认为，每个人都有与生俱来的道德良心，自古以来，圣贤相传的也只是这种本心。人生何其短暂，将大好的年华、宝贵的精力花费到注解诠释古代经典上，以探求精微大义，只会使人更加迷惘。（朱熹不就喜欢这么做吗？）同时，他认为自己的观点是"易简工夫"，一定会永久流传，发扬光大；而朱熹的学问是"支离事业"，终将走向沉沦，被人遗忘。

此次"鹅湖之会"，双方争论了三天，现场的气氛很不和谐，最终不欢而散，没有吵出任何共识，倒是给后世留下了一座鹅湖书院。它与九江的白鹿洞书院、吉安的白鹭洲书院、南昌的豫章书院一道，被称为"江西四大书院"。

一个江西布政司能拥有四大著名书院，可见其学术之昌盛。

徐成之是朱熹的狂热崇拜者，另一位同学王舆庵则是陆九渊的忠实粉丝。两个人整天吵来吵去当然也没有什么结果，就想请王阳明来做判决。

世界上还没有一模一样的两片树叶呢，怎么可能让两位大学问家的观点完全一致或者基本相同？学问在争论中才能更快地发展，思想在碰撞中才能更好地升华。可是，朱熹的学说已经被大明官方确定为指导思想，是科举考试最重要的依据，这样一来，陆九渊的学说必然被视为异端。

王阳明更青睐陆九渊，但他还没有蠢到公然否定朱熹，跟主流意识形态唱对台戏的地步。自己的学生是朱熹的"粉丝"，他也不能清理门户，甚至还很认真地写了一封回信。

王阳明强调朱熹与陆九渊之间的差别更像是孔子弟子子路、子贡一样的同门殊科，只是学理上的分歧，而绝对不是什么根本对立。我们求学是为了增加知识、完善自己，而不是要党同伐异、辩倒别人。每个人都从有利于自己的证据出发，去攻击对方观点中的薄弱环节，这种方法不可取，而应当"置心于公平正大之地，无务求胜"。

这封信看似不偏不倚，但"明眼人"早看出来了，王阳明搞的那一套，就是陆九渊的升级版——他这是想把朱熹慢慢推下神坛，甚至想取而代之。这还了得？

可是，王阳明怎么说也算是官二代，支持他的声音也不弱，不是说动就能动的。当务之急，是先把那个"大兴隆寺铁三角"给拆散了，让你姓王的孤掌难鸣，独木难支。

思想有多远，你们就给我滚多远！

正德六年（1511），安南（越南）国王死了，需要大明册封新王（当然是象征性的，就像如今的英国国王册封加拿大总督），这个光荣的差事就交给了湛若水。岁末，这位王阳明的好战友就悻悻地离开了京城。

王阳明至长亭送别。两人当然都想起了四年前的初夏，王阳明发配龙场，湛若水也送出了很远。眼看人到中年，不知道何时才能再见，王阳明自然是非常不开心，心潮难平。他挥毫写下了《别湛甘泉二首》，其一为：

> 行子朝欲发，驱车不得留。
> 驱车下长阪，顾见城东楼。
> 远别情已惨，况此艰难秋！
> 分手诀河梁，涕下不可收。
> 车行望渐杳，飞埃越层丘。
> 迟回歧路侧，孰知我心忧！

少了湛若水，大兴隆寺学习班自然大受影响，王阳明也势必更加辛苦。随后，黄绾估计是遭遇了什么威胁，收到了邮包炸弹一类的东西，很知趣地请假回老家养病去了。铁三角只剩了一角。

即使这样，这帮人还是不愿意放过王阳明，不想让他在眼皮底下晃荡。

要想把王阳明赶出京城，又不用伤和气，有好办法吗？当然有啊，给他升官！

其实王阳明在北京的这几年，虽说相当"不务正业"，官阶却一直在升迁，而且升得一点都不慢。从正德六年正月开始，他一直在吏部工作。刚开始是正六品的验封清吏司主事，九个月后当上了文选清吏司员外郎（相当于副司长）。转过年的三月，他又被提拔为正五品的考功清吏司郎中（正司长）。

不过，都这把年纪了，做得好的早就入阁了；做得不好的，也能混个侍郎，甚至尚书了。王阳明不是官迷，但显然他对于升官是不反感的。那么，就给他升个官吧。

还记得王华当年的遭遇吗?

六、人在滁州，无善无恶心之体

正德七年（1512）十二月，王阳明在大兴隆寺的辅导班必须得告一段落了。他被升为南京太仆寺少卿，得去南京报到了。

按大明的岗位设置，"太仆寺卿掌车辂、厩牧之令"，说白了太仆寺就是个养马的机构。一把手是太仆寺卿，从三品；副手是少卿有二人，后增为三人，都是正四品。《西游记》中也有类似的官职，男一号孙悟空当年干过的，叫弼马温。王阳明的岗位，当然只能算副弼马温。

太仆寺说是南京的机构，工作地点却在距金陵城百余里的滁州（今安徽省滁州市）。怪不得今天有人戏称南京为"徽京"，它和安徽离得真是近啊。

王阳明已经是几进几出京城了，每次离开北京，都非常想念；每次回到北京，都会有新的发现、新的感悟。他希望南京之行只是人生中一个小小篇章，他还能很快回到自己热爱的京师。

如果厌倦了北京，就厌倦了整个世界。可日后的局势发展，既大大出乎王阳明的意料，又显然让他留下了终身遗憾。

既然朝廷对于官员赴任没有明确的时间限制，王阳明干脆给上司请了长假，次年二月直接跑回山阴，见到了祖母、父亲，还有妻子，一家人又能享受天伦之乐了。

一路陪在王阳明身边的，还有他最欣赏的弟子兼妹夫徐爱。

正德二年十二月，王阳明与徐爱等三人在山阴分别，动身前往龙场。

正德三年二月，王阳明还在赶赴龙场途中时，徐爱在北京参加会试，高中二甲第六名，比王阳明当年的成绩还好。而且，人家小徐可是一次就考过，他老师考了整整三次。

正德四年，当王阳明还在贵阳担任文明书院主讲时，年仅二十三岁的徐爱，居然当上了从五品的祁州知州。顺便提一问，王阳明在闰九月才当上正七品的庐陵知县。

不过，在此后的三年间，王阳明虽说把主要精力用在办学上，当官只是副业，却能步步高升，一路跃到正四品。徐爱在祁州兢兢业业，被提升为正五品的南京兵部员外郎。

祁州离京城不远，王阳明返回北京后，徐爱也曾来京看望恩师，他们还曾与同好一道出游登高，品茶饮酒，赋诗唱和。

这一次，师徒双双被调到留都，正好可以结伴同行。

和徐爱在一起，王阳明觉得自己变得年轻了，肺病也暂时被忘在了一边。在去山阴的船上，他突然问妹夫是否能记住《大学》的内容。

我晕，徐爱心说，你咋不让我背《百家姓》呢？他抬起头，发现老师神色相当严肃，不像开玩笑的样子。于是他就开背了："大学之道，在明明德，在新民，在止于至善……"

"等等！"老师打断了他，"你背错了！"

"不可能吧，我从小就倒背如流，还能错？要错只能是编书的错了！"

"说得好，的确是编书的搞错了。错不在你，而在于朱晦庵（朱熹）。"

天呐，大明的读书人都知道官方版《大学》的主编是谁，那可是神圣不可侵犯的朱熹——朱子啊，孔子之后就是他了。可是王阳明，却敢于质疑程颢和朱熹两位泰山北斗。

王阳明告诉徐爱："孔子本来说的是'大学之道，在明明德，在亲民，在止于至善'。但晦庵先生写错了。"

我们看一下两个人的解读。

朱熹：《大学》的根本宗旨，在于弘扬人性中正大光明的德行，强调的是弃旧图新。

王阳明：《大学》的根本宗旨，在于弘扬人性中正大光明的德行，强调的是亲近百姓。

在朱熹看来，"明明德"是本源，是目的，是致知；"新民"是归宿，是方法，是"格物"。通过"明明德"才能实现"新民"。

而王阳明却认为，"明明德"就是亲民，亲民才能"明明德"，两者知行合一，万物一体。

徐爱一边听，一边在心中默记。他已经打定了主意，要把老师这些惊世骇俗的言论整理出来，功过由后人评说。

王阳明和徐爱在山阴一口气待了半年多，十月才到南京报到。更让今天的我们羡慕的是，两人居然都没有受到任何处分，可见大明的官员绩效审核真是太不严谨了。随后，王阳明就去滁州上班。

滁州我们大家都不陌生，欧阳修的名篇《醉翁亭记》，正是在此地创作完成的。

在这里，王阳明可以说文思如泉涌，留下了《滁州诗三十六首》。表面上看，他的日子过得相当悠闲；但事实上，他的苦闷却不能向外人道——大好年华出任养马官，肯定不是什么光荣的事情；更重要的，仕途前程肯定有很多变数了。

不过王阳明也有自己的考虑。从在北京开始，他就把真正的职业打理得相当红火，到了滁州，他依然不会放弃收徒教学。

听说王老师来到滁州，以前在大兴隆寺听过课的弟子中，有些人居然千里迢迢跟过来了。滁州当地和周边也有一些学子听说过王阳明的传奇经历，特意赶过来报名。甚至还有大城市南京和安庆的学生慕名而来。

王阳明的学习班开起来了，虽说不如在大兴隆寺时人丁兴旺，但这算得了什么呢？只要有了火种，还怕烧不旺吗？阿基米德说，给他一个支点，他能撬动整个地球；王阳明说，给我一个马圈，我也能开办学堂。

天高皇帝远，上司对王阳明也是睁一只眼闭一只眼，既没查封他的学习班，也没责令他写检查，更没有派小流氓捣乱。王阳明当了六个多月"弼马温"，把大部分心思都用在讲课上，工作完全是在应付。

王阳明人在滁州，居然有远在浙江的不少学子不辞劳苦地赶过来了。金华府永康的周莹就是他们中的一个。要知道，金华府距滁州可有八百多里，坐马车都得耗时小半个月。

不过，他刚费了老鼻子劲赶来，好不容易见到王老师，刚聊了没几句，水都没来得及喝一口，王老师就平静地告诉他："你可以回去了！"

周莹当场"石化"了，不相信自己的耳朵。这是为什么啊，难道说，长得丑也是一种罪？

"先生，看在我奔波千里的分上，您就收了我吧。"他的眼神里带着哀求。

"这么远的距离，你是怎么来的呢？"

"先乘船，再换马车，还有一段是靠双脚走的。"

"盘缠够吗，有没有仆人跟随？"

"够，够……"周莹心说，我也就不差钱了，"仆人半道都累病了，我还给他请大夫。"

"如此辛苦，可是有人强迫你吗？"当得到对方的否认之时，王阳明笑了："学、问、思、辨、行，不学习当然无法运用于生活中了。比如说学习孝悌，必须侍奉父母、执礼甚恭，才能说你学到了。天下的学问，如果没有行，就不能说自己学过了。学习的开始，就已经是行动了。"

周莹的智商跟上不了。王阳明接着说："周公子啊，你克服了这些困难来到寒舍，说明你已经懂得成为圣贤的方法了，还用我再教你吗？"

周莹恍然大悟，非常开心。回到家乡之后，到处宣传阳明学说的神奇。

滁州城外五里处，有著名的琅邪山。《醉翁亭记》中写道："环滁皆山也。其西南诸峰，林壑尤美。望之蔚然而深秀者，琅琊（邪）也。山行六七里，渐闻水声潺潺，而泻出于两峰之间者，酿泉也。"对艺术家来说，山水能激发创作灵感；对哲学家来说，山水一样能帮助他思考世界和人生。王阳明带着他的数十名弟子，走在欧阳修当年走过的山路上，坐在酿泉边，饮酒赋诗，抒发胸臆。

他也会让弟子们做农活，体会稼穑之辛苦。而他与薛侃在滁州的一番对话，也被阳明弟子奉为经典。

这一天，薛侃同学弯着腰在花园里拔草。没多大工夫，他就拔出了一身汗。而王阳明站在旁边，微笑着捋着长须。

薛侃恨自己生活在落后的十六世纪，连除草剂都没发明出来。"先生，"他有些烦躁地说，"世上为什么善难以培养，而恶也难以去除呢？"

王阳明告诉他："这只是因为人们不去培养善、铲除恶。"不一会儿，他又说："如果人人都从自身出发去看待善恶，那一定会出错的。"

薛侃显然听不明白，摆了个天真无邪的pose（姿势）。

王阳明解释说："你想啊，天地间万物生生不息，花和草，真的一定有善与恶的区别吗？你如果想要赏花，就会认为花是善的，草是恶的；如果想种草，就一定会认为草是善的。你所区分的善恶，都是按照自己预先设计的标准来判断的，因此是错的。"

"那么，难道世界上就没有善恶的判断标准了吗？不应该有吗？"

"无善无恶，是天理处于静止的状态；有善有恶，是思想感情发动的结果。思想感情没有发动，就没有善恶之分，这就是善的最高境界——至善。"

"那么，老师，佛教也是主张无善无恶的，这跟您说的有何区别？"

"佛教过于执着于无善无恶，其他一切都不管了，这样是不能管理天下的。圣人讲的无善无恶，只是'不要从私欲出发为善为恶，不为气所动'，但'遵循王道'，'归到准则上来'，就很自然地能够依照天理，像《易经》中说的那样'裁成天地之道，辅相天地之宜'。"

"既然草不是恶的，那就不应该去除它嘛。"薛侃恨不得马上放下工具，回屋里睡觉。

王阳明乐了，心说这小子，大大的狡猾。他告诉弟子："你这样说，就是佛、道的观点了，草长在花园中碍事，你除掉它又何妨呢？"

"那这样一来，不就是有意地为善为恶吗？"

"不做善恶，不是说世间真的没有善恶之分了。如果真是这样，人就没有知觉了。所谓的不有意为善为恶，是说人的善恶要遵循天理，不要掺杂个人的私心。这样，就显得世间没有善恶一样。"

"先生，我们除草的时候，如何才能遵循天理，不掺杂私念呢？"

"如果草对我们有妨碍，按照天理，就应该去除。你除了它就是了。偶尔有些没有除去，也别太放在心上。心中如果有一分在意，就会感到有些牵累，许多地方就会被意气所动。"

"那么善恶与事物本身就完全无关了？"

"善恶就在你心中，遵循天理就是善，意气散发出来，就是恶啊。"王阳明很耐心地回答。

"那么事物本身一定是无善无恶的吧？"

"于心是这样，于物也是这样。世俗的儒生并不明白这个道理，舍弃本心存养而求于外物，把'格物'的学问搞错了。每天在心外寻求，只是做得'义袭而取'，开始做事时不知其然，习惯后不知其所以然。"

薛侃突然想起了什么，问道："先生，您以前说过的'如好好色，如恶恶臭'应该如何理解？"

"这正是遵循天理的结果啊。天理本来就应该是这样。这里没有有意地区别善恶。"

"喜欢美色，厌恶恶臭，怎么能说是无意的呢？"薛侃这话有些抬杠了。

王阳明并没有发怒，他说："这是诚意而不是私欲，诚意就是遵循天理。即使按天理做事，也不是着意去做，而是自然而然地去做。因此，一旦心中有了愤怒、怨恨、喜欢和高兴的情绪，就无法保持中正平和。必须胸怀广阔，才是心的本体。明白了这个道理，也就明白了什么叫'未发之中'。"

这时候，另一个学生孟源过来了，他说："先生说过'草有妨碍，理亦宜去'。为什么又说这是从自身的好恶产生的念头呢？"

王阳明告诉他："这需要你自己用心去体会。你要去除草，是什么心思？周濂溪先生却特意留着窗前的草不除，又是什么心思？琢磨一下吧。"

这时候，很多学生都来了。王阳明告诉他们："如果要得大道，横说竖说都能说得通。如果此处通了，下一处又不通，只能说明，还是没有得大道。"

日子就在这样的教学相长中度过，王阳明忘记了朝中的钩心斗角，忘记了正德帝行事之荒唐，忘记了入阁拜相的理想，甚至忘记了自己的本职工作——养马，而把绝大部分心思用在了教学与思考上。

在南京做官的梁仲用坚定不移地以不断升迁向上爬为目标，崇尚"言多必失""沉默是金""不说不错"。但他还是觉得自己话太多，于是就取了一个"默斋"的号，时刻用来警戒。小梁更是专程跑到滁州向王阳明请教沉默之道。

王老师被这哥们搞得哭笑不得：我整天课上课下讲个不停，总被人嫌话多，你竟向我请教沉默之道，你怎么不去向和尚请教如何烧排骨？他直言不讳地告诉这位官迷："梁大人啊，你向一个天下最多言之人问沉默之道，真的是认真的吗？"

看着对方稍显尴尬的笑容，王阳明一捋长须，娓娓道来："老夫不懂什么是沉默之道。如果担心祸从口出，你大可什么都不说。不过……"他冷冷的目光从梁仲用脸上扫过，"但你是否知道，沉默里也蕴含着四种危险？"

小梁一下给说蒙了，脸也红了："请您不吝赐教。"

"如果一个人有疑惑不知道发问，被蒙蔽了也不懂得分辨，只是自欺欺人式地不吭声，这就是愚蠢的沉默；如果一个人想用不开口说话的方式来讨好别人，这就是狡猾的沉默；如果一个人害怕别人看清自己的底细，故作高深来掩盖无知，这就是捉弄人的沉默……"

梁大人脸更红了，这世界上有个词叫指桑骂槐，他文化水平不高，可也是知道的！王阳明可不在乎小梁怎么想，继续道："如果一个人明明知道内情，还要装糊涂，布置陷阱，默售其奸，那就是沉默之贼了。"

小梁庆幸自己还算不上沉默之贼，不过，年纪不大就自命"默斋"，显然相当可笑。

而王阳明自己，根本不打算改变爱说话的"毛病"。

让他有些惭愧的是，自己这样一天天不务正业，不但没有受处分，反而升官了。

正德九年（1514）四月二十一日，王阳明被提拔为南京鸿胪寺卿，这可是属于国家"九卿"序列的高官。当然，明朝南北两京应当是"十八卿"。

不过，鸿胪寺卿这官名听起来威风，级别也确实高（正四品），但照样是一个标准的闲职，负责管理皇帝的婚丧嫁娶礼节事宜。如果在京师上班，工作还能忙一些；但在留都，完全无事可做，领着工资天天休闲。

唯一让王阳明感到欣慰的是，好歹可以离开小城滁州，可以在大城市南京生活了。

离开滁州的那一天，众多好友和学生都来相送。他们舍不得老师离开，一直送到江浦，看着王阳明上了船，才慢慢离去。

当老师的被感动了，但他又不希望这么多人来送他——人生苦短，何必这么跑来跑去，多点时间研究学问不香吗？感慨之余，王阳明挥笔写下了《滁阳别诸友》一诗：

> 滁之水，入江流，江潮日复来滁州。
>
> 相思若潮水，来往何时休？
>
> 空相思，亦何益？欲慰相思情，

不如崇令德。掘地见泉水，随处无弗得；

何必驱驰为？千里远相即。

君不见尧羹与舜墙，又不见孔与跖对面不相识？

逆旅主人多殷勤，出门转盼成路人。

真正的好友，说话是不用忌讳什么的；只有对不熟的人，才会格外客套。

话说回来。以王老师的一贯作风，他多长时间能赶到留都呢？

七、金陵治学，"省察克治"结出硕果

有一个地方，王阳明从小就非常向往；有一座城市，让他一直魂牵梦绕。论及文学之昌盛，人物之俊彦，山川之灵秀，气象之宏伟，以及与民族患难与共、休戚相关之密切，全中国没有一个城市可以和它相提并论。

它当然就是六朝古都，大明留都南京。

也许正因如此，这次王阳明一点都没有拖延时间，四月二十五日就到南京报到了，随后下榻乌衣巷。

他对南京情有独钟，还有一个重要的原因：相比滁州，这里的办学条件要优越得多。

去鸿胪寺上班之后，王阳明很快也适应了这里的工作节奏——悠闲。对想做实事的人来说，这职位无疑是非常折磨人的；对想开拓第二职业的人，却是非常理想的选择。

有这么好的学术环境，再不好好工作、好好办学就太对不起自己了。王阳明很快就将学习班置办了起来。在南京，他还有一个得力的助手——徐爱。

徐爱不到三十岁就当上了南京工部郎中，正五品大员，这个"八五后"的前程看起来相当不错，但他却把主要精力放在了协助老师办学上。王阳明自己只喜欢讲课，对于管理学生的事情没有多少兴趣，这些通通交给了徐爱。（三百多年之后，康有为在广州经营万木草堂时，梁启超的尽力辅佐也让老师省心不少。）

王阳明根本不愁招不到学生，很多原来滁州的弟子又跟到南京来了——多亏这里没有实行王老师后来热衷的保甲法，不然他们都得被清理出去。南京当地的学子也不少，周边几个府的年轻人也逐步聚拢过来。很快，这些人的食宿都成了严重问题。最高兴的是本地的房东们，他们趁机花式提价。

徐爱不得已，安排很多人在鸿胪寺的库房里打地铺。条件艰苦，但学生们根本不计较这些，只要能当面聆听王老师的教诲，暂时的困难和不适又算得了什么呢？

看着一个个不知抱怨、只有欣喜的年轻人，徐爱不禁感慨：这真是一个讲学的美好时代。

这一时期，连同在滁州拜入王阳明门下的，一般都有一个响亮的名号——王门二期。其中比较著名的有：黄宗明、薛侃、马明衡、陆澄、季本、周积等，他们都是不甘平庸的年轻人，都是阳明学说的忠实"粉丝"。

以智商不够数闻名的陆澄特别喜欢提问。看到《中庸》里有讲"喜怒哀乐之未发，谓之中"，他马上就向王阳明请教："先生，宁静养心的时候，能够称为'未发之中'吗？"

老师回答他说："现在的人宁心，只能使心气安宁。因此当他宁静之时，也不过是心气宁静，不能够称为'未发之中'。"

"未就是中，不也正是求的功夫吗？"

看到陆澄还知道思考，王阳明当然也很高兴，于是说："只要去除私欲，存养天理，就是功夫。静时念念不忘去掉私欲，存养天理；动时也念念不忘去掉私欲，存养天理，不管宁静不宁静。如果太过依赖宁静，会逐渐有喜静厌动的毛病，其中有许多问题，只是潜伏下来，最终不能根除，遇到事情依旧会滋长。以遵循天理为主，怎么可能不宁静；以宁静为主，却未必能遵循天理。"

王阳明认为："格者，正也。纠正那些不正的，让它们归于正道。"针对因"格物致知"产生的口舌之争，他极力倡导"省察克治"，从灵魂深处审视自己。他告诉弟子：

"现在学习我所说的'格物'之人，大多依然只是停留在口耳。更何况，只会做口耳之学的人，不这样还能怎么样呢？天理人欲，它们的精妙细微，一定要时时用力省察克治，才能逐渐有所发现。现在的人，在说话之间虽只讲天理，不知心里倏忽之间已经产生了多少私欲。有偷偷萌发却无法查知的，即便用力省察，依旧不容易发现；何况只是空谈阔论，怎么能够全部查知！现在只管讲天理，却放在一边不去遵循；讲求人欲，却装在心里不想摒除。这怎么能算'格物致知'的学问？后世的学说，就算做到极致，也只能做个'一时正义'的功夫。"

也许正是这种责任感与使命感，才令他对教学如此投入，对弟子这般耐心。

王阳明把学堂设在鸿胪寺附近，他自己坐车不大工夫就能到。工作的事情，用一上午来应付已经是绰绰有余。下午是他固定的讲课时间，但他每十天也就讲几次而已，其他时间由徐爱等人授课。而到了晚上，按中国人的传统，许多饭局邀约是不可避免的。

南京的夜晚是迷人的，"烟笼寒水月笼纱，夜泊秦淮近酒家"。租一艘画舫，邀三五好友，置一桌酒菜。前方不远处，夫子庙的灯火阑珊清晰可见，耳边不时传来歌女曼妙的吟唱和丝竹之音。几人猜拳行令，即席赋诗，美酒让人暂时忘记一切不如意，姑娘的微笑让你感觉自己身在天堂。可是你知道，你还没到及时行乐的时候，世界上还有很多事情，值得自己去努力；世界上这些努力追求的事情，值得自己去付出代价。因为现在，一切还来得及。

如果有一天，一个偶然的机会，你居然从一个歌女的口中听到"知行合一"，作为这种理论的发明者，你会是什么感受？笔者坐飞机若是碰上邻座恰好在看拙作《心学圣人王阴阳》的漂亮妹子，那笔者肯定会充满勇气，自豪地转过头向他介绍自己。

你体会到的肯定不只有得意，还有一种没有虚度年华的满足感。学问不只是用来卖弄的，而是应该让更多人受益。让田间的老农、船上的歌女，甚至路边的乞丐，都明白"知行合一，圣人可以学而做"，这个社会一定会减少很多悲剧，催生更多美好。

从北京到南京，王阳明走到哪里，他的弟子就追随到哪里，他的学说就流传到哪里。在那个没有电视、没有网络的年代，一种学说的流行，有赖于口口相传，这是何等困难的事情，但却成了事实。

时间过得真快，正德十年（1515）四月，转眼又到了两京官员六年一次的考察时间。王阳明对官场已经不抱希望，于是上了道《自劾乞休疏》，请求卷铺盖回山阴。其中说道：

> 臣由弘治十二年进士，历任今职，盖叨位窃禄十有六年，中间旷旷之罪多矣。迩者朝廷举考察之典，拣汰群僚。臣反顾内省，点检其平日，正合摈废之列。……若从末减，罢归田里，使得自附于乞休之末，臣之大幸，亦死且不朽。

为了达到目的，王阳明简直把自己说得一无是处，可上级偏不想成全你。人家七老八十还在为大明奉献余热，你才四十出头就想领退休金，想得太美，也太没有责任心了吧！

当月，南京国子监祭酒吴一鹏改任留都太常寺卿。御史杨璞不失时机，马上推荐王阳明接班。朝廷没有同意。你以为人家真傻吗？

这一年，王阳明的祖母岑老夫人已经九十六岁。即便放在今天，这岁数也是高寿。八月，王阳明上了一份《乞养病疏》，一是提出自己的身体状况不宜为官，二是宣称奶奶日夜盼望自己回去，希望能见最后一面。如果以后有机会再来报效国家也不迟嘛。

奏疏呈上去之后，如同一把沙子扔进了太平洋，一点动静没有。九月，王阳明又上了一篇《乞养病疏》，拼命描绘自己的惨状，但朝廷依然不搭理他。无可奈何之下，王阳明只好听天由命，继续当他的鸿胪寺卿，继续干他的第二职业。

当月二十九日，是王华的七十大寿，第二天则是王阳明自己的生日。杜甫有诗云："酒债寻常行处有，人生七十古来稀。"能活到七十，当然特别值得庆祝。王阳明请假赶回山阴为父亲大人贺寿。

他此时已四十有四。到了这岁数，同龄人中已经有不少抱孙子的了，可他连个儿子都没有，妻子诸氏也过了生育年龄。为了传宗接代大计，经堂弟王守信（王衮次子）点头，王阳明将其第五子（瞧人家多能生）王正宪过继为自己的儿子。

在留都，王阳明虽说一直做着闲职，讲课与治学的日程排得相当密集，各种饭局应酬也是满满当当，日子过得倒也相当充实。就在他以为可能会老死南京之时，正德十一年（1516）九月，吏部的任用文书却来了。

王阳明接到公函，似乎犹豫了。

去，还是不去？

巡抚南赣成军神

第八章

一、欲迎还拒，才显得你有分量

正德十一年九月十四，王阳明被任命为都察院左佥都御史，巡抚南、赣、汀、漳等八府一州。熟悉历史的人都知道，大明的行政区划是两京十三司，这个南赣巡抚又是怎么回事？

打开地图一看，王阳明即将管理的区域处于江西、福建、湖广和广东布政使司交界处，群山环绕，地形复杂，民不聊生，四个布政使司的行政长官都不愿意管，于是就有了这么个特殊的行政区。包括江西的南安、赣州，福建的汀州、漳州，广东的潮州、韶州、惠州和南雄，湖广的郴州，合称八府一州。这些地方加起来，比江西或者福建的面积都要大。

造反往往是有传统的。在这个"四不管"地区，一批又一批不满现状、渴望依靠非法手段迅速改变命运的草根聚集在了一起，形成了一股又一股战斗力不低的造反势力。

在正德帝继位之后，由于朝廷放松镇压，这里的土匪势力更加猖獗。在与官军的多次战斗中，一些有军事天赋和组织才能的土匪头目脱颖而出，逐渐成为黑恶势力头领。在他们的领导下，山贼的作战水平提升到了更高层次，与官军的对抗能力大幅度增强，对地方的破坏也更加严重。当然，也让远在北京的内阁和兵部大佬们更加头疼。

设置南赣巡抚这个特殊职位，主要任务就是剿匪。但十多年过去了，朝廷先后动用了数十万军队，时而举起大棒镇压，时而挥动橄榄枝招抚，甚至高薪招募狼兵（地方少数民族雇佣军）作战，什么着数都使尽了。动机不能说不合理，态度不能说不认真，理想不能说不坚定，可收效不能说不甚微。究其主要原因，恐怕不能归咎于一线官兵，而是主帅不得力。

要想在朝廷中找到一位真正善于对付山贼的官员，恐怕比在县文工团里找出周星驰更难。这么多年，朝廷里有一条不成文的潜规则：你要恨谁，想要谁倒霉，不用亲自拿刀去砍他，只须推荐他当南赣巡抚，你的目标就基本完成了。

王阳明这些年来多次试图辞职，一门心思回山阴。朝廷不想满足他的心愿，还要派一个病夫去环境恶劣的山区折腾。这是嫌他命长而落井下石吗？

但这一次，推荐王阳明的人却是认真的。他的名字也因王阳明而不朽，在中国历史上占据了一席之地。

此人就是新任兵部尚书王琼。

王琼，字德华，号晋溪，山西太原人，生于英宗天顺三年（1459），宪宗成化二十年中进士。和王阳明一样的是，他的第一份工作也是观政工部；和后者不一样的是，他在工部一做就是近十年，长期主持漕河治理，取得了显著成绩。

王琼干一行爱一行，不但会实干，而且肯钻研，亲自编撰出了八卷本的《漕河图志》。此后，他曾任山东、河南参政，河南右布政使等职，并担任过户部和吏部侍郎。

正德十年，王琼被任命为兵部尚书。但我们只要翻看一下他的履历就明白，此公既没有领兵打仗的实际经验，也没有展示出什么过人的军事素养。让这样一个人担任大明最高军事长官，是不是外行领导内行，要铸成大错呢？

然而，后来发生的一切，证明朝廷这个决定是无比英明的。王琼也许对军事并不在行，但他有自己的绝招——知人善任，知道怎样把合适的人配置到合适的岗位上。而起用王阳明，无疑是他最为得意的举荐。

其实，在过去为仕途打拼的十多年中，王阳明几乎从来没有展示过什么军事才华。他能被人记起的与之相关的，只有年少时独闯居庸关，打跑两个蒙古人；成年后喜欢阅读兵书，有用水果及盘碟布阵的业余爱好。但把兵书背得再滚瓜烂熟，也只能说你记忆力好，上了战场，你未必能胜过赵括。

让今天的我们无法理解的是，过去几年，王阳明大部分时间住在南京，王琼则一直待在北京，王琼根本就没有见过王阳明本人。仅仅根据别人的一些介绍，王琼就断定王阳明有军事才华，并推荐了在南京大搞讲学事业的后者出任南赣巡抚。

更让人吃惊的是，三年之后，即王阳明立下更大功勋之后，王琼在一次饭局上，酒后吐真言，说出了自己提拔此人的真正原因。在座的人一边听一边拼命点头，一致恭维王大人的眼光与决断实在伟大。

话说回来。面对这样一份任命书，在大明官场历练多年的王阳明早已心如止水，喜怒不形于色。很多人认为这南赣巡抚虽说是个坑，但怎么说也是巡抚一方的实职，想必王先生没有拒绝的理由。

不过，王阳明的反应，还是那样不慌不忙。接到公文后不久，他就上了一道《辞新任乞以旧职致仕疏》。

在这份奏折中，王阳明说自己"才本庸劣，性复迂疏，兼以疾病多端，气体羸弱，待罪鸿胪闲散之地，犹惧不称；况兹巡抚重任，其将何才以堪"，然后又深情回忆了与奶奶之间的真挚感情："臣自幼失慈（失去母亲），鞠于祖母岑，今年九十有七，旦暮思臣一见为诀。"

如果领导刚给你新工作，你就欢天喜地地答应下来，这显得自己很没有底气，太看重这个机会，也就太看轻自己了。如果你假装拒绝，着急的就是领导，而你在他心目中的就会更加重要。如同面对小伙子爱如潮水的攻势，妹子心里哪怕再兴奋再得意，也要矜持地拒绝一两回。一定要让他明白，自己的终身幸福，不是随便就能到手的。

王阳明似乎已经拿定了主意，不管朝廷怎么安排，我先回家看奶奶去了，你们看着办吧！九月底，他从龙江乘船归省，生日都是在舟中过的。

十月中旬，王阳明回到了家乡。优哉游哉地过起了退休生活。

十一月的兵部咨文在批评都御史文森时，杀鸡儆猴地说道："乃敢托疾避难，奏回养病，见今盗贼劫掠，民遭荼毒，万一王守仁因见地方有事，假托辞免，不无愈加误事；……既地方有事，王守仁着上紧去，不许辞避迟误。钦此！"话都说到这个份上了，王阳明是怎么回复的呢？

他继续上疏，继续辞职，还吹嘘自己在绍兴生活得很好，奶奶很高兴。

王琼给逼急了，心说你这个姓王的，戏演得差不多就行了，别搞得大家都不好做人。于是，王尚书请出"大杀器"——正德帝，下了一道口气强硬的批文，发到南京，催王阳明赶赴江西。

徐爱等一帮弟子也劝王阳明早日上任，实现建功立业的理想。当然，他们潜意识里也认为，老师成功了，当学生的自然也倍儿有面子。

你不是一直渴望成为马援、王越和于谦那样的英雄吗？现在这个机会就摆在你的面前。你不是一直想证明自己是刘基那样的军事天才，而不是赵括那样的复读机吗？这里就是你最好的试金石。你不是一直教导弟子要知行合一吗？知而不行，只是未知。你自己为什么不能首先做到呢？

好了，当皇帝需要三辞三请，你当个巡抚能让朝廷如此重视，也算是非常风光了。再表示拒绝真是不识抬举了，收拾好行囊，收拾好心情，准备出发吧。

十一月十四日，王阳明告别了亲友，依依不舍地离开家乡。随后，他借道省城杭州，奔赴南赣。

这是王阳明的一小步，更是明朝历史的一大步！

二、"事上磨练"，有机会就得演习兵法

既然怎么辞职都辞不了（可见朝廷是动真格的），王阳明只好硬着头皮上任了。南赣巡抚的治所在江西南部的赣州——今天依然叫赣州，依然是江西省第二大城市。

正德十一年十二月初三，王阳明从杭州上船，由长江经鄱阳湖进入赣江。由于工作需要，他元旦都是在船上过的。

下人准备了丰盛的酒宴，向抚台祝福新年。王阳明看着一桌子菜，并没有什么好高兴的。他自然想起了整整十年前在北京度过的那个元旦。

当时他得罪了刘瑾，被打了四十大棍，趴在自家床上过了新年。身上的伤口不时作痛，心头的伤更是无以平复。而整整十年之后，他面临的新环境绝对不会比当年宽松。世间已无刘公公，但他要对抗的敌人，并不比权监更善良。

路过南昌时，王阳明还抽空见了一位贵客。他们俩应该不会想到，再见第二面时，两人的地位处境就发生了一百八十度的大转变。这位仁兄是谁呢，请允许我卖个关子。

正德十二年（1517）正月十三，天气晴好，吉安府万安县城外的惶恐滩前，无数的船只停泊在此，不能前进；船上的行人及其家属，无不露出惶恐的神情：他们遇到强盗了。

吉安是抗元英雄文天祥的故乡，"惶恐滩头说惶恐，零丁洋里叹零丁"说的就是这里。而当天，这句诗正是许多行人的真实感受。惶恐滩是赣江十八滩中水势最急的一滩，丰水季节自然水流湍急、气势壮观。但如今正是冬季枯水期，南下的船只不得不缓慢前行，这就给了强盗们可乘之机。

这帮强盗手持火铳、弓箭，打手势要求沿江行驶的船只停下接受"检查"，不然就要开火。船家们知道，只要一停下来，肯定得被狠狠打劫，但张满帆逃跑又不可能。与强盗搏斗，显然还是要吃大亏。哎，听天由命吧。

工夫不大，强盗们就抢了不少东西，一个个露出了幸福的微笑，净琢磨着晚上去哪里快活了。突然"咚"的一声号炮响，把这帮人震得一哆嗦。

只见宽阔的江面上，突然出现了数十只战船，快速向他们开过来。这些船只排列严整，旌旗招展，号炮喧天，冲在最前面的旗舰上，高挂一面大旗，上书"钦命巡抚南赣汀漳都察院左佥都御史"。旗帜之下，全副武装的十几名士兵，手持火器，簇拥着一位中年长者，此人身材瘦长，脸色发绿，胸前的长胡子很是显眼。他冷笑一声，抬手指向岸上的土匪。长者旁边的军校大喊："大胆贼人，南赣巡抚在此，尔等还不速速参拜，不然，定让你们片甲不留！"

眼看这么多战船冲了过来，船上还不知有多少士兵，带着多少武器。打劫经验丰富的强盗，立马看出巡抚旗号是真的，不敢造次。他们向其他人传递了眼色。顷刻间，刚才还不可一世的土匪们，一个个如同泄了气的皮球，呼啦啦地跪倒了一大片。这帮人一边磕头，一边还哭喊着："我们都是饥荒流民，求抚台老爷赈济活命！"

王阳明摆摆手，让船队停止前进，只派一个中军官乘小船上岸，向这些人训话："抚台大人知道你们是迫于饥寒落草为寇，只要交出抢劫的财物，此事不再追究。等大人到赣州上任后，立即安排人手救助。尔等就此解散，各回各家，等候救济。如果还要继续打劫，必将严惩不贷！"

强盗们一听，如蒙大赦一般开心，连连磕头："多谢青天大老爷，大人圣明……"他们很懂事地把抢劫来的财物整齐地摆在江边，随后很快就离开了。

看着这些人的身影渐行渐远，王阳明不由得冷笑一声。而他旁边的助手，却紧张地擦着脸上的汗水："大人，太危险了，要是他们和我们硬拼，大家伙都得死在惶恐滩前！"

原来，王阳明带领的船队中，确实有一艘，但也仅有一艘是真的战船，也就是他本尊乘坐的那艘，其他都是过路的商船临时拼凑在一起的。所有的船只都收起了商船标志，插上了军旗。由于距离较远，那些强盗也难以辨别真伪。

王阳明把身边的卫兵集合起来，一共也只有三十来人，要对付数百个土匪，肯定是螳臂当车。他们当然不能真打，只是站在唯一的战船上，敲锣打鼓，喊打喊杀，虚张声势。让那些没有见过世面的强盗以为后面还有成百上千的士兵。

"哈哈。"王阳明大笑一声，道："兵者，诡道也。我们装得这么像，这些强盗其实就是一群没有见识的饥民，怎么可能不相信？"

《三国演义》中，诸葛亮用空城计的桥段是虚构的；而在惶恐滩头，王阳明却唱了一出"新空城计"，用三十几个士兵吓跑了几百流匪。

还没有进入赣州，还没有开始剿匪，王阳明就先进行了一场演练，而且大获成功。这个机会，既是强盗们为他创造的，也是他自己争取的。作为老师，不能光指导学生"事上磨炼"，自己也得付诸行动才好嘛。

从此以后，谁还敢怀疑王阳明是一个只会用果盘枣核布阵的书生？谁还敢不信王阳明想得到的就能做得到？谁还敢预言王阳明是第二个只会纸上谈兵的赵括？

可是，身为四品巡抚，实际权力相当于二品大员的王阳明，以身犯险，玩这样的"空船计"，是不是有些不值？王阳明可不这样认为。他当然没有看过勒庞的心理学经典之作《乌合之众：大众心理研究》，但对于这些强盗的奴性，他显然有着远远超出常人的清醒判断。

成功玩了一把"空船计"，接下来，王抚台还会遇到哪些挑战呢？

三、新官之火，上任伊始就要烧

建于群山之中的赣州城，穹堂峻宇，规制壮丽。如果不是周边匪患四起，赣州城倒真是个休闲度假的好去处。王阳明显然没有旅游参观的心情，也绝不满足于只是当一个南赣巡抚。

正德十二年正月十六，王阳明甫一上任，就火速颁布了第一道命令：开仓放粮，救济灾民。这是他在赣江航船上就已经对流匪承诺过的事情。同时，他还在赣州设立了一个新的职能部门——军机处，并立即向王琼写信汇报工作，以显示自己对领导的尊敬。毕竟一笔写不出两个王字嘛。

王阳明相信孟子的性善论，知道那些良知泯灭的强盗，并非一生下来就十恶不赦，这与他们生存的环境、周遭接触的人、自身的克制能力有关。同样生活条件恶劣，人家严嵩就能中举人中进士，这些人却逐渐泯灭了人性，变成了十恶不赦的杀人机器。要想根除匪患，除了军事镇压之外，教化疏导工作也刻不容缓。

既然要打仗了，情报的搜集是非常重要的。来赣州的水路上，王阳明的手下就悄悄汇报了一则重要消息，让他对自己的剿匪行动有了更多的考虑。

到巡抚衙门上班已经有几天了，王阳明不急着分派任务，而是先了解里面的工作人员。他喜欢结交三教九流的人，也学过一些相面之术，看人也能看个大差不差。所谓"邪正看眼鼻，真假看嘴唇"。很快，他就有了自己的主意。

这天晚上，王阳明突然把衙门里的老书吏叫到内室，关切地询问近来的工作，让老人家如沐春风一般温暖。随后王阳明提高了嗓门："来人！"

难道还要打赏吗？

几个提刀的卫兵冲了进来，二话不说，就把老书吏给绑了。王阳明微微一笑："拖出去，斩！"

这画风变得有点快。老书吏自然是拼命喊冤，说自己忠于职守，天地良心可鉴。王阳明笑了："这些年你的收入不错吧？"

"衙门的薪水很少啊，养活一家老小都很吃力……"

"那你就靠向山贼提供情报，来改善生活？"

"大人冤枉啊，小人根本不认识山贼……"老书吏拼命磕头。

"抬起头来！"王阳明一双眼睛直勾勾地看着他，可把老书吏吓坏了。其实他根本不知道，这位巡抚视力不好，还没有眼镜可配。自己的眼神变化，对方是把握不住的。

"你干的事情，有人已经向我揭发了，要不要让他出来对证啊？他还交给我一份名单。想要活命，就把你知道的衙门里通贼的内奸都交代出来，越详细越好。要是让我发现跟那份名单对不上……"王阳明看着公堂下这个磕头不止的老伙计，心说人活到你这份儿上，也是非常可怜的。

"小人明白，小人马上就写！"老书吏急了。为了活命，他写名单写得那叫一个全面具体，可以说拉足了垫背的。但他不知道，所谓的揭发者根本不存在。

看着老书吏交上的名单，王阳明不由得紧皱眉头——人也太多了吧。一个人当奸细，是这个人的问题；这么多人都当奸细，制度肯定有问题。

这帮人如果都杀，得让多少个家庭妻离子散？可是，如果不杀，我的剿匪大业恐怕没有实现的机会了。以霹雳手段，行菩萨心肠，当然是这位新任巡抚的追求，但眼前的现实，让他真的是难以取舍。

清理内奸，只是王阳明工作的一个小小序幕。接下来，轰轰烈烈的三把火烧了起来。

第一把火：实行"十家牌法"。

严格说来，"十家牌法"并非王阳明的发明创造。早在商鞅变法时期，类似的保甲制度就制定出来了。大致内容是，全国的居民，五家为一伍、十家为一什，作为基层行政单位，全部要登记并编入户籍，相互监督。如果一家有罪，其他九家必须检举告发；如果不及时汇报，那么十家同罪连坐。

按今天的观念来看，保甲制度是对公民人身自由赤裸裸地剥夺与侵犯。在这种制度下，国家事实上变成了一个大监狱，公民全部成了囚犯，统治者则是牢头。一个儒家的学者，居然热衷于搞法家那一套，是在开历史倒车吗？

平心而论，商鞅实施什伍之制的目的，也许只是鉴于当时特殊的历史环境的权宜之计。但此后的中国统治者，却往往喜欢把类似的措施，当成了管理国家的常规手段。朱元璋上台后，实行了严格的里甲和路引制度，几乎彻底剥夺了百姓的迁徙自由。到了大明中后期，里甲制度有了很大松动，已经名存实亡了。然而在南赣，有人却把它当宝一样拾起来了。

早在当庐陵知县时，王阳明就实行过保甲法。在此基础上，他来了个新装升级版——十家牌法，更加严密：把每十家编成一组，称为一甲，每甲颁发一块木牌，上面写明每户成员的姓名、籍贯与职业等。每家各出一天，每天都需要有人执勤，根据木牌挨家挨户巡查，发现有可疑之人，立即报告官府予以捉拿。大家相互监督，互相制约。如果每甲中有一家隐匿山贼，其他九家连坐。

王阳明规定，必须在一个月内全面推行十家牌法。此法一实施，无疑是把辖区内变成了一座超级牢房。一向标榜人心向善的王巡抚，却把民众全部当恶人来监视，当嫌弃犯来制约。不难想象，十家牌法在实施过程中必然遭遇到了极大的抵触。善于写文章的王抚台，不得不拿起笔为自己的行为辩护。在《十家牌法告谕各府父老子弟》中，他充满深情地写道："尔众中间固多诗书礼义之家，吾亦岂忍以狡诈待尔良民。便欲防奸革弊，以保安尔良善，则又不得不然，父老子弟，其体此意。"

话都说到这份上了，谁要是不理解王大人的苦心，那就真说不过去了。

第二把火：组建新式军队。

明朝成立之初，刘基就向朱元璋建议实行军户制，利用军队实现卫所屯田，一为减轻朝廷负担，二为提高军队战斗力。起初，军户制的效果还算理想。可惜一百多年之后，承平日久，军队的战斗力大幅度下降。用现在的官军和土匪打仗，简直就等于让士兵们去送死。

王阳明知道，建立新式军队，只能依靠自己。他把任务摊派到下属各州县，让他们征召散落在民间有一技之长的"魁杰异材"——像是武打、格斗、射箭和制炮方面的高手——集中到赣州城统一训练，由王阳明亲自指挥，他们必须完全服从巡抚的命令。

这样建立起来的全新军队，军纪严明，军心齐整，战斗力得到了明显提高。三四十年之后，戚继光组织戚家军；三百多年之后，曾国藩训练湘军，用的其实都是王阳明当年的方法。

第三把火：筹集军饷。

所谓"兵马未动，粮草先行"。别以为现代战争耗费巨大，冷兵器时代的战争，成本一样高得惊人。由于没有方便快捷的运输工具，士兵主要靠两条腿长途行军，粮食和物资的消耗量是十分巨大的。

但明朝的税收是出了名地低，兵部不能拨款，问户部也要不来钱。怎么办呢？

王阳明决定向盐商摊派。

在物质生活匮乏的年代，你可以不吃胡椒、不放桂皮、不用香油，但你离不开盐。盐是和粮食同样重要的生活必需品。历代政府对盐业的控制都是非常严格的，能拿到"盐引"（盐业经营许可证）的商人，日子过得都很舒服。

以前，广东盐商只能在赣州和南安从事经营，王阳明利用自己在朝廷中的人脉，建议把广盐的销售范围扩大到辖区全境，作为交换条件，盐税也要提高一倍。同时，他将以前分散在各处的税关统一定在南安的龟尾角，并且严查偷漏税现象，一旦发现，视情节轻重，给予罚款、没收盐引或抓捕的处分。此举有打击商业积极性的可能，但作为非常时期的特殊措施，也并不为过。重要的是，王阳明掌握的军费数额确实有了很大提高，和山贼作战也就更有底气了。

三把火烧的是自己人，但最终的战火还是要烧向敌人。王阳明和手下的将校将南赣山贼的情况梳理了一遍，确定第一个下手的对象。

姓名	谢志珊	钟景 蓝天凤	高快马	池仲容	卢珂 郑志高	詹师富 温火烧	陈曰能
活动区域	横水	桶冈、左溪	乐昌	浰头	龙川	永定、大溥	大庾岭
特点	实力次强， 自封征南王	—	—	实力最强	—	—	—

这么多的土匪，当然不能同时进攻，得有先后次序。

那么，谁会是第一个吃螃蟹的人，不，第一个被吃的螃蟹呢？

四、声东击西，玩的就是阴谋

有明一代，很多文臣都表现出了卓越的军事才能，儒将成批地出现，让后人感慨良多。不过《明史》却盖棺论定似的宣布："终明之世，文臣用兵制胜，未有如守仁者也。"身为学者的王阳明，是如何展示出他的军事天赋呢？

在当年，官军打仗之前一般都要找些巫师、神汉占卜一下，以测凶吉。王阳明自己不太相信这些鬼神之说，但为了表示对传统风俗的尊重，他还是找来了两个算命先生。

"本院（王阳明自称）想要对横水、桶冈用兵，二位看一下吉凶如何啊？"

两人装模作样地忙活了半天，以证明自己的钱不是白赚的，然后严肃认真地下结论："都爷（对巡抚敬称），大吉啊，此次用兵，必将旗开得胜！"

算命的收了银子走了。王阳明看着他俩的背影消失在视线中，面无表情地问随从："知道这二人准备去哪儿吗？"

"想必是青楼、红楼之类的吧？"随从拼命想忍住笑意。天下男人的心思，还不是一样的！

"不对不对，"王阳明神秘地笑笑，"他们肯定分头向横水的谢志珊、左溪的蓝天凤通风报信去了，这样他俩又能得一笔赏钱。"

"啊，这俩半仙是卧底？……大人如何看得出来，那为何又故意把情报泄露给他们？"

"我故意放出攻打谢、蓝二人的消息，让全南赣的土匪都知道，他俩那边必然加强警戒。而我真正要攻击的目标，肯定就会疏于防备了，那我们就突然杀过去，打他个措手不及……"

"大人英明！那您真正的目标是哪里啊？"

"很快你们就知道了。"

正德十二年正月十八，初春的黑夜依旧寒冷，一阵风刮过，吹得人脸上如刀割般疼痛。福建漳州府城外的长富村内一片寂静，这里的土匪已经进入了梦乡。赣州城里的内线送来了情报，新任巡抚的军队都前往江西的横水和桶冈了，不会远道来找他们的麻烦。

天上没有月亮，地上一片漆黑，守卫寨子的匪兵们蜷着身体坐在地上，止不住地打着哈欠，焦急地等待换班的人快点过来。

不远处依稀有响动声，一个匪兵举着灯笼，想过去看个究竟。突然，一支利箭飞来，射穿了他的喉咙。

几个黑影冒了出来，三下五除二解决了门口的匪兵，随即打开了寨门。转眼之间，不知道从哪里冒出的军人，潮水般地杀进了村里。首先冲过来的是一批弓箭手，他们一顿火箭射出，整个村子就变成了一片火海。而更多的士兵手持钢刀，碰到从着火的屋子里出来的人，格杀勿论。

读者们也许会好奇，官军难道就不怕杀死女人与孩子？他们可是无辜的啊。那没办法，土匪的女人、孩子长期和丈夫生活在一起，思想和行动早就土匪化了，如果放过了他们，官军就得倒大霉。

土匪头子詹师富睡得正香呢，被外面的嘈杂声惊醒，当然很不开心。手下人来报，说是有大队的官军杀过来了。姓詹的还不愿相信这个事实——官军不是去攻打横水和桶冈了吗，他们怎么会出现在这里？

声东击西，不过是兵法上很常见的招数。为了得到理想效果，王阳明特意把情报泄露给了充当间谍的算命先生，而智商欠费的詹师富，就这么轻易相信了。

山贼是一个需要高智商的高危行业，头脑太单纯、想问题太简单的人，只会被玩得很惨，哭都没地方哭。詹师富一边跑，一边无奈地抱怨：这个王阳明，也太不光明磊落，内心也太黑暗了吧！

骂归骂，再不逃跑恐怕命都保不住了。詹师富已经顾不得手下弟兄的安危，带着一小队随从，打马从一片火海中冲了出去，向象湖山方向逃跑。

主帅都跑了，剩下的乌合之众还有什么战斗力，被赶得四处乱跑。个别放下武器投降的也被当场杀死，只因官军需要按人头来领赏。大火四处蔓延，照亮了一张张因为恐惧而变形的脸。地下血流成河，来不及逃跑的土匪通通被杀掉。

天色亮了起来，喊杀声趋于平静。王阳明也赶到了长富村，部将统计战果，合计杀死四百三十二人（人头为证），烧毁房屋四百余间，官军损失也不小——六人！

附近福建和广东两省的军队听说王抚台打了胜仗，也想赶紧锦上添花，分一点功劳。不过他们运气不好，都指挥覃桓和县丞纪镛都不幸阵亡了。

为了给死者报仇（当然更重要的是收割胜利果实），各路人马集合在象湖山下，准备合围詹师富。可就在这里，他们遇到了一个比土匪更可怕的对手，那就是山里恶劣的地形。连续攻打了近十天，官军损失了不少人马，却还是没有任何进展。参与围剿的各路将领都感到相当沮丧，更担心自己步覃桓的后尘，于是纷纷向王阳明建议退兵，并且征调狼兵，等到秋天再来攻打。

群众的意见，身为总指挥的王阳明当然不能不考虑，他又不可能亲自披挂上阵，仗还得靠这些人来打。于是，王阳明下令撤军到离此地一百七十里的上杭，再做打算。

听说官军准备撤退，老江湖詹师富不放心，派出几批探报前去打听，返回来的信息都是：官军已经撤走了。老詹经过反复求证，确认情报无误后非常高兴，传令大摆宴席，好好安慰一下紧张了多日的众位弟兄。

二月十九日晚，白天酒喝得有些多，正在帅帐中熟睡的詹师富，又被一阵猛烈的喊杀声惊醒。他揉着睡意蒙眬的双眼，还没来得及喘口气，就听到帐外有人高喊："大事不好，官军又，又……杀过来了！"

这个"又"字用得很传神，又一次坐实了老大的蠢货属性。

"有多少人？"

"太多了，看样子至少……至少上万吧，大帅您快点跑吧。"

天啊，这是要做什么啊，詹师富脆弱的心肝又剧烈颤抖了。已经没有退路了，今天，不是你死，就是我亡！只听他大喊一声："弟兄们，不要惊慌，抄家伙，跟他们拼了！"

难怪詹师富要生气，这个姓王的，说得好好的撤军，谁知从哪里又钻出来了。

王阳明说撤军，不过是让一部分老弱伤兵伪装成主力，把所有的旗帜都打了出来，前后延伸出好几里，看起来是在大规模撤退。实际上主力都化整为零，隐藏在象湖山四周。

这天晚上，王阳明得到从象湖山返回的信息，贼兵已经疏于防备，正是总攻的最好机会。

他告诉身边的将领："建功立业，在此一举，今天晚上，就看你们的了！"

官军兵分三路杀到象湖山，看守山门的贼兵完全没有心理准备。但仗着地势的便利，他们一边用滚木巨石拼死抵抗，一边火速向詹师富汇报。

一边是有重赏刺激的官军，一边是没有退路可走的山贼，双方在狭窄的空间内展开了殊死搏斗。浓烈的尘烟遮蔽了天空，刺耳的喊杀声在空旷的山谷中格外刺耳。贼兵虽然人多，战斗能力上还是存在明显差距，求胜欲望更是无法与官军相比。他们希望的是能保住性命，回去和老婆孩子过日子；而官军想的却是，多砍一个脑袋，就能多一份奖励，多占一个山洞，就能多一份荣耀。

刀剑无情。越是把生死放在一边的人，往往越能安然无恙；而过于看重生命的，却缩手缩脚、意志薄弱，最终丢掉了性命。土匪们开始还能抵抗一阵，随着时间的推进，他们完全失去了还手能力，被追得在悬崖峭壁之间拼命逃窜，踩踏致死和跌下山崖送命的人比死在官兵刀下的还多。

王阳明并不在场，如果他看到，这一个个鲜活的生命片刻间变成了冰冷的尸体，八成会唠叨一句：卿本好人，奈何做贼？

踏着一排排的山贼尸体，官军一路杀向大寨，将还在垂死挣扎的詹师富、温火烧等人团团包围。这些土匪头子可不是那些头脑简单的小山贼，他们知道再继续抵抗只有死路一条，于是都主动放下了武器。

战斗顺利结束了，这一战直接斩首两千六百多人（有砍下的脑袋为证）；间接死亡的土匪有近五千人；俘虏一千五百多人；而官军只死了三十二人。

更让人无法相信的是，官军清查战利品，发现詹师富大寨中只有三十二两四钱八分银子和一百四十二文铜钱（统计得如此精确，正好说明了老詹的贫困），想想那死去的七千多土匪，跟着这样的老大，守着这样的家底，能有什么样的前途？更何况这点银子，肯定还不会分给你们。

当卫兵把詹师富和温火烧等匪首带进大帐时，王阳明确认这就是漳南匪患的首领。那几个家伙也机灵，不失时机地叫嚷："都爷饶命，我等愿戴罪立功，给您打头阵！"

态度还挺诚恳啊，王大人将如何回应呢？

五、一则文告，可抵十万雄兵

在王阳明的大帐中，几个匪首一个劲地求饶。而王阳明的回应，却让身边的人有点难以理解。

他二话不说，把令箭往地上一扔："拉出去，砍了！"

这样的土匪，让他们多活一天，都会制造新的麻烦。以为投降就能活命，早干什么去了？投降不过是他们的缓兵之计，还想找机会逃跑，岂能给他们机会？

俗话说，远交近攻。赣州距漳州将近八百里，这比到南昌的距离还远。谁也没有想到，王抚台偏偏会拿离自己最远的詹师富下手。

王阳明有自己的考虑：其他山贼势力彼此接近，唇亡齿寒，只有这姓詹的自成一体，还个性独立不爱抱团。先收拾他，别的土匪是不会也不好帮忙的；但打掉他，对其他势力无疑是一种震慑。

收拾了詹师富，各地官军乘胜追击，占领了长富村、水竹和大重坑等几十处据点。从此，为害漳南十余年的匪患，在两个多月内基本上被清除干净。这样的结果，怎能不让当地百姓兴奋、让朝廷有面子、让王阳明欣慰呢？

但他心里也非常清楚，辖区内七大匪患才消灭了一支，以后的路会更难走，以后的对手会更难对付。而且，他们已经从詹师富的悲惨下场中吸取了教训，肯定会多长一个心眼，不能像姓詹的那样轻易被人玩死。

这一年又是会试之年。京城传来好消息。王阳明的弟子蔡宗兖、许相卿、季本、薛侃和陆澄，以及后来入室的聂豹、郑洛书和舒芬都高中进士。开心之余，王老师两次去信表示祝贺。

不过，好消息总是伴随着坏消息。一个人的离世，让王阳明心痛不已，说一下子老了十岁，绝对也不夸张。因此，军事行动也暂停了下来。

南赣汀漳各地的土匪头子们，战战兢兢地过了几十天，也没见王抚台的大军杀到。到了五月，他们反而陆续收到了新任巡抚差人送来的丰盛礼物：美酒佳肴、牛羊布匹。这帮人一边清点东西一边纳闷，姓王的这是玩哪出啊？

随礼物送来的，还有一封王阳明的亲笔信，这就是史上著名的《告谕浰头巢贼》。这是明着把池仲容团伙当成打击对象吗？考虑到王抚台一贯的指哪儿不打哪儿战术，浰头的土匪们，反而能多睡几天安稳觉了。

白话文读起来永远没有文言文那样精彩和传神，但为了让各位读者阅读方便，我还是学学雷锋，再当一次翻译吧：

首先一上来，王阳明强调了自己过去用兵的成果，对自己未来的对手们进行恐吓，让他们认清形势：

> 本院巡抚南赣，以弭盗安民为自己的责任。我刚一到任，就听说你们长年抢劫宁静乡村，杀害善良百姓，被你们所害的来本院这儿告你们的人，一个月里就没有哪天断过。我本来想马上征调大军来剿灭你们，因为要去福建收拾詹师富等漳寇，我就想着先消灭了他们，再顺便回师荡平你们的巢穴。后来因为漳寇被平定后，斩获山贼人数有七千六百多，我一调查才知道，首恶之贼不过才四五十人，他们的死党也不过才四千余人，其余的都是一时被胁迫，（弄清楚后，我的）心中感到非常难过。因此我想，在你们的匪巢之中，怎么可能没有被胁迫的好人？而且我听说，你们中很多人是大家子弟，其中肯定有不少是能认清形势、通晓事理的。自打我到南赣，从来没有派一个人来抚谕你们，怎么能贸然出兵围剿，这相当于不警告就处死，（若真如此）我早晚会后悔的。因此我现在特意派人告诉你们，不要觉得自己的兵力还算强大，不要觉得你们的巢穴有险可守，比你们实力更强大的，拥有的地势比你们更险要的土匪，现在都被我一网打尽了，难道你们没有听闻吗？

随后，王大人自然是运用自己的心学知识，对这些人进行说服教育：

> 现在大家都感到羞耻的，莫过于被人称为盗贼；现在大家都一致痛恨的，莫过于遭受打劫之苦。现在有人骂你们是强盗，你们听到之后也必然会发怒。那你们又怎能既讨厌强盗的名号，又实行强盗的行为呢？再说，如果有人要烧毁你家的房子，抢劫你家的财物，凌辱你的妻子和女儿，你一定会仇恨切骨，即使付出生命代价也要报仇雪恨。既然这样，你们这么对待别人，别人能不痛恨你们吗？是人都会有这样的想

法，偏偏你们不明白；你们一定要这么做，这中间肯定有迫不得已的原因，要么是被官府所迫，要么是被大户所逼，因为一念之差，不小心误入歧途，进去了就不敢出来。这样痛苦的心情，确实也值得怜悯。但这也是因为你们悔悟得不彻底。你们当初去做山贼时，算得上是生人寻死路，尚且是想去就去；现在叫你们改恶从善，你们反而不敢了，这是什么原因？如果你们肯像当初落草时那样，果断地拼死逃脱出来，从此改恶从善，我们官府哪里有杀你们的必要？你们太长时间沾染恶毒的习气，把杀人不当回事，心里充满猜疑。怎么会知道我怀抱上人之心，即使是无故杀一只鸡一条狗，都不会忍心；更何况人命关天，如果轻易杀之，冥冥之中，一定会有报应，并且祸及子孙，何苦一定要这么做呢？每次我一想到你们的事，经常到半夜都无法安睡，无非想为你们寻找一条生路。如果你们还是冥顽不化，我只能迫不得已出兵围剿了。这样一来，就不是我要杀你们，而是老天要让你们灭亡。现在我说我根本没有杀你们的心思，肯定是在骗你们；但如果说我一定要杀了你们才罢手，那绝不是我的本意。你们今天虽然作恶，一开始也都是朝廷的良民；如同一对父母生了十个孩子，八个是好人，两个作恶，要害那八个。做父母的，肯定想着要除掉那两个，这样其他八个才能安生；都是一母所生，父母之心天可怜见，怎么可能执意除掉两个孩子呢，这是不得已而为之啊。我对你们的态度，跟这对父母是一样的。如果这两个坏儿子一旦改恶从善，哭着承认过错，当父母的一定会怜悯并继续养育他们。为什么呢？不忍心杀自己的孩子，这是天下父母的本心。现在能顺应本心，是多么幸运多么值得高兴的事情啊。我对你们的态度，同样如此。

我听说你们当山贼当得很辛苦，但能得到的却很少，你们中甚至有正常吃穿都无法保证的。为什么不能用做山贼的辛劳与付出，用来种地，用来做生意？这样你们就可以发家致富，能够安享生活。你们就可以按自己的心愿生活，在城市之中自由地工作，在郊野之中悠闲地游玩。哪里需要像现在一样，天天担惊受怕，出门害怕官府捉拿，害怕仇人报复；在家又担心官府攻击围剿，整天隐藏自己的行踪，终生都担惊受怕；最后还是免不了被杀，家庭破灭，妻子儿女也跟着倒霉，这究竟有什么好的？

最后，王阳明为土匪们指出一条光明前程，暗示这是他们最后的机会：

> 你们要好好思量，如果能听我的话改恶从善，我就会像对待良民一样对待你们，像安抚初生婴儿一样安抚你们，更不会追究你们以往的罪行。就像叶芳、梅南春、王受、谢钺等人，我今天一概把他们看作良民，你们难道没有听说吗？如果你们已经习惯当山贼，难以改正，也随你们的便。不过，我会从南边调集两广的狼兵，从西面调来两湖的勇士，亲自率领大军围攻你们的巢穴，一年灭不了你们，我第二年接着打；两年灭不了你们，我第三年继续攻。你们的财力有限，而我的士兵和粮草是无穷尽的，就算你们都长了翅膀，谅你们也不能飞到天地之外吧。
>
> 我好难过啊！我有必要非杀你们不可吗？你们一定要伤害我管辖的良民，让他们寒冷的时候没有衣服穿，饥饿的时候没有食物吃，平日茅草屋都没得住，想耕地却没有耕牛，他们父母双亡，妻离子散。我要是叫他们躲着你们吧，那他们的田地都得被你们侵占光，他们已经躲得没地方可躲了。我要是叫他们贿赂你们吧，那他们的家产肯定会被你们掠夺干净，之后想贿赂都拿不出钱财了。如果你们站在我的立场上，也一定会想办法把你们杀光而后快。我现在特意派人安抚你们，赐给你们耕牛、好酒、银两和布匹，而你们的妻子儿女，及其他亲朋好友，我不能及时通知，你们要代为转达：你们要好自为之，不要做傻事，我该说的都说了，该做的都做了。如果你们还是听不进去，不接受我的建议，那就不是我辜负你们，是你们辜负我，我也没有什么好遗憾的了。难受啊！每一个民众都是我的同胞，你们也都是我的好孩子，一想到我最终不能抚恤你们，反而要杀掉你们，我心里就痛得不得了！写到这里，我实在写不下去了，泪水把稿纸全打湿了……

看到王阳明的告示，卢珂、郑志高、黄金巢和叶芳等伙计当场就感动得流泪了。这么多年，官军从来不把我们当人看，随时想要把我们斩尽杀绝。现在，有这么一个充满人性关怀的好领导，有这么一个改邪归正、弃暗投明的好机会，那还等什么啊。

投降不是你想投就投的，得纳投名状。王阳明给卢珂、郑志高分派了一桩任务，攻打大庾岭，消灭陈曰能。此举显然有一箭双雕之意：如果卢、郑二人是假投降，一旦二人和陈曰能开战，其他土匪也都容不下他们，在土匪界的名声也就坏了；如果二人打不过陈曰能，甚至被杀掉，也算是借刀杀人，替自己除去一患。

卢、郑二人很争气，顺利捕杀了陈曰能，为官府除去了一个重要目标。王阳明重重赏赐了他俩，并把这个喜讯满世界散布。这俩哥们算是整明白了：他们已经成为土匪界的公敌，只有死心塌地跟着朝廷混了。

不久之后，乐昌的高快马也被昔日好伙伴快马杀到，快速解决了。

再说点题外话。王阳明的公历生日是10月31日。1517年的这一天，他正好四十五周岁。当然，王阳明不知道什么公历，不会在这一天庆生，更不会知道，远隔万里之外，在欧洲大陆上的维滕贝格教堂门前，一位年仅三十四岁的神父，在当天贴出自己的一篇檄文，拉开了欧洲宗教改革的序幕。

这篇檄文就是著名的《关于赎罪券效能的辩论》（又名《九十五条论纲》），这位神父叫马丁·路德。

四年之后，阳明心学正式出台；再过十二年，马丁·路德创办了基督教新教路德宗。

阴明心学对在明朝占统治地位的程朱理学形成了强劲的冲击，对明朝中后期社会经济和文化的发展产生了重要影响。而由马丁·路德开启的宗教改革，冲垮了天主教的精神束缚，促进了思想解放和信仰自由，推动了欧洲近代国家的形成。二人没有任何交集，但他们努力的方向、承受的压力、遭到的诋毁等，却有不少相似之处。

暂时没有战事时，王阳明可一点没闲着，军队照样操练。同时，军队编制也进行了改革。王阳明规定：

二十五人编为一伍，负责人称小甲；两甲（五十人）编成一队，负责人称总甲；四队（二百人）编成一哨，由哨长一人、协哨二人负责；两哨（四百人）编成一营，由营官一人、参谋二人负责；三营（一千二百人）为一阵，由偏将指挥；两阵（二千四百人）为一军，由一个副将统领。偏将和副将不固定，由巡抚根据情况安排。

小甲从所在伍的士兵中挑选，总甲从小甲中挑选，哨长从千百户义官中挑选。

层层授权。上一级军官，有权处置下一级。副将可以处罚偏将，偏将可以处罚营官，营官可以处罚哨长，哨长可以处罚总甲，总甲可以处罚小甲，小甲可以处罚士兵。这样一来，为了获得升迁机会，人人必定作战勇敢、义无反顾。

王阳明还把"十家牌法"的经验用于管理士兵，每伍发一牌，把所有士兵的名字写在上面，称为伍符。每队、每哨、每营都要做两个号牌，一个归相应的统领掌握，另一个由王阳明收藏，调派军队的时候，都要根据号牌行事，严防混进奸细。

王阳明还向兵部上书，要求得到赏罚令。士兵临阵退缩的，领兵官在阵前就可将其砍头；领兵官不听命令的，总兵官可以立即将其斩首。在战场上立功的，无论职位大小尊卑，一律按功封赏。

王阳明发挥了他强大的说服能力，请求兵部领导发令牌令旗："盗贼之日炽，由于招抚之太滥；招抚之太滥，由于兵力之不足；兵力之不足，由于赏罚之不行；……特假臣等令旗令牌，使得便宜行事。"

同时，还建议在南靖漳浦一带增设一个县，并建立巡检司，维护地方治安。

王阳明的书信传到了兵部，那些当领导的几乎个个直摇头：这姓王的胆也太大了，一个文官要什么令牌，难道是想为造反打基础吗？只有一个人例外，他点头，这事就这么通过了。Why（为什么）？

因为这个人叫王琼，王阳明就是他推荐的。你们不信任他，就是不信任我老人家嘛。人家要令牌是有道理的，给！此外，朝廷同意了王阳明的设县请求，并赐名清平。

有了令牌在手，王阳明就把军队牢牢控制住了，而那些还活着的山贼们，却要整天提心吊胆，生怕哪天王抚台突然打过来。但是，他们不清楚，谁会中这个头彩。每个匪首的头顶，都悬挂了一把达摩克利斯之剑，随时可能会掉下来，给他们来个销魂一击。

有的时候，不打你比打你更能让你恐惧。就在十月初，朝廷对平定漳州匪患的奖赏下来了。王阳明一看文件，忍不住笑出声来。

六、知己知彼，才能玩出各个击破

收到平漳州乱的嘉奖令，王阳明开心地笑了。朝廷的赏赐是"升俸一级，赏银二十两，绛丝二表里。"这真的不是打发叫花子吗？没办法。不想要都不行，不要就是不给领导面子！

话说回来，王阳明这次要收拾哪个匪首？

每一个成功的匪首，自然都有耀眼的成功履历。他们平凡土气的外表下面，通常都有一颗不安分的心，都有渴望改变命运的强烈愿景。而成不了大器的强盗，往往都缺少长远规划，得过且过。

谢志珊从来不是那种小富则安的混混，而是一个有长远追求的山贼。他知道自己的选择意味着什么，也愿意为此承担相应的责任。他的偶像就是《水浒传》的男一号宋江。老谢自称"征南王"，广结义士，收买人心，把大量对朝廷不满的人聚集在自己身边。

为了攻占横水、彻底灭了谢志珊，王阳明精心安排了十路人马，听起来气势凶猛，其实每队也就一千人上下。十月初七夜里，大军从赣州启程。本着一贯的声东击西、指哪儿不打哪儿的宗旨，王阳明让人放出秘密消息：他们要去攻打桶冈。桶冈匪首得到消息，自然是紧张得不得了。

十月初九，大军行至南康。王阳明突然接到一封举报信，说是义官（不拿朝廷俸禄的编外官吏）李正岩、医官刘福泰通匪。

王阳明已经多次清理内贼了，但谢志珊依然可以在南赣巡抚衙门安插细作，充分说明了他的间谍操作水平不是一般地高。说不定哪天，王阳明的卫队里都能混进来奸细，随时都可以开展暗杀，那后果可不堪设想了。

王阳明立即命令把李、刘两人抓来，给他们展示了这封举报信。这俩哥们赶紧替自己辩解。王阳明根本不听，直接就命刀斧手推他俩出去砍了。两人急忙拼命磕头，一把鼻涕一把泪地诅咒发誓，说自己是被冤枉的。

看着二人这么可怜，看到他们为了活命连尊严都不要的卑微狼狈样，王阳明把俩伙计狠狠训斥了一顿，要他们戴罪立功。

晚上，两人再次来到帅营，并且带来了第三个人。那一晚上，大帐的灯直到深夜才熄灭，而已经进入梦乡的谢志珊做梦也不会想到，这四个人做的事情，都和自己有关。

听说王阳明把大军都派遣出去打桶冈了，谢志珊即便担心这位爷"诡计多端"，还是松了一口气。毕竟桶冈和横水还有好长一段距离，不是说来就能来的。

再说了，谢志珊对自己的地盘非常自信。他的营寨，布置得就跟迷宫似的，外面的人进来容易，出去可就太难了。大营里面遍布各种机关，什么铁蒺藜阵、石灰坑之类的一应俱全，一次来几千人都不愁没地方埋。

土匪们整天处于王阳明的阴影之下，干什么都提不起精神。好不容易有机会可以放松一下。

可万万没有想到，十月十二日，官军就杀到了横水大寨之前。原来，打着旗帜、浩浩荡荡杀向桶冈的部队只是偏师，真正的主力都化整为零，悄悄摸到横水来了。

全副武装的官军，手执钢刀长矛，在火铳的掩护下，向寨子发动了猛烈进攻。让人吃惊的是，他们选择的路线似乎都是精心设计的，几乎避开了所有危险地段，没有多少减员。很快，官军就突破了几道关卡，直扑谢志珊的大帐了。到了这个时候，还要血战到底吗？这位"征南王"看着遍地的尸体，听着四处"活捉谢志珊！"的喊杀声，做出了一个最明智的选择。

他带着一小队人马，直向桶冈方向逃去。

号称固若金汤的横水大寨就这样被攻破了。王阳明把那天晚上来到他大帐的三个人又叫了进来，给了一点小小的赏赐。没办法，打了那么大胜仗，朝廷才给二十两银子，能不节约着花吗？

李正岩和刘福泰带来的人，原来是个木匠。横水的栅寨，正是他参与设计的。

这个看起来老实巴交的木匠张保有着很好的记忆力。他为了保住性命，画地图得特别认真，什么地方是哪个匪首的卧室，什么地方有安全通道，什么地方埋了什么机关，什么地方有什么标记，如何进山，如何出山，都画得清清楚楚，明明白白。即便是没读过书的大老粗，拿着这张图也不会掉坑里去。

鉴于当时的条件，王阳明没法给每个士兵都复印一份装身上，只能让文书描画出数十份，交给领兵的队长，让他们在指挥士兵时使用。即使是这样，还是有个别脑子不好使的官军不小心中了机关，被永远埋在了地下。这也是相当无奈的事情，打仗没有不死人的。挺过来了是你的命硬，挺不过来是你的宿命。

蓝天凤不是谢志珊，可以说是胸无大志，没有什么长远规划，做一天和尚撞一天钟，做一天土匪打一天劫。不过，他的地盘挺不错，"桶冈"的名不是白叫的。它从外面看，确实就像个大木桶，四周高崖耸立，万夫莫开；中间树木茂盛，气候宜人，实在是夏天纳凉避暑、冬天生火烧烤的绝佳场所。

桶冈山贼们在蓝天凤的带领下，不向朝廷要政策，只给地方添麻烦。他们结合当地自然条件，种植了多种谷物和经济作物。甚至有人推测，就算官军封锁十年，这些人都饿不死。何况人家又不只是埋头建设，还时不时跑出去破坏。

搁二十一世纪，收拾桶冈太easy了，不就是派轰炸机上去丢几轮炸弹的事吗？但在十六世纪初，却只能让士兵架设绳梯，顺着悬崖绝壁往上爬，分分钟有掉下去的危险。而且，只要一被顶上的匪徒发现，扔点石头、滚木什么的下来，后果真是不堪设想啊。

王阳明的军队到了桶冈附近。和往常一样，他并不想直接进攻，而是派出使者前去招降，希望不靠武力解决问题。只要他们三日后集结好队伍放下兵器统一投降，就担保他们的安全。

对于谢志珊的到来，蓝天凤打心眼里不欢迎。我的地盘我做主，你带着一大票人来，白吃白喝不算，搞不好发动个突袭什么的，我这么多年的辛苦不是白费了？积攒多年的财富不都归你了？可是，要我杀了谢志珊，我还真拿不出这魄力，毕竟更大的敌人姓王的还在盯着我们不放……

对于王阳明的招降，谢志珊与蓝天凤也产生了争执。蓝天凤对受降条件有些动心，不就是继续当我的桶冈之王，继续吃香的喝辣的吗？谢志珊却是坚决不同意，要和官军血战到底。蓝天凤可不乐意了：这真是站着说话不腰疼啊，你要顽抗到底，在自己的地盘上去血战啊，跑我这来捣什么乱？我辛辛苦苦几十年，好不容易攒下了这么点家当，经得住你破坏吗？

不知不觉之间，时间来到了十一月初。

这一天，两个土匪头子依旧在营帐里吵得不可开交，外面却是人声喧哗不止。蓝天凤急忙令人去查看。工夫不大，一个哨兵跑了进来，说话声都带着哭腔了："报……报告大帅，外面有好……好多的官军，我们被包围了！"

蓝天凤猛地站了起来，恶狠狠地瞪着谢志珊。谢志珊急忙解释："这不关我的事。"

"不关你的事？不是你把他们领来，他们能找得着地方吗？不是你嚷嚷着要对抗到底，我们早就投降了，人家会打我们吗？不如……不如我拿你的脑袋去当见面礼算了！"

蓝天凤拔出腰刀，就要砍谢志珊，后者的手下急忙上前抵挡。外面的喊杀声越来越近，里面两拨人却打得难解难分。还是谢志珊有经验，他卖了个破绽，告诉手下弟兄："再不跑，就跑不出去了！"

这么易守难攻的峭壁，官军是怎么爬过来的？俗话说，凡是钱能解决的问题，就根本算不上问题。官军收买了两处关口的土匪，以夜色做掩护，相当低调地就摸进来了。

谢志珊带着自己的弟兄拼命逃跑，而蓝天凤的士兵们却一批批地放下武器。不过，他们得到的不是热情的鼓励与真诚的问候，而是更快速有效的屠杀。原来官兵收到的命令是：敢不投降的格杀勿论，敢于投降的照样杀掉。横竖都是死，按理说被逼上绝路的土匪应该迸发出巨大能量，应该玩命反抗才对。可惜的是，他们的胆子已经被吓破了，除了到处乱跑，就是继续投降。明明知道投降了也要死，他们却完全没有反抗的勇气。

官军们一边辛苦地割着脑袋，一边无奈地连连叹息：山贼这种职业，真的需要很高的职业技能和心理素质啊，不然就和这些死人一样……

辛苦经营多年的桶冈被毁得一片狼藉，跟随自己多年的弟兄被杀得一塌糊涂，蓝天凤的小心肝颤抖不止。他恨谢志珊惹来麻烦，恨王阳明不守承诺，更恨自己过于善良，轻易上当受骗。世界如此险恶，我却如此脆弱。

突然之间，蓝天凤开心地笑了起来。你们不就是想割老子的人头换赏银吗？没门，老子这回就玩死你们！他精心挑选了一处绝壁，准备头朝下跳下去，当场摔他个脑浆迸裂——看你姓王的怎么割我的首级，怎么向朝廷请功，哈哈哈哈！

蓝天凤知行合一，说干就干，不让生命留下遗憾。不过不走运的是，在下落过程中，他居然撞到了山上的树枝，由于缓冲了一下，他摔死时脑袋还是完整的，当然也逃不脱被割掉邀功的下场。衰人就是衰人，连这么点小心思，老天都不肯成全你。

谢志珊拼命冲杀想突围出去，但显然无法如愿。被捕后，他被人认了出来，又被押到了王阳明帐内。

谢志珊一表人才、谈吐不凡，王阳明真想把他留在自己身边。可根据自己的相人术，他又果断地放弃了：这个人非杀不可。

近三百五十年之后，当曾国藩抓住太平天国忠王李秀成的时候，一定也有这种矛盾的心理。谢志珊倒是个汉子，坦然受刑，一如后来的李秀成。临刑前，王阳明突然想到了什么，就问他："你不过是一个平民，为什么能聚拢这么多人马？"

这是要向死人取经啊。

谢志珊倒也实诚："笼络人才是非常困难的事。不过我喜欢结交江湖好汉。碰上自己欣赏的，就决不轻易放过，一定要想办法让他跟我走。如果他喜欢喝酒，我就多陪他喝；如果他家里有困难，我就慷慨救济。等到这些人感激我的时候，我就说出实情，他们也就乐意跟随我了。"

真阴险！不过仔细想想，水泊梁山的"及时雨"宋江，着数不也和他差不多吗？但仔细想想，你追求心仪的女生，不也得投其所好、慷慨解囊吗？类似的事情，你们做了是智谋，人家做怎么能说是阴谋呢？

后来，王阳明给自己的学生讲谢志珊的故事时，不禁感慨道：我们读书人一生交友的方式又有何异呢？

付出真心，才能得到真心。强盗都知道的事情，我们正派人又为什么做不好呢？把剿匪进行到底，就是对当地百姓最大的善事，就是最好的真心。

王阳明让手下盘点胜利成果。共计捣毁巢穴八十余处；擒斩匪首谢志珊、蓝天凤等八十六人；从贼首级三千一百六十八颗；俘获贼属二千三百三十六口；夺回被掳民众八十三口；牛马骡六百零八只匹；赃仗二千一百三十一件；金银一百一十三两八钱一分。

随后，王阳明向朝廷上了《横水桶冈捷音疏》和《立崇义县治疏》，详细汇报了战果，并建议在横水、桶冈附近设立新县崇义，并设茶寮隘及上堡、铅厂和长龙三个巡检司。

王阳明在崇义县刻立的平茶寮碑，历经五百余年的风风雨雨，至今依然保存完好，并成了著名旅游景点。

打了大胜仗之后，众将士天天盼着奖赏。可惜这一次，朝廷只是口头表彰，一两银子都没赏。

王阳明只好继续勉励大家：我们剿匪是为了一方百姓，并非为了赏银。再说了，朝廷也有难处，不是吗？我们还是要剿匪到底。

下一个轮到谁？好像已经没得挑了。

七、擒贼先擒王，自然事半功倍

眼看着昔日同行一个个地被王阳明送到了另一个世界，还在人间的池仲容更加寂寞，也更加恐惧。他本来就不年轻的面容越来越憔悴，本来就不浓密的头发越来越稀少，他本就不沉稳、冷静，现在更是一天天地抓狂。现在，他都"手不释剑"了。

生存，还是死亡，是他必须思索的问题。

浰头向何处去，上千弟兄的未来在哪里，是他这个当领导的必须直面的挑战。

王阳明的《告谕浰头巢贼》就放在案头，池仲容仔细地看过每一行字。但对于招安，他总是将信将疑，朝廷真的放心自己的投降吗？有了刀枪，就有了与朝廷叫板、讨价还价的资格；放下武器，岂不是变成了案板上的鱼，屠宰场中的羔羊？

但是，如果不投降，自己能撑到什么时候？

以前，南赣巡抚总是要同时对付五六伙山贼，常常顾此失彼，应付不过来。现在，其他同行已经被王阳明一一扫平，人家可以把全部精力都用在我一个人身上了。

这个姓王的，到底有什么神通？别人都做不成的事，他做起来怎么就跟作诗一样容易？

为了拖延时间，池仲容让弟弟池仲安先去探路，带几百人到王阳明那里投降。这个实诚的孩子一接到命令，当时就跪了下来，抱住大哥的大腿放声大哭。王阳明是什么人？那是人精，你眨眨眼睛，他都能猜到你想什么。跟他玩心眼，想想都怕。

池仲容安慰弟弟说："放心，放心，王守仁不会滥杀无辜的。咱们大寨这几千弟兄，可都全靠你了。你过去打探清楚，如果归顺真的可以免死，兄弟们就投降，也没什么丢人的嘛。"潜台词就是：要是王抚台砍了你，哥哥会为你报仇的！

没有办法，池仲安擦干了眼泪，写好了遗书，跟老婆孩子见了最后一面，头也不回地上路了。他心里合计：我还能活几天呢？

不过，一进赣州的巡抚官署，池仲安就变成了另外一个人，悬着的心完全放了下来。王阳明派人热情地迎接他，好酒好肉地招待，还领着他出入当地的高档会所。困守在山沟沟里多年的池仲安，这次才算是真正地享受了一回城市文化的熏陶。这里的天空真蓝空气真清新；这里的肉真爽口，酒真好喝；这里的娱乐真棒服务真到位；这里的妹子真美，皮肤真白皙……我一定要说服大哥早点投降，过来跟我一起享受城市里的美好生活。

过了两天，池仲安再一次去拜见王阳明，刚走到巡抚衙门外面，只见一帮卫士当街放倒了一个人，狠狠地抽他的屁股，打得那叫一个惨啊，鲜血直流。池仲安上前一看，高兴得差点没跳起来。

原来挨打的不是别人，正是池仲容的死对头卢珂。

卢珂的造反意志很不坚定，当初收到王阳明的劝降信后，立马收拾东西投降，在南赣汀漳山贼圈内造成了很恶劣的影响；他又喜欢挑拨离间，不断在王阳明面前说池仲容兄弟的坏话，说他们是假投降，还把池仲容以"金龙霸王"的名义给各地土匪的封赏令搜集了不少，送给王抚台作为证据。

到了府内，王阳明一看池仲安的表情，就知道刚才发生了什么。他招待小池喝茶，故意不提卢珂的事情。小池心里根本装不住事，就好奇地问王抚台卢珂究竟犯了什么事。

"他啊，造谣惑众，本院不得不略施惩戒。提他干什么？来，喝茶！"

池仲安这个高兴啊，老王这棍子，就是替我们兄弟打的嘛。不行，我得马上通知大哥，让他尽早来团聚！

池仲容收到弟弟的秘信，也觉得是时候投降，但以他多年行走江湖的经验，觉得还是不能不防。老池精心挑选了九十三名亲信陪同自己前往赣州。

这些人都是跟随他多年的老土匪，一个个功夫出众，下手更是凶狠毒辣，而且最最重要的是，他们只服从一个人的指挥。

池仲容一伙人来到了赣州城下。他先不急着进城，而是安排了三个手下，让他们代表自己去拜见王抚台。这个土匪头子想得很清楚；如果三人有什么不测，他带着弟兄们跑路就是了。王阳明也不生气，热情地招待了这三个喽啰，并送了一大堆东西。三人都被王阳明的真诚打动了，回去都成了义务说客。

三个下属的极力劝说还真让池仲容打消了不少顾虑。他是一个非常自负的人，相信身边跟的这九十三人足够把整个赣州城搞个底朝天，不怕王阳明玩什么花样。"不入虎穴，焉得虎子"，自己已经是大风大浪里闯荡几十年的老江湖了，就算赣州是刀山火海，走一次又有何妨呢？

已经接近年底，加上这一年剿匪工作取得了突破性进展，赣州城里处处充满着节日的喜庆气氛。主干道都清扫得非常干净，沿街的商铺也都装饰一新，市民们的脸上洋溢着朴实的笑容。池仲容及其随从，也很快被这种欢快情绪感染了。他们是土匪，可是一样渴望平和吉祥，而不是天天处于紧张之中。

在热情友好的气氛中，王阳明亲手扶起了下跪磕头的池仲容，并与他亲切交谈，家长里短地聊了起来。当得知老池的随从有九十多人时，王抚台马上吩咐，一定要挑宽敞舒适的住处招待这些远道而来、弃暗投明的英雄。下属说，祥符宫有很多空房间，正好可以留给他们。

这天是闰十二月二十三，正好是中国北方传统的小年。池仲容一伙人在祥符宫安顿好之后，就由向导领着在赣州城里四处闲逛。所到之处，都是一派张灯结彩喜迎新年的欢乐景象。池仲容还看到不少士兵背着行李出城，显然是准备回老家探亲的。他心中暗喜，能打仗的都回去了，我们这九十四人，不就可以称王称霸，想怎么玩就怎么玩了嘛。

一行人回到寺院，王阳明派来的士兵不一会儿也到了，并给池仲容的所有随从发放了一套全新的长袍和油靴，说是新年风俗；随后又拿来了全新的布帛。这些随从看了眼红，居然争抢起来，让池仲容非常恼火，不得不到王抚台府上谢罪。

王阳明早就知道这事，他乐呵呵地说："这是本院工作没做好啊。没给兄弟们说清楚。本来是人人有份的，他们却以为不够分。这样吧，你搞个花名册给我，下次领赏时照名册发放，这样就不会乱了。"池仲容一听觉得有道理，立即整理好了九十三人的名册，让手下送给抚台大人。

一行人在城中游玩了五天，过得开心惬意，但还是想念家里的老婆孩子，况且长时间住在城里也实在不踏实，都向老大要求回家过年。池仲容于是去向王阳明辞行，后者亲切体贴地答复说："从这里到浰头，怎么也得走八九天吧。你们元旦是赶不回去了，年后是不是还要来给本院拜年呢？"老池急忙点头："那是当然。"

"那何必来回折腾呢，就在我这里多住些日子，过了十五再回去嘛。今年赣州城有大型灯会，这是听说你们要来，我特意让下面安排的。一定要在这里吃好玩好嘛。"话都说到这份上了，池仲容怎好推辞。

正德十三年（1518）元旦当天，池仲容跟着赣州府的大小官员，一起给王抚台拜年。到了下午，他又去辞行。王阳明说："你们难得来一回，还没有好好犒赏，怎么说走就走呢？初二我日程排满了，初三我准备了一点薄赏，让弟兄们领了就回去，如何？"

"多谢大人！"

王阳明派人送来了一个牌子，上面写着："浰头新民池仲容等，次日齐赴军门领赏，照依花名次序，不许搀前哗乱，领赏过，三叩头即出，齐赴兵备道叩谢。事毕径回，不必又辞本院。"池仲容一伙看了之后，心想很快就能回老家了，都非常开心。

正月初三一早，池仲容带领九十三个随从，这些人都穿上了新赐的崭新长袍，脚蹬锃亮的油靴，来到了巡抚衙门。王阳明单独留下了池仲容，并吩咐手下参谋龙光，安排那些兄弟们去领赏。

王阳明招呼池仲容坐下，亲切地询问他这些天在赣州的生活情况。老池赶紧回答说他和弟兄们都非常满意。今天回去就向山里的弟兄们认真宣传抚台大人的好政策，让大家都放下顾虑，及早投降，弃暗投明。王阳明十分高兴，就吩咐给池仲容赐酒，并赏给他草花一对，红绢两段等，让他当场穿戴起来。

池仲容被打扮得跟个新科状元似的，在衙门各处走了一圈，见到的人无不过来行礼问安，好不威风。他这个开心啊。当土匪当了几十年，风里来，雨里去，带着一身的尘埃，哪想到今天还能得到巡抚的垂青呢！再加上几杯酒下肚，他不觉有些飘飘然了。

迷迷糊糊之中，池仲容看到几个人面带微笑，手拿绳索，往他身上就缠。这又是什么仪式啊，难道是赣州城里的过年风俗？沾个喜气吧，是不是缠得越多越吉利啊？

几个人把池仲容绑了个结结实实，押到了公堂之上跪下。这哥们看到了一大群穿戴整齐、手持棍棒的衙役，表情严肃地立在那里，好像并没有做游戏的样子。他不由得打了个冷战——糟糕！

只见王阳明猛地一拍惊堂木："池仲容，你可知罪？"

"在下诚心来投，何罪之有啊，您老不要听信小人谗言……"

"哈哈，你虽然假意归降，却急着回家。这一走，难保你不会再生反心。"王阳明从袖中掏出一张公文，扔到了池仲容面前："你可有话说？"

老池哆哆嗦嗦地打开公文，看了之后脸色刷地就变白了，酒也醒了大半：原来是自己刚刚用"金龙霸王"的大印发给浰头山贼的通告。他不免大惊，心想这东西怎么落到了王阳明手中，看来手下一定出了奸细。王阳明冷笑一声："你罪恶深重，杀多少次也是死有余辜，推出去斩了！"

看到王阳明要玩真的了，池仲容猛地站了起来，用尽全身的力气高喊："大人，你万万不能杀我！"

"哈哈，为什么啊，你在朝中有什么权贵当靠山吗？"

池仲容不愧是土匪头子，这种时候还能保持冷静："你还记得我带的九十三人吗？"

"记得，那又如何？"王阳明不以为意。

"这些人都是我的生死弟兄，眼里只有我池仲容，没有皇帝和巡抚。他们个个武艺高强、身怀绝技。今天你要杀了我，我敢保证，他们一定会为我报仇雪恨。我知道，你的军队很多人都回家了。剩下个千儿八百人，还真不是他们的对手。大过节的，你一定不想让城里死太多人吧？要不然，你的巡抚也当不下去了吧……"

"是不想死太多人，不过也不能不杀你。"

"哈哈哈哈，那你就等着看赣州城里到处都是死人吧。老东西你自己最好也躲远一些，别怪老子没提醒你……"

池仲容死到临头，倒是很有些英勇之气。王阳明好奇地看着他，不太明白他的底气从何而来："你那些弟兄不是都死了吗？"

"胡说！"

王阳明叹了口气，"有些人真是不见棺材不落泪啊。"接着吩咐道："你们把他押出去看看。"

几个衙役绑着池仲容出了大堂，远远只见衙门外的空地上，整整齐齐地排着一大堆东西。池仲容走到近前，仔细一看，不由得惨叫一声，口吐鲜血，当场昏了过去。衙役们当头给了他一盆凉水把他泼醒。

地上摆放的，正是九十三个好兄弟的首级。半个时辰之前，他们还是一条条鲜活的生命，一个个强壮的斗士；转眼之间，所有人的脑袋和身子就分了家。他们在尘世最后的表情是那样的无奈与憋屈，看得出对人间是何等眷恋，对夺走他们生命之人是何等愤怒。

看着池仲容极端痛苦而又极度困惑的表情，王阳明乐了："你一定想知道这些人是怎么死的吧。如果我连这也不告诉你就让你上路，是不是太残忍了？"

"是，是……"池仲容说话的力气都没有了，但他确实很好奇，九十三个身强力壮的土匪，被人变魔术似的把脑袋都变没了，一点动静都没有，这换谁谁信啊？

"知道本院为什么发给他们全新的长袍油靴吗？"王阳明微微一笑，"穿上长袍，他们打架就不方便；穿上油靴，他们走路都打滑，还怎么逃跑呢？"

天啊，这个看起来慈眉善目的老学究，肚子里装的都是什么啊？

"他们不是接到通知领赏去了吗？我就让人把他们带到一间大屋，要分给他们的酒肉都摆在里面。有人专门拿着花名册，念一个，就出来一个，左手提着肉，右手抱着酒坛，高高兴兴地都离开了……"

"一出来就被你杀了？可一点声音都没有啊，你是怎么做到的？"

"你们才九十三人，你知道本院在外面放了多少兵吗？六百个！还有一口铡刀。每六个人为一组守在外面，只要有一个人出来，这边就上六个人，先勒住他脖子，让他喊不出来，然后……"王阳明比画了一个手势："把他摁到铡刀下，脑袋就这么切下来了……"

池仲容牙咬得咯咯响，眼泪流个不停，实在听不下去了。他瞪着血红的双眼，用尽全身力气，猛地跳了起来，向王阳明冲过去。

他能得手吗？

一个卫兵从背后给了他一刀，这个"金龙霸王"就这样永远倒下了。

除掉池仲容只是开始。正月初七，王阳明下令：军队兵分十路急攻浰头。原来那些背包回家的士兵只不过是群众演员。士兵根本就没放假，而是天天操练随时待命。

池仲容和他的九十三个弟兄已死在赣州，浰头大寨中依旧是一派喜庆的节日气氛。池仲宁、池仲安和高飞甲等人刚刚收到池仲容送来的密信，说在那里一切都好，巡抚大人对大家很照顾，过几天就能回来。他们根本没想到：大哥没回来，大批的官军倒是不请自来，带着杀人的家伙来给他们拜年了。

官军们冲入了寨子，雪亮的钢刀在阳光下无比刺眼。土匪们措手不及，只能抄起椅子板凳仓促抵抗。这与其说是一场战斗，不如说是一次屠杀。官军们喊着刺耳的口号，瞪着血红的眼睛，挥着砍得卷刃的兵器，在山前溪后疯狂追杀，如同追赶羊群的狮子，撕咬小鱼的巨鳄。土匪们完全失去了抵抗之心，漫无目的地四处逃窜。无数人跌下山谷摔死，栽入河中淹死，被奔跑的同伴活活踩死，被丢在地上的兵器生生扎死，怎一个"惨"字了得。池仲宁和池仲安兄弟不想投降，都拼到了最后一刻，和他们的大哥在地下相会了；高飞甲则逃到了九连山。

官军乘胜追击，在当年三月三日攻克九连山，终于将浰头匪患一网打尽。最后统计下来，捣毁贼巢三十八处，斩大贼首级二十九颗，次贼首级三十八颗，从贼首级两千零六颗，解救民众八百九十口，夺取牛马一百二十二只匹，器械、赃仗二千八百七十件，赃银七十两六钱六分。

王阳明如实上奏朝廷，并请求在江西、广东和福建三省交界处设立平和县，以应"追求和平"的诉求。兵部很快回文表示同意。

在向朝廷告捷之后，王阳明又有一个大动作——他把在赣州的学生都叫了过来。

这是要做什么呢？

八、剿匪之余，学术成果层出不穷

在王老师吩咐下，学生们都第一时间赶到巡抚衙门。眼前的一幕让他们印象深刻。

一张张桌子摆得满满当当，一盘盘佳肴让人垂涎欲滴，一个个仆人忙得不亦乐乎。同学们不觉大惊——先生整这么大动静，是要趁诸夫人不在，迎娶二房吗？我们都没带贺礼啊。

等到王老师说出了原因，这些人根本不愿意相信：怎么可能？天下哪有这个道理，本来银子就不够用，不值得这么浪费吧。

王阳明居然大摆宴席，款待的却不是什么贵客，而是自己的学生，还说要感谢他们。有什么好谢的呢？这帮人既没有上战场杀敌拼命，又没有在后方抬麻袋、搬粮草，更没有为老师支着献策。王阳明是这么说的：

"刚开始时，我登堂处理公务，不敢有丝毫大意，特别是涉及赏罚问题时，生怕令你们失望，让大家觉得我说一套做一套，我给诸位讲'知行合一'，自己却无法言行一致。处理完这些事情，我依旧不安，依旧在思考反省，想着能不能处理得更好一些。"

学生们都若有所思。王老师则继续说：

"直到我不论登堂还是教学，不论面对下属还是面对你们都一样自然随心，不必多想，这才能做到心安。在你面前能做到问心无愧，作为先生，我自己的境界也提高了。这就是各位对老夫的帮助，无须事事都用嘴说。"

世间多少人，在家一张脸，出门又一张脸。见皇帝跟见乞丐，见大妈跟见小姑娘，完全是两个人。而王阳明却不一样，借助当代语言，他从来都是"对事不对人"。"知行合一"四个大字，写在纸上谁都认识，漂亮话谁都会说，但要落到实处，当成自己的行为习惯，其难度可能大得超乎我们的想象。

圣人和凡人之间的差距，当然不是一天两天就拉开的。

为害南赣十多年的匪患，在王阳明出神入化的军事打击和恰到好处的安抚之下，在十五个月里宣告平定。俗话说：见好就收，功成身退。专制社会的游戏规则是逆淘汰，生存哲学是装傻。你特别能干，就会让别人觉得你是威胁；你过于聪明，别人一定想方设法给你穿小鞋。

在大明官场上起起伏伏二十年的王阳明，深深知道"木秀于林，风必摧之"的道理。正德十三年三月初四，王阳明上了《乞休致疏》，决定以退为进，以自己身体欠佳、无法理政为由，主动请辞，希望朝廷能把他这把老骨头放回山阴。其实这时他只有四十七岁，按理说还是壮年。

收到王阳明的辞呈之后，朝廷态度强硬地表示：绝对不可以。你就不要谦虚了，你不过是偶有微疾罢了。大明的江山需要你，南赣的稳定指望你，八府一州的百姓一点也离不开你！而且，有司还决定给你这位平乱英雄升官。六月，王阳明被封为都察院右副都御史，官阶成了正三品，并有一子可以世袭锦衣卫百户，再进副千户。

看到这个嘉奖，王阳明苦笑了一下。他已经四十七岁，结婚已经整整三十年了，却一直没有生育孩子。他想让继子正宪当百户，得到的批示是：非亲生儿子不可以世袭百户。

难道因为他太优秀了，上天容不得他把这种智慧传下去吗？

四十五岁之前，王阳明没有展示出多少军事才华，更没有直接指挥军队的机会。在这种情况下，王琼举荐为南赣巡抚，让他担当剿匪重任，无疑是一种冒险。幸运的是，王尚书的冒险成功了。王阳明不可思议的表现，让大明文官带兵的辉煌纪录再一次被刷新。即便于谦在世，也会把"大明军神"的桂冠，拱手让给这个后辈，并且一定非常欣慰。

南赣的百姓是淳朴的，他们对王抚台的尊重与敬爱也是无比真诚的，这一点让王阳明非常感动。当王阳明从浰头班师返回赣州时，沿途百姓自发组织起来，焚香迎拜。许多州县甚至要给他建立生祠。这个江西女婿感慨道："未能千羽苗顽格，深愧壶浆父老迎。"

王阳明真心希望，这里的百姓能世世代代过上平安的日子，他们微薄的收入不会再让土匪榨取，他们的儿子不会被土匪抓走充当炮灰，他们的女儿不会被掠走成为奴婢，不用整日提心吊胆，生活在家破人亡的阴影之下。

南赣匪患暂时平定了，但王阳明心里很清楚，正如锄草一样，如果不改变土质，就算把土壤清理得再干净，过不了多久，冒出还是会大量杂草。提起笔来，王阳明有很多话想写，但他只写下了十个字：

"破山中贼易，破心中贼难。"

要想根除匪患，要让百姓致良知，还必须大力移风易俗，进行归化教育，并坚持实行"十家牌法"。

到了正德十五年（1520），在过去颁行的多项法令法规基础上，王阳明颁布了《南赣乡约》，共计十六条，决定在赣州和南安先行试点。其中规定了全乡人民共同遵守的道德公约，涉及军事训练、政治教育、婚丧嫁娶、道德陶冶等多项内容，可以说事无巨细，交代得非常清楚，也很有针对性。不难看出，王阳明和他的管理班子付出了很多心血。

王阳明希望，这份乡约能给赣南的百姓们带来长期的和平、安宁与富足。

过去十年间，王阳明走到哪里，就把课堂开到哪里。在赣州，身为南赣巡抚，他当然更要大兴教育之风。当地原来有一个濂溪书院，王阳明将其整修一新后，作为自己的讲学基地。

此时的王阳明，已经不是龙冈书院那个九品驿丞，滁州那个养马的小官，更不是京城那个初登讲坛的毛头小伙，而是正三品的朝廷高官，扫平南赣的传奇英雄。他一开课授徒，江西全省和周边的学子都纷纷赶来，报名现场被热情的年轻人挤得水泄不通。相对偏僻的山城赣州，此时成为江南学子向往的思想圣地。

也许觉得一个书院太少，王阳明一气在赣州建立了义泉、正蒙、富安、镇宁和龙池等多家书院，让更多孩子有书可读。

在赣州拜师的弟子被称为"王门三期"。其中的代表人物，有邹守益、欧阳德、聂豹等。他们都是吉安府才子，恰好都是江右学派的中坚人物。

《明儒学案》以及许多专家学者都认为，阳明学说的真正传承者并非嫡系的浙中学派，而是江西的江右学派。

邹守益，字谦之，号东廓，安福县人。正德六年二月的会试中，正是由担任同考官的王阳明力主，邹守益取得了第一名的佳绩，并在殿试中名列第三（探花）。

正德十三年，邹守益前往赣州拜会王阳明。后者给他讲述了自己年少时"格竹"的荒唐经历，龙场石破天惊一般的顿悟，以及在贵州讲学时总结的"知行合一"和"知行并进"说，这些让邹守益有茅塞顿开之感，并毅然决定拜入门下，后来邹守益成了王门弟子中的佼佼者。

欧阳德，字崇一，号南野，泰和县人，少年时代就很有才华，被誉为"小秀才"。和邹守益一样，他也是在赣州拜王阳明为师，并成了"王门三期"的中坚人物。和王阳明一样，他也是二十八岁通过会试。

聂豹，字文蔚，号双江，永丰县人。正德十二年进士，授华亭知县。事实上，聂豹是在王阳明去世之后才正式投入王门的。他培养了担任过大明首辅的名臣徐阶，而徐阶则培养了大明第一首辅张居正。

王阳明去世之后，江右学派恪守王阳明的"致良知""知行合一"之说，以传播王学为己任，在江西以及江南各地广开书院，薪火相传，培养了大批年轻才俊。阳明学说能够成为中晚明社会的一大主流思想，与江右学派数十年如一日的努力无法分开。作为余姚人，黄宗羲在权威著作《明儒学案》中如此写道：

> 姚江之学，惟江右为得其传，东廓（邹守益）、念庵（罗洪先）、两峰（刘文敏）、双江（聂豹）其选也。……是时越中流弊错出，挟师说以杜学者之口，而江右独能破之，阳明之道赖以不坠。盖阳明一生精神，俱在江右，亦其感应之理宜也。

这个评价很高，但也恰如其分。王阳明九泉之下若看到他昔日的江西弟子有了这样的成就，更有这样的血性，他也一定会被深深感动。

在处理军务、培养学生的同时，王阳明自身的学问也有了进一步的发展。治学讲课之余，他还当起了图书策划人。

正德十三年六月至七月，王阳明将自己在留都已经写好并重新编校整理的《大学古本》和《朱子晚年定论》印刷出版。凡是到濂溪书院听课的人，都免费发放，以扩大影响。

《大学》只有两千一百字，原来只是《礼记》中的一篇。北宋大儒程颢、程颐兄弟将其作为独立著作出版，后来经过朱熹老先生的注释，就成了与《中庸》《论语》《孟子》并称的"四书"之一，列入了儒家经典。

当时，一般读书人看到的《大学》都是朱熹改动之后的版本。而王阳明经过自己的考证，力图还原其本来面貌。当然其中也有与朱熹"叫板"的意味。

王阳明认为，朱熹解读和注释的《大学》，其实并不是这部经典的原意。在《大学古本序》中，王阳明开宗明义地指出："《大学》之要，诚意而已矣。"而朱熹的"新本"，却将"格物致知"当成了主旨，"不事于格物而徒以诚意者，谓之虚；不本于致知而徒以格物诚意者，谓之妄"。为了阐发自己的思想，他还亲自创作了《大学古本傍释》。

这个时候，王阳明已经将《大学》中"致知"的"知"，看作是"本体之知"，并且以"致知"为诚意之本。"致良知"说是他后来在南昌生活时才正式提出的，但显然这时候已出现萌芽。

而在《朱子晚年定论》中，王阳明别出心裁地将朱熹中老年时期一些与心学观点主旨一致的言论和书信搜集整理出来，称其为朱子的最后结论，颇有"以子之矛攻子之盾"的意味。这种用作战思维来处理学术争端的方式，也许在今天看来非常不合适，但在那个特殊的年代，为了给自己的学说争夺生存空间，也算是不得已而为之的战术。

而且，毕竟这些言论和书信确实是朱熹本人留下的。朱熹活了七十一岁，晚年到底应该从哪一年开始，其实也是个见仁见智的问题。根据陈来先生的《朱子书信编年考证》，《答何叔京二》作于朱熹三十九岁时，《答林充之》和其中一封《答林择之》则作于他四十岁时。显然，这些无论怎样也不能算成"晚年之作"。

在序言的最后，王阳明的一番陈述，倒像是想与朱子门人和解。毕竟学术上的见解差异，完全不至于让彼此成为仇敌，朱熹与陆九渊还有一定交情呢。他大致是这么写的：

> 本人既庆幸自己的学说不违背朱子，又因朱子在我之前就与我有了同样见解而欣喜。而且，我感慨世间一些学者，只是简单地固守朱子中年时未确定的学说，却不再探究他晚年感悟出的定论，就竟相没完没了地宣扬，从而扰乱了正学，他们甚至不知道自己已经陷入了异端。因此，我采录了朱子晚年之说并结集，私下里向同道展示。这些言论，跟我的学说基本上没有冲突，如此一来，我们就可以期待圣人之学的明确表述了。

敢于这么"碰瓷"朱子，足见王阳明对自己的学说已相当自信。

当老师的自己很忙，手下学生也没闲着。

王阳明倡导"叙而不作"，他写学术文章的兴趣远远不如写诗。但他有一个学生，却一直在悉心整理他的语录，准备结集出版。书的名字都想好了，就叫《传习录》。

可惜，书还没有出版，正德十二年五月十七，这位高徒就在余姚去世了，时年仅三十二岁。

此人正是徐爱，还记得那个梦吗？"与颜回同德，亦与颜回同寿。"真的是一语成谶了。

噩耗传到赣州，王阳明痛不欲生，却又无可奈何。

徐爱走了，但《传习录》的编纂工作并未停止。正德十三年八月，薛侃在赣州将《传习录》三卷刻印发行，算是对师兄最好的纪念。

《传习录》之于王阳明，正如同《论语》之于孔子。而《传习录》的名字正是来自《论语》的一段话：

> 曾子曰："吾日三省吾身：为人谋而不忠乎？与朋友交而不信乎？传不习乎？"

朱熹的《四书章句集注》中有这样的注释："曾子，孔子弟子，名参，字子舆。尽己之谓忠。以实之谓信。传，谓受之于师。习，谓熟之于己。""传不习"，就是指要向学生讲述的内容，自己却不熟悉。徐爱用这书名，意思很清楚了：自己老师给学生传授的，都是自己非常精通的东西。

薛侃刻印的这个版本，只包括今天我们看到的《传习录》上卷。中卷在嘉靖朝初期由南大吉编纂，下卷则是在王阳明去世之后，由他另一位高足钱德洪整理完成。但很显然，没有徐爱，就不可能有《传习录》的问世。

《传习录》开篇收录了徐爱的一篇文章，可以视为序言，写得情真意切，让今天的我们看了，也很难不为之感动，即使翻译成白话文，那种发自内心的真情依然喷薄而出：

> 先生对《大学》中有关"格物"的学说，均以旧本为依据，即先儒们所说的错误版本。我开始听说先生所为时非常吃惊，继而怀疑，随后

竭力进行相互比较，并向先生请教。之后我才明白，先生的学说，就像水一般清寒，火一般热烈，我敢断言，即使是百世之后的圣人，也不会再有疑惑了。先生天生非常睿智，但他为人乐观，容易相处，也不拘泥于小节。别人看他年少时豪放不羁，又曾经沉溺于诗词章句，还一度热衷佛道之学，猛然听到他的学说，都会认为是标新立异之说，而不会去深入研究。殊不知先生在偏远之地住了三年，处境困难却心态平和，"精一"的功夫已超然进入圣域，回归纯然至正的大中正道。

我朝夕在先生门下学习。他的学问，刚接触时似乎很容易，越研究越觉得高深；表面上似乎很浅显，深入探索就能感受到它的精妙；一开始觉得很平常，真正领会起来却感到没有止境。我学习先生的学说有十来年了，竟然还只是个门外汉。世间的君子，或与先生仅有一面之交，或从未接受过他的教诲，或先入为主地产生轻视、激愤的情绪，仓促之间就凭只言片语、传闻流言来臆断揣测，如此怎能领会先生之学？跟随先生游学的弟子，聆听他的教导，往往掌握得少而遗忘得多。就如同鉴马时，只注意它的雌雄和毛色，却忽视了它能驰骋千里的特点。因此，我将平日的见闻记录下来，私下里给同学们看，相互考证，希望能不辜负先生的教诲。

门人徐爱书

王阳明本人没有专门拜入哪个名师门下，算是自学成才。他自己的身体不好，自然希望徐爱能传承自己的衣钵，并且坚定地相信，徐爱绝对会青出于蓝而胜于蓝。可惜，这个愿望永远无法实现了。怀着莫大的悲痛，王阳明写下了《祭徐曰仁文》，可以说字字皆泪、感人至深。

王阳明的身体比徐爱差得多，他不确定自己什么时候会倒下，多次向朝廷申请辞职，都没有得到批准。正德十四年（1519）五月，噩耗由山阴传来。祖母岑太夫人去世，终年一百岁。

王阳明立即上疏，希望能回乡料理后事。但朝廷迟迟不予以批准。六月五日，他却突然接到了新的命令：即刻赶往福建。

这是又有什么特殊任务吗？

王阳明

第九章

宁王造反早有征兆

一、仇恨的种子，多年前已经埋下

正德十四年六月，几次请辞都没有被批准的王阳明，接到了兵部的新任务：福州三卫军人进贵等胁众叛乱，责王守仁去福建平叛。看来，王琼真把王阳明当成朝廷的一块砖了，哪里有需要往哪里搬。

六月初九，王阳明乘船离开赣州。不过，他没有马上前往福建，而是沿赣江北上，驶向江西省城南昌。他要在六月十三日出席宁王朱宸濠的寿宴。

如果一切正常的话，王阳明将会在十二日晚上抵达南昌，第二天准时去赴宴。但是，原来的安排却因手下的小小失误而发生了重大变化。

船行到吉安，王阳明问手下龙光右副都御史：官印在哪里？这伙计略加思考，说丢在了赣州。可把老大气坏了。王阳明计划从南昌直接去福建，暂时不会再返回赣州了。没有官印怎么干活？

王阳明只得在吉安停留了两天，让龙光坐小船火速回去取印。如此一来，行程肯定就耽误了。十二日那天晚上，王阳明人还在船上。他又没有手机，无法向远在南昌的宁王赔礼道歉，解释自己来不了的原因。

他们紧赶慢赶，六月十五日中午总算来到了丰城，这里距南昌只有一百二十里。知县顾佖久仰王抚台的大名，专程过来迎接。

王阳明一看对方的神色很凝重，立即想到会出大事。果然，顾佖屏退了左右，向客人讲述了刚刚在南昌发生的一切。

听着听着，王阳明的眼泪就止不住地流了下来。他没有想到，短短一天之内，就能发生这么可怕的变故；短短一天之内，就有这么多忠义之臣为国家捐躯；短短一天之内，大明政权就遭遇了这样重大的危机。

宁王朱宸濠称帝造反了！而且，就在当天上午，到宁王府答谢的江西巡抚孙燧和按察副使许逵都惨遭杀害。还有多位官员被下狱，生死不明。

王阳明额头上冷汗直流，他知道问题的严重性。他很清楚，凶手最想杀的其实不是别人，正是他王守仁。有时候，坏事也能变成好事，龙光的纰漏反而救了老大。

老天留下他这条命，一定是为了让他拯救南昌百姓，完成孙燧未竟之事，而不是置身事外，躲到一边。

宁王朱宸濠生于成化十三年（1477），比王阳明小五岁。按辈分来说，朱宸濠比正德帝高两辈，后者是他的侄孙；第一代宁王朱权，则是朱宸濠的高祖父。

朱权生于洪武十一年（1378），是朱元璋的第十七子，比四哥朱棣小了十八岁。在那个年代，这几乎是两代人的年龄差。朱棣的长子朱高炽，就是后来的明仁宗，正好也生于这一年。

十四岁时，朱权就被老爹封为宁王，十六岁时就藩大宁（治所大宁卫在今内蒙古自治区赤峰市宁城西）。据史书记载：这位小朋友"带甲八万，革车六千"。这不算完，他还掌管朵颜、泰宁和福余三卫骑兵，这些是一水儿的由蒙古骑兵组成的雇佣部队，其战斗力可以类比今天的美国101空中突击师。朱权年纪轻轻，就可以支配这般豪华的军力，自然就有些认不清自己了。

有一种说法是"燕王善战，宁王善谋"。但这恐怕不符合事实。翻遍《明史》，也找不出哪怕一桩朱权用智谋赢得胜利的案例。反倒是朱棣不费吹灰之力就成功地胁迫十七弟和他一起去起兵靖难（更准确地说，是绑架了朱权，控制了他的军队），并且开出了一张天底下最有诱惑力的支票：

事成之后，中分天下，裂土而置，均称天子！

朱权始终无所作为，只能消极抵抗、半推半就，被朱棣牵着鼻子走。客观地说，朱权这个"文艺青年"，既不善谋也不善断，倒是善于上当。

建文四年（1402）六月，朱棣兵不血刃占领南京城——有内奸李景隆开城能不快吗？推翻了大侄子建文帝的统治，成为大明第三任皇帝，次年改年号为永乐。

在朱棣夺取天下的过程中，朵颜三卫发挥了极其重要的作用。在多次重大战役中，蒙古骑兵对战汉军都取得了压倒性胜利。因此要论功行赏的话，朱权的名字应该出现在光荣榜的第一位。然而——

朱棣非但没有兑现当年的承诺，还要拿恩人开刀。当然，人家能夺取天下，靠的肯定不是自己的信用，而是武力。

朱棣起兵造反的一个重要理由是建文帝有违祖制的削藩政策。等到占领南京，坐上龙椅之后，新皇最积极的工作不是别的，恰恰就是削藩。他摇身一变，变成了建文帝政治遗嘱的忠实执行人，历史在这时显得很吊诡。

而朱棣削的第一个藩王，正是他的好兄弟朱权。

朱权当然也不是那种没有眼色的笨蛋，"中分天下"之类的客气话，他从来不愿也不敢当真。天下能不能中分不好说，自己的脑袋和身体会不会中分，不过是四哥的一句话而已。朱权主动交出了兵权，表示不想回生态环境糟糕的北方吃沙子了，有意在江南繁华地带挑个好地方。这要求不过分吧？

朱权提出去苏州，朱棣很痛快地——拒绝了他的要求。朱权没办法，又提出去杭州，上有天堂，下有苏杭，都是宜居城市。但没想到的是，皇上还是不批准。

最后，朱权心灰意冷，不得不接受组织安排，在永乐元年（1403）二月举家迁到南昌。这里虽是江西布政司所在地，但与苏杭一比，可差得太远了。

这一年，朱权只有二十六岁，但政治生命已经被判了死刑。他的后半辈子，几乎相当于被软禁在南昌混吃等死了。表面上相当风光，实际上不过是个高级囚徒而已。心高气傲的朱权对皇上的安排很不服气，但他可没朱棣的胆量与能力，不敢效仿四哥做的事情，只有把仇恨深深埋藏在心底。

对于朝廷的不满，朱权当然也不敢公开讲给孩子们听。但谁都不是傻子，他那忧郁的眼神和无奈的举止，已经说明了一切。朱权用不着不加掩饰地告诉他的子孙后代："小兔崽子们，都给我记好了啊，是朱棣这个王八蛋毁了我的一生，你们将来有机会，一定要替我报仇。"

朱宸濠已经是第四代宁王了。仇恨的种子在南昌埋藏了一百多年，终于破土而出，野蛮生长。

说起朱宸濠的出身，也很有传奇色彩。据说他的母亲冯针儿不过是省城的一名妓女，而父亲朱觐钧是一个喜欢不断挑战自我、不停追求新鲜感的年轻人。对于府内那些按传统价值观培养起来的女人们，他渐渐产生了审美疲劳。

他认为，真正的激情，可能迸发于半山腰的亭子中，可能产生于小树林中的空地上，可能形成于鄱阳湖的渔船里，但一定不可能出现在王府，出现在这些装腔作势摆架子的大家闺秀身上。

于是，我们的好宁王朱觐钧就把自己打扮成一个普通人家的公子，活跃在南昌的花街柳巷。他的英俊相貌，让无数小姐印象深刻；他的温柔体贴，让很多姑娘产生幻觉；而他的出手大方，又使他成为全南昌老鸨的最爱。

不过，自打与名妓冯针儿"金风玉露一相逢"之后，朱觐钧突然发现自己过去那些年白活了，随处风流也不应该是王爷的作风。他就把姑娘秘密接进王府中，立为王妃。两人无限恩爱，无话不说，无尽缠绵，生活无比幸福。不久之后，冯娘娘就无奈地有喜了。

这一天，朱觐钧正在家休息，突然看到一条大蟒蛇，长十余丈，腰比宁王府的柱子还粗。它闯入府中，见人就吞，一口一个。片刻之间，无数的侍女太监都住进了它的肚子。可怜的宁王东躲西藏，却不小心跑到了蟒蛇面前。它张开血盆大口，对着朱觐钧扑咬过去……

这位王爷惨叫一声，这才发现自己做了一个梦，正惊魂未定之时，侍女来报：娘娘生了一个大胖小子。朱觐钧想起这个梦就烦心，不顾冯娘娘的苦苦哀求，下令把婴儿送出王府，让一个叫秦潆的伶人收养。

小孩子在三线艺人秦潆家长大，受环境的影响，能歌善舞又精通诗史，多才多艺，长得也是一表人才，风度翩翩。走到哪里，当老爹的都恨不得立马把女儿嫁给他，当老公的都恨不得立刻把媳妇藏起来。人人都爱这小子吗？不见得。朱觐钧就不喜欢自己的亲骨肉，死活不愿意把他接进王府。

可惜，人算不如天算。朱觐钧的儿子一个个地都不幸早逝，王位总得有继承人吧。老宁王死后两年，即弘治十二年，朱宸濠幸运地接了班，当上了第四代宁王。正是在这一年，王阳明考中了进士。

那么，原本可以一生荣华富贵的朱宸濠，是怎样在不归路上越走越远的呢？

二、十年如一日，朱宸濠的准备动作

要说朱宸濠一当上宁王就想叛乱，那肯定与事实不符。弘治帝在位时期，大明王朝在一帮能臣的管理下，经济社会各方面都发展得很平稳，政权非常稳固。谁要说造反，还真的难以找到太多响应者。可惜，弘治帝三十六岁就死了，儿子正德帝又没有皇帝样。

是正德帝的不务正业，让朱宸濠看到了夺取天下当皇帝的潜在机遇；是正德帝的不得人心，让朱宸濠看到了起兵造反的成功把握；是正德帝的不加防备，让朱宸濠可以由着性子搞他的准备活动。而安化王朱寘镭不成功的尝试，也让朱宸濠看到了大明政权征调军队时存在的机制疏漏。

但朱宸濠造反遇到的首要问题，就是手上没兵，这跟开公司没本钱一样，搞个鬼啊。

明初，每个大明藩王，正常情况下都会有数千甚至近万人的王府卫队。但远在英宗天顺年间，朱宸濠的爷爷朱奠培搞事情得罪了皇帝，宁王府卫队被整编成了南昌左卫，不归他管了。

正德帝继位之后不久，刘瑾就掌握了大权。朱宸濠和这位死太监拉上了关系，一送就是白银二万两。正德二年四月，刘瑾代传圣旨，恢复了宁王府护卫。这样一来，朱宸濠就有了自己合法的亲兵。再加上江西南部匪患不断，屡屡闹事，朱宸濠以保障南昌安全为由，想方设法一再扩大卫队规模。

他扎根洪都，放眼全国，苦心经营，希望能闯出一片天来。当然，朱宸濠想要达到高祖父朱权"带甲八万，革车六千"的规模，还有很长的路要走。

可惜人倒霉的时候，躺着都能摔断鼻梁。正德五年八月，刘瑾被杨一清、张永等人用计除掉。按说这和朱宸濠没多大关系，可随后不久，兵部换了尚书，宁王府护卫再次被取消。想到自己花在刘瑾身上的银子血本无归，朱宸濠恨不得当时就造反出气。

不过，失去军队的朱宸濠，又很快找到了一条扩充实力的新途径——结交土匪。既然当朝皇帝可以把京城的黑社会头目收为义子，宁王和土匪为了共同的目标走到一起来，也是顺理成章的事情。于是，活动在鄱阳湖上的一些水盗，都悄悄地加入了宁王集团，其代表人物有凌十一、吴十三和闵念四等。

有钱能使鬼推磨，更能让朝中官员丧失原则。朱宸濠十年如一日地坚持行贿，不惜血本，把不锈钢放到南昌也得被他搞得生出重锈，更何况脏水里没有干净的鱼，大明官场上不正直的人本来就不少。

在重金收买下，兵部尚书陆完、正德帝的义子钱宁等人，都收了钱做起了朱宸濠在北京的情报搜集人员。他们还在皇上面前不断地替宁王说好话。经过这些人的努力，正德九年四月，朱宸濠成功地恢复了王府卫队。

此时的朱宸濠，已经不是当年的青涩小青年了，即便没有护卫，他都能拼凑个万儿八千人出来。有了卫队之后，他还在此基础上，又把一些绿林好汉和匪徒招进自己的队伍，并和江西、广东、福建等地的狼兵和山民武装保持密切联络。一旦起兵，这位王爷就能轻易地调动近十万军队，足以在南方大干一场，就算直捣北京，也不算是多不可思议的事情。

朱棣在起兵靖难之前，曾把自己的王府改造成兵工厂，在后院加班加点制造武器。朱宸濠没朱棣这么辛苦，他在南昌城内设置了几个秘密的武器生产场地，打制十八般兵器都不在话下，甚至还能生产火炮。

有了军队，有了武器，有了将领，朱宸濠还特别重视对文官谋士的发掘和培养。张良和刘基这两个谥号"文成"的读书人，在汉、明两朝的建立中扮演了独一无二的角色，发挥的作用远远超过了十万雄兵。（经纬天地为"文"，安民立政为"成"，这个谥号，也是对他们所做贡献的高度概括与褒奖。）朱宸濠也希望有更多不甘于平凡、渴望用知识改变命运的读书人投到自己的旗下，并从中发现并培养自己的"开国元勋"。因此，只要是有学问的人，他都很豪爽地花大价钱聘请。

朱宸濠重视文化人的态度是真诚的，提供的待遇是丰厚的，给予的信任是充足的，但前来投奔的书生之中，真正能称得上才华横溢的却并不多。显而易见，大多数人还是愿意通过科举进入官场，走一条稳健的发展道路，并不相信跑到南昌跟着一个藩王混能有多么光明的前途。其中那些眼光精准的，看出朱宸濠可能有造反的野心，就更是躲得远远的。

没办法，招不到张良、刘基般的天才，那就放低标准，矮子里面拔将军，总能挑出几个"经济适用男"。有两个读书人就得到了朱宸濠的重用。

一个叫李士实，在朱宸濠出生之前就中过进士，还做过右都御史这样的三品高官，退休后被宁王高薪返聘，来到南昌工作。李士实是个很有想法也很有野心的人，没有能够入阁当首辅一直是他的心病。正是在朱宸濠这里，他看到了达成夙愿的不小希望。也正因如此，他为朱宸濠卖起命来可谓尽心尽力。

另一个叫刘养正，是江西本地的举人，连个进士都没考取，确实差点意思。不过，像王阳明一样，刘养正身为读书人却喜欢钻研兵法，手不释卷，并且会一些奇门遁甲之类的术数。

有一次，朱宸濠坐在王府大院里晒太阳。刘养正来了，突然扑通跪地，使劲磕头。可把主人吓了一大跳，忙问他这是怎么了。老刘不肯回答，说是要先赦了他的死罪。得到朱宸濠的承诺之后，刘养正才面带羞涩地说出了真相，可把宁王高兴坏了。

原来，刘养正声称自己看到的不是人，是一条龙！

这不是暗示他能当皇帝吗？按说这样的段子根本就不可信，但朱宸濠既不想点破，又相当受用。

还有一次，朱宸濠微服出游，碰到一个叫李自然的算命先生。此人见到宁王同样是又下跪又磕头的，说他才是真命天子，正德皇帝是冒牌的。朱宸濠心中暗喜，赏了李半仙一大把银子。但朱宸濠可能没想到，这个算命先生，极有可能是刘养正安排的。

做戏做到这种程度不倒霉反而有赏，朱宸濠的谋反心思，已经不再是什么秘密了。但对于身边的谋士，他还是不尽满意。于是他有了新的打算。

他想做什么？

三、天才末路，唐寅的真心话和大冒险

造反大业，人才为本；搜罗智囊，不惜代价。朱宸濠做出一副尊重知识、重视人才的开明派头，想方设法招揽因为各种原因未能在科举考试和官场斗争中胜出的读书人。很快，他就把目标锁定在一个身上。

公平地说，在相当长的时间里，在当时甚至现在的很多人眼中，此人的才华都超过了王阳明。

王阳明要算人才，那人家就能称得上天才。

不过天才的命运往往是比较坎坷的，这个人也不例外。即使他叫唐寅，也不能保证他一生富贵。

对生活在十五世纪的普通中国人来说，科举既是能够改变自身命运的屈指可数的机会，又是走上不同道路的分水岭。曾经在一个考场共同答题的人，九年或者十二年后就会发现，命运把他们的人生差距拉得好大好大，大得令人心酸和绝望。

十五世纪的最后一年（1499年），王阳明和唐寅这两位知名的"七〇后"才子共同在北京参加了会试。本来能进三甲、得会元也不算爆冷的唐寅，很不走运也很不明智地卷入了科场舞弊案，受到"终生不得为官"的处分；而考试能力不如唐寅的王阳明，却顺利通过会试并最终取得二甲第七名的成绩，得以开始自己的公务员生涯。

岁月荏苒。十五年时间一晃而过。当初两个才华横溢、才思敏捷、才气逼人的大好青年，都成了早生华发、满脸皱纹、满肚子委屈的中年人，都不可避免地向着他们的归宿——衰老稳步前进。

不过十五年，两个人的社会地位拉开了巨大差距。王阳明离开龙场后步步高升，一直做到了正四品的南京鸿胪寺卿；唐寅还是平民一个。幸运的是，他娶到了沈九娘为妻。正因这个名字，江湖传言唐寅以前有八个老婆，正好凑两桌麻将——这不是瞎扯吗？

和三百多年后的同行凡·高一样，唐寅那些堪称巧夺天工的画作，要等到他死后很多年才能卖出高价，而在他活着的时候，只能活得比较清贫，东家借完借西家。

不过，再寂寞的山谷里，野百合也会有春天。正德九年秋，南昌宁王府的使者突然光顾了唐寅的草舍，邀请他去王府工作。

一个是敞开大门、广招贤才来造反的朱宸濠，一个是怀才不遇、靠写字作画糊口的唐寅。他们都在这个薄情的世界里深情地活着，应该都有强烈的相惜之情。因此宁王府的邀约一来，唐寅马上就告别妻子，收拾行李，从苏州坐船来到了南昌。

朱宸濠非常重视唐寅的南昌之行，派人出城迎接。随后，宁王又在府内置办了丰盛的酒席，款待这位世间屈指可数的大才子。

可惜，唐寅已经不是当年那个指点江山、文韬武略信手拈来的年轻人了。十五年间，无数才华不如他、眼光不如他、心机不如他的同辈，只因为中了科举，只因为当了官，只因为距离权力更近，就走上了和他完全不同的道路。混得差的，早就成了五品知府；混得好的，都能入阁当大学士了。可他唐寅，空有一身才华，空有一腔报国之志，已经跟不上这个时代前进的步伐了。

不过，唐寅也并非百无一用，他至少会作画嘛。正好娄妃也喜欢画画，朱宸濠就让唐寅当了她的美术老师。

朱宸濠对唐寅的"落伍"感到很痛心，对唐寅加以厚待，唐寅在府中居住期间，宁王常与唐寅谈心，并将自己的远大理想和抱负含蓄地告诉了这位过气才子。唐寅再怎么说，悟性还是高于一般人。他马上明白了，宁王这是要造反啊。不行，我得离开这里。

可是，进门容易出门难，把你放出去，让你向朝廷告密？你以为人家傻啊？想要离开这里，还得出奇招。唐寅想来想去，还是装疯最可行，但是——

孙膑为了逃脱庞涓的杀害，天天趴在猪圈里吃猪食；袁凯为了逃避朱元璋的屠杀，特意让家人把面粉做成狗屎状，当着皇帝的面大吃特吃；朱棣在起兵造反前为掩人耳目，也顽皮地趴在大街上，专掀各种小女生的裙子。有了这么多案例珠玉在前，装疯的难度越来越大，对能力要求越来越高，对演技的考验越来越严苛了。人家宁王眼里可是揉不得沙子的，装得不好，就把自己装到棺材里了。

正德十年正月的一天早上，宁王府的侍女去唐寅住处打扫卫生，刚一进去，就发出了一个女人能够产生的最强尖叫。

"啊……"侍女惨叫着跑了出来，后面跟着一丝不挂的唐寅，嘴里似乎还念念有词："九娘，别走，九娘，别离开我……"

光着身子的唐寅，张开双臂满世界寻找沈九娘，终于被宁王的卫兵抓住，送到了朱宸濠面前。

朱宸濠可不相信唐才子说疯就疯了，就让人拿锥子往他身上扎，唐寅疼得都快昏过去了，可他用大喊和狂笑来压抑疼痛："九娘，你不能不要我啊！"

朱宸濠让卫兵脱了唐寅的鞋子，要挠他脚心。唐寅知道，自己要是发出笑声就死定了，就用怪叫声来掩饰。

朱宸濠终于被搞烦了。他犯了每一个男人都会犯的错误——让卫兵把唐寅扔到了大街上。

为了活命，唐寅放弃了自尊，放弃了人格，放弃了世间一切道德约束。

可见，生命高于一切，面对死亡，无论是普通人，还是唐寅这样的绝世才子，想的都是同样的问题：

我要怎么活下来，怎么多活几天？

唐寅在宁王面前的大冒险是成功了，但他说的也是真心话。他确实离不开沈九娘，确实怕她不要自己。

逃过一劫的唐寅，也就多活了八年。这最后的两千多天里，他也过得很不开心，之前，是担心宁王的继续追杀；之后，是担心自己被定为叛党，继续坐牢。他的后半生，几乎一直生活在贫困、恐惧与忧愁之中。即便沈九娘不离不弃，他的心魔也未能除去。

嘉靖二年（1523）十二月初二，唐伯虎告别人间，时年仅五十四岁。

幸好，他有过一位红颜知己，见证过爱情的神奇魔力，这一点比王阳明幸福多了。

幸好，他还有《秋风纨扇图》等诸多名画能够传世，以及《桃花庵歌》等大量诗作，影响和感动着一代代的中国人：

> 桃花坞里桃花庵，桃花庵里桃花仙。
>
> 桃花仙人种桃树，又摘桃花换酒钱。
>
> 酒醒只在花前坐，酒醉还来花下眠。
>
> 半醉半醒日复日，花落花开年复年。
>
> 但愿老死花酒间，不愿鞠躬车马前。
>
> 车尘马足贵者趣，酒盏花枝贫者缘。
>
> 若将富贵比贫者，一在平地一在天。
>
> 若将贫贱比车马，他得驱驰我得闲。

别人笑我忒风颠，我笑他人看不穿。

不见五陵豪杰墓，无花无酒锄作田。

话说回来。宁王没法得到唐寅的辅佐，那他会不会收手呢？

四、宁王拉拢，王巡抚不想点破

对唐寅的沉沦，朱宸濠虽说遗憾，却依然有条不紊地继续着自己的造反大业，依然积极拉拢各方人才。

正德十二年正月初，王阳明赴任南赣时，之所以要在南昌停留，正是去拜见宁王。

当时，王阳明多少已经了解了一些朱宸濠的野心，于是装出一副忧国忧民的老实样子，感叹皇帝被蒙蔽，百官各顾各的，这样下去不是个办法。

宁王还没来得及说话，陪坐的一个谋士却插话了："世间难道没有商汤、周武吗？"

真是语不惊人死不休啊！这哥们说话也不怕掉脑袋？他不怕，因为他是李士实。

商汤和周武可不是两个普通君主，他们都是靠造反夺了江山的叛乱分子——商汤灭了夏，自立为王；周武王灭了商，统一天下。李士实吹捧朱宸濠有商汤、周武之风，也许只是形容主子为人豪爽、礼贤下士，但无意中，却泄露出了一些不应该泄露，或者说不应该这么早泄露的信息。

据"路边社"报道，王阳明当年在刑部时，李士实居然正好担任右侍郎，是前者的顶头上司。可惜都一把年纪了，老李还这么没城府。饭可以乱吃，话怎么能乱讲呢？

王阳明看着这位前领导，也许是想和他打趣，于是说："汤、武也得需要伊尹、吕尚嘛。"

这话老李肯定不爱听，王阳明分明是不把他当伊、吕。但朱宸濠一开口，也让人印象深刻："只要有汤、武，一定会有伊、吕！"

看来，这俩对自己的定位似乎都很清晰。王阳明平静地回答："有伊、吕，还担心没有伯夷、叔齐吗？"

伯夷、叔齐是商末名士，武王灭商之后他俩拒不与新政权合作，采薇而食，最后饿死于首阳山。王阳明把自己比作夷、齐，显然是谦虚了。但他已经看出，朱宸濠将来非反不可。

会晤在不太友好的气氛中结束了。但王阳明又不是海瑞，无意马上和朱宸濠翻脸。毕竟自己还在江西，在宁王的势力范围内工作，肯定不想得罪这位皇亲。

不久之后，王阳明在南赣的剿匪事业开展得风起水起。他展现出的军事才华，让八府一州的土匪胆战心惊，更令人在南昌的朱宸濠由衷眼红：这不比李刘俩忽悠靠谱多了？这不正是我想要的刘基2.0吗？众里寻他千百度，蓦然回首，那人却在土匪扎堆处！

于是，朱宸濠力邀王阳明到南昌讲学，当然是为了收买他。后者当然走不开，但也不能不给宁王面子，就派最会讲课的弟子冀元亨代替自己去宁王府。

冀元亨属于王阳明最早的一批弟子，更是王阳明理论的铁杆"粉丝"。当年冀元亨参加湖广乡试，策论的题目是"格物致知"。冀元亨居然不按教科书上朱熹老先生的标准答案写作，而是大胆阐述了王阳明的观点。类似的做法搁到现在，冀元亨写的就是一篇"高考零分作文"，但不知道什么原因，冀元亨居然通过了考试，当上了举人。

冀元亨在南昌没待几天，没给朱宸濠讲几堂课，就看出了这位宁王的野心很大。于是，小冀装出一副很迂腐的样子，反复给这位王爷讲《西铭》。这是宋代学术大家张载编撰的一部著作，主要讲述的是儒家的"家国同构"，要求臣子对君主忠心，"天无二日，民无二王"。你说朱宸濠能爱听吗？

冀元亨有自己做人的立场，对明里暗里的各种腐蚀利诱佯装不懂，惹得宁王很不满意，把他打发回赣州。听了冀元亨的汇报之后，王阳明对朱宸濠就更加担心了。而后者一旦明白无法用收买手段达到目的时，自然就动了灭口的念头。

朱宸濠的叛乱野心，也让一位女性分外不安。她就是宁王妃娄氏，娄谅的小女儿。

娄妃和朱宸濠结婚了近二十年，感情深厚，并且为他生下了三个儿子：大儿子、三儿子和四儿子，大儿子还被立为世子。朱宸濠对她是又爱又怕——爱她是珍惜她，怕她是真的离不开她，正如唐寅离不开沈九娘。

你还别说，朱宸濠对待妻子的态度，真的可以让今天的无数男人惭愧。

有一天，趁朱宸濠心情不错，娄妃就找来了几个歌女，让她们在吃饭时助兴。朱宸濠一开始还挺高兴，听着听着就觉得不对味了。歌女唱的是：

> 争甚名和利，问甚么我共你。咱人可也转眼故人稀。渐渐的将朱颜换，看看的早白发催。题起来好伤悲，赤紧的当不住白驹过隙。

朱宸濠多有文艺范儿，一听就明白了，但听完这首曲子，倒是表现出了罕见的抗拒——该干什么还干什么，充分证明自己还是有主见的。要说娄妃错就错在太温顺了，要换成今天的媳妇，老公不听话，还不大嘴巴抽上去啊？

当年和王阳明一起在杭州中举的孙燧，此时已经是都察院右副都御史领江西巡抚。有一次，他到赣州公干时，王阳明屏退左右，向老乡说出了自己的担心和顾虑。谁知孙燧一听，反而哈哈大笑起来，让王阳明一时摸不着头脑。

孙燧得意地说："这我早就看出来了。"他居然觉得对方反应太迟钝。

当然，在这一点上，王阳明是没法和孙燧相比的。这位江西巡抚就在南昌生活，在朱宸濠家门口办公，而且一干就是四年。一千多天的时间里，他向朝廷揭发朱宸濠的密信恐怕都能编成厚厚一本作品集了。但人家在朝中有人，根本不在乎你的弹劾。

更可怕的是，孙燧的小动作早就被宁王掌握得一清二楚。在一次饭局之后，朱宸濠的使者特意叫住了孙燧，送给这个爱较真的巡抚一个高档礼盒。

孙燧当场打开一看，乐了，王爷还有心情跟我打哑谜呢，不愧是文化人。礼盒里装了四样东西：红枣、鸭梨、生姜、芥末。

早（枣）离（梨）疆（姜）界（芥）？你让我走我就走啊，听你的还是听朝廷的？我这么多年的官白当了，我这么多年的操守不要了啊？也许是出于搞恶作剧的心理，当着来人的面，孙燧把这份大礼给吞到肚子里去了。

不行，只要我当巡抚一天，我就不能让你的阴谋得逞！我要把江西各府县团结在我的周围，一旦宁王起兵，大家都联合起来对付他！

宁王拉拢王阳明不成，威胁孙燧不灵，那他是不是就老实了呢？

五、生死饭局，最想杀的人没杀了

正德十四年是农历己卯年，而朱棣起兵靖难的那一年（1399年），同样是己卯年。

这一年，是朱宸濠当宁王二十年。而朱棣起兵靖难，是在他到北平后的第二十年。

这一年，朱宸濠四十三岁，而朱棣从北平起兵时是四十岁。

一直以朱棣为楷模的朱宸濠，对这些巧合一点都不陌生，就算得不到特别给力的谋士，他还是要迈出早就规划好的那一步。

但一件事的发生，却让他的行动被迫提前。

五月，御史萧淮上疏弹劾宁王"招纳亡命，反形已具"，正德帝遂派出太监赖义、驸马都尉崔元和都御史颜颐寿前往南昌宣谕，准备再一次削夺宁王府护卫。

朱宸濠在京城内线不少，当然会提前收到消息。对他来讲，削夺他的护卫，不就是逼他造反吗，必须先发制人！

而那三个特使都是人精。他们能走多慢就走多慢，最终也没有抵达南昌。

六月十三日是朱宸濠的生日，这一天，宁王府内高朋满座，非常热闹。南昌各县的官员几乎全到齐了。场面很气派，仪式很隆重，侍女很优雅，来宾都喝得很开心。

不过，让朱宸濠相当遗憾的是，他最想见到的一个人没有来——难道王守仁是出了意外，船沉到赣江里了？

中国人热衷于各种饭局，以显示自己的人脉广泛、人情练达。但既然是"局"，就存在一定的风险。往远的说，史上最著名的饭局鸿门宴上，汉高祖刘邦就差点当场丢了老命；往近里说，正德五年四月的一个晚上，塞外名城庆阳也有过一场盛大宴会。

当时，庆阳主要的文武官员都被安化王朱寘鐇邀请到府上喝酒。可是，许多参加了饭局的人，当天晚上却没有回家——以后也永远没回来。他们抵制安化王反叛，当场就被杀害了。

朱宸濠想造反，这早就不是什么绝对机密，有一点政治头脑的官员，早就看出苗头来了。因此，去宁王家喝酒，已经成了比去蒙古草原送信更危险的活动。但既然当的是南昌的父母官，宁王的饭局根本不可能推掉。明知道它比鸿门宴更凶险，你也得去啊。

不过，去了之后，官员们紧绷的心就慢慢放下了。自始至终，宁王的表现都很正常，更准确地说是非常和蔼，完全看不出有什么重大举措的征兆。大家喝得都很开心，一时间也忘记了危险。可等回到家，很多人又觉得不踏实了：按朝廷规矩，参加了藩王的生日宴请之后，第二天还得去答谢呢，这个……

六月十四一早，大小官员再一次来到宁王府，感谢朱宸濠昨日的盛情款待。走在最前面的，是其中官阶最高的几个：江西巡抚孙燧、布政使梁宸、按察使杨璋和都指挥许清。他们都是在官场打拼多年的老江湖了，对于政治变动的敏锐，丝毫不亚于森林中的兔子对猎人出没规律的了解。

他们一踏进王府，就感到了一种前所未有的紧张气氛。宁王昨天没有动手，难道是出于好心，让大家多活一天，把遗书写完，把后事交代好，再跟亲戚朋友告个别？

果然不一会儿，朱宸濠出现在了露台之上，表情非常严肃。众人急忙下拜行礼。朱宸濠示意大家平身。刚刚过完生日的他，今天倒显得非常难过。难道他是觉得，每过一个生日，就是离坟墓更近了一步吗？

朱宸濠示意现场安静，他清了清嗓子："各位大人……"

他的声音并不大，可传到那些官员耳中，无疑就像经历了一场八级地震，现场的气氛就跟炸了锅似的。

"告诉大家一个绝对可靠的消息，正德皇帝，他……他不是孝宗的亲生儿子！"

一片哗然之中，唯有朱宸濠气定神闲。他继续说："都是那个死太监李广的错，他不知道从哪里抱了个野孩子，冒充孝宗的龙种得了皇位，我们都被欺骗了十四年啊。"朱宸濠凶狠的目光从所有人脸上扫过，想看看哪些人不愿意相信他的话。"刚刚我收到了太后的密旨，要我速速起兵，入朝监国，驱逐朱厚照！"

朱宸濠这个谎编得真离谱。如果正德帝是抱错的孩子，在弘治帝当政的时候早就被处理了，怎么可能等到正德帝已经当了十四年皇帝，才突然被太后察觉。就算太后现在才想起来，她不去和先皇的老臣们商量，传旨给千里之外的宁王你干什么？

有一种狂妄叫作不思考，有一种自负叫作想当然，有一种失误叫作没头脑。按说宁王准备造反都准备十来年了，应该以什么理由起兵，怎样才师出有名，这里面学问大了。而他花重金养活的那一大堆谋士，应该好好琢磨这些细节问题。

看人家朱棣，起兵依仗的是朱元璋的祖训："朝无正臣，内有奸恶，必训兵讨之，以清君之恶。"他说是小皇帝受了奸臣蒙蔽，作为叔叔不能袖手旁观，哪怕冒着生命危险也得奉天靖难，把大侄子从奸人手里解救出来。九年前刚刚造反的朱寘鐇都知道打出"诛刘瑾"的旗号，显然比朱宸濠高明。

孙燧不想这么沉默。他走上前去，厉声质问朱宸濠："太后的密旨在哪里？你拿不出来，就是意图谋反！"

朱宸濠哪有什么密旨，他笑嘻嘻地回答说："密旨不能随便拿给你们看吧。"心想等我当了皇帝，还不说什么是什么啊？

"你身为藩王，却要谋反，就不怕抄家灭族吗？"

朱宸濠可不高兴了，这个姓孙的真没眼色，人家还没起兵呢，尽说不吉利的话。他"当啷"一声抽出了宝剑，道："朱厚照作为太监捡来的野种，荒淫无度，天人共愤。我朱宸濠是太祖高皇帝的直系血亲，绝不能看着太祖的基业毁于野种之手。今天凡是愿意跟我起兵的，高官厚禄不在话下，如有二心，我的宝剑绝不答应！"

"反贼，我跟你拼了！"孙燧用尽全身的力气向朱宸濠扑去，想和他同归于尽，但宁王身边的卫兵也不是吃干饭的。他们很快制伏了他。

按察司副使许逵怒不可遏："你们怎敢欺辱天子大臣？！"试图冲过去保护孙巡抚，也被朱宸濠的卫兵当场绑了。

孙、许二人骂不绝口。朱宸濠下令将两人拖出惠民门外斩首。

弥留之际，孙燧仿佛又看到了那个余姚老乡。二十年前，我们同在杭州参加乡试，一同高中举人（虽然我会试一次过，你考了三回）；现在，我们同在江西为官，共同监视朱宸濠。你和我一样，有一腔热血、一身正气、一脸沧桑；你和我不一样，你用兵如神，而我不过是一介书生。有你在，朱宸濠一定不会得逞的！

无有死者，无以报先君；无有生者，无以图将来。伯安贤弟，你一定不能让我的血白流，一定要阻止宁逆的反叛，一定要拯救江西的子民！

在场的其他官员通通被朱宸濠抓了起来。此后，参议黄弘和主事马思聪在监狱中抗争而死，为国捐躯。而布政使梁宸、参政王伦、按察使杨璋等人，都本着好汉不吃眼前亏的态度倒向了宁王一边。

处置了江西官员之后，朱宸濠一不做二不休，干脆就在宁王府自称皇帝，年号顺德。这么急吼吼地造反，显然是不想给自己留余地了。

前面讲过，弘治五年王阳明与孙燧、胡世宁一同参与浙江乡试。那一年是农历壬子年，王世贞将三人称为"壬子浙江三仁"。只因他们都曾舍命与朱宸濠斗争。

正德九年，胡世宁调任江西兵备宪副。他来到南昌之后，很快发现了宁王谋反的诸多证据，于是果断向朝廷上疏揭发。但朱宸濠在北京的眼线太多，他们让言官诬告胡世宁诽谤亲王，其罪当诛。胡世宁被迫去京诏狱投案，不久后被发配辽东戍边。

而孙燧为了与宁王抗争，更是不惜搭上性命，真正做到了以身许国。

王阳明听顾佖讲述宁王宣布谋反的大致过程，越听越感到后怕。如果不是随从的疏忽，他六月十三日一定会准时出席朱宸濠的寿宴，那么六月十四日，他也必须和孙燧等人一起去王府答谢。

这样一来，当天宁王府的尸体中肯定还要增加一具了。

什么叫劫后余生，这肯定也算一种吧。什么叫大难不死必有后福，说的就是这种经历吧。上天留下我这条命，是不忍心看到南昌百姓经历浩劫，不忍心看到江南大地兵戈不休，不忍心看到朱宸濠这样的败类篡权夺位，不忍心看到孙燧等忠臣的鲜血白流。

孙抚台，你安息吧，有我王守仁在，宁逆他是不会得逞的！我明天一早就赶到吉安，组织兵力讨贼。

不过，朱宸濠既然要起兵了，会把王守仁这样的对手轻易放走吗？

王阳明

游刃有余平叛乱

第十章

一、论摆脱追杀，我的经验很丰富

王阳明没能到宁王府拜寿，这让朱宸濠非常失落。

对这样一位用一年半时间平定赣南匪患的军事天才，朱宸濠当然是特别欣赏，但又极其害怕。如果王阳明能协助他起兵造反，无疑是如虎添翼；如果后者站在朝廷一边来平叛，这给造反大业带来的麻烦和伤害，很显然是非常巨大的。

朱宸濠在赣州也有情报人员，知道南赣巡抚的起马牌（高官上任前向沿途发出的通知牌）在六月初六发出。那么三天之后，巡抚本人就要动身。不出意外，王阳明十三日前后应该就到南昌。甚至连他的坐船是什么样子，探子都打听清楚了。

但朱宸濠苦苦等了几天，王阳明十二日没来，十三日没来，十四日还没来，如果是他的船在赣江出事了，那倒挺好，省得本王动手；如果他玩什么花招，可一定不能便宜了他。

本着把一切不稳定因素消灭在萌芽状态的精神，朱宸濠立即派出鄱阳湖水盗出身的凌十一，让他率领二十条战船从赣江南下抓捕王阳明。活要见人，死要见尸！

这一天，是正德十四年六月十五。

接到任务的凌十一也相当发愁。赣江是从南向北流入长江的，而江西的夏天经常刮南风，从南向北行船很容易；而去抓王阳明得由北向南逆风而行，在那个年代，对没有动力装置的帆船来说太吃力了。但他不敢违抗朱宸濠的命令，也不方便向老大解释，只好开船下水。

呼啸的南风下，凌十一让船员们拼命划船，吃力地前行。这样痛苦地挣扎了大半个时辰，还没驶出二里地。一伙人正在唉声叹气，突然间风向大变，起北风了！可把凌十一乐坏了，心想这难道是天意，阎王也想让姓王的去他那里上班？老凌立即下令张满帆，快速前进。

这一天的月亮很圆，这一天的北风很大，这一天的凌十一很忙。一路上，他发现了不少船只，但很快便确认都不是自己的目标。行到丰城县的黄土脑附近，老凌追上了一艘大船，经探子确认，这正是王阳明一路乘坐的官船。

这还客气什么？凌十一命令包围大船，带着几十个兄弟就冲了上去。他们对所有的房间挨个搜查，不信姓王的还能插上翅膀飞了。不一会儿，一个士兵开心地跑过来："报告将军，王守仁捉住了！"

凌十一一听大喜，立即命令把人带过来。

一个头戴乌纱、身披三品官服的官员被押到了跟前，紧张地四处观望。凌十一激动的心情还未平复，一看来人却非常失望——这根本就不是自己的目标。王阳明又高又瘦，而此人肥硕的身躯很有几分当年仁宗朱高炽（两三百斤的大胖子）的风采。好好一身官服，就像捆在他身上一样。

一群人把大船翻了个底朝天，还是没有看到王阳明的影子。凌十一大怒，把刀架在胖子脖子上，逼问他王阳明的下落。这哥们吓得浑身哆嗦，忙道："将军饶命啊，小人是巡抚衙门参议。王都爷故意让我穿着他的官服待在大船上，自己早就换上便服驾着小船跑了，这会恐怕都到吉安了。"

凌十一可不想追到吉安，那可是伍文定的地盘。要真打起来，自己这点人手恐怕要吃亏。凌十一喝令胖参议脱下官服，拿回去交差了。

想捉住王阳明，哪有这么容易，王大人摆脱追杀的经验多丰富啊。

镜头一转。王阳明这会儿倒没有跑到吉安，而是来到了临江府（今属江西省宜春市樟树市）。

在丰城县与顾佖分别后，王阳明打算去吉安集结兵力讨伐宁王。但船家不小心偷听到了王大人与龙光的对话，知道宁王已经谋反，而这位巡抚正是人家的抓捕对象，说什么也不肯开船。

船家的理由也是非常充分："来的时候是顺风顺水的，现在回去就得逆流而行，而且又有大南风，逆风根本就开不动。要走，也得看明天一早风向能不能变。"

王阳明一听，下令在船头焚香，向北下拜说："皇天在上，如果老天爷您哀悯生灵，允许我王守仁匡扶社稷，拯救黎民，那就请现在改变风向，如果您有心帮助逆贼，让天下生灵涂炭，那我愿意现在就跳水自杀，不想苟且偷生。"说着说着，他的眼泪就掉了下来，随从也都被感动了。

"大人快看，北风来了！"龙光指着飘动的军旗大喊。王阳明一看，果然起了北风，就命令船家火速开船。谁知船家还是不想动。

他的理由也特别合理：实在太晚了，先睡一觉，等明天一早开船吧。

还等明天？只怕明天一早，本院的脑袋就要挂在宁王府的门楼上了。王阳明忍无可忍，"当啷"一声抽出了宝剑。他在赣南虽然制定了严厉的军法，自己倒是从来没有杀过人。当然，旁边有一个打架生猛的龙光，老大只要摆个架势就好了。

杀船家当然是虚张声势，把他杀了，谁给你开船啊？于是众随从都围过来说情。船家这下不敢讨价还价了，赶紧开船。不一会儿，太阳就落山了。（一说王阳明削掉了船家的一只耳朵。）

王阳明担心追兵很快就到，他让一个参议穿上官服待在大船里，自己带着龙光、萧禹、雷济等坐了一艘小船，张满帆拼命向南开去，一直驶到了临江。王阳明让龙光去找知府戴德孺借轿伞，老戴慌忙赶来迎接，好说歹说，总算把抚台大人接到了府上。

王阳明侃侃而谈。他认为，朱宸濠的选择，无非有三种：

第一，上策。乘自己士气正盛，率大军直奔北京，打朝廷个措手不及。如此一来，大明社稷就危险了。这无疑是最佳方案，就怕朱宸濠没有这个魄力。

第二，中策。带兵攻打南京，控制江南繁庶地带。这样即使不能夺取天下，也能形成割据态势。这是最稳妥可行的方式，也是朱宸濠最可能实行的方案。

第三，下策。继续守住南昌，不求更大发展。这样四方勤王的兵马就会包围过来，宁王就如同砂锅里的鱼一样，只有死路一条。

只要想办法把宁王拴在南昌，咱们就成功了一大半。

戴德孺一听，非常精辟啊，阳明子真不是浪得虚名。跟定王抚台，好运自然来。但如何把朱宸濠限制在南昌呢，人家凭什么听你安排？王阳明笑了笑："我自有办法，这就动身回吉安搬救兵。"随后，他又非常客气地说：

"戴知府，你这有稿纸能借我一点吗？我要写几封信。"

知道王阳明眼睛不好，戴德孺吩咐衙门里多点些蜡烛。在相当明亮的灯光下，这位巡抚笔走龙蛇，不大工夫就写好了一封信。然后对老戴说："来，离我近一点，再近一点……"

这深更半夜的，两个男人凑这么近，是要做什么呢？

二、哥写的不是信，是谋略

凌十一没能捉住王阳明，拿了一套巡抚官服跑回去就想交差。朱宸濠很生气，后果很严重。如果不是刚刚起兵，急需用人之际，这个水盗的脑袋，肯定要被砍下来扔到自己最熟悉的赣江里去了。

朱宸濠和李士实、刘养正一商量，火速分出兵马攻打南昌北面的九江和南康，控制住长江东下留都的航线。事情进展得很顺利，两座城市的守将均不战而降。

初战告捷，两个军师建议立即率主力直奔北京，想打正德小朋友一个措手不及，像永乐大帝那样平定天下；或者，马上攻打南京，把南京作为与朝廷抗衡的基地。只有占据南、北二京的至少一个，造反大业才有成功的可能。朱宸濠也认同他们的观点，于是立即筹措兵力和船只，准备择日东进。

不过，一起意外事件打乱了他们的部署。

这天，朱宸濠正准备发兵，部将突然来报，说明捉住了一个来自广东的朝廷探子，从他身上搜出了一封秘信。朱宸濠打开信件，看着看着脸色就变了。他相当紧张，立即请两个军师前来。

密信上说，朝廷已经获悉宁逆朱宸濠谋反的情报，通令各地严防死守，对叛军格杀勿论。本官接到南京兵部的密令之后，已经火速征调了四十八万狼兵，马上就要行至江西镇压叛军。接到密函的各地州府官员，需要立即为平叛大军准备粮草，不得有误。落款是"提督两广军务都御史杨旦"，还盖了都御史的官印。

两个军师看了也相当紧张，但又一想都乐了。以南京兵部的办事效率，只怕现在还在争论要不要出兵，还吵不出任何结果呢，怎么可能一下子征调四十八万大军？

老江湖李士实说："陛下，这恐怕是奸人的诡计，想把我们诓在南昌，不让我们出兵。"刘养正附和道："是啊，南昌无险可守，如果我们不占领南京，四面勤王的军队很快就能把我们包围了。"

"两位爱卿说的都有道理，但不能不防啊，这样，大家再等两天，看看动静吧。"

"好……"李刘二人退出殿外，忍不住直摇头，这不是耽误时间吗？

说是等两天，但过了七八天了，朱宸濠还不发兵，刘养正和李士实急了，商量着去找朱宸濠。一进王府，朱宸濠看到他们，非常高兴："来，来，快坐，本王，不，朕正想要找你们呢。"

他的手里，又拿着一份文件。两人一看，不由得倒吸了一口凉气。

密信是北京兵部发出来的。命令朱泰（本名许泰，正德帝养子）、郤永率兵四万，从凤阳出发；刘晖、桂勇率东边官军四万，从徐淮出发，水陆并进。命令王守仁领兵二万，杨旦等领兵八万，秦金等领兵六万，分道夹攻南昌。据可靠消息，宁逆准备离开南昌，出兵留都。各部务必缓慢行军，切忌打草惊蛇，等老小子一离开南昌，立即乘虚猛攻，抄了他的后路。

李士实在朝廷待过，一看文件上面的兵部大印，知道这次可能是真的。刘养正倒是无知者无畏，不服气地说："前几天还说四十八万狼兵呢，现在怎么改成二十四万了？"

朱宸濠叹了口气："来，把人带进来。"

一个满脸皱纹的中年妇女走了进来，跪倒磕头："吾皇万岁，万万岁！"李士实一看，差点没坐地下：我老婆怎么在宁王的房间？他已经有了这么多妃子，难道还要……

"起来说话。你是怎么发现这封信的？"

"回陛下，我们一家被吉安知府伍文定派兵抓去，绑在他的战船上，说是要把我们作为人质，来威胁宁王。不过那天，我不小心看到了……"

"看到了什么？"

"我看伍文定让手下把密信缝在衣服里，还说一定不能走漏风声。随后，他们就注意到了我。然后就准备杀我灭口。"

"那你为什么还活着？难道你……"李士实说不下去，他心里太痛苦了。

"是伍文定大人要放了我，他说，杀女人是要遭报应的，太不吉利……特别是我这么美的女人……"

朱宸濠扫了一眼这丑女人陶醉的表情，差点当场吐出来。他说："把奸细带进来。"

两个年轻人被押了进来。他们看到李士实的老婆都非常愤怒，想用眼神杀了她。朱宸濠问丑女人："你在船上见过这两人？"

"对，伍大人就是把密信交给了他们。"

"那你们跑到南昌来做什么？"

两人为难地看了下李士实和刘养正："小人不敢说。"

"快说，不说就杀了你们……"

"陛下，是伍知府让我们带信给李士实和刘养正二位大人，说两位和他是老朋友，看了这封信，就能改变主意、弃暗投明，成为宁王府的内应。"

"血口喷人啊……太无耻了……"李士实和刘养正给气昏了，扑通跪倒，"我等忠诚之心，天地可鉴啊，陛下别中了小人的奸计……"

"来人，把两位军师先看管起来。"朱宸濠倒是不含糊。

过了几天，朱宸濠把李士实和刘养正放了，又给他们看了一份新文件。原来这竟是两人写给王阳明的"亲笔信"，商量如何活捉宁王。

"这肯定是那个王阳明的奸计，拖延我们攻打南京的时间，他们好集结兵力，准备向我们反扑。"刘养正说。

"对啊，十几天都过去了，说好的狼兵呢，二十四万大军呢？根本都是没影儿的事。"

"陛下，我们现在不能再耽误了，应该马上攻打南京。"

镜头一转。六月十六日一早，王阳明就离开了临江，两天之后抵达吉安。

九年之前，他曾在这里担任庐陵知县，如今，他的学生已经成为知府了。

此人就是伍文定。

伍文定，字时泰，湖广松滋人，比老师王阳明还大两岁。弘治十二年，两人同中进士。《明史·列传第八十八·伍文定》说他"有膂力，便弓马，议论慷慨"，显然不是文弱书生。

一个人的力量是有限的，即使你有再高的天赋和再智慧的头脑，若没有朋友的帮助，没有自己人的配合，你也如同搁浅的巨轮，无法有任何作为。

在这个时候，王阳明特别需要伍文定的帮助与配合。

戴德孺则按照王阳明的吩咐，派人带着那封以"提督两广军务都御史杨旦"名义写出的密信混进南昌，故意让朱宸濠的手下抓住。

伍文定的地盘并不归南赣巡抚管辖，但他却是王阳明最信任的弟子之一。在赣南剿匪中，伍文定也一直主动配合，义务劳动，表现得相当积极。

刚到知府衙门，屏退了左右，王阳明立即要伍文定准备文房四宝，继续伪造密信。

各位看官，他老人家写的哪里是信，这都是谋略啊。

灯光昏暗，王阳明写得相当吃力，伍文定看了着急："要不，我替您老写？"

"不用不用，你有别的事要做……你认识不认识一些刻章高手？"

"有啊，不过现在这么紧急，先得对付宁王吧？"

"就是为了对付宁王。你马上让他模仿兵部的大印……"

"扑通"一声，伍文定就跪下了："抚台大人，这可是死罪啊！"

"顾不了那么多了，为了江西百姓，就是诛九族又有何妨？所有的后果都由老夫来承担。"

"大人啊……"伍文定哭着磕头，"若真要死，学生也得死你前面啊。"

摊上这么个老师，你有什么办法呢？

"快去办吧。"王阳明又想到了什么，对伍文定说，"附耳过来，咱们得这么办……"

伍文定边听边点头，心想：这可怜的宁王，还不得给王大人玩死啊。

写完了密信，王阳明立即以南赣巡抚的身份向自己统辖的八府一州的官员写信，让他们尽快带兵赶到吉安，共讨宁王。

随后，王阳明开始给当今天子上疏汇报情况，痛陈了形势的危险与平叛的急迫，这就是著名的《飞报宁王谋反疏》。其中说道：

日望天兵之速至，庶解东南之倒悬。伏望皇上省愆咎己，命将出师。因难兴邦，未必非此。

由此看出，王阳明依然希望的是朝廷早日派兵。几天之后，他又上了《再报谋反疏》和《乞便道省葬疏》，希望能回山阴安葬祖母。

大明有着发达的驿站制度，但吉安距离京师有三千里，奏疏再加急也得六月底送到了。巡抚南畿都御史李克嗣飞章告变，王琼在左顺门召集五府六部大臣开会。里面有些人是得了宁王好处的；另一些人，知道宁王势大，担心他成为朱棣第二，都各打小算盘，不愿意公开承认宁王谋反。王琼把他们狠狠批评了一顿，说朱宸濠是"竖子素行不义，今仓卒举乱，殆不足虑"，并向正德帝请旨，做出以下决定：

首先，削夺朱宸濠王爵，正名为贼，布告天下。有能擒获此人的，封为侯爵；

其次，将北京城内朱宸濠的同伙朱宁、藏贤等人捉拿归案；

再次，责令江西、湖广、南直隶和浙江的各路兵马据守要塞，随时出动，一齐剿灭叛军；

最后，派安边伯朱泰充总兵官，统领京军，平虏伯江彬、太监张忠、魏彬为提督官，张永等随军，择日开往江西，讨伐朱宸濠叛军。兵部侍郎王宪负责筹备粮饷，为大军南下做准备。

当初，王琼把王阳明派往南赣，除了剿匪之外，还有一个重要目的就是对抗宁王可能的反叛，这是一步很大的棋。事实证明，这步棋还真走对了。

不过，正德帝却有自己的打算，他认为宁王谋反兹事体大，别人都不靠谱，应该让朱寿大将军亲下江南。

即便到了这个危机时候，朝廷一如既往的低效。都到八月了，朱泰才带着前锋军开出德胜门。刚走到良乡，他却突然收到了来自南昌的急报。这伙计看了之后，不禁火冒三丈。

王守仁，你太多管闲事了！

这三十来天，到底都发生了什么？

三、知行合一，快速占领敌巢

镜头切回六月下旬的吉安。王阳明伪造了第二封公文之后，好几天都按兵不动。伍文定是个急性子，劝老师立即出兵。

王阳明却一点也不着急："这时候，我们应当示弱，不能急着行动。"

"这又是什么道理？"伍文定这智商是跟不上了。

"前一段时间，需要把他们拖在南昌，现在，是要让他们离开南昌。"

这么复杂？伍文定完全听不懂了。

"宁王刚刚起兵时，士气正盛，如果宁王直接攻打南京，很可能就顺利拿下，想剿灭他就困难了，所以要把他拖在南昌，扰乱他的军心，挫伤他的锐气。同时，我们也得集结兵马，光你一个吉安府的人怎么够呢？"

"那现在我们为什么不能马上出兵？"

"我们现在才多少人啊，能和对手硬拼吗？我们这几天没动静，朱宸濠就会觉得官军胆怯，他会带领主力攻打南京，南昌的防守必然空虚。等他一走，我们立即猛攻南昌，他一定得回兵救援。这样，我们就能以逸待劳，而他们却疲于奔命，我们怎么可能不胜呢？"

"那有没有可能，朱宸濠打下南京之后，根本不在乎南昌呢？"随从小心翼翼地问道。

会吗，不会吗？

王阳明手下担心朱宸濠不会回援南昌，老大云淡风轻地说出了四个字，一下子把在座的都点醒了。

"那不可能。"

一个农村长大的孩子，即使在大城市做生意赚了大钱，也不会觉得家乡的饭菜不好吃，更不会舍弃家乡的老房子。朱宸濠的思想境界也差不多，他是不会放弃南昌的。

朱宸濠在南昌守了十来天，也没看到什么狼兵前来攻打，才知道自己被忽悠了。他猛然惊醒，决定立即出兵南京。七月初一，朱宸濠以隆重仪式祭祀长江之神，希望给自己讨个好彩头。

不过，他和楚霸王项羽一样，走到哪里都舍不得一个人，没有她就浑身不自在，没有她就不明白生命的意义，没有她就找不到奋斗的理由。怎么才能叫上她一起走，还不让她闹别扭呢？

七月初二一早，朱宸濠急匆匆赶到娄妃寝殿，让她赶紧收拾东西上船："太后娘娘下了旨，让江南的亲王们都到南京祭祖。咱们去几天就回来。"娄妃听了不免有些怀疑，但还是答应跟他走了。

朱宸濠留下一万多兵马，让堂侄宜春王朱拱㮞守卫南昌，并让两个儿子协助。自己带着李士实、刘养正、杨璋和潘鹏等人，统领近十万精兵，战船数百艘，穿越鄱阳湖，兵锋直指南京。

叛军首先到达了安庆。这里距离南京四五百里，是长江沿线的重要港口。李士实和刘养正都建议朱宸濠别管安庆了，直扑南京不香吗？朱宸濠却觉得安庆可以轻松拿下，就派降官潘鹏前去劝降。

潘鹏是安庆人，以为自己能说服安庆知府张文锦，结果人家根本不吃这一套，潘鹏的家童还被腰斩示众。

这还不算完，张文锦还在将潘鹏在安庆的家属枭首示众，并且派出几队士兵轮番恶毒辱骂朱宸濠，诅咒他下地狱等。

一向温文尔雅的朱宸濠被彻底激怒了，凭什么要受这样的羞辱啊？再说了，你骂我没关系，骂娄妃我万万不能容忍，于是他决定教训一下这些没文化的野蛮人。他一声令下，叛军发起了猛攻。可安庆城布防很严密，一时半会儿还真打不下来。双方就在城下展开了拉锯战。

十几天过去了，小小的安庆还没有打下来，张文锦极其开心。他就是要把叛军拖在这里，不让他去打南京。

朱宸濠非常闹心，恨不得生吃了姓张的。他问手下此处是何地，没想到军官还没回答完毕，就被老大当场用宝剑当场捅死了。

这是怎么了？原来，手下回答的是"黄石矶"。但用南方口音说出来，就成了"王失机"。多晦气啊，朱宸濠能不抓狂吗？

可就在这时，让他更寒心的事又来了。

南昌突然来了加急探报，说南赣巡抚王守仁集结了三十万重兵，分十三路合围南昌，宁王府危在旦夕。听到"王守仁"这三个字，朱宸濠脸色立即变了。

这三个字给他带来的伤害，绝对远远大于"狼来了"。

为什么不早点杀了他啊！朱宸濠想大叫。

南昌对于朱宸濠的意义，可不仅仅是一座城市。

朕生在这里，长在这里，在这里度过了四十一年。没有了南昌，真不敢想象我下半辈子的生活会是什么样……来人哪，传旨，立即回兵南昌，活捉王守仁！

听说老大要退兵，可把刘养正和李士实急坏了。他们火速赶过来，跪在朱宸濠面前不停磕头："陛下，万万使不得啊！"

"为什么不能救南昌？"

"我们只要占领了南京，胜过十个南昌！"

朱宸濠愤怒地瞪着这俩忽悠，恨不得飞起两脚把他们踢到长江里喂鱼去："你们知道南昌有多重要吗，你们知道南昌对朕意味着什么吗？朕的两个宝贝儿子还在南昌，难道不应该去救吗？"

王阳明哪来的三十万精兵，他只拼凑出了八万左右正规军与民兵的混合部队。不过对付朱宸濠似乎已经足够了。知道吉安人民为什么如此怀念王阳明了吗？不光因为他从龙场出来，第一站就是庐陵，更重要的是，这场注定要改变大明历史的战争，正是从吉安启动的！

王阳明下达了必杀令，他可不想叛军回兵了之时自己还在攻城。这样势必腹背受敌，能不能扳倒朱宸濠就不太好说了。

就在准备进兵的关键时刻，邹守益急匆匆地赶来，向王阳明汇报了一个重要消息。

"先生，听说叶芳已经投降了宁王，准备带兵攻打吉安。"

王阳明听了微微一笑，吩咐按计划进兵："我相信叶芳，他必然不会反叛。"

"为什么呢？"邹守益难以理解，"叶芳可是接受了宁王的封赏啊。"

气氛骤然紧张了。

王阳明沉默了一会儿，以斩钉截铁的语气说道："就算全天下人都叛变了，我辈也应当起兵破贼！"

邹守益差点哭出声来。这老头发起狠来，只怕天王老子拦也拦不住。

历史会永远铭记这个日子：正德十四年七月十三日，王阳明和伍文定在吉安起兵，杀奔南昌。十五日，他们来到临江府樟树镇，会合了临江知府戴德孺、袁州知府徐琏、赣州知府邢珣及瑞州通判胡尧元等人，并将大军分成十三路。

王阳明把自己的作战方案写在纸条上，发给十三路统领。一帮人捧着纸条，看明白之后全傻眼了。转瞬之间，军营里就炸开了锅。胆小一点的，当场就痛哭了起来："大人，打仗不能这么打啊！"胆大一些的，干脆实话实说："那小的现在自杀算了，还能保个全尸。"神经比较脆弱的，拿着命令哈哈大笑；心思比较细腻的，看了一个劲地摇头。有自诩和主帅关系密切的，笑嘻嘻地走到王阳明跟前："大人，咱们要不要再斟酌一下？"

还斟酌？斟酌个寂寞啊。我的话就是命令！王阳明根本不理他，而是喊了一声："龙光！"

这个忘带官印，反而救了老大一命的笨蛋赶紧跑过来："大人，有何吩咐？"

"去把帐后关押的那些不服指挥的军官全拉出去砍了！"

"好啊好啊。"砍脑袋龙光最在行了。听着不远处传来的一声声惨叫，还在帐内的军官一个个都感到瘆得慌。工夫不大，一个士兵推着小车进来，车上装满了死人头。活着的人，都被吓得脸色大变，知道老大没开玩笑。

王阳明的命令很简单就一行字：

一鼓而附城；再鼓而登，三鼓而不克诛伍，四鼓而不克斩将。

翻译成白话文就是：

听到第一通战鼓响，你们都得给我站到城墙底下。（跑得慢到不了墙根下的，立斩。）

听到第二通战鼓响，你们都得给我往城上爬。（还不爬或者被人从上面赶下来的，立斩。）

听到第三通战鼓响，你们都得给我登上城楼。（还留在城楼底下的小分队，立斩伍长。）

听到第四通战鼓响，你们就要给我结束战斗。（还没拿下自己地盘的，立斩主将。）

王阳明又叫来伍文定、邢珣、徐琏和戴德孺，发给他们一人一块令牌。四人一看，不禁都皱起了眉头。上面写的是：

> 伍不用命者，斩队将。队将不用命者，斩副将。副将不用命者，斩主将。

还让不让人活啊？

王阳明一摆手："都回去休息，明天一早准时攻城！"

这觉，还让人怎么睡得着？这仗，还让人怎么打下去？这命令，还让人怎么不抓狂？

军官们一个个悲愤又无奈地离开了，只剩下了"关系户"伍文定。他压低声音说："先生，您方才杀的，不是我吉安府的死囚吗？"

"不这么做，能吓住他们吗？"王阳明轻轻捋着长须。

"先生英明！"伍文定算是彻底服了，看来自己的段位，跟老师还差得很远啊。

七月二十日清晨，天气晴朗。守在南昌广润门的叛军，经过一夜的休息，一个个都精力充沛、精神焕发。他们穿着坚实的铠甲，举着锐利的武器，看着城下的风景，一个个脸上都笑开了花。

和煦的阳光下，一大群穿着破烂盔甲，拿着"山寨"武器的男人们，正拼了老命往城墙下猛跑。这些人说士兵不像士兵，说土匪不像土匪，更像五百多年后横店影视城的群众演员，工资一天三五十块钱的那种。城上的叛军，看得这个乐啊！见过傻的，没见过傻得这么可爱的；见过不要命的，没见过这么急着赶着投胎的。

为什么跑这么快？第一通鼓已经响了嘛。

叛军光顾乐了，看着一帮人冲到了城下，居然忘了放滚木、石头等。就在这时，"咚咚咚咚……"鼓声又起，底下的人把云梯架了起来，瞪着血红的眼睛向城上爬去。城上的士兵慌忙抵抗。冲在最前面的愣头青被砸翻了，但后面越来越多的人，发疯似的往上冲。这些平时只会欺负老百姓的叛军，从来没见过这么玩命的主儿。他们哪里知道，那随时可能响起的鼓声，能把一个好人变成恶人，能把一个恶人逼成铁人，能把一个铁人整成超人。

第三通鼓响起之时，局势已经完全改变。越来越多的官军登上城楼，满世界追杀失去抵抗力的对手。城墙之上，到处都是叛军的尸体。侥幸活着的都在拼命逃跑。

第四通鼓还没响起之时，广润门已经完全被官军控制，吊桥被放了下来，一队队的官军呼啸着冲了进去。在他们身后，一个身材瘦长、目光凶狠、胡子老长的书生骑在马上，紧张地擦着额头上的汗水，感慨自己的脑袋算是保住了。随后他大喊一声："弟兄们，拿下宁王府！"

猛人就是猛人，广润门半天工夫就被伍文定占领。不久之后，其他六门也陆续被官军攻克。所有人的目标这时都变成了朱宸濠的老窝。

不过，当官军杀到宁王府时，眼前的景象，却把一群大老爷们惊呆了！

现场已经是一片火海，从里面往外逃命的全是男人。这么豪华的王府，难道没有一个女人，怎么可能嘛？没有女人，男人活着还有什么乐趣？没有女人的家不叫家，叫宿舍；没有女人的王府不算王府，算寺院。官军抓了几个逃兵审问，真相让他们不寒而栗。

原来这场大火，正是宁王府的女眷点着的。她们得知城破，担心自己的名节受辱，愧对宁王殿下的多年关爱，就相约纵火自焚，一个都不逃生。都说男人勇敢，女人胆小，可这些女性的行为，让人无比感慨，也无比崇敬。她们可以为朱宸濠付出一切，后者却不把她们的安危放在心上。

宁王府的火势过猛，把周边的民房都引燃了。官军不得不一边继续追剿漏网叛军，一边组织灭火。局势已经基本稳定，王阳明带着卫队也开进了南昌城，急忙询问娄妃的下落。

看着被烧得残破不堪的宁王府，想到上百个如花的生命就此随风凋零，王阳明的心针扎一样疼痛。

他的思绪，会不会回到三十年前，回到与娄老先生相见的那一天？

一天之内，南昌就换了主人。原来已经投降朱宸濠的大小官员，包括布政胡廉、参政刘斐、参议许效廉、南昌知县陈大道等都跑到王抚台大营投案自首。他们连连磕头，请求抚台高抬贵手。王阳明知道，要恢复城内的秩序，还少不了这些人。他们不是圣人，在面对死亡威胁时做出委身宁逆的选择，实际上也是正常反应。王阳明好言劝慰，责令他们恪尽职守，既往不咎。这些人感激涕零，纷纷表示将戴罪立功，重新做人。

王阳明指挥下的非专业军队，只因一道命令，就把自身潜力释放到了最大极限。有诗为证：

皖城方逞螳螂臂，谁料洪都巢已倾。

赫赫大功成一鼓，令人千载美文成[1]。

知而不行，只是未知。王阳明制订的看似不可思议的军事计划，居然真在最短时间内达成了。

今天的我们回顾这段历史，在惊叹之余，当然也会思考这个问题：

如果四鼓之后拿不下南昌城，所有士兵和他们的将领，真的都会被杀头吗？

一个爱民如子的伟大学者，真的比常遇春还嗜杀吗？

对于生命的敬畏，他真的还不如普通人吗？

等了解了事情全过程，相信我们每个人心中，已经有了答案。"以霹雳手段，行菩萨心肠"才是这位哲人的追求，如果不给这些人施加足够的压力，他们又如何会意识到问题的严重性，又如何能激发最大的潜能？

翻一下历史书就知道，攻打南昌的难度得有多大。一百五十六年前，这座当时还叫洪都的城市就经历了一场惨烈的保卫战。当时与朱元璋争夺天下的汉王陈友谅亲率六十万（号称）大军，几乎是倾巢而来。但汉军围攻洪都八十五天，在城外丢下了上万具尸体，还是没有能拿下这座城市，并且严重错失了战机，影响了士气，最终导致了鄱阳湖水战的大溃败。

正是为了纪念这场伟大的保卫战，朱元璋在取得胜利之后，才把洪都改名为南昌。

天啊，这个看起来本分木讷的老学究，怎么办事效率如此之高呢。陈友谅身边要有个有他十分之一智慧的参谋，当年的历史就得重写了吧。

拿下南昌，下一步就是与朱宸濠的决战了。那么，在什么地方迎接这个叛乱分子呢？

显然，能够选择的方式无非两种，一是坚守南昌，坚壁清野，等待朱宸濠的攻打；二是主动出击，在城外与其决战。

朱宸濠从安庆撤军回救南昌，走的是水路，必然会进入鄱阳湖。如能在

1.指代王阳明，因王阳明的谥号为"文成"。

湖上截住他，就不用把战火再引进南昌了。这座城市，也就不用在短期之内，再经历另一次浩劫。

整整七十年前的十月，在土木堡取得大胜的瓦剌骑兵乘胜包围了北京城。兵部尚书于谦并没有选择据城死守，而是果断将二十二万京军调出九门，与瓦剌兵展开殊死搏斗，并取得了京师保卫战的伟大胜利，让瓦剌人连北京城墙都摸不到，连架云梯的机会都没有。在潜意识中，王阳明当然渴望自己能比肩于谦，以己之力捍卫大明。

不过，新的问题马上来了，王阳明从来没有打过水仗，缺乏这方面的军事经验。而且，南昌的战船基本上都被朱宸濠带走了。自己能够调动的，只是一些商船和渔船。这样的配置，和宁逆作战，算不算是自杀行为？

To be, or not to be? （生存，还是毁灭？）

四、鄱阳湖小战，改变的是历史大格局

每到历史关头，统帅的意志和决断力对战局会产生决定性的影响，甚至会改变历史走向。北京城下如此，南昌城中，同样如此。

战船不足，王阳明就把沿江几个府的渔船和商船全部征调了。王阳明下令：

兵发鄱阳湖，迎战宁逆！

七月二十三日，朱宸濠率领舰队紧赶慢赶，抵达了新建县的樵舍。叛军船队遮天蔽日，绵延出去了数十里。

有人带着拼凑的船队也赶了过来，准备和他进行决战。

这是一个朱宸濠无比熟悉的人，这是一个坏了他大事的扫把星，这是一个让他恨不得生啖其肉、生饮其血的多事鬼。

我们朱家自己的家务事，要你一个姓王的多管闲事？

我老人家哪里不好，不比朱厚照那小王八蛋强多了？

别以为就你会打仗，看我怎么把鄱阳湖变成你的坟场。

鄱阳湖古称彭蠡，"彭者大也，蠡者，瓠瓢也"。赣江、修水、鄱江、信江与抚河五条大河在这里汇聚，是南下入赣的必经水路。它北起湖口，南到三阳，跨度超过了二百里，分为南、北二湖，南宽北窄。如果把万里长江看作是系在中华大地上一条金腰带，那鄱阳湖就是挂在腰带上的宝葫芦。

一百五十六年前，这里曾经有过一场持续三十六天的大决战，并被后世学者誉为"人类冷兵器时代最大规模的水战"。正是这场战争，决定了华夏民族的前路与命运。获胜的朱元璋就此成为南方霸主，五年之后又当上了皇帝，建立了大明王朝；而兵败的陈友谅不光丢掉了军队，丢掉了老婆，丢掉了地盘，甚至丢掉了最最宝贵的性命。

据史书记载，这场战争，双方投入的兵力分别是六十万（陈友谅）和二十万（朱元璋），并且使用了当时最先进的火炮、火铳等武器，三十六天之内，双方打得那叫一个惨烈，死伤极其惨重，湖水甚至一度被鲜血染红。

巧合的是，那一年的战争，也是从七月开始的。

二十四日凌晨，一支由数十艘船只组成的编队驶出了叛军水寨，巡游在宽阔的湖面上。朱宸濠深知王阳明"诡计多端"，担心这位大师前来劫营，因此派手下两员干将——水盗出身的凌十一、闵廿四出寨巡查。

叛军船队行驶到黄家渡，凌、闵二人就收到探报，前面发现了一队官军！

呵呵，王阳明真的派人来偷袭了，那还客气什么？两人立即命令举火，发炮！

深夜的宁静猛然间被打破，一时间喊杀声四起，火炮连天。转眼之间，几艘官军船只就被打沉，落水的士兵发出的绝望的惨叫，在夜色中显得分外凄厉。来人显然缺少心理准备，以为距宁王水寨还有好长距离，必然平安无事，哪承想敌人主动出击打上来了。其余的船只也顾不上什么队形了，开足马力向东逃跑。

凌十一和闵廿四看在眼里，乐在心头：这回万岁爷不得重赏我们啊！那个据说打仗很厉害的王守仁，也不过如此嘛。想跑？没那么容易！两人一招呼，船队跟在后面紧紧追赶。

不觉追出了近十里，他们居然还没追上，两人不禁感慨，官军的逃跑技术真是出色。他们却没想到，那帮人除了会跑，还会做点别的，并且做得同样出色。

天色渐渐亮了起来，只听一声炮响，江面上突然火光通明，南、北两个方向，同时冒出了无数小船，这些船飞快地向叛军船队驶来，将其拦截成了三段。

王阳明没有水军，没有像样的战船，他的船队全是这种渔船拼凑起来的。船虽然不行，但船上的人可不是吃素的，他们有的提着雪亮的钢刀，冲上了大船的炮台，对着正想放炮的士兵一顿狂砍；有的抱着点燃的柴火到处乱扔，搞得现场秩序一片混乱。

在这样的贴身肉搏之中，宁王的优势兵器完全派不上用场，当场被擒斩的就有两千多人，还有近万人落水淹死，其中就有他们的头领凌十一。可怜的家伙，半个时辰前还做着升官发财的美梦，现在却中箭落水，永远也别想醒来了。闵廿四拼出吃奶的力气，率领剩下的几条破船逃了出来，退到了八字脑。

这一天是廿四日，看来并不是他老人家的幸运日。

这一仗让朱宸濠损失惨重。正发愁间，刘养正和李士实来找主子，说他们有退敌妙招。朱宸濠高兴地招待了二人，急切地想听有什么高见。

他俩口若悬河说个没完，朱宸濠认真听着，表情相当严肃。突然，他猛地站了起来，抽出佩剑，直直地向刘养正刺去！

原来，这俩哥们居然让朱宸濠放弃水军，撤退上岸！

坑爹啊，白养你们了。南昌已经让王阳明占了，我回不去；安庆我也攻不下来。我还能跑到哪儿去，难道要去九华山当和尚？

从举兵的那一刻起，就注定了这是一条不归路，不是夺取天下，就是不得好死，当不了朱棣，就只能当朱高煦！ [1]

朱宸濠把自己平时积攒的金银珠宝都拿了出来。

他做的第一件事就是告诉全军：明天要与官军决战，誓杀王守仁！

他下的第二条命令，就是下令九江、南康的军队，火速赶到南昌增援。

这是不给自己留后路啊，有点当年项羽破釜沉舟的悲壮味道。如果再打不赢，他真得去南赣打游击了。

1.朱棣次子，跟随父亲靖难屡立战功，与长兄朱高炽争夺帝位失败。朱高炽之子朱瞻基继位后，朱高煦于宣德元年（1426）举兵谋反，事败被俘，后被杀。

他下的第三条命令一公布，在场的人都瞪大了眼睛，有些人干脆叫了起来，根本不相信这是真的。

朱宸濠倒是很平静，他又说了一遍："带头冲锋者，赏千金！对阵负伤者，赏百金！"

盘点历史上所有的造反者，都没有给下属开出过这样有诱惑力的筹码。在场的人，能不动心的还真找不到。人为财死，鸟为食亡，从来都是如此。

七月二十五日，战事在八字脑再次开始。重赏之下必有勇夫，叛军士兵如同打了鸡血一般奋力向前。宁王的大船火力全开，轻而易举地打沉了多艘王阳明的小破船。王阳明的船队处境非常危险，很多人也都失去了抵抗的勇气。

关键时候，一个英雄挺身而出。当然，这个英雄是让他老师给逼出来的。

伍文定拔剑立在船头，大喝一声："以此为界，敢于退后者，立斩！"

其实，伍文定自己何尝没有逃跑的心思呢？但他的身边，就站着王老师派出的中军官。此人带着令牌而来，扬言要将多有战功的伍文定当场正法，让现场人人自危。

日本人说自己球踢得最好，巴西人笑了；巴西人说自己的摩天大楼最多，美国人笑了；美国人说自己的校园最安全，伍文定笑了；书生伍文定说自己最擅长杀人，全天下的老粗都笑了。就他那一百来斤的小身板，扛把剑都费劲，还杀人！

结果，几个不信邪的船长，真的尝试了一下开船后退。伍文定也很守诺言，真的让弓箭手把他们当场狙杀了。看着这老兄愤怒的双眼、颤抖的双手，谁还敢笑话他是个书生，谁还敢再尝试抗命呢？

这一刻，伍文定如同明初名将常遇春附体。他不是一个人在战斗，他不是一个人，他成了一把血红的宝剑。

突然，只听"轰隆"一声巨响，伍文定坐的船被击中，很快燃起了大火。船上的人不免非常紧张，但他们的指挥官，依然立在原地，依然挥着宝剑，依然坚持着自己的原则。接着，更糟糕的事情出现了。

卫兵们吃惊地发现，老大的头上咻咻地冒着白烟，如同一枚随时要爆炸的手雷。他的胡子和头发由黑色变成了红色——已经被火烧着了！众人急忙过去想给老大灭火，伍文定却大喝一声："大敌当前，杀敌要紧！"好像这些人冲过来不是帮他而是害他，是要破坏他的潇洒造型，阻碍他扬名立万。

如果伍文定晚生五百年，还能开直播，当"网红"骗小姑娘。可当年连最简陋的胶卷相机都没有，伍文定有必要这么玩命吗？有，这是他践行知行合一的最佳场合，这是他向老师王阳明证明自己的最好机会。大家看老大都这样了，个个热血沸腾，誓言要和反贼血战到底。

也许是伍文定的玩命感动了上天，也许是叛军的大意造成的恶果，正杀得难分难解之时，朱宸濠坐船旁边的指挥舰，突然被官军的火炮击中，顿时火光四起。震天的爆破声掀起巨大的水浪，连带着卷起的炮弹和木板残渣，一股脑儿地倾泻到了宁王的坐船之上，使得船体剧烈摇晃，甚至有随时沉没的危险。

朱宸濠不免大惊。眼见士兵无心战斗，就下令主动退出战场。叛军阵型大乱，而官军在后面紧紧追赶，疯狂砍杀。被杀死、溺水的叛军数不胜数，又有数千人做了俘虏。

由此，一个历史之谜产生了。

有学者指出，伍文定水军之所以能够转败为胜，是因为他们拥有了一门当时世界上最先进的大杀器——佛郎机铳。这是王阳明的好友，时任四川巡抚的林俊从葡萄牙人处购得，连夜送到南昌的。

而根据王阳明自己的《书佛郎机遗事》[1]，林俊确实派人自三千里外迢迢地运送了一门佛郎机到南昌。不过大炮抵达目的地之时，战事在七天前已经结束了。真相到底如何，值得后人再继续考证。

不过，明朝中期的火炮研发能力与欧洲的差距并非天差地远，就算没有这门佛郎机，官军照样能击沉朱宸濠的指挥舰。武器固然重要，但也要看是谁在使用。

逃回樵舍的朱宸濠，岂能咽得下这口气？岂能不报仇雪恨？他整顿残兵，鼓舞士气，要求明天再战。不知听了哪位高参的建议，这位叛乱头子当场宣布：

"把所有的战船，都用铁索连起来！"

这个桥段，大家熟不熟悉？

1.见《王阳明全集新编本》卷二十四，《外集六》。

五、生擒要犯，显得如此轻车熟路

天亮了，新的一天来到了。

正德十四年七月二十六日，这个原本普通的一天，注定要被永久载入史册。当然，有些人因此流芳百世，有些人却只能遗臭万年。

朱宸濠把群臣召集在一起，商量如何调动连环战舰，给官军来个泰山压顶式的冲击。同时，他将过去两天作战不利的杨璋、潘鹏等军官抓到龙船上，准备将他们就地正法。正争论，探报慌慌张张地闯了进来："万岁，大事不……不好了！"

"怎么回事？"

"水寨着……着火了……万岁您快跑吧！"

朱宸濠从窗口望去，只见外面火光四起，被铁锁绑定的一条条战船熊熊燃烧着，烈焰冲天，空气中弥漫着烟火的味道。这位"皇帝"惊叫一声，差点原地昏倒。

还怎么和姓王的斗，家底这么快就烧没了！

大船锁在一起当然有好处，那就是步调一致，火力集中，作战更有威力，像一座建在鄱阳湖上的移动城堡。不过这么一来，也就有致命的弱点喽。

当时，罗贯中的《三国演义》还没有成为畅销书，但作为一个有文化素养的藩王，就算不看通俗读物《三国演义》，也不可能不读《三国志》，不背苏东坡的《前赤壁赋》吧。

再说，你在南昌生活了四十年，难道真的没听说过鄱阳湖大战，不知道陈友谅是怎么死的？

一百五十六年前，就在同样一片天空下，同样一片水域中，同样有一个叫陈友谅的愣头青，同样耍过连锁战船的小聪明。结果大家都是知道的。同样有一个浙江书生刘基，不但免费给陈友谅上了最后一堂军事课，还让这伙计看到了最后一次东边的日出。

混到这一步，你朱宸濠能怪谁呢？

镜头切回昨日夜里。叛军用铁链连船的情报，很快就被王阳明获悉了。

博览群书的他，岂能没看过《三国志》？岂能没听说过老乡刘基的事迹？岂能不笑纳这份大礼？

王阳明并不明白朱宸濠何以会犯这样致命的错误；但他很清楚，兵贵神速，不能让这座水上堡垒杀到眼前，必须要主动出击。

因此，他急令南昌城中准备物资，加班加点运输到鄱阳湖前线。

二十六日凌晨，官军大举出兵，直扑樵舍。冲在最前面的是伍文定指挥的四十艘小破船。这些临时征调的民船上面堆满了浸过油的芦苇等易燃物品；船上精心挑选的战士，都下了必死的决心。主力战船则与冲锋船拉开距离，跟随在后面。

南昌的夏天多刮南风，而朱宸濠的水寨就在东北边。这真是天助阳明子，不用学诸葛亮筑坛借东风了——再说他也不会啊。

由于天色尚早，叛军疏于防备，让官军船队冲到了眼前。军官急令放箭。但为时已晚。这些冲锋船点燃了芦苇，拼尽全力向朱宸濠的战船冲去。片刻工夫，几十艘大船都起了火。由于船只锁在一起，这时想要解开已来不及。南风也不失时机地刮起来了，火借风威，风助火势，越烧越旺，湖面上很快出现了一片火海。

大火是可以快速蔓延的，恐惧是可以大范围传染的，信心是可以瞬间崩溃的。叛军本来就人心不齐，是被朱宸濠裹挟而来的；此刻，更是一个个吓破了胆，四处奔逃，结果只能给自己带来更多的灾难。有被当场活活烧死的，有被队伍踩踏致死的，更有不顾一切跳入水中，却因水性不好被淹死的。各船军官们都自顾自地逃命，根本顾不上士兵死活了。

这一切，当然早就被王阳明预判到了。随着中军一声令下，早已准备多时的四路战船朝朱宸濠的连锁战船冲了过去。戴德孺、徐琏攻右路，邢珣攻左路，余恩等分兵设伏，伍文定继续从正面进攻。

官军先用密集的箭雨猛射一阵，然后冲进敌阵中，挥舞刀枪玩命砍杀。此后的较量就没有任何悬念了，甚至变成了一场屠杀。一边早已吓破胆，另一边则是士气高昂；一边只想着怎么逃命，另一边却琢磨着如何多拿赏金。一边连举刀都哆哆嗦嗦，另一边却杀得兵器卷刃都浑然不觉。无数叛军的尸体跌落到鄱阳湖中，水面一度都被鲜血染红了，很多人扔掉兵器跪在甲板上，期望能保住小命，结果还都成功了——毕竟上月初人家还是体制内的官军，跟南赣土匪不一样嘛。

眼看大势已去，无法翻盘，朱宸濠正琢磨着如何带着老婆跑路呢，却听到外面响起阵阵欢呼声。这个时候，谁还有心情庆祝，太没良心了吧？他连忙命人打探。不大工夫，卫兵拿着一块木牌跑了进来："万岁，完了，全完了！"

朱宸濠接过木牌，只见上面写着"免死牌"，不明白这小玩意儿能有什么威力，再翻过来一看，这哥们不觉倒吸一口凉气，跟跟跄跄后退几步，一下子跌坐在椅子上，长叹一声：

王守仁，你太没良心了！

只见木牌上面赫然写着："宸濠叛逆，罪不容诛；胁从人等，有手持此板、弃暗投明者，既往不咎。"

朱宸濠从窗口望去，只见烟火弥漫的湖面上，已经漂满了免死牌，受到鼓舞的叛军士兵们一个个、一排排地跳入水中，去抢那些救命宝贝。到了这时候，一块小木板比一堆金元宝更让他们动心。朱宸濠气得拔剑乱砍，却无可奈何——人心散了，队伍无法带了。

突然，又有一声巨响，差点把朱宸濠震得坐在地上。自己的坐船中炮了！喊杀声越来越近："活捉宁王，赏万金！""立即投降，可免一死！"朱宸濠瘫坐在"龙椅"上，他已然明白，就算自己想逃跑都不太可能了。

其实，他已经足够幸运了。当年的陈友谅，只不过从船舱向外露个头，就被一箭射穿了头盖骨，可以说运气差到了极点。而他朱宸濠趴在窗口瞅了半天，居然还安然无恙，居然还能活下来。

坐船已经严重损坏，有随时沉没的危险。这位叛乱头子放声大哭："天亡我，天亡我！"其实并不是天亡你，是你自己太蠢，不适合从事谋反这种技术含量高的工作。

朱宸濠擦干眼泪，奔向内舱，那是娄妃和其他女眷、丫鬟住的地方。

外面已经乱成了一锅粥，可这里却一如往日。

一位贵妇优雅地坐在椅子上，平静地指挥几名侍女缝着自己身上的衣服。外面的隆隆炮声、充斥天地的哭喊声，似乎都与她完全无关。朱宸濠走到美人身边，默默地把手放在她的肩头。

她，当然就是宁王的爱妃娄氏。

喊杀声越来越清晰。舱内的女人跟商量好似的，一个接一个跳入水中。

她们可不是逃跑，而是自杀。一个个如花美眷，就这样随风而逝，随水飘零。她们宁死也不愿意被敌人俘虏，要为主人保全名节。

朱宸濠感慨道："别人说商纣王亡国是错听了妇人之言。而我落到今天这步田地，却是不听爱妃之言，是我害了你啊。"说着说着，他忍不住放声痛哭起来。

娄妃也是心如刀绞。没有人不珍惜生命，没有人不明白生的美好、死的无奈。虽然五百多年前的人大都相信鬼魂说，但死后的日子毕竟是未知的，谁不留恋尘世呢？可娄妃知道，宁王若带着自己一个弱女子是几乎不可能逃掉的。

她想到了霸王别姬的故事，感慨项羽和虞姬的悲惨结局。宁王志大才疏，对自己的爱倒是真心的。到了这个时候，自己不能拖累他。

"王爷保重。如果有来生，妾身再伺候您。"娄妃一边泣不成声地说着，一边毫不犹豫地向船边走去。朱宸濠已经完全麻木了，不知道应该做些什么。

直到听见"扑通"的落水声，这伙计才猛然惊醒：爱妃这是要自杀啊。可惜，一切都来不及了。看着美人慢慢没入水中，朱宸濠心都碎了。他闭上双眼，实在看不下去了。

是我害死了你啊！我还有脸活在世上吗？爱妃慢走，我来陪你！转念一想，好死不如赖活，我还要杀了王守仁，为挚爱报仇雪恨！

朱宸濠身边，已经没有了任何一名侍卫，但根据《王阳明出身靖乱录》记载，依然有四名侍女跟着他。（不管你信不信，反正我是不信的。）朱宸濠脱去龙袍，换上便装，独自划着一艘小船，想驶到安全地带。可是，自己哪里开过船啊？小船转悠了半天也没逃出包围圈。"活捉宁王，重赏千金"的喊声依旧听得十分清楚。

就在这时，前面突然有几艘小船驶过。朱宸濠一看，知道是鄱阳湖当地的渔船。这帮渔夫真是心大，赶上了这么大场面的战事，还要坚持上班赚钱。朱宸濠猛然来了精神，如同沙漠中奄奄一息的背包客看到了过路车，大声喊叫道："快来救我，我有重赏啊！"

一艘渔船停在了朱宸濠眼前。一个渔夫满脸堆笑，将这位鳏夫（和四位侍女）拉上了船。

"请问先生是哪里人？"

看着来人如此礼貌，朱宸濠也就不装了："我是宁王朱宸濠，被人追杀。你们救我上岸，我重重有赏……"

"哈哈，是吗……太好了……"渔夫兴奋地吹了一声口哨。这是要给客人上酒菜吗？

朱宸濠刚坐下来，还没喘口气，两个士兵突然变魔术似的从船舱里钻了出来。他们不由分说就把这位前王爷给捆了起来。

知道猪八戒是怎么死的吗？笨死的。

渔夫摘下帽子，向朱宸濠致意："我乃万安知县王冕，奉王抚台之命，特意来拿你的。"

上了船等于上了当，万事休矣。朱宸濠痛苦地闭上双眼。他已经万念俱灰，不想做任何反抗了。

朱宸濠其实也不必感到孤单。他的世子，以及李士实、刘养正、刘吉和涂钦等下属都在监狱里等他呢。大家伙又能凑在一块畅谈理想了。

水战结束，整个平叛战争也就告一段落了。从六月十四日正式开始造反，到被官军活捉，朱宸濠的皇帝梦只做了四十三天，差不多是袁世凯当皇帝的一半时间。

更惨的是，这哥们自打进入鄱阳湖，直到进入南昌的牢房，只经历了短短四天，比上帝创造世界（七天）快多了。而从王阳明七月十五日吉安起兵算起，平叛也只用了短短十二天。

相比当年刘基策划的鄱阳湖大战，一百五十六年之后的这场水战只能称之为鄱阳湖小战。战局虽小，战略意义却一点都不小，甚至可以和那场大战媲美。

鄱阳湖大战耗时长达三十六天，打垮了陈友谅号称六十万的大军，令朱元璋真正成为江南霸主，是大明王朝的奠基之战；而鄱阳湖小战仅用了四天就全歼对手，彻底粉碎了宁王的反叛，避免了大明山河再遭战祸蹂躏。

在鄱阳湖大战中，刘基只是一位参谋，拍板定夺、承担后果的是朱元璋；而鄱阳湖小战中的王阳明，和京师保卫战中的于谦一样，担任的是全军统帅。他的决策正确与否，不光决定战争的胜败，还决定数万将士的生死，在某种程度上还决定了中华民族的前程与命运。

但让人开心的是，王阳明成功了。他以出神入化的指挥艺术、临危不乱的领袖才华、敢于担责的使命精神，为自己书写了生命中最恢宏的一个篇章，为大明王朝军事史留下了浓墨重彩的一笔，为中国历史提供了一段永远值得铭记的佳话。他也用这种完胜方式完美地致敬了自己的偶像于谦。

谁说书生不能领兵？谁说不能以弱胜强、以少胜多？谁说读书人只能当赵括？谁说一群业余战士不能创造奇迹？所有的规则，所有的定律，所有的法则，在这里通通失灵，通通不起作用。

因为，它们面对的是王阳明。

王阳明已经在赣南平叛中战果卓著，但平心而论，若没有鄱阳湖之役，他也不会像这般被世人铭记。但成就了这么大的功勋，他有理由高兴，有条件庆祝，更有资格放纵一下，没有什么大不了的。

不过，如果我告诉你们这会儿王阳明在做什么，大家应该会有些费解。

六、激战正酣，统帅还能忙里偷闲

当卫兵通报活捉朱宸濠的之时，王阳明也没有闲着。

士兵们打得正欢，他还在自己的坐船里坚持教学，依然在给弟子们讲课，还真是沉得住气啊。这让人联想到了东晋宰相谢安。

东晋太元八年（383），前秦皇帝苻坚亲率号称百万的庞大军队南征，想一举消灭东晋，统一中国。而在宰相谢安的协调指挥之下，东晋只派出了区区八万北府兵迎敌。胜负的天平似乎严重倾斜于前秦，但阴差阳错的是，前秦拼凑起来的"多国部队"军心涣散、士气低落，被东晋杀了个大败，甚至导致了帝国的瓦解，苻坚本人也在两年后遇害。

当大胜的捷报传到东晋京师建康时，谢安居然还在家里陪客人下棋。当信使不得不闯进书房汇报时，谢大人只是轻描淡写地说了句"知道了"，然后继续下棋，好像什么事都没发生一样。

不过，谢安真的如此波澜不惊吗，他真的对胜利如此无动于衷吗？《晋书·列传第四十九·谢安》中记录了这样的细节：谢安送走客人，回到自己房间时，居然忘记了门口有门槛，把拖鞋的木齿都踢断了。可见，这位东晋政坛的巨人，其临危不乱的坚毅、从容不迫的气度、荣辱不惊的习惯，有很大的作秀成分。当然，作为政治家，这种表演也是一种需要。政坛本身，不就是最华丽也最危险的舞台吗？

而王阳明的临阵讲课，又是怎么回事呢？他也需要做这样的表演吗？如果想想他十三岁就立下了做圣人的坚定信念，三十一岁就得了被时人认定为不治之症的肺病，那么，我们对他的惜时如金，就会有另一种不同的理解。

这一年，王阳明已经四十八岁了。他深知自己已时日不多，必须珍惜时间。

世间所有的相遇，都是久别重逢。在昏暗的灯光下，这两个十六世纪初名气最大的"七〇后"终于见面了，没有行礼，没有下拜，更没有拥抱、握手这些俗套礼节。朱宸濠已成囚徒，而王阳明成了能决定他命运的人。

再次相见，朱宸濠一定非常悔恨。当年完全有杀掉王阳明的机会，可惜自己没有好好把握。他甚至觉得自己很冤枉、很委屈："你一个姓王的，为什么要管我们朱家的家务事？我真的就不如那个朱厚照吗，太宗（朱棣）可以靖难，我为什么就不能把昏君赶下台？"

死到临头还嘴硬，王阳明懒得理他。

朱宸濠突然又换了个表情，哀求说："王先生，让我尽削护卫，降为庶民，成吗？"

"有国法在。"

王阳明看着这个曾经不可一世的宁王，长叹一声——没有金刚钻，非要揽磁器活，本来可以舒舒服服当王爷，现在想求做一介平民而不成，怪谁呢？

朱宸濠完全绝望了，知道自己难逃一死。这个时候，他倒不失藩王风范，向王阳明一拱手："本王做了错事，死就死吧，无话可说。不过我的爱妃娄氏，以前多次苦劝我不要谋反，我都不听，连累了她……"

"她怎么样了？"王阳明猛然脸色大变。

"她投水自尽，葬身于鄱阳湖了。希望王先生能好好安葬她。"

王阳明怒视着朱宸濠，恨不能一脚把他踢到湖里去，真是作孽啊。可是，她的父亲，号称能预知未来的娄谅老先生，为什么连自己小女儿的前程都预测不准呢？为什么把她往火坑里送？

王阳明立即派出一队士兵，带着一名宁王府太监赶往鄱阳湖。

娄妃的尸体已经被捞起。当地渔民知道刚打完了仗，有许多船只沉没，自然就纷纷出动，想捞点财物改善生活。有人打捞起娄妃尸首之后，一见她的长相就知道不是凡人，再一看她的衣服，已经用渔线缝得密密麻麻的了，就更相信她身上藏有宝物，正准备找工具扒衣服呢，被随行太监及时发现了。

士兵们把娄妃的遗体带到了巡抚衙门。王阳明哆哆嗦嗦地揭开了盖布，看到的是她精致的面容。已经四十多岁的人了，依然美得让人无可挑剔。更让人痛心的是，娄妃为防止死后被人羞辱，居然把自己缝了个严严实实，处处为朱宸濠着想。而她的丈夫，又为她做了什么？

王阳明尽量控制自己的情绪，不想当着这么多下属的面流泪。他长叹一声，吩咐按王妃的礼节，将娄妃厚葬在湖口。

这座墓今天依然保存完整，当地百姓称之为贤妃墓。可见，公道自在人心，群众的眼睛是雪亮的。

曾经劝说王阳明留在吉安的邹守益，此时才知道老师的神机妙算——叶芳是拿了宁王的好处，可根本就不听他的调遣。小邹兴奋地说："先生，您这次成就的可是百世之功，必将千载留名！"

王阳明看着弟子，表情出奇的平静，他道："老夫怎敢言功？昨晚才第一次睡了安稳觉。在没有收到捷报之前，我每天都寝食不安，现在，这一切终于可以结束了。"

话虽如此，王阳明的心情还是相当激动的。学生一走，他立马提起笔来，写了一首《鄱阳战捷》：

甲马秋惊鼓角风，旌旗晓拂阵云红。

勤王敢在汾淮后，恋阙真随江汉东。

群丑漫劳同吠犬，九重端合是飞龙。

涓埃未遂酬沧海，病懒先须伴赤松。

七月三十日，王阳明将平定朱宸濠叛乱的事情写成《江西捷音疏》和《擒获宸濠捷音疏》，快马上报给朝廷。朱泰第一时间看到的正是这两份文件。你说，人家能不生气吗？

同时，按照自己的一贯作风，王阳明又开列了一个详细的战果清单。主要内容有：生擒首贼一百零四名，从贼六千一百七十五名，斩获贼人首级四千四百五十九颗，缴获金并首饰六百二十三两一钱二分，银并首饰器皿八万三千八百九十七两一钱五分八厘五毫；烧毁贼船七百四十六只。

伍文定在宁王府搜出了一个大箱子，里面全是朝廷官员和朱宸濠私通，并接受贿赂的往来信件。如果王阳明把这个箱子放在身边，相信能让很多人听自己摆布。

如果是你，会如何处理这个箱子呢？

第十一章 有功被谤巧妙化解

一、叛乱已平，朱寿大将军偏要南征

王阳明拿到了朝廷很多高官私通宁王的罪证，却做出了一个让人非常吃惊的举动。

他下令烧掉了这些信件。

王阳明希望用自己的包容唤醒那些官员内心的良知，让他们吸取教训，踏实做人。但这一次，他想得可能有些太简单了。

更没有预料到的是，一些远比朱宸濠更危险的对手，已经向他发起了进攻。

王阳明粉碎了叛军，平定了叛乱，立下了不世之功。按说，接下来肯定少不了重重赏赐，加官晋爵，泽被后世……且慢！事情远远没有这么简单，甚至要向相反的方向发展。

王阳明活捉了朱宸濠，肯定有些人不高兴。

最不高兴的，除了朱宸濠本人之外，恐怕就是刚踏出城门，走到良乡的朱泰了。

这伙计第一时间看到的，正是王阳明写下的《江西捷音疏》和《擒获宸濠捷音疏》。你说，人家能不生气吗？军人尊严能不受一万点伤害吗？能不把公文压下不报吗？

让你王守仁去福建剿匪，谁让你管宁逆的事？你这么能，咋不上天呢？不行，我这就向干爹汇报，让他干一票大的！

朱泰找人写好奏疏，并请江彬等人附议，力劝正德帝御驾亲征，平定宁逆，顺道考察南方（游山玩水），与民同乐（连吃带拿）。正德帝正每天在豹房锻炼身体准备随时出征呢，收到上疏，不答应都不好意思了，当然要借坡下驴："准了！"

正德帝"武宗"的庙号可不是白来的，他不但不害怕打仗，甚至害怕不打仗，最害怕打不起来。

为了能够打仗，他自找苦吃，放弃条件优越的皇宫，经年累月住在相对简陋的"豹房"锻炼身体；为了能够打仗，他不想待在舒适的北京，却跑到塞外孤城宣府另建立"镇国府"；为了能够打仗，他皇帝当得都不过瘾，却自封为"总督军务威武大将军总兵官朱寿"；为了能够打仗，他不惜以九五之尊冒险跟鞑靼小王子的五万军队纠斗一天，还亲手杀死了一名蒙古骑兵。

只要有仗可打，正德帝比什么都兴奋。更重要的是，如果能到太祖朱元璋当年奠基天下的鄱阳湖，能真刀真枪地跟朱宸濠打一仗，而且赢得漂亮，那自己不就能比肩洪武大帝，让后世永远景仰了吗？

再说，他还能趁机下江南，了却自己的一番心愿。

多少次，正德帝都想到繁华富庶的江南水乡游玩，让那些自命不凡的江南大佬们好好伺候，与那些温柔多情的江南女子浪漫邂逅，充分享受江淮一带的大餐与杭州的小吃，尽情欣赏丝竹之声和吴侬软语，然后再挑几个地方作首诗，题个字，留个念，让后人永远记住自己的南巡。

可惜他"生不逢时"，生活在一个对皇帝限制太多的时代。康熙和乾隆多次下江南，花费巨大，满朝文武只会拍手歌颂皇上英明；明朝的很多大臣，却远比两百年后的同行死心眼。就在当年三月，他们宁愿受廷杖，也要阻止皇帝随便出京；他们宁愿被活活打死，也不愿意让天子跑到南边瞎转悠。

皇帝已经当了十五年了，正德帝居然没见过江南长什么样。

这一次，正德皇帝可以不去，但可以派朱寿去嘛。

八月二十二日，正德帝安排首辅杨廷和居守北京（没有太子监国），自己钦点数万精兵，带着大学士梁储和蒋冕，将军江彬、刘晖，太监张忠、魏彬和张永等人，浩浩荡荡开出京城，与朱泰的部队会合，兵锋直指江西。

南征大军并没有坐船走大运河——那可不是铁血男儿的做派。而是策马扬鞭，一路向南。

此时的华北，已过了一年中最炎热的时段，但秋老虎也不是说着玩的。

士兵们暴晒在骄阳之下，一个个苦不堪言。正德帝当然不会傻乎乎的一直骑在马上摆pose（姿势），他又不是伍文定。但辇车也不可能装空调，沿途路况也并不是都很好，正德帝的龙体得承受颠簸，也得忍受闷热，舒服不到哪里去。

不过，据消息灵通人士透露，皇上这一路过得非常开心，还经常掏出一支金簪看来看去，有时看着看着还能笑出声来，如同怀春的小姑娘，真不知道是怎么回事。

江彬没车可坐，每天骑在马上晒得不行，就建议皇上从临清（属今山东省聊城市）上运河改走水路，这样大家日子都好过些。正德帝觉得不无道理。

八月二十六日，大军刚到涿州，王阳明擒获朱宸濠的捷报才到军中。江彬看过之后，气不打一处来：好你个王守仁，怪不得大家伙都讨厌你。领导夹菜你转桌，领导唱K你切歌，情商太低了！

江彬向正德帝汇报说："陛下，您现在御驾亲征，全天下都知道了。要是到了南昌，却没有贼可抓，这不是让全天下百姓笑话嘛。关键是让史官怎么写，难道要写'正德十四年八月，天子带兵十万，到江南各地游玩？'"

"这个王守仁，真是太自以为是了。宁逆造反，朝廷让他平叛了？朕亲征，他还敢让朕回去？"正德帝愤愤不平。

江彬一看自己的话起了作用，赶紧继续煽风点火："陛下，现在宁逆乱党都被捉拿，成了釜中之鱼、瓮中之鳖，我看您不如就用'威武大将军'的令牌，命令王守仁把宁逆放回鄱阳湖。然后您率领船队随后赶到，跟他大战一场，把他生擒。这样，后世的史书就会记载您的英雄事迹，千秋万代的大明子民一定会对您无比景仰，如同怀念太祖高皇帝一样。"

正德帝非常高兴，夸奖江彬说，如果大明的官员都像将军一样，朕这皇帝当得不知道得有多省心。

九月初七，南征大军抵达临清，开始调配船只。可就在这当口，正德帝突然想起一件事，神色变得非常紧张。

他把金簪丢了！这可是情人给的信物啊。

正德帝的这位情人名叫刘良女，不过只是个乐伎，绝不是什么良家妇女。她不知道用什么手段，把年近三十、阅人无数的皇上都给迷住了，一心想带她下江南。刘良女撒娇，不想走旱路。但她告诉正德帝，如果中途要改水路的话，就派人回京接她。

刘良女拔下头上的金簪，送给皇上做联络信物。正德帝依依不舍地告别了情人，踏上了南下的征程。刚开始，他每天坐在车里，还要捧着金簪看上半天，甚至会对着它痴痴傻笑——热恋中的年轻人不都这副德行吗？不过时间一长，皇上就把这事给淡忘了，就连定情信物都让他扔到一边了。

现在要改走水路了，正德帝才发觉金簪不见了。刘良女要生气，后果很严重！九月二十二日，他果断决定，自己亲自乘船回通州去接宝贝刘良女，给她一个大大的惊喜，也就不担心人家为金簪的事发脾气了。

不过，这么一来一回，时间全耽误在路上了，带女人出行就是麻烦啊。可是旅途中要没有女人，就只有无穷的空虚，无尽的寂寞。在这一点上，正德帝和朱宸濠是惊人地相似。

听说正德帝决意要御驾亲征，王阳明急火攻心，差点昏了过去。八月十七日，他奋笔疾书《请止亲征疏》，希望皇上能打消南巡的念头。为了让这位搞笑天子从自身安全角度考虑，认识到问题的严重性，王阳明甚至不惜言语威胁，搬出荆轲刺秦王和张良派人在博浪沙袭击秦始皇的典故，提醒皇上最好老老实实待在京城，不要乱跑乱动。他将亲自将朱宸濠送上京师。

王阳明说到做到。九月十一日，他押解着朱宸濠等要犯离开了南昌。不知出于什么考虑，他没有坐船走长江水路，而是选择了陆路，也许是为了节省时间吧。

一路之上，他还会遇到哪些麻烦呢？

二、软硬兼施，妙计赶走大麻烦

王阳明紧赶慢赶，于九月二十五日到达了广信府，眼看就要出江西地界了。还没来得及高兴，他就在这里遇到了自己很讨厌的人——锦衣卫千户。

一提起锦衣卫，王阳明立即想到了自己在北京上过的奏疏，蹲过的大牢，挨过的廷杖；在杭州受过的追杀，写过的遗书，玩过的真心话大冒险。

这帮人在自己的印象中，总是与阴谋、贪腐和杀戮这样一些龌龊东西紧紧联系在一起。他们所到之处，一定会带来危机、风险和重大变故。

不过，十三年过去了，我已经不是当年小小的兵部主事，而是巡抚四省（各一部分）、领兵过万的右副都御史，我不怕你们，你们也最好别玩什么阴招！

一阵虚情假意的寒暄过后，千户拿出了"威武大将军朱寿"的令牌，要求王都堂立刻把朱宸濠押送到南昌，放回鄱阳湖，等朱大将军过来捉拿。王阳明"腾"地一下就火了，他一拍桌子："老夫不认识这个朱寿，我是三品巡抚，这个大将军就算是一品，也管不了老夫！"

旁边有人马上悄悄提醒："都爷，朱寿就是当今圣上。"王阳明当然知道朱寿是什么来头，他就是不想接受这样荒唐的决定。千户看这个老头不好惹，反正自己把话传达了，就准备回去休息，习惯成自然，他潇洒地伸出右手，在空中划出了一道漂亮的弧线。

王阳明的中军官赶紧附耳告诉老大："都爷，该送钱了。"这还要钱？王阳明赣南平叛，累死累活一年多，朝廷才奖了四十两银子。他区区一个锦衣卫千户，还想跑我这儿来勒索？

王阳明从身上摸出五两碎银子，让中军官交给千户。这哥们接过之后轻轻一掂，失望之情无以言表，狠狠地把银子摔在地下，甩头就走了。中军官回来向抚台汇报时，吓得差点哭了出来。王阳明哈哈大笑，安慰他说："不怕，老夫自有办法对付。"

第二天，千户来到王阳明营中辞行，问对方什么时候把叛贼押回南昌，如果不送，后果自负，他准备回去向朱大将军复命了。千户的态度相当恶劣，举止十分做作，要是龙光在场，两人早就打起来了。王阳明到底是有城府，完全不生气，反而快步走上前去，做了一个华丽的动作，可把这哥们吓坏了。

王阳明一把抓住了千户的手，让后者大吃一惊，不知道这个老头想要干什么。这些年来，自己这只手搂过太多南国胭脂，牵过无数北方佳丽，让男人牵，还是多年之前，没长大时才有过的经历。他刚想发怒，王阳明便笑呵呵地说道："我跟你们是老熟人啦。正德初年，我就住过你们的诏狱，还挨过你们的廷杖。你们很多人我都认识。但我从来没见过一个像你这样轻财重义的君子。"

千户不明白王阳明是什么意思，更不会想到这老头是拐着弯地骂他。王阳明接着说："老朽出行匆忙，身上没带多少钱，仅有的银子都给你了。没想到你竟然不收，真是让我又惭愧又感动。我没别的本事，就喜欢写写文章。以后一定好好写篇表章向朝廷奏明你的高尚品格，让以后做你们这一行的年轻人，都永远记住你，以你为楷模。"

千户被搞糊涂了：难不成这老头是真傻，是真不明白我为何不收银子？算了，还是赶紧回去交差吧。以我的江湖地位，走到哪儿还要不到几十两呢。

收到千户的汇报之后，朱泰和江彬都非常恼火。他们没想到这个老学究如此"狂妄"，连当今皇上的心愿都敢违背，连我们这些红人的工作都不配合，那还跟你客气什么？

两个人立即让枪手写了篇奏疏，说王守仁其实就是宁逆朱宸濠的同党，冀元亨就是他俩来往于赣州和南昌之间的探子。王守仁只因害怕自己勾结宁逆之间的丑事被揭发出来，才对后者发动突然袭击；而宁逆做梦都想不到，自己的亲密战友会突然翻脸，结果不小心落到了王守仁手里。

得罪了皇帝的俩亲信，王阳明以后的日子肯定会无比艰难。难道这样一个捍卫大明的功臣，最后要落到被收监问斩的地步吗？

三、杭州献俘，利用矛盾保全自己

打发走了锦衣卫千户，王阳明继续向南京进发。行至常山草萍驿时，他听说正德帝亲征大军已到达徐淮一带，看来是不打算回去了。郁闷之下，王阳明在山崖下留下了两首七律：

> 一战功成未足奇，亲征消息尚堪危。
> 边烽西北方传警，民力东南已尽疲。
> 万里秋风嘶甲马，千山斜日度旌旗。

小臣何尔驱驰急？欲请回銮罢六师。

千里风尘一剑当，万山秋色送归航。
堂垂双白虚频疏，门已三过有底忙。
羽檄西来秋黯黯，关河北望夜苍苍。
自嗟力尽螳螂臂，此日回天在庙堂。

他原本立下了不世之功，却根本没有庆祝的功夫，只得为亲征的事情上火。江南民力已疲敝不堪，皇上还要瞎折腾。他一个小臣，怎么敢质疑皇帝的做法？想阻止亲征，无疑是杀头的死罪。螳臂当车是可笑的，在强大的皇权面前，他岂不就是一只小小的螳螂？但尽管如此，他依然不能放弃。

转眼到了正德十四年十月初，杭州的天气日渐寒冷，西湖边上都没有多少游人了。此时张永已先期赶到了杭州，也许正是为了拦截王阳明献俘。此时的正德帝，还奔波在接情人回临清的路上。

十月初九这一天，张永正在官邸内休息，突然下人来报：右副都御史王守仁求见！

张永名列"八虎"之一，却是个有道德底线的太监。他和杨一清共同扳倒了"立皇帝"刘瑾，当然知道王阳明因刘瑾而被杖责四十，发配龙场；也清楚王阳明在南赣剿匪、南昌平叛中的作为。他相信此人是无辜的，不可能参与宁王谋反。但他和王阳明并没有什么交情，只是和王华有过部分业务往来，所以，他不想在大多数人都指责后者之时，为这个和自己不相干的巡抚出头说话。

而且，以张永多年伺候正德帝的经验，他也觉得王阳明应该把朱宸濠放回鄱阳湖，让皇上再抓一次玩玩。

这王阳明够厉害的啊，居然知道我来了杭州，居然打听到了我的住址，居然就敢这样上门！

"去，就说我不在。"

"是。"下人领命出去，张永伸了个懒腰，刚想再睡个回笼觉，却听见外面一片喧哗声。他很不高兴："来人，外面出什么事了？"

刚才那个下人哭丧着脸跑了进来，"扑通"一声跪倒："小人该死，小人该死，刚才想轰王守仁出去，说您不在，结果我刚把门推开一道缝，他就……他竟然把门使劲推开，硬闯进来了！"

真是没用的奴才啊。张永心里"咯噔"一下，知道自己碰到狠角色了。此人扛住了锦衣卫的大棍黑牢，挺过了龙场的艰难寂寞，解决了土匪的捣乱破坏，逃脱了宁王的陷害追杀。现在，王阳明既然能找上来，区区一道门，对人家来说能构成障碍吗？

怎么说对方也是三品巡抚，总不能暴力驱逐出去吧。

张永来到客厅，见到了王阳明。让主人吃惊的是，这个用兵如神的王抚台，瘦得似乎一阵风就能吹倒。更让张永诧异的是，王阳明的脸色非红非白，而是明显发绿！他的面容很疲惫，应该是很长时间没有休息好了，眼神却很坚定，有一种不达目的不罢休的气概。

张永吩咐上茶。王阳明拒绝了，他实在没有时间喝茶。

"张公公！"王阳明相当激动，"江西的百姓被朱宸濠祸害已久，刚经历了一场战乱，现在又赶上了旱灾，已经困苦不堪了。如果北京的军队还要开到江西，还要江西各地提供粮饷，老百姓真的要走投无路了，只能再一次逃到深山老林，变成土匪了。如果宸濠余孽跟他们勾结起来，局势就更加无法收拾。朝廷再想用兵讨伐，只怕是非常……非常困难！"

王阳明一激动，又大声咳嗽起来。张永听着相当痛心。当然，作为一个混迹官场多年的老江湖，他不可能感动地流下眼泪，而是很平静地开导王阳明说："王大人，我之所以要陪皇上南下，就是担心他被小人蛊惑，希望能从中协调，而绝对不是想和王大人争功。但是……"他看着还在咳嗽的王阳明，"王大人要保养好贵体，大明的安危也要仰仗你多多出力。皇上是个好强的人，他肯定不想被后人说此行是下江南游玩。王大人何不听从安排，就把朱宸濠放回鄱阳湖，这样大家都有台阶下。如果一味地扫别人的兴，让人家痛恨你，这样对谁都没好处啊。"

皇上是得罪不起的，人家想怎么做都不需要理由。这个道理张永清楚，王阳明又怎么能不明白呢？

"那我请公公帮一个忙。"王阳明强打精神说。

"说来听听。"

"我想把朱宸濠和所有从犯都交给公公，请公公交给皇上。"

"这个……"

张永看着王阳明那张发绿的病脸，无法想象，他费了那么大的力气、付出那么大的代价才抓住的钦犯，竟然愿意这样轻易交出来，而且是交给一个他自己完全不熟悉的人。只要把人交出来，他王阳明就和平叛这件事没什么关系了。能不能当上英雄，能不能得到奖赏，甚至能不能保住脑袋，都很难说，权看当权者的心情了。

张永再一次打量着眼前这个咳嗽不止的病人，对方的形象在自己心目中又高大起来了。"人为财死，鸟为食亡"的规则，好像不适用于他。到底是什么样的境界，才能让对方做出这样高姿态的行为？放眼整个朝廷，有几个官员能做到他这样？屈指可数。张永暗暗下决定，不但要把朱宸濠顺利移交，而且要尽量保护王阳明，不让他遭受牢狱之灾。

把朱宸濠交了出去，王阳明心里一块大石头落了地。劳累和担心了这么多天，他也想休息了。

于是，王阳明上疏乞留养病，随后就在净慈寺住了下来。他一边调养身体，一边紧密关注着时局变化，希望能面见正德帝，陈说自己被诬陷之事。

这是自他参加乡试以来，第四次住进净慈寺了。二十七年前，他还是个血气方刚的小伙子；此时，他即将迎来人生第四个本命年，身体已经大不如前，而承受的精神压力，更是别人难以想象的。

反馈来的消息，让他非常失望：正德帝已经抵达了扬州，准备玩够之后前往南昌，继续实施大战鄱阳湖、捉拿朱宸濠的既定方案。

这还了得！王阳明实在是忍无可忍了，脑袋掉了也就碗大个疤，他要去淮安面圣。为了江西百姓，他什么都顾不得了！

十月中旬，王阳明离开杭州，十一月赶往距南京不远的镇江。他在金山寺住下之后，就前往待隐园，去拜会一位前辈——杨一清。

杨一清比王阳明大十八岁，在那个年代就是一代人的年龄差。王阳明也想从这位"五〇后"那里学到更多官场生存的政治智慧。

杨一清退休在家，但影响力犹在，对朝廷事务洞若观火。他很坦率地告诉王阳明：

首先，皇上不是你想见就能见的，请立即打消这个念头；

其次，张忠和朱泰已经带兵前往南昌了。你要是不回去，南昌城必乱；

最后，很快就有新任命下来了，你等着看。

因此，你最好还是不要乱说乱动，回南昌要紧。

果然，朝廷的任命书到了镇江，让王阳明兼任江西巡抚，立即赴任。他只能遵旨，经湖口返回南昌。

张、朱两个是非精，又会给他带来什么麻烦呢？

四、扮猪吃虎，让对手无计可施

正德十四年十一月中旬，王阳明刚回南昌，就发现张忠和朱泰已经鸠占鹊巢，当起这座城市的主人了。王阳明很清楚，这些人是专门来找他碴、给他添乱的。但作为地方官，又不能和他们翻脸，只能小心应付。

张永接收了朱宸濠之后，正德帝依然不愿意改变西征鄱阳湖的计划，但又想在南直隶多玩一段时间。张、朱二人立功心切，就向皇上请示说："宁逆在江西还有很多余党，那个王守仁既然早就私通宁藩，肯定会纵容包庇这些乱党，如果不把他们抓起来，迟早会给我大明江山带来严重危害。我二人愿意舍身冒险，亲自去南昌走一回，替万岁扫平奸人。"正德帝拍着二人肩膀哈哈大笑："真是朕的好孩子哇。"这俩伙计都一把年纪了，但别说给"九〇后"的正德当孩子，当孙子都愿意。

在正德帝的纵容之下，张忠和朱泰带兵两万开赴南昌，去抓捕所谓的"宸濠余党"。他俩俨然一副爱国将领派头，摆出不查到底绝不收手的认真架势。手下的士兵，也是个个摩拳擦掌，准备在这里大干一场。

两万京军开到了南昌，如同两万只蝗虫飞进了麦田。他们张开了贪婪的大嘴，想吞噬掉这座城市的一切资源。这些人多驻扎一天，就要多消耗上万斤粮食，消费上百桶水酒。这些人多停留一晚，无数的娱乐场所就不得安宁，无数的老板赚了钱也痛苦不堪。

不过，做生意的无论再怎么讨厌他们，也知道人家是京城来的贵客，万万得罪不起。对官军行为表示不满的人，一不小心，就会被扣上朱宸濠余党的大帽子，被抓到军营里当人肉沙包。

还别说，这俩伙计的办事效率真高，来南昌不久，立即就抓获了不少朱宸濠"余党"。其中还有两个重量级的——一个叫伍文定，一个叫冀元亨。

明眼人都看出来了，他们这是专门跟江西巡抚过不去嘛。

张忠和朱泰早就听说伍文定是王阳明手下第一猛人，鄱阳湖一战，胡子烧着了依然坚持留在一线，就一心想挫挫他的锐气。一帮锦衣卫把伍文定绑起来暴打，理由是他擅离职守：身为吉安知府，长期待在南昌不回去；作为文官，表现欲这么强，肯定是图谋不轨。

冀元亨被抓就更有理由了，很多人都知道他不但去过宁王府，还给朱宸濠讲过课，摆明了是南昌和赣州之间的王牌密探。有人甚至展开合理联想，说冀元亨意图勾引宁王最宠爱的娄妃，就煽动宁王造反以坐收渔翁之利。

张、朱二人知道冀元亨身体不好，就故意让手下天天痛打他，暗示他只要"举报"王阳明谋反，就能饶恕他的一切罪行。冀元亨不吃这一套，宁可被打得死去活来，也坚决不出卖自己的老师。

王阳明一回南昌，就获悉两个爱徒被抓，他急忙过去要人。张忠和朱泰很快就放了伍文定，但却一口咬定冀元亨是要犯，是和宁王走得很近的人，并将其移送到南京法司。

王阳明的内心无比痛苦，他真后悔自己让冀元亨去给宁王讲课，以致落下了把柄。但即使身为江西巡抚，他也不能要求放人，毕竟对方是正德皇帝的嫡系。

王阳明命令城中的青壮年都尽量躲到乡下去，城里最好只留下老人和孩子。他自掏经费，时不时慰问北军，有病的给看病，病死的给置办棺材。这样时间一长，王都堂的好名声就在北军中传播开了。张忠、朱泰可不喜欢这样的糖衣炮弹，明令军人不得接受巡抚衙门的犒劳。

但王阳明又通告市民，要做好东道主，善待北军。市民们遇到北军，都热情招待，拿出好酒好菜送给他们。人心都是肉长的，时间一长，北军再也不像一开始那样猖狂了。

转眼到了十一月底，马上又是元旦了，难道这些北军，要留在陌生的南昌过年？

冬至前夕，王阳明不失时机地发布告示，在南昌城内举办大规模的祭奠活动，连续举行三天。凡是家中有人遇难的，都要挂起白幡，奏响哀乐，点上香火，全家人穿上孝服，尽情痛哭，以表达思念之情。

这样一来，南昌城就进入了全城哀悼的悲伤气氛之中。绝望的情绪不仅感染了无数市民，更让远道而来的北方士兵无比难过。他们想念家中的亲人，感慨自己漂泊的处境，担心未来不知道要在这里待多久，还能不能回到家乡、见到爹娘，还有没有运气，再看一遍家乡的灶火，再吃一顿家乡的水饺（反正在南昌没得吃）。听到陌生的哀乐，很多人竟也放声大哭起来。他们纷纷跑到上级军官那里磕头流泪，希望能早点返乡，回家过年。

张忠、朱泰听下属反映，知道是王阳明的计策。他们可不想上这个当。想把我们赶走，没那么容易。他们知道王阳明身体不好，写公文都很吃力，于是就想狠狠地羞辱一下这个江西巡抚。

全城哀悼结束之后，张忠和朱泰在城里要搞军事演练，特意请王都堂参加。王阳明到了现场，张、泰二人少有地客气，恭维对方用兵如神，一举平定南赣叛乱（特意不提擒宁王那些事）。听说王都堂年轻时还在居庸关外对抗过蒙古人，弓马纯熟，是我等后辈学习的楷模，想斗胆跟您比试一下箭法。

王阳明听二人这么一说，就知道他们不怀好意。他立即大摇其头推辞道："老朽哪里会什么射箭，不行不行。"可他越是谦虚，那两人越是不干，非要和王阳明比试一下。

朱泰甚至满脸真诚地说："如果今天王都堂能胜过我们俩，我们立即把军队撤走。"王阳明面无表情地看着他，对于这个人的信用，他不是严重质疑，而是觉得根本不存在。

经不住两人软磨硬泡，王阳明非常无奈，看来对方是打定主意要为难他，再逃避也不是个办法。王阳明只好吩咐下人："回府上取我的弓箭。"

"我们这里就有现成的，何必再取？"两人知道王阳明的花花肠子很多，让他用自己的弓箭，还不知道能玩出什么花样来？那可不行，一定要让他用我们的。

张、朱二人混迹军营多年，自然射术不差。他们的表情非常轻松，一边拉弓，一边还不忘对王都堂微笑。二人各发三箭，都稳稳地射在了靶上，但离红心还有一段距离。按现代的计算标准，也就是六七环的样子。成绩不怎么样，俩伙计依然信心满满。就王都堂那病恹恹的身子骨，他能不能拉满弓，能不能射到靶子上，恐怕都是个未知数。

轮到王阳明了。他颤颤巍巍地端起弓，搭上箭，眯起眼睛瞄准了半天，还是不想射出。两人看他又认真又吃力的样子，差点忍不住笑出声来，心说就你这老胳膊老腿，闪了腰我们可不负责任！

经过许久的沉默，只听"嗖"的一声，箭终于飞了出去。"好！"随行的伍文定突然大喊起来。原来，这支箭竟然插在了那六支箭中间，距离靶心非常近。最次也得是八环。

王阳明的随从们一片欢呼。张忠和朱泰倒是不着急，他俩一致认为，王老头这次是蒙的，好运气不会回回都有吧。

王阳明摆了摆手，示意大家安静，随后他把两支箭同时搭在弓上。张、朱二人一看又乐了，心说眼神再不好使，也不能把两支箭看成一支吧，我们可不提醒你……

伍文定张口想说什么，王阳明给他使了个眼色，他也就不吱声了。

王阳明平静地拉满了弓，羽箭带着呼啸声，直直地向靶子飞去。也不知道他运用了什么手法，这两支箭居然是一前一后，互不影响的。只听砰砰两声，箭中目标。

众人来到了靶子跟前，无不被眼前的一幕惊呆了，沉寂片刻之后，大家爆发出了长时间的热烈欢呼声。王阳明放下弓，长长地出了一口气，显然，这一射消耗了他太多的体力和精力。

两支箭稳稳地扎在了红心，怎么看都是十环。伍文定等人眼尖，马上把现场保护起来，防止张忠和朱泰抵赖。

这俩哥们想自杀的心都有了。在一位病夫面前，他们斗心眼斗不过，争人气也争不赢，即使是比射箭，也输得没有任何话说。

这个王都堂大大的狡猾，什么时候还留了这么一手呢？要是跟他比摔跤多好，现在说什么都晚了。规则是你们自己制定的，场地是你们自己挑选的，器材是你们自己提供的，你们还赢不了。总不能当着所有人的面食言，说刚才离开南昌的话是开玩笑，是和王阳明闹着玩的。

更让二人恼火的是，欢呼的人群中，居然还有不少北军士兵。他俩担心再这样下去，这些伙计都要抛弃自己，跟那个老头混了。

看来，此地不宜久留！在一双双眼睛的注视下，张忠和朱泰向王阳明一抱拳："都堂神技，让我等大开眼界。两日之后，我们就将兵马撤走！"

"好，那老夫就置办薄宴，为二位将军饯行！"王阳明长出一口气，这俩扫把星终于被扫地出门了，苍天有眼啊。

不过，王阳明真的就没有麻烦了吗？

五、上表奏捷，顺道当上了预言家

再说正德。他回通州顺利接到刘良女之后，返回临清与大军会合。十月二十二日，船队开始南下，很快进入了南直隶地界。

十一月中旬，船行至淮安府山阳县的清江浦。看到此处风光秀丽，有山有水，正德帝不想走了，每天带着几个情人和小太监们一起钓鱼取乐，让自己陶醉在大自然中。

十二月初一，正德帝一行抵达了重镇扬州。他们这才明白，"娉娉袅袅十三余，豆蔻梢头二月初"真的不是吹牛。相比风沙严重的北京，扬州的天是那么蓝，水是那么清，街道是那么整齐有序，姑娘是那么风姿绰约。既然来了，那还客气什么呢？当然，正德帝进那些知名的娱乐场所消费还没有蠢到亮出皇帝的名头，办完事照样给钱。

十二月二十二日，船队装载了不少扬州佳丽，南下到达留都。

正德十五年元旦，正德帝也坐上了朱元璋修建的奉天殿，接受留都大臣的新年朝贺，成为继朱棣之后第一个在南京过年的在位皇帝，总算让留都派上了用场。

镜头切回除夕时节的南昌。一年之前，这座城市还要受朱宸濠影响；一年之间，也因为宁王叛乱而损失惨重。但此时，叛军已经被镇压，官军已经被送走，新的一年，人人都期望有好运降临。

王阳明即将四十九岁。对三十一岁就得了近乎绝症的肺病的人来说，能够迎来人生中第四个本命年，已经是生命的一大奇迹了。时间对于他来说，绝对称得上奢侈品。

他在与时间赛跑，在被病魔彻底打倒之前，他要尽量多做些事情。

少年时，他希望能读书做圣人；青年时，他明白了圣人必可学而至；年近半百，他认为人人皆可成圣。

他不想把自己的知识和经验封闭起来并作为压制别人的手段，他希望让更多的人明白，心中有了良好愿望，你也一样可以活出圣人境界。

他准备在江西大办学堂，让更多年轻人受益。

可他想在南昌过春节的小小心愿也有人不愿意成全。朝廷派的特使正好除夕当天到了，责令他立即去南京面圣。

没办法，王阳明只能立即动身。

正月初八，船行至芜湖，他却走不了了。张忠、朱泰得到消息，就派出一哨人马驻扎在长江上，不让王阳明通过：你要见到皇上，还不得说我们的坏话啊？万万不行！

没有办法，王阳明只能留在芜湖等待消息。这里离九华山很近，他干脆在山上修建了一所茅屋，在里面读书写字、修身养性。被皇帝冷落的无奈，受奸臣构陷的苦闷，时时萦绕在心头。但对于"致良知"的坚定，对于成就圣人之途的执着，又让他从压抑中走出，有了气吞山河的豪迈。他在《江上望九华不见》中吟道：

> 五旬三过九华山，一度阴寒一度雨。
> 此来天色稍晴明，忽复昏霾起亭午。
> 平生山水最多缘，独此相逢容有数。
> 人言此山天所秘，山下居人不常睹。
> 蓬莱涉海或可求，瑶水昆仑俱旧游。
> 洞庭何止吞八九，五岳曾向囊中收。
> 不信开云扫六合，手扶赤日照九州。
> 驾风骑气览八极，视此琐屑真浮沤。

这个关键时期，王阳明在朝中的支持者张永站出来说话了。他对正德帝说："王都堂这样忠君为国的贤臣，可以说世间少有。陛下下诏，他就立即赶来见您。有些人却说他有谋反之心，故意拦着不让他见您，反而诬陷他抗旨，让他左右为难。如果王都堂遭到陷害，天下还有谁愿意为陛下出力，为国家分忧呢？”

"那个王守仁现在哪里？"

"被阻在九华山，听说要被迫出家学佛了。"

正德帝马上派人去九华山调查，王阳明果然每天在茅屋中静坐。这算什么事啊，放着江西巡抚不当，却在破房子里打坐，成何体统？朝廷的工资是你白领的吗？正德帝立即传旨，要求王阳明再上南都。

正月二十六日，王阳明行至南都上新河，又被江彬、张忠的人马拦住了。这一次，正德帝听取了手下的意见，又要求王阳明返回江西。

这么折腾一位多病之人，良心痛不痛呢？王阳明不能抗旨。但他已有了新的打算。

二月，王阳明来到九江。他立即以江西巡抚的名义组织了一场盛大的阅兵。指挥号令的威武，难掩内心深处的惆怅。闲暇之时，他又上庐山，游览了东林寺等地。"远公学佛却援儒，渊明嗜酒不入社。我亦爱山仍恋官，同是乾坤避人者。"他似乎又从远公（慧远大师）和陶渊明那里找到了共鸣。

六月，听说正德帝在牛首山一度失踪，王阳明回到自己的老根据地赣州，举行了更大规模的军事演练。这么做显然会引起朝廷警惕，但他不在乎。他就是故意做给江彬等人看的，就是要让他们知道，想在皇帝身边做什么小动作，后果都很严重，老头子我是绝对不会答应的。

七月十七日，遵照正德帝的意思，王阳明将先前所写的江西捷音疏进行了严肃认真的加工处理，重新上了一篇《重上江西捷音疏》，文中最重要的内容就是淡化自己在平定朱宸濠叛乱中所起的作用，而是突出强调"钦差总督军务威武大将军总兵官后军都督府太师镇国公朱寿"的特殊地位——"统率六师，奉天征讨"，并把江彬、朱泰、张忠和张永等正德帝亲信的名字也写入其中。而王阳明在庐山上留下的真迹《纪功碑》，则更为神奇：

> 正德己卯六月乙亥，宁藩濠以南昌叛，称兵向阙，破南康、九江，攻安庆，远近震动。七月辛亥，臣守仁以列郡之兵复南昌，……丁巳，宸濠擒，余党悉定。当此时，天子闻变赫怒，亲统六师临讨，遂俘宸濠以归。于赫皇威！神武不杀，如霆之震，靡击而折。神器有归，孰敢窥

窃？天鉴于宸濠，式昭皇灵，嘉靖我邦国。

正德庚辰正月晦，提督军务都御史王守仁书。从征官属列于左方。

这一年，三十岁的正德皇帝还活得好好的，不出什么意外的话，还可以好好地活很多年。但王阳明却写下了"天鉴于宸濠，式昭皇灵，嘉靖我邦国"。怎么样，"嘉靖"二字有点眼熟吧？

后来就有人说，王阳明做了正确的预言。这当然是句玩笑话。

八月，已经失去自由一年多的朱宸濠，突然接到了通知：要放他出去。

有没有搞错？是皇侄孙良心发现，还是要玩什么阴谋？

狱卒摘下了三百多天来与朱宸濠形影不离的枷锁和脚链，让他穿上了一身崭新的盔甲，把他带到了一片开阔的平地上。

朱宸濠见到了久违的明亮阳光，呼吸到了陌生的新鲜空气，还得到了早已不太习惯的自由。这些对普通人来说唾手可得的东西，他一个曾贵为王爷的人如今却享受不了。有些事情，只有永远失去才知道它的价值。这个时候，娄妃当年经常吟唱的那首歌，是否还在他耳边响起？娄妃投水时的绝望眼神，是否又一次刺痛了他的神经？

狱卒继续给朱宸濠发东西：一柄锋利的长枪，一匹黑色的快马。朱宸濠骑在马上，挥枪摆了两个造型，表情充满了疑惑：你们这是要做什么，不会就这么放我走吧？

然后他回头一看，顿时傻眼了。

数千名全副披挂的士兵，已经把现场围了个水泄不通。这时，人群中闪开一条道，一匹快马冲了过来，在他面前不远处停下。朱宸濠看清楚了，原来是这孙子，你还要羞辱我到何时？我跟你拼了！

朱宸濠骑马举枪，向着来人猛冲过去。对方举刀迎击，只听"当啷"一声，朱宸濠被震得胳膊发麻——已经被关了一年多，哪来的力气？更糟糕的是，他手中的兵器当场给削成了两截——原来是杆表演用枪。

随后，这哥们一把抓住宁王的腰带，把他从马上扔了下来。

在士兵们震耳欲聋的欢呼声中，朱宸濠又被重新捆成了粽子，塞进了囚车。堂堂的宁王，就这么完美地做了一次背景板，当了一回工具人。看着那家伙的得意表情，重新失去自由的朱宸濠无比愤怒：不带这么玩人吧！

这位"高手"，正是朱宸濠的侄孙，大明正德皇帝朱厚照。他准备返京了。但回去之前，他还要实现自己重要的心愿。

按理说，江南好玩的地方实在太多，正德帝既然来都来了，没必要在留都待太久，肯定得去苏州、常州和杭州一带好好玩玩吧。但耐人寻味的是，他在南京一住就是将近九个月，他是太喜欢这座城市了，还是有其他不便公开的原因，这很值得历史学者们进一步深入研究。

在这期间，正德帝造访了很多寺院，还布施了不少幡幢（佛、道所用旌旗）。六月在牛首山游玩时，他还突然神秘失踪，被时人怀疑是江彬试图谋反。闰八月十二日，正德帝宣布班师回朝。

九月十二日，正德帝一行又来到了清江浦，因大风耽搁了几天。也许是想起了一年前的愉快经历，他又想过把瘾了。

正德帝从龙船上下来，带着几个随从驾着小船，在河上开始撒网捕鱼——这不比拿根鱼竿钓鱼有意思多了？玩得正high的时候，皇帝的小船说翻就翻，皇上翻进河里了。

那个年代连救生圈都没有。正德帝水性欠佳，被折腾得够呛。侍卫们赶紧搭救，把主子捞了起来。

落水后的正德帝没有就地休息，第二天就启程北返。十月二十六日，船到通州。正德帝身体已经不好了，因此迟迟不肯进京。十二月初五，他草草地处死了朱宸濠及其同党。这种做法显然有违祖制，原本肯定是应该交三法司会审的。

十二月十一日，这位皇帝终于回到了京城，此后一直住在豹房养病。

正德十六年三月十四日，年仅三十一岁的正德帝驾崩，结束了自己多姿多彩的一生。他毕竟这么年轻，平时身体也还不错，仅仅失足落水一次，就导致半年之后丢掉性命，说起来实在让人不敢相信。

有人怀疑，正德帝是遭遇了暗杀；也有人推测，他这次落水之后，可能吸入了不少泥沙和水草，从而引发了严重的肺炎——与王阳明的病类似。

正德帝的庙号被定为"武宗"，也是当朝文臣充分考虑了他执政这十五六年的所作所为而定。显而易见，在一个严重重文抑武的年代，这样的称谓贬义十足。

正德帝在宫中有皇后和一堆妃嫔，在江湖上还有很多相好，但这些女人都没有给他留下哪怕一个孩子。他也没有在世的亲兄弟，选择接班人就成了问题。张太后和内阁官员们为此大费周章。

首辅杨廷和力主让兴献王朱祐杬世子、时年十五岁的朱厚熜接班。作为交换条件，小朱必须改口管张太后叫母后。这么一来，她依然还是太后，一切权力地位不变。老太太当然愿意了。

同时，内阁与太后达成共识，让正德帝生前的好伙伴们尽量都到地下去陪他。江彬这个被认为有造反嫌疑的人，得到了和刘瑾一样死无全尸的下场——磔刑，其余党也被杀了个干净。而当年总想找王阳明麻烦的张忠、朱泰等人侥幸保住了性命，被永久流放。

还是那句话：得罪王阳明的人，没有好下场。

新的皇帝即将上位，朝廷必然进行新一轮洗牌，这给王阳明带来的到底是机遇，还是危机呢？

阳明心学出江西

第十二章

一、圣学即心学，阳明学派正式出炉

战乱之后的洪都大地，满目疮痍，百废待兴。作为一省父母官，王阳明立即着手进行救济工作。他发挥自己写信的特长，几次向朝廷上疏，要求减免江西税收，但迟迟得不到肯定的答复。不得已，王阳明下令查收朱宸濠的家产和土地，改造变卖，用作衙门经费，以筹集救济款发给百姓。

在处理公务之余，王阳明把很大的精力都用在创办义学、修复书院、研究学问与教授弟子上。

王阳明是浙江人，但今天的江西大地留下了许多纪念他的历史遗迹。南昌、赣州和吉安三大城市跟商量好似的，将城市的主干道命名为阳明路或阳明大道。这是因为江西本地的文化不发达吗？恰恰相反，这里是欧阳修和陆九渊的故乡，这里的学者群星荟萃，这里的文化氛围之强，学术水平之高，在两京十三司范围内不敢说首屈一指，肯定也是名列前茅。

正因为这样，江西民众给予外省人王阳明如此规格的尊重，才显得别样的引人注目。而王阳明能在江西获得如此殊荣，除了他天神下凡一般地剿灭南赣匪患和平定宁王叛乱，为江西百姓带来长久和平与安定之外，还有一些其他的重要原因。

十七岁时，王阳明第一次踏上江西的土地，他来南昌迎娶了妻子诸氏，并在参议府开始了职业生涯，一干就是一年多。

三十九岁时，王阳明结束龙场生活之后，担任的第一个职务就是吉安府庐陵知县。尽管任期只有半年多，他的政绩却是有口皆碑，领导才能也得到了很好的锻炼与塑造。

四十六岁时，王阳明担任都察院左佥都御史兼南赣巡抚，再一次来到江西。后来，他又担任了江西巡抚，直到五十岁时离开南昌。

四十六岁至五十岁的四年里，他大部分时间都在江西。前两年在赣州，后两年在南昌。错综复杂的形势之下，他殚精竭虑；日夜繁忙的公务之余，他手不释卷，自己的学术体系也臻于成熟。

阳明心学萌芽于龙场，繁荣于山阴，传播到两京十三司，并衍生出了王门七派，后者成为晚明最有影响力的学术流派。但阳明心学的正式出炉之地不在别处，不在贵州，不在浙江，不在京城，而正是在江西南昌。

正德十六年正月，抚州知抚重刻了《象山文集》，并请王阳明亲笔作序。他开宗明义地指出：

> 圣人之学，心学也。尧、舜、禹之相授受曰："人心惟危，道心惟微，惟精惟一，允执厥中。"此心学之源也。……孔孟之学，惟务求仁，盖精一之传也。而当时之弊，固已有外求之者，……盖王道息而伯术行，功利之徒外假天理之近似以济其私，而以欺于人，曰：天理固如是，不知既无其心矣，而尚何有所谓天理者乎？

从此，阳明心学正式诞生。[1]

陆九渊并没有明确提出"心学"的概念，"心学"是王阳明总结和正式提出的。王阳明发展了陆九渊的思想并有所突破，建立了以"知行合一""致良知"和"心即理"为主要内涵的阳明哲学。

王阳明将心学的渊源，归结于尧、舜、禹和孔、孟这些先圣，认为陆学是孟子"大同"之学的发展，也是儒学的真血脉。当代学者蒙培元在《理学的演变》中指出：

> 作为心学集大成者，王守仁继承了陆学的基本路线，但克服了陆学的粗糙性，他的心学比陆九渊精致得多；他继承了朱学的思辨性，又解

1.阳明心学诞生地，还有龙场说、山阴说等，大多学者以龙场悟道为心学的诞生标志。但笔者认为，当时的王阳明尚年轻，理论体系还并不成熟，心学的真正诞生地应在南昌。

决了朱学的矛盾，他的心学比朱熹彻底得多。他把陆九渊的简易工夫和朱熹的精密论证融为一体。这样，王守仁的心学既有简易的特点，又有精密的论证。

这个评价，真的不是一般地高。

"哲学"一词起源于古希腊语Φιλοσοφία，拉丁语为（philosophia，英文写作philosophy），由philo和sophia两部分构成。philo指爱和追求，sophia指智慧，哲学，就是探究智慧的学问。古希腊人发明了"哲学"这个词，也奠定了哲学的研究体系，但并不是说，只有在希腊才能产生哲学家。

在中国古汉语中，早就有了"先哲""哲人"这样的字眼，如"孔门十哲"，但从来没有"哲学"一词。1874年，日本学者西周在《百一新论》中，首次用汉文"哲学"来翻译philosophy一词。到了19世纪末，康有为等将日本的译称介绍到中国，后渐渐流行。

按照哲学研究的惯例，一种哲学体系主要由宇宙论、人生论和知识论构成。

一、宇宙论：是有关世界的理论体系（a theory of world）。

二、人生论：是关于人生的理论体系，也称伦理观（a theory of life）。

三、知识论：是关于知识的理论体系，也称方法论（a theory of knowledge）。

接下来，我们就来详细解读一下阳明心学的具体内容。

二、阳明哲学的宇宙观：心即理

阳明哲学的宇宙观，简而言之：心即理，即万物一体。

心与理，都是哲学关注的核心问题。心是人心，理是天理。《庄子·天运》有云：

> 夫至乐者，先应之以人事，顺之以天理，行之以五德，应之以自

然，然后调理四时，太和万物。

天理是"仁、义、礼、智、信"的总理，与之对立的就是"人欲"。

"理"指超乎自然和社会之上，而又为自然和社会必须遵循的抽象原则。宋明哲学又被称为"理学"，正是因为它们将"理"作为哲学的最高范畴和世界万物的本原。"心"指人的主观意识和认识能力。

王阳明指出："心并不只是一块有形的血肉，只要是有知觉处，就是心。例如，耳与眼知道看与听，手和脚知道痛和痒。这种知觉，就是心。""身体的主宰就是心，从心里所发生的就是意，意的本体就是知，意的所在就是物。""耳、目、口、鼻、四肢，都是身体的一部分，没有了心，又怎么能够看、听、说、嗅、动呢？心想要看、听、说、嗅、动，离开了耳、目、口、鼻、四肢也实现不了。因此没有心就没有身，没有身也就没有心。但就其充塞身体而言，称之身；就其主宰作用而言，谓之心。"

朱熹也说过："主宰运用底便是心。"但是在程朱理学中，"心"只是指血肉之物，只是一种客观存在的物质。而在阳明心学中，"心"已不是简单的物质存在，而是有"主宰人身、化生万物"之能的精神实体。"人者，天地万物之心也；心者，天地万物之主也。心即天，言心则天地万物皆举之矣。"

朱熹认为，一草一木皆含至理。"天理"是外部的，通过问学才能够获得。而陆九渊主张："宇宙便是吾心，吾心即是宇宙。"天理原本就存在于每个人的心中，不假外求，通过"尊德行"，就能够明白天理，也就是所谓"心即理"。在《与李宰书》中，陆九渊指出："人皆有是心，心皆具是理，心即理也"。

徐爱曾向老师请教说："只在心中寻求至善，也许不能穷尽世上一切事物之理吧？"王阳明回答道："心即理也。天下又有心外之事，心外之理乎？"显然，他继承的是陆九渊的观点。两人都把理看成是心的内在体现。

徐爱似乎不服气。他说："例如侍奉父亲的孝道，辅佐君主的忠诚，结交朋友的诚信，治理百姓的仁慈，这些中间都有很多道理，恐怕也无法加以深究。"

看着自己最得意的弟子，王阳明叹了一口气，似有不满说道：

这种观点蒙蔽世人很久了，怎么可能一句话就讲明白？现在姑且就你所问的说一说：比如事父，不能从父身上寻找孝的道理；事君，不能从君主那里寻找忠的道理；交友，治民，也不能从朋友、百姓那里寻找信和仁的道理。这些道理都在于心，心即理。人心不被私欲蒙蔽，就是天理，无须从外界增添一分一毫。以这样纯乎天理的心，用于事父就是孝，用于事君便是忠，用于交友、治世就是信与仁。只要在心中努力去人欲、存天理就好。

王阳明有一个特别著名的例子：

他与朋友同游南镇。朋友指着岩石中的花树问："您认为'天下无心外之物'，可这棵花树在深山中是自开自落的，它跟我的心有什么关系呢？"

是啊，你看，还是不看，树都长在那里，不跑不灭，花开花谢不以你的意志为转移嘛。王阳明是怎么回答的呢？他一番话便让对方无法辩解了。

王阳明说："你没有看到此花时，它和你的心同处寂静状态；当你看到这花时，花的颜色一下子显现出来。由此可知，花并不在你的心外。"

是啊，一个妹子再美，你要是没看到，便不会产生强烈震撼，她美不美对你没有影响；只有你看到她并突然心跳加速时，她的美才一下子变得有意义，让你觉得活在世上真好，不是吗？

王阳明反对从"心外之物"来推究天理，认为这就好比自污水中求清流，自污镜中求光明，完全跑偏了。"龙场悟道"时，他连喊三遍"圣人之道，吾性自足，不假外求"，即是对"心即理"的解释与延伸。

著名学者秦家懿认为，阳明心学的"心"有三重意义：一是原始的、纯洁的"本心"；二是受私欲所遮蔽的"人心"；三是成圣者重新光复而得的"真心"。

王阳明大胆倡导，人心应为是非的最高标准。他说：

做学问最可贵的是用心，对于一则言论，如果心里认为不对，即使它是孔子说的，也不敢认为是对的，何况是出于不如孔子的人之口呢？如果心里认为是对的，即使它是平常之人所说，也不敢认为错，更何况是出于孔子之口呢？

这其中包含的独立思考、不迷信权威的精神，在那个时代显然是超前的。

接下来的内容，读者应该更有兴趣。

三、阳明哲学的人生论：知行合一

阳明心学的人生论，简单概括就是：知行合一。

南朝梁陈间文字训诂学家顾野王所编《玉篇》中有云："知，识也。"知通"智"，指知识、智慧等。

东汉许慎的《说文解字》则曰："行，人之步趋也。"此处指的是行动、行为和运动等。《尚书·说命》中有"知之匪艰，行之惟艰"之说。

知与行的关系问题，长久以来都是哲学家们关注的焦点。程颐认为："未致知，怎生得行？勉强行者，安能持久？"朱熹说："知、行常相须，如目无足不行，足无目不见。论先后，知为先；论轻重，行为重。"陆九渊则认为："吾知此理即乾，行此理即坤。知之在先，故曰乾知太始。行之在后，故曰坤作成物。"

"知行合一"，别说普通人不太明白，就连一些智者也犯迷糊。

早在南京时，徐爱就认为，知与行无法合一。

他说："现在的人，都知道应该对父母孝，应该对兄长悌，但却做不到孝悌，可见知与行根本就是两回事。"

对啊，这个世界上，说一套做一套的人太多了。而且，有些事只能做不能说，比如蹭别人家的Wi-Fi，比如占公司的小便宜；有些事只能说不能做，比如在大街上勇敢地扶起碰瓷的老太太。

王阳明如何解释呢。

他说："这些都已被私欲隔断，已经不是知行的本来面目了。没有知道了不行动的，知道了还不行动，那只是还不知道（'知而不行，只是未知'）。圣贤教育人们知与行，就是要恢复知与行的本来面目，不是简单地告诉你如何去知，如何去行。"

王阳明特别喜欢用两性关系打比方，这样通俗易懂，也更能让人记得牢。

他说："《大学》给我们举出了一个真正的行与知的例子就是：'如好好色，如恶恶臭。'看到美色属于知，喜欢美色属于行。你一看美色，自然就喜欢她，而并非看到美色之后，才生出好色的心去喜欢。"

虽说大舅哥不应该给妹夫讲这些，但两人的表情很自然。

王阳明接着说："你闻到臭味属于知，讨厌这种味道，就属于行了。你只要一闻到臭味……"

"我就会自然讨厌它，而不是闻到之后，才会生出一个讨厌臭味的心。"

"你理解得不错嘛，但记住别打断。"王阳明继续他的解说，"如果一个人的鼻子不通气，他虽然能看到自己面前的污秽物，但鼻子闻不到，也就不那么讨厌了，这还是没有认识臭味。我们说某个人懂得孝敬父母，懂得尊重兄长，一定是他已经做到了孝和悌，才能说他知孝、知悌。难道仅仅因为这个人说了些有关孝和悌的话，就能说他知孝、知悌吗？"

徐爱点点头，对老师的看法表示认同。

"再比如，"王阳明继续讲下去，"一个人知道痛，一定是自己已经感到痛了；一个人知道寒冷，知道饥饿，一定是自己已经体会过寒冷与饥饿。知与行怎么能分得开？这些例子就是知与行的本来面目，二者不曾被私欲分隔。圣人教育人，一定要这样才能称得上是知，否则就不是真正的知。这是何等紧切实在的功夫！如今你非要说知与行是两回事，知行不合一，是什么意思？我把知与行作为一个整体看是什么意思？如果不明白我立言的宗旨，只是一味地争论知与行是一回事还是两回事，那又有什么用呢？"

徐爱有些明白了。但他又说："古人把知与行看作是两件事，只是方便人们进行区别，好真正搞清楚。一边做知的功夫，一边做行的功夫，这样的话，功夫才好落到实处。"

徐爱自以为解释得很到位，等着老师夸奖。王阳明听了却直摇头："曰仁啊，这样理解，反而远离古人的本意了。我以前一再说，知是行的宗旨，行是知的落实。知是行的开始，行是知的结果。如果领会到了这层意思，谈到知，就已经包含了行；谈到行，同样也包含了知。"

徐爱脸红了，意识到自己读书不精。王阳明继续往下讲："古人之所以既说知又说行，是因为世间有一种人，迷迷糊糊，任着性子做事，完全不去思考省察，只是任意妄行，所以你必须给他讲知的道理，他才能做得正确；还有一种人，整天就知道胡思乱想，却从来不去亲身实践，只是主观猜度，所以你必须给他讲行的道理，他才能正确地知。这是古人为了补偏救弊不得已而为之的办法。如果真正领会了知与行的含义，一句话就能说清了。现在的人却把知与行当成两件事，以为一定得先有知，然后才能行动。我现在如果只讲如何做知的功夫，等到真正知了才去做行的功夫，那就会使你们终生不付诸实践，也终生一无所知。这不是小毛病，而是由来已久的。我现在说'知行合一'，正是为了对症下药。这也不是我凭空杜撰，知与行的本体就是这样的。如果掌握了知行合一的要领，就算把它们说成两个也不妨事；本质上它们还是一回事。如果没有领会这个宗旨，光说两个是一回事，又有什么用处呢？只是些无用的空话、大话。"

"先生的苦心，学生感激不尽啊。"徐爱相当感动。

阳明哲学讲"知行合一"，主要包含两方面的意思：

一、知中有行，行中有知。王阳明创造性地发展了朱熹与陆九渊"先知后行"的观点，认为知和行原本是一回事，不能分为两截。"若会得时，只说一个知，已自有行在；只说一个行，已自有知在。"也就是说，知中有行，行中有知。他不认为知与行应当分作两部分，主张求理于吾心。"知之真切笃行处即是行，行之明觉精察处即是知。"

王阳明极力反对"知而不行""知行脱节"，知必然要表现为行，不行不能算真知。如果仅仅明白道理却不去行动，就不能算是真知。良知，无不行，而自觉的行，也就是知。

二、以知为行，知决定行。王阳明强调说："知是行的主意，行是知的功夫；知是行之始，行是知之成。"也就是说，道德是行为的指导思想，按道德的要求去行动，就是获得"良知"的途径。在道德指导下产生的意念活动是行为的开始，符合道德规范要求的行为是"良知"的完成。

朱熹基于"主知主义"的立场，提倡知行二分，王阳明则基于"主行主义"的立场，提倡知行合一。"知而不行，只是未知。"任何事情，你知道了不去做，等于还是不知道。

心学的知，是以知觉方面的经验为基础的。"知痛，必已自痛了，方知痛。"但这不过是浅层次的知。

在回复顾璘的《答顾东桥书》中，王阳明对知行关系做了精妙阐述，他写道：

> 您所讲的知与行并进，不应该区分前后，就是《中庸》中所说的"尊德性而道问学之功交养互发、内外本末一以贯之之道"。但是，修行功夫得有个次序，不可能没有先后差别。比如，认识了饭才吃，认识了汤才喝，认识了衣服才穿，认识了路才走。不可能还未见到物，就先有这样的行为。……人必然是有想吃的心，然后才能认识食物；想吃的心就是意念，就是'行'的开始。食物味道的好坏，一定得等到入口才能知道，哪有不放入口中就知道食物好坏的？人一定是有想走的心，然后才能认识路；想走的心就是意念，就是'行'的开始。道路的艰险或平坦，一定要亲自走过才知道，哪有不走，就知道道路的艰险或者平坦的道理？

光从书本上熟读了游泳技术，如果不下水，你永远体会不到在水中自由穿梭的巨大乐趣。你勇敢下水，就算呛了水，也会逐步掌握游泳的技巧。

光在电脑上了解炒股技能，如果不真正开户进场，你永远不会在遇到问题时随机应变。你果断买进，就算赔了钱，也会慢慢成熟起来。

光靠手机学习恋爱技巧，如果不敢尝试，你永远体会不到刻骨铭心的真实情感。你放胆去爱，就算被伤得很深，也可以做到不留遗憾。

世间的事情，莫不如此。

王门弟子黄直曾记载了老师的一段言论，有人向王阳明请教知行合一。他如是说：

> 这就必须知道我立言的宗旨。当今世人的学问中，把知、行看作两件事，所以，即使有一个不善的念头产生，但没有付诸实践，就不必

去克制它[1]。我现在说"知行合一"，正是要人知道一念萌生，就是行动。如果产生了不善的念头，就将它克制住，必须将它从心中彻底根除。这就是我立言的宗旨。

如果真的半点杂念不存胸中，那无疑做到了"致良知"。

四、阳明哲学的方法论：致良知

阳明心学的方法论，最简明扼要的总结就是"致良知"。

"良知"出自《孟子·尽心章句上》："人之所不学而能者，其良能也；所不虑而知者，其良知也。"《大学》中也有"致知在格物"语。朱熹曾说："人之良知，本所固有。"

王阳明自己说："是非之心，不待虑而知，不待学而能，是故谓之良知。"

正德十四年，王阳明在南昌时正式提出了"致良知"理论。但他自己说过："某于此良知之说，从百死千难中得来，不得已与人一口说尽。只恐学者得之容易，把作一种光景玩弄，不实落用功，负此知耳。"有学者认为，良知之说产生于王阳明流放龙场之际，龙场悟道，正是处于百死千难之中。但笔者以为，征讨宁王和之后对抗张忠、朱泰的时期，可能更接近"百死千难"这一标准。

王阳明认为，致知就是致吾心内在的良知。良知既指道德意识，也指最高本体。良知人人具有，个个自足，是一种不借助外力的内在力量。"致良知"，就是将良知扩充推广到方方面面：

知善知恶是良知。

1.这种事情很常见，比如想趁地主家门没锁的偷上一麻袋银子。

> 良知是天理之昭明灵觉处，故良知即是天理。

> 良知只是个是非之心，是非只是个好恶，只好恶就尽了是非，只是非就尽了万事万变。

需要强调的是，"致良知"与"知行合一"的内涵是高度一致的。"致良知"即在实际行动中实现良知，知行合一。"致"的本身，就是一个兼有知与行的过程，也就是通向知行合一的过程。"良知"是"知是知非"的"知"，"致"是在事上磨炼，使良知见诸客观实际。

"致良知"被王阳明自己视为"孔门正法眼藏"，是他一生中最为看重的理论贡献。"吾平生讲学，只是'致良知'三字。"这话当然有些夸张，但却充分说明了"致良知"的重要性。

王阳明认为良知并非圣人专属的稀罕之物，而是人人皆有的：

> 这良知人人都有，圣人只是能保全它，不使它受到蒙蔽。一个人只要兢兢业业、勤勤恳恳，良知自然生生不息，这就是学习。只是圣人的良知与生俱来的成分多一些，所以说他们"生知、安行"。普通人从孩提时候就具备了完整的良知，只是被蒙蔽的多。然而，我们自身的良知难以泯灭止息，学习发问、克制恶习，其实也是凭借良知进行的。只是通过后天学习的成分多一些，所以称之为"学知、利行"。

王阳明认为，良知就是天理，"吾心之良知，即所谓天理也"，"良知是天理之昭明灵觉处，故良知即是天理"。在《答聂文蔚二》中，他如是说：

> 所谓良知，只是一个天理，良知自然明确地呈现出来，就是真诚恻怛，就是良知的本体。所以，在侍奉父母上致此良知的真诚恻怛即是孝；在尊敬兄长上致此良知的真诚恻怛即是悌；在忠于君主上致此良知的真诚恻怛即是忠。……良知只有一个，随着它的发挥及呈现，自然就充足完备，更没有来去，不需要向外部假借。但它发挥和呈现的地

方，却有轻重厚薄的差别，容不得丝毫增减，这就是所谓"天然自有之中"。

"事上磨练"，是王阳明倡导的致良知路径，"人须在事上磨练做功夫乃有益"。这不光是指正常人、聪明人、有才华有天赋的人，而是包括普天下所有人，甚至是残疾人。"愚夫愚妇与圣人同。"

《王文成公全书》中记载了这样一段逸事：

有一位叫杨茂的人来找王阳明，随身还带了很多张白纸，这是做什么，王抚台缺这个吗？

杨茂伸出双手比画了半天，原来他是一个聋哑人，就是想和王老师笔谈的。于是，王阳明放下了巡抚的架子，就像一位和蔼的长辈般同杨茂相处。王阳明在纸上写道："你的耳朵能听到是非吗？"

"不能，我是聋人。"

"你的嘴巴能讲是非吗？"

"不能，我还是个哑巴。"

"那么，你的心可知道是非？"

"知道！"杨茂抬起头来，表情愉悦。那意思也许是：我的心当然是好好的。

王阳明继续在纸上写道："你的耳不能听是非，省却了多少闲是非；你的口无法讲是非，又省却了多少闲是非；只要你的心知道是非，就明白事理了。"

从心即理，到知行合一，再到致良知，王阳明心学体系就这样完整地呈现了出来。它既指导了千千万万的王门学子，也令自己受益无穷，事功几乎超越了大明其他所有文臣。

朱熹与陆九渊是南宋最著名的两位学术大家。但到了明朝初年，朱熹的学说上升到了意识形态高度，成了不容怀疑的经典，而陆九渊的学说却被打入了冷宫，这让王阳明感到很不公平。

他担任江西巡抚之后，陆九渊的家乡抚州府金溪县也纳入了自己的管辖范围。王阳明向当地政府发布命令，要求参照照顾朱熹后人的做法，对陆九渊的嫡派子孙一律免除差役负担，其中的优秀子弟免费送到当地公立书院读书。

正德十六年五月，王阳明来到了南康，开始在白鹿洞书院授课。

白鹿洞书院建于南唐升元四年（940），后一度停办。至南宋淳熙六年（1179），朱熹出任南康知军之后，对废弃的学院校舍进行整修，并在此收徒讲学。得益于朱熹的影响力，江南才子云集此地，一举奠定了它中国四大书院之一的地位。

站在白鹿洞书院的讲坛上，王阳明感慨万千。在因朱熹而闻名的书院，开讲与朱熹观点相冲突的心学，也算是对朱子他老人家的某种致敬吧。

到底是阳明心学造就了明代中后期的思想繁荣，还是明朝中后期宽松的环境成就了阳明心学的产生与勃兴？笔者认为，这两者应该是一种互相促进、互相影响的关系。我们实在无法想象，在洪武时代，会允许"离经叛道"的王阳明存在；我们也很难想象，如果没有阳明心学，明朝中后期会出现那样的文化宽松、政治开明和经济繁荣的社会风貌。

而对王阳明来讲，他人生最辉煌的时刻在南昌，最危险的时刻也在南昌。南昌见证了他大明军神的荣耀，也见证了阳明心学的真正出炉。

在南昌，王阳明继续广招弟子，在这里拜师的学生，被称为"王门四期"。主要包括因劝阻正德帝南巡而被廷杖的翰林编修舒芬，吏部员外郎夏良胜，有"新建三魏"之称的魏良弼、魏良政和魏良器三兄弟。其中有很多人是朝廷官员，品阶还不低。

但他们的知名度与影响力加起来，恐怕都赶不上一位千里迢迢赶过来的泰州粗人。阳明学说在晚明能够获得广泛支持和认可，甚至成为显学，这位粗人才子及他开创的学派功不可没。

这位才子是谁啊？

五、王艮拜师，成就泰州学派

王阳明也不会想到，一个来自南直隶的"粗人"创办的学派，会对阳明心学的传播做出最大贡献。

此人就是王艮，原名王银，扬州府泰州安丰场（今江苏省东台市安丰镇）人。王银出身于盐工家庭，十一岁起就和父亲一起煮盐，后来又做起了小买卖。走南闯北的生活拓宽了他的视野，也激发了他内心深处隐藏的雄心。他不愿意就这样默默无闻地荒废一生。

王银经商来到曲阜时，自然去了孔庙参观。站在孔子像前，他突然感触良多，像被一道闪电击中一样兴奋。

他想：孔夫子是人，我也是人，圣人，难道不能学而至吗？

从那以后，王银变了，白天他依然忙于自己的生意，但到了晚上，在别人休息和娱乐时，他却待在房子里，守在油灯下，一本地阅读各种经典。

哲学家不是穷人能够从事的职业，人穷志不穷往往只是一厢情愿，人穷志短才是更接近事实的。当你要为一日三餐疲于奔命之时，曾经再高傲的头颅也会低下来。但王银显然没有这样的顾虑，他有的是钱，也知道在这个世界上，钱能解决的问题，都不是真正的问题。

但有些问题确实不是钱能解决的。比如你再有钱，你也不能把知识像喝酒一样装进自己的肚子，还得你自己去学习、去研究，去领会，个中辛苦绝不亚于赚钱做生意。

经过十年的努力，王银的学问大进，得到了不少人的赞许。但有些人夸他，简直比骂他更让他难受、没有面子。

这些人很认真地说："小伙子（其实他已经快四十岁，根本不年轻了），你的学问，已经有了一点王守仁当初的风采了！"

我晕！一个江西巡抚，在千里之外的泰州，在我的地盘，居然还有这么大的影响力。

正德十五年十月，已经三十八岁的王银打定主意，要去南昌会一会王阳明。

王银是个很有个性的人。他不走寻常路，不做寻常人。他人笑我太狂妄，我笑他人放不开。他雇了辆豪华马车，戴着精心设计的高帽，穿着在那个年代很扎眼的服装，手里还拿着一块非常巨大的笏板（大臣上朝时所用手板），比京城高官上朝用的装备还拉风，颇有一点朋克人士的神韵。

这一天，大明王朝两个最有名的王姓哲学家会面了，王阳明正给弟子讲课，突然听说有个怪人求见。按理说，王老师完全用不着见他。不知道什么原因，这位巡抚竟然很快停止讲课，走到了门外。

旁人给王银介绍："这就是王都堂。"而王银之后的行为让目击者都惊呆了。

他上前行礼："在下泰州王银，特来与阳明先生相会。"

什么叫相会啊，还约会呢！

王阳明也不生气，就请他到客厅小坐。结果，这哥们又做出了让人侧目的行为。

王银进了客厅，径直坐到了中间的上座。这个位置，平时只有王阳明能坐，个别时候特别的贵客可以坐。没想到，今天让一个泰州粗人给占了。好几个王门弟子脸色铁青，甚至想当场赶人，但都被王阳明用眼色制止了。

王阳明存心想逗逗他："这位兄台，你戴的是什么帽子啊？"

"回王都堂，这是有虞氏（五帝中的舜）当年戴的帽子。"

"那你穿的衣服又有什么讲究？"

"这是老莱子[1]穿过的衣服。"

"那这位兄台，你是要学习老莱子吗？"

"对啊。"

王阳明微微一笑："那你既然要学老莱子，是不是也要学他在客厅里假装摔倒，故意装哭，让大家开心一下呢？"

王银正在喝茶，听王阳明这么一讲，茶杯差点摔到地上。看来，王阳明对于老莱子的逸事，可以说了如指掌、信手拈来了。

他"腾"地从座位上站了起来，吓了周围人一跳。

王银并不想袭击王阳明，只是请王都堂回到正位，自己坐到一边去。

两个人聊了片刻，王银就感觉到了对方的水平之高，自己差得实在太远，只有四十五度角仰望的资格。拿定了主意，于是他再一次从椅子上站了起来。

"王都堂的学问博大精深，小人不及万分之一，如果您不嫌弃，小人愿为弟子，服侍您老人家。"

王阳明看着这个已经不年轻，但依然很有锐气的汉子，看到了他眉宇之

1.春秋末期楚国隐士。据传，老莱子在七十岁时仍在父母面前穿花衣服，学婴儿啼哭，讨父母欢心。

间的豪迈之气，也看到了他的心气与智慧，更看到了他的培养前景。

这样的人，需要的就是名师指点，才能成就一番事业。

于是，王阳明收下了这个弟子，并为他改名为王艮，字汝止。意思是要看淡金钱，专注学问，同时不能过于争强好胜，要懂得藏拙，要知道适可而止。当然，王艮本性难移，真的没办法学会低调。

王阳明去世之后，王艮很自然地自立门户，继续宣传心学思想。王门弟子中高官无数，王艮却一生布衣。但在王门七派中，规模最大、对明朝历史影响最深远的一个学派却诞生于他手中。后人有这样的评价："阳明先生门徒遍天下，唯有心斋（王艮）为最英灵。"

这就是泰州学派。王艮在阳明心学的基础上，开拓创新、广招弟子，形成了中国历史上第一个真正意义上的思想启蒙学派，在很大程度上催生了明朝后期的思想解放潮流。有学者统计，王艮弟子共有四百八十七人，来自两京十三司的各个阶层。既有生活条件优越的官二代、富二代，又有从事苦力的平民；既有高中状元的才子、在朝廷中呼风唤雨的高级官员，又有一辈子扎根小城教书的穷秀才，甚至还有与黑社会有染的危险分子。其中的著名人物，有官至文渊阁大学士的赵贞吉、战死于云南的徐樾、因得罪张居正被人诬陷而死的何心隐等。

王阳明在南昌期间正式打出了"阳明心学"的旗号，已经有了一些"桃李满天下"的势头。但是，他毕竟是浙江人，时时想念山阴老家，想念自己的亲人。他自己也知道早晚有一天会回去的。可就在正德十六年六月，王阳明突然接到了圣旨，要求他立即进京。

这对已五十岁的王阳明来说，到底意味着什么呢？

山阴讲学结硕果

第十三章

一、新皇登基，阳明入阁梦破碎

催王阳明入朝的圣旨，正是由小皇帝嘉靖（朱厚熜）发出的。当时他只有十五岁。

一个男人，这么大的时候能做什么？

对今天大多数十五岁的男生来说，他们可能刚刚初中毕业，即将升入高中；可能刚刚喜欢上了一个女生，正陷入幸福的烦恼之中。在父母的眼中，他们完全还是孩子；在女同学看来，他们还根本没有发育完全。

但在五百年前，一个十五岁的男孩，完全可以结婚生子，可能还不得不扛起生活的重担。其中有个别幸运者，甚至可以登基当皇帝了。比如朱厚照和朱厚熜这对堂兄弟。

十五岁的朱厚照还是一个没玩够的大孩子，而十五岁的朱厚熜却已经非常有心机，知道怎样运用手中的权力达到目的了。和同龄人相比，他显得异常早熟，其表现出来的冷静与城府，甚至不亚于五十岁的老人。

那么，大明王朝终于等来了一位好皇帝了？我们走着瞧。

朱厚熜从四线小城安陆（今湖北省钟祥市）出发，紧赶慢赶走了大半个月。四月二十二日，在华北炽热的骄阳下，他抵达了良乡，四九城就在眼前了。出发之前，母亲一再告诫他，要低调、低调再低调，隐忍、隐忍再隐忍。可一想到自己马上就要入主金銮殿，要成为太阳底下最有权力的人，这个十五岁的孩子再有城府，还是忍不住笑了起来，全然不考虑堂哥死了才一个多月，他应该面带无尽悲伤才符合礼数。

一群官员顶着烈日在这里迎候，还忙不迭地给一个外地小朋友磕头，这个 feel（感觉）倍儿爽！朱厚熜刚想说两句客套话，谁知道带头的自己就说开了。朱厚熜一开始还面带微笑，很快就来了个"晴转多云"，差点当场骂娘了。

原来，这帮大臣达成了共识，朱厚熜进皇城时，不能走皇帝该走的承天门，只能走皇太子出入的东安门。

面对一帮气势汹汹的老头子，这个刚从落后地方过来的孩子，会有什么反应呢？

屈服一次，以后就得屈服十次一百次。

明白了跟他们抗争无用，朱厚熜哪个门都不进，让卫队掉转车头，扬言要回安陆，继续当自己的王爷。

这帮老油条全傻眼了，没想到一个十五岁的孩子，还能耍得这样的手段。他们最终不得不就范，让朱厚熜一行从国门大明门走了进去。

进对了门只是个开始，更大的麻烦还在后面等着。很快小朱就发现，自己当了皇帝，连老爸老妈都不能认了。非得管没生自己的人叫爹叫妈，朝中那些老头子才肯放过你。

在首辅杨廷和的授意之下，礼部尚书毛澄上了一封长长的奏疏，要朱厚熜管伯父——孝宗朱祐樘——叫父亲，管两年前去世的生父——兴献王朱祐杬——叫叔叔，管他还在人间的生母蒋氏叫婶婶。这样一来，以后老妈见了儿子还得下跪磕头，口称"万岁"。

他们还给没文化的小皇帝讲了史上两个先例。

西汉绥和元年（前8），汉成帝因自己没有儿子，就把弟弟定陶恭王刘康的儿子刘欣立为皇太子，第二年汉成帝病故，刘欣继帝位，是为汉哀帝。

宋朝在位时间最长的皇帝宋仁宗也没有后代，就把堂兄濮王赵允让的儿子赵宗实接入宫中，后来立为太子，并改名赵曙。赵曙就是宋英宗。

汉哀帝和宋英宗都认父亲的兄弟为皇父，不能叫生父爸爸。

言下之意，让你朱厚熜认弘治帝当皇父，既是你的福气，又符合历史传统，你还敢提意见、闹情绪呀？

除了实际案例，他们还有理论依据支持。大儒程颐说过："为人后者，谓所后为父母，而谓所生为伯、叔父母。"

这算什么事啊！朱厚熜可不干了，他要反抗。可惜满朝文武都是杨廷和的亲信，朱厚熜在京城，整个一孤家寡人，他说的话能不能成为圣旨，甚至他的皇帝能不能当下去，都得老杨说了算。

眼看走投无路，要么暂时屈服，积蓄力量；要么当场翻脸，选择回湖北老家。朱厚熜是何等聪明的人，他怎么可能真的选择后一种方案呢，最多说说而已。

礼部给朱厚熜安排了"绍治"的年号，暗示他要给弘治皇帝当儿子。朱厚熜无视他们的小算盘，从《尚书》中"嘉靖殷邦"的句子中，给自己选了"嘉靖"作为年号。这一次，杨廷和也没有反对，想来是一种妥协吧。在继嗣的大是大非问题上，老首辅则是态度坚定，绝不让步，让小皇帝非常头疼。

朱厚熜刚刚登基，需要在朝廷中培植自己的团队，安插自己信得过的人。而王阳明的许多学生和故交都已经在京城担任要职，他们都非常希望老师能够进京辅政。在这样的大背景下，朱厚熜向远在南昌的王阳明发出了邀请。决策行动是迅速的，动机是真诚的，目标是明确的，但结果，却是让人非常失望的。

正德十六年六月十六日，人在南昌的王阳明，收到了这道圣旨：

> 以尔昔能剿平乱贼，安靖地方，朝廷新政之初，特兹召用。敕至，尔可驰驿来京，毋或稽迟。钦此。

收到圣旨之后，王阳明非常激动，心潮难平。自己十一岁来到北京，在北京断断续续地生活了近三十年。他的职业生涯是从北京开始的，他读书成圣的志向是在北京确立的，他开班授徒的事业是从北京起步的。在他的心目中，北京始终占据着独一无二的地位。

王阳明已经离开北京、远离权力中心近十年了。这一次，他终于有了在京师大展才华的机会。五十岁，知天命之年，这样的机会对他来说太珍贵了。

按王阳明的声望与能力，京城适合他的部门只有一个——内阁。他的功绩超越了六部任何一个尚书，他的声望盖过了内阁任何一个大学士，他的学生都当上二品大员了。让他进京，难道只当让他个侍郎？

但是，历史总会显现它的吊诡之处。

王阳明六月二十日奉旨启程。七月下旬来到杭州，正准备乘船由大运河进京时，一匹快马带来了朝廷的紧急命令，让王阳明回江西待命，暂缓入京。

中国的文字真是博大精深，这个"暂缓"到底是多长时间，熟悉王阳明生平的人都深有体会。

感觉深受打击和伤害的王阳明，一下子苍老了许多。内阁的大门就这样向他关上了，他心灰意冷，很快就上疏请求致仕（退休）。

你们既然不重用我，干脆就让我做一介平民，回山阴养老吧。

这一次，朝廷倒是慷慨地批准了，还给了他一个虚衔——南京兵部尚书。熟悉官场规则的老干部王阳明知道，自己去不去留都上班已经无所谓了，反正这只是个荣誉职位。

王阳明距离入阁只有一步之遥，这次受阻的幕后黑手，多半是首辅杨廷和。他知道以王阳明的秉性和脾气，是不可能安心投到自己门下的。更重要的是，人家有不少弟子在"大礼议"中站在嘉靖帝一边，和自己唱对台戏。如果让王阳明进京入阁，那势必是一呼百应，后果真是要多严重有多严重。

于是，迎合杨廷和的科道官向小皇帝建议说，现在朝廷要给正德帝办国丧，花费巨大，如果让王守仁现在进京，又得对他平定宁王的功绩进行封赏，户部的存银可实在吃不消啊。嘉靖帝觉得有道理，当然也想修复和首辅的关系，哪里明白他那些花花肠子，当时就答应下来了。

王阳明不能入阁，是大明政坛的一大损失，但对绍兴的学子来说，却是他们的福气。

这位心学圣人又回乡办学了，而且，这一待就是六年。

嘉靖皇帝继位之后不久，在朝中大臣的呼吁下，王阳明的学生冀元亨被释放，但出狱五天后就不幸去世了。消息传到山阴，对王阳明的打击可想而知。

话说回来。不能联手王阳明，当然是嘉靖皇帝的重大损失，但历史却为他提供了另一些支持者，让他们演出了loser逆袭高富帅的戏码。

这些人都是谁啊？

二、大礼议，嘉靖的华丽逆袭

就在小皇帝准备向杨廷和屈服的关键时刻，一封奏疏改变了历史进程，甚至引发了一场血案，最终让嘉靖帝获得了他想要的一切。上疏之人的经历之传奇，在有明三百年也是屈指可数的。

一个二十四岁中举，然后用了二十三年时间才取得进士资格的人，在仕途上能走多远？

一个只比王阳明小三岁的"七〇后"，在弘治十二年，也就是王阳明中进士的那一年，开始自己人生中第一次会试，一直考到正德十六年才考中进士。

这位老兄当然进不了翰林院，他被分到礼部观政。四十七岁的他，不得不顶着半白的头发，和一大票"九〇后""九五后"一道从最基层官员做起，能做出什么业绩呢，只配做背景板。

哪个领导不喜欢提拔年轻人，凭什么欣赏你一个糟老头子？你在朝中又没有靠山。

如果我说这个已经大半截入土的实习生只用了七年的时间，就以直升机一般的速度，从没品观政爬到大明首辅的宝座，你会觉得我是在开玩笑吗？

这个创造神话的人就是张璁。他只是礼部一个打杂的，皇帝不认识他，领导不欣赏他，女人不搭理他，同事不待见他，好运不青睐他，麻烦不放过他。难道就这样一天天地混日子、生闷气、等退休吗？

机遇，总是垂青有准备的头脑。皇帝与杨廷和的矛盾，让张老头子看到了一线希望。想跟杨首辅混，人家肯定懒得搭理你。这个"北漂"小皇帝在京城没有什么根基，为什么不赌一把呢？

张璁连夜苦读经典，奋笔疾书，还抽空向黄绾和方献夫两个王学门人写信请教，终于炮制出了注定要引起一场血雨腥风的《大礼疏》。

张璁以史料为依据，以文献为准绳，旁征博引，无情地指出了这样一个事实：刘欣和赵曙是先过继给了汉成帝和宋仁宗，而且二人都是在皇宫中长大的，跟嘉靖皇帝情况完全不同。而且"子不臣母"（儿子不能把母亲当臣子来对待）是天条，是孔老夫子早就明确提出的。如果当今圣上给孝宗皇帝继嗣，那兴献王岂不是要绝嗣了？

杨廷和未能阻止这份奏疏到达嘉靖帝手中。七月，小皇帝看到之后激动得无法自持："此论出，吾父子获全矣。"

真是一笔写不出两个璁字！嘉靖帝一开心，当然也就不计较什么避讳的事了。[1]

一旦有一个人跳出来，反对杨廷和的声音就越来越响亮了。正如当年陈胜一跳出来造反，六国贵族后代就跟着起哄搞事。

《礼记》中有云："礼非天降，非地出，人情而已。"嘉靖帝的诉求，显然有其合理性。而以杨廷和为首的文官集团，显然有些食古不化了。

问题是权力不在张璁这边，批判的武器架不住武器的批判。杨廷和轻描淡写说了句"秀才安知天下事"，就给他定性了。

吏部给张璁升了官，让他去南京担任刑部主事，就这样把他赶走了。杨廷和以为得计，却不知道自己又犯下了严重错误。

当时，王阳明的众多弟子和支持者都在留都。黄绾升任了都察院经历（此时已正式拜师），席书是兵部右侍郎，方献夫是刑部员外郎。张璁到了新岗位之后，很快便和他们打成了一片。大多数人都坚定地站在了这个糟老头子一边。王阳明本人也是认可"礼本人情"的，但远在山阴的他，并没有公开支持嘉靖帝。

担任刑部主事的桂萼，同样也是长期不得志的"愤中"。他和张璁很快也成了好友。桂萼押上了自己全部的前程，赌嘉靖帝能够"打败"杨廷和。

嘉靖二年（1523）十一月，桂萼向朝廷上了份措辞强硬的《正大礼疏》，建议皇上追尊兴献王为皇考，并且在太庙增加牌位，而把弘治帝称为皇伯考，正德帝称为皇兄，封自己的生母蒋氏为皇太后。嘉靖帝一看非常高兴，立即召来群臣审议。

这场大讨论一直进行到次年二月也没有结果，搞得小皇帝元旦都没过好。正心烦之时，嘉靖三年（1524）二月十一日，一封奏折却能把他乐昏过去。

杨廷和突然因病请求致仕，让嘉靖半天不敢相信这个事实。近三年时间

1.直到嘉靖十年（1531），已经当上首辅的张璁才主动请求改名。嘉靖帝赐他名孚敬，字茂恭。

里，自己当的是皇帝，但杨老先生才是这个帝国最有权力的人，并且处处跟自己作对。嘉靖已经懒得玩那种挽留游戏了，直接大笔一挥：准！思想有多远，你就给老子滚多远吧。言官们纷纷上书请留，嘉靖帝岂能听他们的？

杨廷和一走，蒋冕和毛纪先后短暂领导内阁。到了嘉靖四年（1525）六月，吏部尚书费宏担任首辅。和杨老头相比，这位新元辅的最大特点是听话，懂事，情商高，绝不给皇帝制造麻烦。

眼看胜利在望，本着以人为本、重用亲信的理念，嘉靖帝把张璁、桂萼和席书等战友调到北京，安排到自己身边工作。

杨廷和走后，反对嘉靖帝继统不继嗣的声音依旧十分响亮。可惜他们群龙无首，一万句顶不了一句。就算你们抗议的奏疏多得能把嘉靖小朋友埋了，又能把人家怎么样呢？

不过没多久，嘉靖帝突然得到了锦衣卫的密报，他完全"石化"了。

这帮文臣一个个礼义廉耻不离口，怎么比朱宸濠还要凶恶啊？

原来，刑部尚书赵鉴授意下属张翀纠结了几十个同僚，准备带着棍棒守候在东华门，要活活打死张璁！

大明文臣玩这一招，是有历史传统的。

明英宗正统十四年八月十五日，皇帝朱祁镇在土木堡被俘。八月二十三，监国的郕王朱祁钰在左顺门主持早朝。朝中大臣们痛恨怂恿英宗亲征、导致京军全军覆没的司礼监掌印太监王振。可是，王振已死在了土木堡，大家找不到出气筒，居然就在朝堂之上，将王振的三个亲信——锦衣卫指挥马顺、亲随宦官毛贵与王长随活活打死，差点引发锦衣卫的恶性报复。好在兵部侍郎于谦挺身而出，请求郕王宣布马顺等三人死罪，不追究众文臣，才避免了事态进一步扩大。

这一次，嘉靖朝大臣要照葫芦画瓢。可是，他们的于谦在哪里呢？

东华门是张璁上下班的必经之地，赵鉴他们计划好了，一旦张璁从此路过，几十人就一拥而上，一起动手，将他当场打死。反正法不责众，小皇帝总不能把咱们这些当官的都杀了吧。

太没有人性了。嘉靖帝一边听汇报一边擦汗，心说今天你们怎么对张璁，明天就可能怎么对我，不，是对朕。这样的一群败类，此时不赶紧清理出去，更待何时？

嘉靖帝立即召集内阁和各部负责人开会，向他们通报了赵鉴和张翀的阴谋，让锦衣卫一查到底，并提拔张璁、桂萼为翰林学士，方献夫为侍读学士。同时，正式将公文中朱祐杬的"本生"称谓去掉，从而完全达到了继统不继嗣的初衷。

坚守传统的朝中大臣当然不服，反对的奏疏又一次雪片般地飞向了内廷，但嘉靖帝有自己的应对着数，他吩咐司监："一律留中不报（留在司礼监不批复）。"写了也是白写。你们能把朕怎么样？

胜负已分。如果大礼议事件就此结束，恐怕它在中国历史上还不会这么引人注目。很快，新的戏码又要隆重上演了。

嘉靖三年七月十五日，这个在皇历上很普通的一天，却在中国历史上留下了厚重的一笔。

在杨廷和之子杨慎的组织下，六部十三司共计二百二十名高中级官员，一起走到了左顺门。他们的表情是凝重的，他们的目光是坚定的，他们的动作是一致的：下跪。他们的目标是明确的：皇帝不为继统的事情给个合理解释，大家伙儿就永远跪着不起来！

别以为这些人级别不够，六部尚书中的五个都跪在了人堆里面。朱厚熜只有十八岁，说不紧张那是假的，他不得不找来张璁商量。不过，后者把自己的主意说出来时，朱厚熜兴奋得大喊："爱卿真有办法！"

如果张璁是位妙龄女子，嘉靖帝非得将其当场抱起来啃几口不可。

镜头切到了左顺门。一帮读书人跪得头昏眼花，没有等来皇帝的影子，却等来了手提家伙的锦衣卫。这帮伙计显然得到了授意，也不跟书呆子们客气了，上来就拘捕了一百三十多人，剩下的用武力驱散。不服就打，打服为止。

几天后，还是同样一块场地，还是同样那些高官，只是把跪姿改成了俯卧式。在总导演嘉靖帝的精心安排下，大明有史以来最大规模的廷杖直播，就在此起彼伏的哭喊声中隆重开播。这是一个阳光灿烂的日子，有些人却从此永远见不到太阳。十七人被当场活活打死，刷新了堂哥朱厚照在正德十四年创造的仗死十五人的纪录。而那些幸存者，都不同程度地落下了终身残疾。带头挑事的杨慎、王元正等则被流放边陲，永不录用。

九月，嘉靖帝正式下诏，称孝宗为"皇伯考"，张太后为"皇伯母"，自己的亲爹献皇帝为"皇考"，亲妈蒋氏为"圣母皇太后"。

嘉靖七年（1528）六月，《明伦大典》正式颁布，标志着嘉靖帝对文官集团的斗争取得了彻底胜利。由此，一个外来户就实现了华丽逆袭，并成为大明历史上实际执政时间最长的皇帝。

话说回来，杨慎早在正德朝就是名满天下的大才子，虽说没有连中三元，却创造了一项另类纪录：乡试第三，会试第二，殿试第一，高中状元。而且，没有人怀疑他爹以权谋私，大家都觉得杨慎要是中不了状元，那才是一定有黑幕呢。

杨慎这样的才子都不珍惜，这样的皇帝，还能指望他致良知吗？

三、受封伯爵，父子二人终释怀

朝廷中斗得不亦乐乎，王阳明在家乡却过得逍遥快活。

进京遇阻之后，王阳明没有返回江西，而是直接回了故乡山阴。这里有他最牵挂的亲人，有最仰慕他的学生，也有他最喜爱的山水花草，更有他最上心的讲学事业。

王阳明下一次去南昌，会是什么时候呢？别急，之后就会讲到。

正德十六年九月二十九日，是老爷子王华的七十六岁生日。此时，他为母亲岑氏丁忧二十七个月恰好已满，可以办派对庆祝了。

人到七十古来稀，在山阴家中，年底的时候，王阳明特地为父亲举办了一场隆重的酒宴，当地官员、亲朋好友和阳明弟子都来参加了。

更让人意想不到的是，朝廷特使捧着圣旨也来凑热闹了。熟悉古装剧的同学，经常会看到这样一幕：热衷于搞恶作剧的皇帝，总喜欢趁大臣家里办喜庆活动、疏于防备之时，让军兵带着圣旨过来满门抄斩，搞得人家猝不及防，哭都哭不出来，逃都逃不利索，写遗嘱都没工夫。

但这一次，朝廷并没有玩阴的，送来的只有喜报。

特使其实早就到山阴了，但为了配合这次活动，他很有眼力见地把自己

"雪藏"了几天，一定要在这一天，要赶这个喜庆的日子宣布旨意，就是为了锦上添花，喜上加喜。圣旨是这么写的：

> 江西反贼剿平，地方安定，各该官员，功绩显著。你部里既会官集议，分别等第明白。王守仁封新建伯，奉天翊卫推诚宣力守正文臣，特进光禄大夫柱国，还兼两京兵部尚书，照旧参赞机务，岁支禄米一千石，三代并妻一体追封，给予诰卷，子孙世世承袭。

因平定宸濠叛乱之功，王阳明终于得到了朝廷的高规格赏赐。新建县是南昌府的附郭县，这个爵位充分肯定了王阳明在南昌平叛中的突出表现，但大明的国策是"封爵不赐土"，他是没有封地的。

在众人的一片欢呼恭维声中，王阳明穿上御赐的蟒袍、玉带，向北方行了最隆重的叩头大礼。来宾无不称颂王阳明为国之栋梁，赞许王华有个好儿子。

老爷子当然非常高兴，非常有面子。他告诉儿子："当初宁逆叛乱之时，别人都告诉我你死了，我不相信，知道你自有办法脱身；当你举兵对抗宸濠之时，亲朋好友们都劝我逃离山阴，以免宁逆派人前来行刺，但我无所畏惧；当江彬一伙试图在先皇面前陷害你时，我非常担心，以为你要大祸临头。没想到，今天能看到你加官进爵。为父真是替你高兴，你祖父要是还在的话，他也会十分开心的。不过，古人说得好，'盛者衰之始，福者祸之基'。加官进爵固然值得庆祝，但一定也要小心从事啊！"

王阳明再次跪倒，向父亲磕头："儿子一定谨记于心，不敢忘记！"王华连连点头，眼泪差点就当场掉了下来。

寿宴的气氛相当热烈，大酒一直喝到深夜。王阳明早就忘记了自己严重的肺病，忘记了养生的迫切要求，忘记了妻子的反复叮嘱，这一夜，他只想大醉一场，把胸中压抑多年的憋闷情绪排遣出去。最后宴席怎么结束的，他是怎么离开的，已经完全不记得了。

这一觉，王阳明睡得很踏实。早上醒来，看着自己消瘦的身体，他不禁感慨道："昨天我衣蟒戴玉，别人都说这是至荣。晚上我脱衣就寝，依然还是一副穷骨头。可见，荣辱原不在人，是人心自己迷乱。"

王阳明还为此赋诗一首：

> 百战归来白发新，青山从此作闲人。
> 峰攒尚忆冲蛮阵，云起犹疑见虏尘。
> 岛屿微茫沧海暮，桃花烂漫武陵春。
> 而今始信还丹诀，却笑当年识未真。

王阳明之所以把父亲的寿宴办得如此隆重，也是做好了心理准备。王华的身体已经非常虚弱，有经验的老人都提醒子孙要做好准备。

果不其然，到了嘉靖元年（1522）二月十二日，老爷子就告别了人间。他走得非常安详。自己曾经最不放心的长子，如今却成为人人景仰的大明军神、桃李遍天下的心学圣人。自己是个状元，但儿子的事功学问全面超过了自己。当父亲的，绝不会妒忌儿子的成功，只会由衷地为他感到高兴。

就王华离世当天，朝廷的使者赶到了王家，宣读嘉靖的最新圣旨，赠王杰、王伦和王华新建伯，爵位与王阳明相同，这显然是很大的荣耀。弥留之际的王华挣扎着坐起，嘱咐几个儿子说："虽说仓促，怎么能够废礼？你们几个一定要出迎啊。"当丫鬟告知老爷子已接旨行礼完毕时，王华才偃然瞑目，走得非常从容。

父亲的死让王阳明痛不欲生，大病了一场。按照惯例，他需要在家乡守孝二十七个月，不能入朝为官。从此之后，王阳明就扎根山阴，潜心治学，教育子弟。

想当初，祖父王伦去世之后，父亲就守孝三年，悉心辅导自己和几个叔叔。现在，王阳明要把山阴的讲学事业再推上一个新的台阶。

得知这个消息，朝中那些担心王阳明入阁抢风头的高官们也暂时松了一口气。但王阳明后来做出的事情，恐怕又得让他们心理不平衡了。

四、小城圣地，吸引全国学子

王阳明是个天生的领袖，天才的教育家，天赋满满的学术大师。从南京开始，他身边就聚拢了许多粉丝。当老师的走到哪里，学生和崇拜者都会跟随到哪里。这已经成为习惯了。

落叶归根、回到绍兴府城时，王阳明已经成为这个国家最有影响力的学者和教育家（甚至没有之一）了。在为父亲守孝期间，他固然不能离开家乡；而当二十七个月守孝期满之后，他发现自己更加无法离开。

就在这段时间里，太多学子来到了山阴。

那个时代，中国的教育中心不在南、北二京，也不在十三布政司的任何一府首府，而是位于一个知名度不算高的二线城市——绍兴府。全国的青年才俊，如果能得到去山阴学习的机会，能实地了解王阳明的讲课艺术，亲身感受王圣人的强大气场，绝对比中了秀才更得意，在亲戚朋友面前倍儿有面子。

中国古代的书院多以所在地命名，如岳麓书院、白鹿洞书院等。少数以去世的学问大家命名，如濂溪书院、横渠书院，以在世学者命名的书院则是少之又少。嘉靖四年，王阳明的学生在绍兴城西郭门内、光相桥东建立了一座新书院，以其老师的名字命名。他们的行为，当然是经过老师首肯的，而这时候的王阳明，无疑也配得上这个荣誉。

远在北京，忙着和朝中大臣掐架的嘉靖帝，对这样的越界操作也懒得追究——顾不上嘛。

王阳明年过半百，讲课水平也臻于完善。他身体不好，也不可能搞高强度的小班授课，每次讲课时，都有三百多个学生挤进教室，很多人只能坐在地下听讲。

他们来自全国各地，有生活在城市之中、生活条件优越的富家子弟，更有成长在山区乡村、家中没出过一个秀才的普通孩子。他们的到来，让山阴的外来人口剧增，让这座小城的房租暴涨，餐饮服务行业的营业额有了大幅度提高。

让我们记住其中的一些优秀代表吧：来自湖广的萧璆、杨汝荣和杨绍芳，来自广东的杨仕鸣、薛宗铠和黄梦星，来自南直隶的王艮、孟源和周冲，来自南赣的何秦与黄弘纲，来自吉安的刘邦采和刘文敏，等等。在来绍兴之前，他们已经是当地小有名气的学者，有的已经中了举人，可他们都很清楚，在王老师面前，他们的学识完全不值一提。高山仰止，景行行止。

在山阴拜师的学子，可以算作"王门五期"。他们之中不光有积极上进的小青年，还有年富力强的中年精英，甚至还有行将入土的老人家。有一位杭州府海宁县的诗人董萝石，已经六十八岁了，却愿意拜比自己小得多的王阳明为师。

王圣人哪好意思收董诗人为徒，但后者却坚持要下拜。董萝石非常认真地强调说："我这一生，认识了很多大人物，一个个道貌岸然，却各怀鬼胎。本来对人生已经不抱希望。直到听了王先生的讲课，才如梦初醒。不入王门，我会抱憾终生！"

话都说到这份上了，王阳明又怎么忍心回绝他。

在王阳明众多的年轻弟子当中，有两人迅速脱颖而出，有望成为未来的学术带头人。阳明心学也因这二位得以进一步发扬光大。

二人就是王畿和钱德洪。二人都比正德帝年纪小，属于十六世纪的"九五后"。如果诸氏能够正常生育，王阳明的长子肯定比这俩要大。

王畿，字汝中，号龙溪，绍兴府山阴县人，生于弘治十一年。他家距当地最知名的王阳明府第很近，听说很多年轻人都跑去听阳明先生的课，他却不以为意。

和后来给王阳明做传的冯梦龙一样，王畿是个自我感觉良很好的文艺青年，早早就中了秀才，却不喜欢读书，更没有兴趣搞什么学术。他喜欢饮酒赋诗，下棋唱曲，算得上当地的一个潮人。

王阳明的弟子都是些老古董，搭理他们不跌份儿吗？这就是王畿的真实想法。

有一天，王畿无意间路过王阳明家。门开着，魏良器、魏良弼和魏良政三兄弟端着酒杯，行酒令现场作诗，玩得很尽兴。王畿愣住了，想不到这几个loser，还能玩得这么潇洒。

王畿纯粹想找事，上去不怀好意地问："你们这些腐儒，怎么也会玩这个？"

魏良器意味深长地看了他一眼，平静地说："我们可不是腐儒。你被偏见遮住了双眼，又怎么能了解真相呢？"

王畿被撑得哑口无言。嘉靖二年二月，他在会试中落榜了，从此对自己有了更清楚的认识。在尝试听了几次课后，他对王阳明由怀疑到尊敬，最后发展到崇拜，于是果断地申请拜王阳明为师，还怕人家看不上他。

不过王阳明很爽快地答应了，他早就看出王畿这孩子是可造之才。魏良器兄弟的一番举动，正是他亲自安排的，就是为了引王畿入王门。

王畿加入师门，还需要王阳明使用心计；而钱德洪却有高度的自觉性。

正德十六年九月，王阳明回到了余姚，给祖母扫墓。在这里，他遇到了钱德洪。

钱德洪名宽，字德洪，号绪山，绍兴府余姚县人，生于弘治九年，与王阳明一样，属龙。

更值得强调的是，钱德洪同样出生在瑞云楼中，似乎命中注定要做王阳明的学生。

钱德洪不是一个人来的，他带了七十四个亲戚朋友，一起守候在王家的中天阁下，给王阳明行了拜师大礼。

王阳明很欣赏钱德洪的组织动员能力，更喜欢他稳重踏实的办事风格。钱德洪没有王畿那么高的学术天分，但他的优点也是后者不具备的。钱德洪就像一个新装升级版的黄绾，有他的帮助，王门不可能不壮大。

王畿与钱德洪成为王门的"接引师"，想加入阳明先生旗下为弟子，得先让这两人面试，合格的才能见到王阳明本尊。如果起点太低，资质太差，慧根太浅，恐怕也没必要浪费彼此的时间。

王门，肯定还是有门槛的。

王阳明人不在京城，天子脚下却依然有他的传说。

嘉靖二年二月十五一早，当在京师参加会试的举子们拿到策论考卷时，都无法平静下来。

这年的考题中，居然有一道是对阳明心学做出评价。大学士蒋冕和吏部尚书石瑶这两位主考官，摆明了是想摆这位大儒一道。

参加会试的王门弟子不少。徐珊看到题目，直接交白卷出场以示抗议。他的行为虽说血性，也显得有些鲁莽。而欧阳德和魏良弼居然被录取了。

他们是遵照蒋石二人的暗示，对心学进行批判和攻击了吗？当然不是，两位才子借题发挥，把王老师热情地夸奖了一番，并做好了被淘汰的心理准备。但可能是其他题目答得太好，他俩最终侥幸过关。钱德洪则没有这么幸运，惨遭淘汰。

不过，王阳明倒挺高兴。他告诉愤愤不平的钱德洪："圣学从此大明于天下了！"

蒋冕和石瑶不知道是脑子哪根筋出了问题。他们对王阳明的学术观点不满意不认可，对后者在家乡大办书院、大赚学费很眼红，但也不至于这么"帮助"人家做宣传吧。

经历过这次科举考试之后，全中国这些最顶尖的知识精英，无论对王阳明褒也好，贬也罢，都会认定这是一个不简单的人物。他们自然也会把自己的所见所闻，讲给更多人听，让两京十三司的更多人知道和了解王阳明，并对其学术产生兴趣。

在没有电视和网络的年代，这样的口口相传无疑威力极大。相当于事实上宣布，王阳明的学术影响力，几乎可以和朱熹分庭抗礼了。因此，有许多人请王阳明赋诗作文，给文集作序，为亡亲写墓志铭，也就丝毫不奇怪了。

而王阳明自己的学问，也更加精进了。

五、纯乎天理，圣人必可学而至

圣人当然不是天生的，而是习得的。圣人必可学至。这是王阳明从南昌返京途中，从娄谅那里听到的见解，从此也影响了自己的一生。

湛若水既是王阳明的好友和创业合伙人，也是当时的大学问家。他将王阳明的变化总结为"五溺"：

> 初溺于任侠之习，再溺于骑射之习，三溺于辞章之习，四溺于神仙之习，五溺于佛氏之习。

任侠之习，是指扶危济困，打抱不平；骑射之习，是指骑马射箭，排兵布阵；辞章之习，指骈散文的创作；神仙之习，指学习道教的养生之学；佛氏之习，指学习佛教的修身养性。在正统儒家看来，这些都不是关于身心性命的根本学问，甚至与士大夫的理想是相违背的。

而钱德洪在《刻文录叙说》中指出，其师的学说经历了三变：一、少时驰骋于辞章；二、已而出入佛、道二教；三、之后居夷处困，豁然有得于圣贤之旨。阳明之教，同样经历三变：一、居贵州时，首与学者为知行合一之说；二、自滁阳后，多教学者静坐；三、江右以来，始单提"致良知"三字，直指本体，令学者言下有悟。

可见，即便王阳明的智商与天分很高，家庭环境也很好，他的成圣之路依然有很多波折，何况普通人？人生路上，经历一些挫折与失败不可避免，甚至可能成为好事。

没有"格竹"的失败，王阳明不会对朱子学说产生如此强烈的怀疑；没有两次京城会试的失败，他不会对自身有着更为准确的认识；没在赴龙场前和征宁王时历经九死一生的危险，他也不会对生死有着如此深刻的体悟。

甚至自己严重的肺病，也成了他珍惜光阴、善待他人的理由。

今天我们把王阳明奉为圣人，但他自己，并没有觉得圣人有多么伟大。

有一次，陈九川、夏于中和邹谦之一同陪着老师。只听先生说："每个人胸中都有个圣人，只因自信心不够，自己把圣人给埋没了。"说着，他眼睛直盯着于中，把这小伙子吓了一跳，以为自己做错了什么。

"你胸中本来就有圣人啊。"

于中表示无法理解，更不敢当。他八成在想：我和圣人之间，至少得差上一百多个陆澄！

可王阳明说："这是你本来就有的，为什么要推辞呢？"

于中忙说："学生不敢。"

他的老师并不认同："所有人都有，何况你于中？为什么要谦让起来？你谦虚不等于就没有啊。"

于中只能害羞地笑笑，算是接受了。王阳明又解释说："良知在每个人的心中，无论如何也泯灭不了。即使是小偷，他也懂得不应偷窃的道理。你喊他是盗贼，他还不好意思呢。"

于中也不含糊："这只是因为物欲蒙蔽的原因。良知就在人的体内，自然不会丧失。就如同乌云遮住了太阳，太阳怎么会没有了呢？"

王阳明很欣慰："于中这么聪明，别人的见解，未必能达到这个境界。"

另一次，学生蔡希渊问道："您说'圣人可学而至'，但是伯夷、伊尹的才智，跟孔子终究不同，为什么要将他们与夫子一同称为圣人？"

这个问题倒是挺尖锐，五个手指伸出来还不一样长呢，指望人人都成圣，你咋不指望嫦娥爱上丑猪八戒、穷小子征服白富美？

王阳明说："圣人之所以能为圣人，只是因为他们的心中，并没有掺杂人欲而至纯至精为天理。比方说，纯金之所以为纯金，只是因为它的成色足，没有一点铜、铅等杂质。人心至纯为天理，这才是圣人；金到成色十足时，这才是纯金。"希渊只能点头称是。

"不过，圣人的才智，也有大小不同，就像金子的分量有轻重之差。尧、舜就像万镒之金，文王、孔子有九千镒，禹、汤、武王有七八千镒，伯夷、伊尹有四五千镒。他们的才力不同，但在内心纯乎天理的方面是相同的，他们都可以称为圣人。好比金子虽然分两不同，但成色相同，都可以称之为纯金。将五千镒的纯金融入万镒的纯金中，它们的成色是相同的；将伯夷、伊尹放在尧、孔子等人之间，他们的纯乎天理是相同的。"

是啊，希渊八成也在想，把我放在先生身边，我也算圣人了！

"金之所以能成为纯金，看的是足色而不是分两；人之所以能成为圣，看的是纯乎天理而不是才力高低。因此即使是凡人，只要肯苦心向学，使自己的心纯乎天理，亦可为圣人。就像一两之金，和万镒之金相比，分两虽然相差悬殊，但只要成色十足之时，也可以无愧为纯金之名。因此说'人皆可以为尧舜'，原因就在这里。"

真是一语惊醒梦中人！伟人之所以伟大，只是因为他们更能保持清醒吧。

"学者学习圣人，不过是去人欲、存天理。就像炼金，要求它成色十足，金之成色足赤差不多时，锻炼起来就比较省功夫；成色越低，锻炼就越困难。人的气质有清粹和浊杂之分，智力有中人以上、中人以下的区别，面对天理，有生来就知道并能自然去实践之人，也有通过学习才能知，但同样能顺利实践之人。资质更差的，别人用一倍、十倍的功夫，而自己得用百倍、千倍的功夫。但等到成功，大家都一样了。"

"后世之人，并不知道成为圣人的根本，在于存养己心到纯为天理，却想专门在知识上努力成为圣人，以为圣人无所不知，无所不能，必须将圣人的许多知识、才能逐一学会，自己才能成为圣人，所以不在存养天理上下功夫。他们殚精竭虑地从书本上钻研、从名物上考索、从形迹上比拟。如此一来，他们的知识越广博，自己的私欲越旺盛；才力越多，天理就越被蒙蔽。就像看见别人有万镒的纯金，不想着锻炼自家金子的成色，使其和对方的一样无愧于精纯，却妄想自家金子的分两与别人的一样重，就将锡、铅、铜、铁等杂质掺入锻炼，分两增加得越多，成色越差，炼到最后，根本就不是金子了！"

希渊顿时有了醍醐灌顶之感。王阳明又说："我等学者用功，应该只求天天做减法，不求天天做加法。能多减一份人欲，就能多得一分天理，多么轻快洒脱，何等简单容易！"

这个世界上，多少人热衷于表面功夫、面子工程，无非是虚荣心作祟。"金玉其外，败絮其中"的例子比比皆是。

成为夜店女神，你可能会钓到不少真假富二代，你很难赢得真正的爱情；当上电玩高手，你可能在虚拟世界里相当荣耀，但现实生活中的问题还是解决不了；做个饭局达人，你可能会忽悠一些入行时间不长的生手，但真正的大佬，还是懒得理你。

很多人都羡慕明星，崇拜名人，景仰英雄，却往往忽略他们为了台前的一分钟光鲜，在背后付出的无数小时的努力，因而很容易走入误区，靠一些芝麻绿豆的成就刷成就感，这和在金子里掺锡铅有多大区别呢？

圣人必可学而至，但前提是你得下笨功夫，你的心必须不掺杂念，必须放弃一些世俗之人热衷的营生。而王阳明的一生，无疑给后人做出了表率，印证了"知行合一"的重要性与神奇魅力。

当然，他指引的成圣之路，绝不是一条苦行之路，没事自己为难自己。他告诉弟子"常快活，便是真功夫"，"胜得容易，便是大贤"。

当年，王华为父丁忧期满后回到了京城；现在，为王华守孝完毕的王阳明，又会有什么动作呢？

六、天泉聚会，论证狂者气象

嘉靖三年中秋，长达二十七个月的守孝期已然结束。在山阴自家花园内天泉桥边的碧霞池，王阳明举办了一场大型宴会，参加的不是别人，正是跟随自己的一百多个弟子。

和王老师一起喝酒，他的弟子们都很随意，没有什么拘束的感觉。酒过三巡，菜过五味，现场气氛非常放松，大家都端着酒杯来回走动，有些人趁着酒兴击鼓吟唱，另一些人则聚在一起猜酒令。

同学们请他们的老师现场作诗。王阳明谦虚了一下，但很快就写了出来，写的是《月夜二首》：

> 万里中秋月正晴，四山云霭忽然生。
> 须臾浊雾随风散，依旧青天此月明。
> 肯信良知原不昧，从他外物岂能撄！
> 老夫今夜狂歌发，化作钧天满太清。
>
> 处处中秋此月明，不知何处亦群英？
> 须怜绝学经千载，莫负男儿过一生！
> 影响尚疑朱仲晦，支离羞作郑康成。
> 铿然舍瑟春风里，点也虽狂得我情。

虽说是喝酒放松的聚会，王阳明写下这两首诗时，依然不忘借景抒情。他提醒学生，明月被乌云遮蔽是暂时的。内心的良知就好比明月，外在的干扰就如同乌云，一定要守护自己的良知，不要被他物左右；人的生命只有一次，热血男儿岂能虚度大好时光？切忌学汉代学者郑玄（字康成）只做些支离破碎的考证功夫，像朱熹（字仲晦）那样把宝贵的生命用于做集注。

王老师最欣赏的处世态度，就像"铿然舍瑟春风里"的曾点那样，孔子都说"吾与点也"。王阳明对佛、道两教都很有研究，但有一点他是深信不疑的：人不会有来生。

都说王阳明是主观唯心主义者，但至少在这一点上，他和今天的唯物主义者站在了一起。既然清楚过去的日子不可能再来，你就必须珍惜光阴，不能让生命留下过多遗憾。

第二天，按照惯例，所有参加宴会的学生们又来府上答谢，并为昨天的狂放致歉。王阳明说："当年孔子在陈国时想念鲁国的狂士，这是为什么呢？"

学生们不清楚，就请老师讲解。王阳明说："世间大多数学者，沉溺于富贵名利场所，如同被囚禁了一般无法摆脱。直到听说了孔子的教诲，才知道人世间的一切俗缘，都与人的本性无关，都是可以解脱掉的。但如果只能看到这一点，不加实践以入于精微，就不免有轻灭世故、忽略人伦的毛病。狂士虽然比世上那些庸庸琐琐的人要强一些，但一样都是没有得道。所以孔子在陈国时，想着尽快回鲁国，以帮助那些狂士尽快入道。过去我担心你们悟不出这个道理，幸运的是，你们现在的见识已经大有进步了，正好可以精诣力造，以求至于道。千万不能自我满足，而停留在狂士的层次，不去进步。"

众学生一听，都有恍然大悟之感。年少轻狂、尊重本心当然有合理之处，但倚小卖小地蹉跎下去，显然是很不明智的，别说追赶王老师了，连王畿的边也够不着。

嘉靖四年九月，王阳明给老朋友顾璘写了一封长信，即著名的《答顾东桥书》。在结尾部分，王阳明提出了"拔本塞源论"，剖析了去除私欲功利之心、万物一体思想与致良知之间的关系，逻辑清晰，鞭辟入里，堪称是一篇振聋发聩的学术论文。

早在这一年的元旦，本该是处处充满喜庆气氛的时节，王家上下却没有丝毫的快乐情绪。最难过的，无疑是王阳明自己。

又出什么事情了？

七、《遵经阁记》，六经"吾心之记籍"

都说祸不单行。王阳明刚为父亲丁忧二十七个月，到了嘉靖四年初，结婚近四十年的老伴诸氏，又一病不起了。

最好的医生依然无能为力。还没出正月，诸氏就去世了。

多年以来，王阳明都是病秧子，一直靠妻子照顾。可谁也不会想到，她居然还走在了他前面。

王阳明永远也忘不了，自己在新婚第一夜的荒唐行为。正因为这一夜的放纵，让他一辈子内疚。明明知道诸氏不能生育，他宁可过继弟弟的儿子，也死活不肯纳二房。在当时的明朝社会，这可以说是让人完全不可理解的行为。

公平地说，以王阳明的才华和学识，以他追求完美的个性，条件平平、又没有什么上进心的普通女性诸氏，不能断言配不上王阳明，至少也可以说，两个人并不是太适合。但自从十七岁结婚之后，王阳明就从未产生过休妻的念头。以他的才华和社会地位，当然不缺少红颜的爱慕，但他还是小心翼翼地维持着这份婚姻，维护着一个丈夫的操守。

王阳明一生留下的诗文不少，但居然没有一篇是写给妻子的。这不能不让后人表示怀疑——毕竟他写给岳父岳母的祭文都流传下来了。一个男人，内心深处最强烈的冲动，生花妙笔下最精彩的华章，不都应该留给最心爱的人吗？可王阳明偏偏只有几首写给疑似情人的诗作传世。

到底是王阳明自己没写，还是弟子们给隐藏了，这当然是个千古之谜。方志远先生甚至说，在惧内这一点上，王阳明和畏妻如虎的戚继光很有一拼。这不是嘲笑而是赞美。有人戏称怕老婆是中国男人的传统美德，但怕到王、戚二人这种程度，还是相当少见的。

既然这样，我们还是愿意相信，王阳明不可能一篇给妻子的作品都没有，却能和她相濡以沫近四十年。

妻子走了，王阳明的讲学还得继续。绍兴人杰地灵，今天我们提起这座城市，必然会提起陆游、王阳明和鲁迅，想到黄酒、乌篷船和摇橹姑娘，以及戴墨镜的师爷。

师爷又称为幕友、幕宾、幕客，本身不是体制内的国家干部，与幕主之间是一种主仆式的雇佣关系。但事实上，雇主通常肯定不会按仆人的标准对待师爷，而是对他们尊敬有加，相当信任。这些人的眼光、见识与文采，也往往会对主人的成事起到至关重要的作用。

按理说，哪里都可以出师爷，但为什么在绍兴师爷会扎堆出现，组团出名，"无绍不成衙"，甚至成为这一行业的招牌？这与绍兴（及其所在的浙江）深厚的文化底蕴、重视经世致用的传统、敢为天下先的理念密切相关。同时，也得益于王阳明心学的影响。

心学中有一项重要智慧"事上练"。别看师爷是读书人，却并不是书呆子，处理实际问题的智慧与能力相当出色。

绍兴师爷的鼎盛时期在清朝的雍正、乾隆年间，但发端却在嘉靖年间。王阳明弟子季本的学生徐渭（字文长），就是其中的优秀代表。正是他慧眼发现了戚继光，并推荐给了自己的老板——浙直总督胡宗宪，才有了后来戚家军抗倭大业的完成。在一定程度上讲，戚继光正是阳明心学在大明军队中的践行者。

而在王阳明返乡教学时期，连当时的绍兴知府都成了王阳明的学生。

此人名叫南大吉，西安府渭南人，正德六年中进士，此年王阳明正好担任会试同考官，也就成为小南的座师了。

嘉靖二年，南大吉出任绍兴知府，随即拜到阳明门下。第二年，他整修了山阴县的稽山书院，聘请王阳明做主讲。

稽山书院位于卧龙山西岗，本已荒废很久，南大吉主持整修之后，新建了一座遵经阁，"经正，则庶民兴；庶民兴，斯无邪慝矣"，并特意邀请王老师写下了一篇告诫年轻学子的文章，即《稽山书院尊经阁记》。

这篇作品也收录进了著名的《古文观止》，文辞自然非常优美，但更重要的是，它集中阐述了王阳明对"六经"的看法，也讨论了自己对"致良知"的见解。

他首先分析了六经的经义及其"常道"（永恒的道理）：

> 六经所阐述的，都是永恒的真理。其道理加诸于天，就叫作命；赋予人，就叫作性；运用于身，就叫作心。心、性、命，本质上都是

一回事。它沟通人与物，通达四海，充塞天地之间，绵亘古今之中，不管在什么处所，无不存在，无不相同，没有任何例外和变异。因此，它就是"常道"。它作用于情感时，就是恻隐之心、羞耻之心、谦让之心与是非之心；它作用于人际关系上，就是父子亲情、君臣道义、夫妇责任、长幼次序，朋友诚信。这些恻隐心、羞恶心、辞让心、是非心，这些亲情、道义、责任、次序、诚信，都是一回事，都是所谓的心、性、命。

用来讲述阴阳二气消歇与生长的，就称为《易经》；用来讲述纪纲政事的，就称为《尚书》；用来歌咏情感生发的，就称为《诗经》；用来说明条理文牍重要性的，就称为《仪礼》；用来表现欣喜和平气氛的，就称为《乐经》；用来辨别真假正邪的，就称为《春秋》。从阴阳关系之阐述，到真假正邪之辨，都是同一的，都是所谓的心、性、命。

沟通人物，通达四海，充塞天地，绵亘古今，不管什么处所，无不存在，无不相同，没有任何例外或变异，这样才能被称为"六经"。六经不是别的，正是我心中的常道。

随后，王阳明指出，六经归于吾心：

因此，《易经》，就是我心用来记述阴阳二气之消歇与生长的；《尚书》，就是我心用来讲述纪纲政事的；《诗经》，就是我心用来歌咏情感生发的；《仪礼》，就是我心用来说明条理文牍的；《乐经》，就是我心用来表现欣喜和平气氛的；《春秋》，就是我心用来辨别真假正邪的。君子对待六经应是：探求我心的阴阳二气之消长并适时行动，所以才尊崇《易经》；探求我心的纪纲政事并适时采纳，所以才尊崇《尚书》；探求我心的情感生发并适时歌咏，所以才尊崇《诗经》；探求我心的条理文牍并适时展现，所以才尊崇《仪礼》；探求我心的欣喜和平而适时滋生，所以才尊崇《乐经》；探求我心的真伪正邪而适时分辨，所以才尊崇《春秋》。

再次，王阳明一针见血地指出，六经是"吾心之记籍"。相比陆九渊的"宇宙便是吾心，吾心即是宇宙"，王阳明的观点更加直白：

　　过去的圣人为了匡扶人间正道，并担心后世的倾覆，才写出了六经。这就像富贵人家的家长，担忧自己积累的产业库存到了子孙手上会遗失散尽，终至穷困无以保全，于是就将家中所有财物登记造册并传给子孙，使他们世世代代守护家产库藏并享用，免于贫困之忧。因此说，六经，就是我们心中的簿记，它们的实体，存在于我们的内心，就像实际积累的家产库藏，林林总总，都存于自己家中。而那个账本，不过是记录明细数目的工具。但今天的学者，不知道从内心出发来探求六经的实体，却徒劳无功地在它的影子与回声之间求索，被文辞的细枝末节所牵制，却欣欣然认为这就是六经了。这就好像富贵人家的子孙，不去看管、享用自己家业和仓储的实物，任由它们一天天遗失消散，以至于成了穷人乞丐，还依然底气十足地指着簿记说道："这就是我家积累的产业库藏！"两者的行为，又有什么本质区别呢？

　　接着，王阳明分析了六经不明于世的原因，即"乱经""侮经"和"贼经"，是对经典的亵渎与损害：

　　呜呼！六经的学问，不能让世人所明了，并非朝夕所造成。热衷功利，崇尚邪说，这就叫乱经；只学词语注释，传授记诵之法，沉溺于一些浅显的见解和说辞，以掩盖天下人的耳目，这就叫侮经；夸张地说些邪僻荒诞的言论，竞相用诡辩来曲解，从而掩饰险恶用心与强盗行为，追随社会上的不良风气，垄断学术解释权，却依旧认为自己是通晓六经的，这就叫贼经。这样做，等同于要连那些所谓的簿记都撕掉毁坏，哪里能知道为什么要尊崇六经？

　　最后，王阳明阐明了自己写作这篇文章的背景，并提出了自己的殷切期望——"得吾说而求诸其心"。

　　绍兴府之前有座稽山书院，在卧龙西冈，已经荒废许久了。知府、渭南人南大吉，向百姓推行政令，感慨惋惜近年来学术的支离破碎。他要在绍兴进一步推行圣贤之道，于是安排山阴知县吴君瀛修整书院并装饰一新，又在其后院修建"尊经阁"，并宣布："经学正了，民生才能兴旺；民生兴旺了，世间的邪恶才会消失。"尊经阁落成之后，南知府请我讲一番话来劝说世人。我推脱不掉，干脆就写下了这篇文字。呜呼！世间的学者，学习了我的学说并探求于内心，也就知道什么样才算尊经了。

只因崇拜王阳明，南大吉甚至将绍兴知府衙门命名为"亲民"堂，公然否定主张"新民"的朱熹。而王阳明也写下了《亲民堂记》予以肯定。后人将这两篇文章，连同《万松书院记》《重修山阴县学记》，并称为王阳明的四大记。

不过，好景不长。南大吉因表现得过于活跃、出位，很快得罪了朝中高官，被贬回陕西。但即使人在渭南，他仍心向绍兴，坚持向乡亲们传授阳明心学，很有些不撞南墙不回头的执着精神。在给南大吉的回信中，王阳明盛赞并安慰了这位关中汉子，给予了很高的评价，赞他"忠信沉毅之质，明达英伟之器"。

正是有了一个又一个这样的学生，在王阳明离开人间之后，心学之花才能在中晚明遍地开放，深刻影响了之后几百年的中国历史。

而他自己，也有了神奇的收获。

八、老来得子，难以享受天伦之乐

嘉靖四年九月，王阳明再回余姚，看到自己出生的瑞云楼，心中无限感慨。

他在龙泉寺的中天阁召集弟子，约定每月初一、初八、十五和二十三为固定讲课的日子。王阳明还在中天阁留下了一篇文章，其中引用孟子的话"虽有天下易生之物，一日暴之，十日寒之，未有能生者也"，鼓励学生一定要珍惜光阴，努力学习，不要在无端的争执上浪费时间，养成心浮气躁的毛病。

　　嘉靖五年（1526）年初，在亲朋好友的热心张罗之下，王阳明终于再娶（并非纳妾）。新娘子张氏比丈夫小很多，可能是一位"〇〇后"。她的青春妩媚、温柔体贴，给王阳明带来了许久未有的冲动，也给这个家带来了一直缺乏的活力。

　　更让王阳明意想不到的是，张氏很快就有喜了。到了当年十二月，他居然有了自己的儿子。划重点：自己的！谁再敢说我不行？

　　要知道，此时的王阳明已五十五岁，并且病痛缠身，药不能停。在他生活的十六世纪，很多男人到这岁数，孙子都能打酱油了。

　　老来得子的王阳明，别提有多激动了。这是王家列祖列宗的护佑，这是妻子张氏的辛苦，这也是自己攒人品的回报。孩子就是生命的延续，孩子也是感情的结晶，孩子更是家族的希望。当自己告别人世时，想到有一个或者几个自己制造的生命还在世间，也就没有什么好遗憾的了。

　　可惜王华已不在人间，看不到这个亲孙子的降生了。诸氏若九泉下有知，当然也会为丈夫高兴。

　　亲朋好友纷纷登门道贺，并送上赠诗。他们的祝福当然是真心的，没有任何嘲讽之意。王阳明也是非常开心和感动，并写下了两首和诗：

> 海鹤精神老益强，晚途诗价重圭璋。
> 洗儿惠比金钱贵，烂目光呈奎井祥。
> 何物敢云绳祖武，他年只好共爷长。
> 偶逢灯事开汤饼，庭树春风转岁阳。
>
> 自分秋禾后吐芒，敢云琢玉晚圭璋。
> 漫凭先德余家庆，岂是生申降岳祥。
> 携抱且堪娱老况，长成或可望书香。
> 不辞岁岁临汤饼，还见吾家第几郎。

　　刚当爹的王阳明完全没有停下来的意思，还想再接再厉，再来"几郎"。可见，他的心真的一点都不老；可见，他和张氏真的非常恩爱；可见，一个男人争强好胜的心态，真的到什么岁数都不应该丧失。

　　按照王家的族谱，王阳明这一代是"守"字辈，而下一代是"正"字辈。他给儿子取名正聪，希望孩子能够聪慧。但他并不想非把儿子培养成学术大师不可。正聪将来能走什么样的道路，得看自己的造化和机遇，当爹的并不想强求。

王阳明过世之后，著名大嘴王艮曾神秘地对外界宣布，他的老师有六个老婆。这样的八卦显然不靠谱。王阳明是有生育能力的，如果真有一妻五妾，生的孩子恐怕都能凑两桌麻将了。王阳明终生不纳妾，也许是致敬自己的偶像于谦。

王阳明在京城的众多朋友和弟子，特别是席书、黄绾和方献夫等人，一直在运作这位心学圣人入阁的事。已经当上礼部尚书的席书是个死忠的"王吹"，他毫不含蓄地断言："生在我前面的，我只佩服杨一清；生在我后面的，我只佩服王守仁。"又说："定乱济时，非王守仁不可。"

嘉靖帝的两个亲信张璁和桂萼，对王阳明的感情则是复杂的。他们能够咸鱼翻身，靠的是自己的赌徒心理，靠的是投靠嘉靖帝战胜了杨廷和，但他们斗争的思想武器，却借助了心学，尽管二人不大愿意承认。阳明弟子的有力支持，当然也是他们成功的一个重要原因。本着投桃报李的精神，两大红人也应该支持王阳明。但最终能够拍板定夺的，只能是皇帝。

嘉靖帝和堂哥正德帝同样在十五岁时登上皇位，但他绝不像后者一样头脑简单。从某种意义上说，嘉靖帝不费一兵一卒，就完成了朱宸濠努力了一辈子也没有做成的事情，成为明王朝的统治者。他顶住重重压力取得大礼议的胜利，证明了自己的政治手腕确实相当厉害。

嘉靖皇帝上任之初，对王阳明还是非常欣赏和钦佩的。此人天才般地平定了南赣匪患，又用十四天擒获朱宸濠，对大明王朝的贡献，在当朝已经无人能及了。嘉靖帝也确实想过让王阳明入阁，可惜被杨廷和阻止了。

三年之后老杨辞职，小皇帝得以独揽大权。按理说，他把王阳明请进内阁，绝对名正言顺。可这时候的嘉靖帝却摇身一变，成了杨廷和政治遗嘱的忠实执行人。

随着皇位的日益巩固，嘉靖帝已经不需要太多帮手了，对任用王阳明的需求没有那么迫切，对这个传奇大儒的担心反而却与日俱增。杨廷和的例子摆在那里，太有个性和人脉的首辅，会让皇帝当得相当委屈。况且王阳明的能力与影响力，只会比杨廷和更出色，还是费宏这样才华平庸但听话懂事的首辅好使。

人谁没有点逆反心理呢？越多的人把王阳明说得越厉害，嘉靖帝就越对这位大儒不放心，越不想起用他。

自从贵州相识，席书与王阳明的友谊持续了近二十年。在生命中的最后几年，他一直在为王阳明入京而不懈努力，但一直未能如愿。

嘉靖六年（1527）二月，六十七岁的席书进武英殿大学士致仕。三月，他在京城去世。消息传到山阴，王阳明非常悲痛，很快提笔写下了《祭元山席尚书文》，极力讴歌席书的高风亮节，深情回忆了两人的交往友谊，最后总结道：

> 近年以来，觉稍有所进，思得与公一面，少叙其愚以来质正，斯亦千古之一快。而公今复已矣！呜呼痛哉！

对北京有深厚感情的王阳明，还有机会回到京师吗？

九、抵制佛、道，坚定做圣人之学

席书的去世，让王阳明在朝中少了一个特别可靠的朋友，想回去做官无疑更加困难。但在家乡，他的日程安排也是满满当当的。

他常年身体欠佳，曾经从佛、道二教中寻找康复之法。大婚当日不与妻子拜堂，却与陌生道士打坐聊天到深夜。三十一岁时，他隐居阳明洞"修行"，被弟子们夸张为拥有了"先知之术"。他对佛教更是有着浓厚的感情，遍访大寺名刹，足迹遍及十三司中的八司。三十二岁时，曾在一家佛寺（名称不详）入住八个月，甚至一度产生了出家的念头。

但随着年龄的增长与学问的深入，王阳明逐渐察觉到道佛二教的不足，"释二氏之非"，并坚定自己入世的信念。龙场悟道，被视为与佛教的顿悟有着类似之处，但他终究回到了儒学的轨道上来。等到老年，王阳明更是坚定地抵制二教。在《长生》诗中，他如是说：

长生徒有慕，苦乏大药资。

名山遍探历，悠悠鬓生丝。

微躯一系念，去道日远而。

中岁忽有觉，九还乃在兹。

非炉亦非鼎，何坎复何离。

本无终始究，宁有死生期？

彼哉游方士，诡辞反增疑。

纷然诸老翁，自传困多歧。

乾坤由我在，安用他求为？

千圣皆过影，良知乃吾师。

他提醒自己的学生萧惠（喜好佛、道）说："我从小就专注于佛道，自认为很有心得，而儒学却不值得学习。后来我在龙场待了三年，领悟到了'圣人之学'是如此简易广大，才开始感慨自己错花了三十年的气力。大致上来说，佛道两家的学说，它们的精妙与儒学差别只在毫厘之间。你现在学的只不过是两家的糟粕，却自信喜欢到了这样的程度，简直就像猫头鹰捉了一只腐鼠。"其对儒学的坚定立场可见一斑。

在《传习录》下卷中，他还有这样的评论：

> 道家追求的是"虚"，圣人岂能在"虚"上加得一丝一毫的"实"？佛家讲究的是"无"，圣人岂能在"无"上加一丝一毫的"有"？但是，道家说"虚"，是从养生上来说的；佛家说"无"，是从脱离生死苦海的意义上来讲的。二教在本体上添加这些意思，便不是"虚"和"无"的本意了，对于本体就有妨碍。圣人只是还良知以本来面目，而不添加任何其他意思。良知的虚，便是天的"太虚"，良知的无，就是"太虚"的无形。日、月、风、雷、山、川、民、物，凡有相貌、形状和颜色，都是在太虚无形中运动变化的，从来没有成为天的障碍。圣人只是顺应良知的生发运用，天地万物都在良知的生发运用之中，何尝有什么事物，能生发于起于良知之外，成为良知的障碍呢？

对心学来说，"致良知"追求的也是虚无，但指的是天地间万物的绝对虚无；佛教和道教的虚无，则显然包含着养生之道，甚至长生不老的诉求，其实并没有做到完全彻底的虚无，这当然是王阳明不能赞成的。

他曾说："佛教不执着于相，其实却执着于相。我们儒家执着于相，其实却不执着于相。"

这段话如同绕口令。学生当然听不懂，于是向他请教。王阳明是这么解释的：

> 佛教害怕父子关系的拖累，就抛弃了父子情（出家了）；害怕君臣关系的拖累，就抛弃了君臣之义（不当官了）；害怕夫妻关系的拖累，就抛弃了夫妻情分（不婚娶了）。这些都是因为执着于父子、君臣和夫妻的相，才要逃避。而我们儒家，有父子关系，就给予仁爱；有君臣关系，就给予忠义；有夫妻关系，就给予礼节。何曾执着于父子、君臣和夫妻的外在之相？

当然，佛道二教对于阳明思想的最终完善，还是起到了非常重要的辅助作用。但王阳明终究是一个以济世报国为信念的读书人，有着强烈的责任心与使命感，这也是他能够比肩孙子、跻身"两个半完人"的重要原因。

嘉靖二年，在萧山迎接林俊时，王阳明对弟子张元冲有以下教诲：

> 佛、道两教的用处，都被我运用了。也就是说，在善待生命的过程中，我好好保养身体，这是道家用处；我不沾染尘世的纷扰，这是佛家用处。但后来的儒家学者，却看不到儒学是全面的，因此要与佛、道二教的观点对立。比如，一栋房子里有三间屋，儒家学者不知道自己都能用，见了佛家，就把左边一间割给他；见了道家，就把右边一间割给他；而自己则待在中间，这就叫"举一而废百"。圣人和天地、黎民、万物都是一体的，儒、佛、老、庄都能为我所用，这才能称之为大道。而佛、道二教只求独善其身，因此只能称为小道。

经过王阳明这一解释，强行区别儒家与佛、道的差别，就显得有些多余了。

时间来到了嘉靖六年四月，这一年，王阳明已经五十六岁，到了这个年纪，一般都不会想到再为国家出力，而是想享几年清福，和妻儿一起享受天伦之乐。可谁也没想到的是，他平静的生活还是被打破了。

谁又有那么大能量，随时可以干预王阳明的幸福生活呢？

十、天泉证道，浙中学派奠根基

能够让王阳明必须做出回应的，只能是当今圣上。能够令这位大儒无法抗拒的文书，只能是圣旨。

他被任命为都察院左都御史，提督两广，朝廷命他去平定思恩、田州（都在广西）叛乱。

时光荏苒，有些记忆却永远无法抹去。嘉靖三年中秋，王阳明曾在天泉桥下大摆宴席，招待门下弟子。

可就在这次宴饮之后不久，王阳明提出了他震古烁今的名句：

> 无善无恶是心之体，有善有恶是意之动，知善知恶是良知，为善去恶是格物。

相比"心即理""知行合一"和"致良知"，这四句话更加直白质朴，也更加通俗易懂。

"无善无恶是心之体"是世界观，讲究身外无理，心外无物，天人合一。

"有善有恶是意之动"是人生观，讲究的是存天理，去人欲，人人皆可成为圣人。

"知善知恶是良知"是价值观，善恶的标准来自良知，听从本心的指引。

"为善去恶是格物"是方法论，讲究的是知行合一，具体方式是"事上磨练"。

这"四句教"即使放在今天，大部分人也能大概看明白，但其中包含的哲理，却是要反复思考和琢磨的。即使是王畿和钱德洪这两位最优秀的弟子，也因为"四句教"产生了严重分歧。

王畿认为，王老师的四句话讲得还不够透彻。如果说心的本体是无善无恶的，那么意也是无善无恶的，知也是无善无恶的，物当然也是无善无恶的。如果说意有善恶之分，那么心的本体就还是存在善恶了。

钱德洪则认为，心的本体是天生的性，原本就是没有善恶的。但人心受到世俗陋习的污染，意念上就有了善恶的存在。格物、致知、诚心、正意、修身，这些都是恢复天性本体的功夫。如果说意念原本就没有善恶，那就谈不上功夫了。

王阳明要离开家乡，去遥远的广西平叛，这一走，不知道何时才能回来。王畿和钱德洪要留在山阴主持学堂。因此两人消除分歧、达成共识是非常必要的。不然，如何向众多弟子传授心学？

嘉靖六年九月初八晚上，师徒三人再次坐在了天泉桥边。深秋的夜晚已有些许凉意，两个学生提醒老师要加衣。

王阳明却不关心这个，他面前坐的是两个自己最欣赏的弟子，他们将要挑起王学的重任，但是，二人的学问，却还是不能完全让自己放心。

王阳明一直在回忆两个弟子的观点。他告诉二人："明天我就要出发去广西（很可能就永远回不来了），正要给你们说清这个意思。你们二人的见解，正好可以相互补充，切不可各执一端。"他俩急忙表态接受。

王阳明说："我开导学生的方法一般有两种。天性聪明有慧根的人（王畿就是这样的），直接从本原上体悟入门。人心本体原本晶莹剔透，原本就是一个'未发之中'，聪慧的人一下子就能领悟本原，这就是功力。别人与自己、内在与外在一下子都悟透了。而资质稍稍差一些的人（钱德洪，就是说你呢），心中不免会受到世俗陋习的沾染，本体受到蒙蔽，那就要暂时教他们在意念上踏踏实实地为善去恶。等到他们功夫纯熟，渣滓完全被清除之时，本体也就明亮干净了。汝中（王畿的字）的见解，正是我开导聪明人的；而德洪的观点，是我开导资质稍差之人的。"

两人一听老师这么说，不免都相当高兴。不过王阳明马上很严肃地提醒道："你们两人的观点互相补充运用，资质在中等上下的人都可以被引入正道。但如果各自固执己见，很快就会让很多人无法走上正道，都不能穷尽天道的本体。"王畿与钱德洪的脸有点发烧，只好连声答应。

马上要走了，王阳明意犹未尽。"你们以后讲学，千万不能丢掉我的四句宗旨：无善无恶是心之体，有善有恶是意之动，知善知恶是良知，为善去恶是格物。只要按照我的话，因人而异地去指导，自然不会有什么大的毛病，这本来就是贯通上下的功夫。天资极高的人，世间很难遇到（王畿你还不是啦，钱德洪更是差得太远）。能将本体功夫一下子悟透，这是连颜回、明道（程颢）先生也不敢自认的。怎么能轻易对人寄予这样的期望呢？人心往往都会受到世俗陋习的沾染，不教育他在良知上落实行善去恶的功夫，只去凭空想象那个本体，对任何事情都不踏实应对，只会养成贪求虚荣的毛病。这可不是个小问题，必须给你们早点讲清楚。"

王畿和钱德洪连点头。在他们心目中，老师总有办法战胜疾病、延年益寿。但王阳明自己很清楚，自己的好胜心再强，也抵不过病魔的无情、命运的安排。

王阳明去世之后，围绕"四句教"及其他问题，王、钱二人最终还是分道扬镳，各自发展。但他们都不忘老师的教导，都希望继承王阳明的遗志，将王学发扬光大。

王畿坚持讲学四十余年，两浙及南直隶、吴楚和闽越等地，都留下了他讲学的相关记录。而钱德洪不仅同样是出色的教育家，还是卓越的出版人。他整理了王阳明的全部著作，修订了《阳明年谱》，对推广王学做出了无可替代的贡献。

以王畿和钱德洪两人为首，形成了王学七派中的浙中学派。无奈两人能力有限，再传弟子中也缺少领军人物，虽是阳明嫡传，日后这一学派的发展，却落后于江右与泰州两大学派。不过这一切，王阳明已经无法知道了。

话说回来。王阳明已经一把年纪了，朝廷为什么非要把他打发到广西呢？

王阳明

广西平叛过于轻松

第十四章

一、"西"行漫记，走得慢但很开心

很多时候，传统社会的官场都自带"逆淘汰"滤镜。王阳明这样的能臣和军神，平时遭人忌惮。但如果出现了谁也搞不定的问题，又得他出来摆平了。

嘉靖六年二月，担任内阁首辅三年的费宏退休，比老费大十四岁的杨一清，却成了继任者。同年，当初的南京小官桂萼，也当上了吏部尚书。费宏留给两人的一大堆问题中，思恩、田州这两颗烫手的山芋，成了他们必须解决的重中之重。

思恩、田州位于广西南部，是瑶族、侗族等少数民族聚居的地方，民族矛盾特别复杂。从洪武时代起，当地一直由土司岑氏世代统治。这个家族其实是汉人后代，其祖先正是与马援齐名的东汉开国名将岑彭。

到了正德年间，岑家的继承人换成了岑猛。这是个很有经营头脑的官僚，把自己地盘上的生意做得很红火。广西巡抚相当眼红，几次三番暗示岑猛要向领导进贡，适当地表示表示，但后者根本就不吃他这一套。巡抚能不生气吗？就指示部下找碴挑事，和岑猛的势力发生了一些摩擦。随后，巡抚就向朝廷"恶人先告状"，说是岑猛谋反，请求增派军队镇压。

岑猛一看局势不妙，你说我造反，那我就真的造反！于是他把当地流官赶跑了，接管了权力。本着捍卫国家领土完整的精神，嘉靖帝派老臣姚镆担任都御史，调集八万军队入桂，将岑猛打得大败。

岑猛这一次终于见识到了比他更猛的，好汉不吃眼前亏，马上提出投降、申冤。姚镆非但不答应，反而加强攻势，大有不斩尽杀绝不罢休的劲头。

可怜的岑猛逃到岳父那里寻求庇护。可岑猛做梦也没想到，这个老岳父因为他对自己的女儿不好，就果断地把女婿毒死，将人头献了出来。

岑猛死后，手下两员大将卢苏和王受逃到安南（今越南），重新集结了一支军队，号称二十万大军，和朝廷在广西展开了持久战。为了扩大影响，二人继续打着岑猛的旗号。他们用兵有方、稳扎稳打，将前来剿匪的官军杀了个大败，占领了田州和思恩两州州府，俨然形成了一个独立王国，就差颁布年号、建立政权了。

姚镆吃了几次败仗后束手无策，只好向朝廷请求救援。内阁把朝中善于用兵的大将挑来挑去，也没有发现一个满意的，杨一清这个焦虑啊。不过桂萼却推荐了一个人，并信誓旦旦地说，只要这位仁兄出马，一定能把广西给摆平了。

杨一清还不信了，天下还有比我老人家更厉害的？等到对方平静地说出三个字，老杨猛地一拍大腿，是啊，我老糊涂了，怎么把他都忘了。这人出马，不是一个顶俩，是一个顶一万啊。

桂萼说的正是王阳明，除了他还能有谁呢。不过……好像世界上没这理吧。当初你们不待见王阳明，不让人家进京当官；现在自己有麻烦了，就想到把人家拉出来救火。王阳明可不是愿意受人摆布的，他当年主持山东乡试时出的题目"所谓大臣者，以道事君，不可则止"，正是自己内心的写照。

果然，收到兵部公函之后，王阳明立即上疏推辞，他的理由也很充分：

第一，自己身体越来越差，现在是出个门都困难，走个路都喘，怎么可能跑到广西去剿匪？

第二，姚镆是有工作能力的，希望朝廷给他一段时间。

王阳明还推荐了两个人——南京工部尚书胡世宁和刑部尚书李承勋，认为他们是非常合适的人选。

杨一清和张璁、桂萼一合计，认为这是王阳明想独立自主操作一些事情，不希望姚镆在一边碍事。于是他们立即向嘉靖帝请示，让姚镆提前退休。

接着，三人一致决定，再增加王阳明的权力，让他以南京兵部尚书兼都察院左都御史，提督两广、湖广和江西四省军务，等于把中国南部一半的军队都交给王阳明领导了。并且，王阳明可以便宜行事，不必事事向朝廷汇报。

盘点明、清两朝五百余年，能管理这么大地盘的文官屈指可数。除了王阳明之外，名气最大的就要算处处模仿他的曾国藩了。咸丰十一年（1861），湘军占领安庆之后不久，朝廷加封这位"曾剃头"为太子太保，奉旨督办苏、皖、浙、赣四省军务，巡抚、提镇以下悉归节制。

但有一说一，论作战指挥艺术，曾国藩和王阳明之间，至少差了好几个徐阶，sorry，台阶。

以嘉靖皇帝名义发布的圣旨，其中还特别强调"不得推辞"。当然，潜台词就是，你老爷子不答应试试，看我怎么收拾你。这样一来，王阳明只好收拾东西了。

八月，王阳明将自己的《大学问》刊刻成册，发给所有弟子学习。对推崇"述而不作"的王阳明来说，这就是他最重要的哲学著作了。通过解读《大学》的三纲领和八条目，王阳明再次强调了自己以"致良知""四句教"为核心的学说体系。

九月初七，王阳明在山阴自己的新建伯府第，招待所有的学生，和他们一一道别。在座的所有人，几乎都在说"马到成功""早日凯旋"之类的吉利话。但王阳明自己很清楚，身体已经这么差了，这一去很可能就永远回不了故乡，心中的伤感之情是无法避免的。

第二天，这位五十六岁的老人，再次踏上了自己走过多次的、那条从浙江到江西的水路。记忆之门一旦打开，往事就如同潮水一样涌了进来。龙场的艰苦没有把他压倒，南赣的匪徒没有把他吓住，朱宸濠的叛乱被他迅速搞定，张忠和朱泰的陷害也奈何不了他。这一次，他依然相信，没有自己摆不平的麻烦。

但是，自己的身体越来越差了，甚至隔三岔五就咯血，可朝廷就是不肯放过他，不想让他在山阴安心养病。难道这一把老骨头，真的要葬送在广西那个陌生的地方了？

送行的人把码头都挤满了，当地百姓送来了很多礼物，王阳明都一律谢绝，自己根本用不上，收下岂不是浪费？他随船带了一个大箱子，里面装的全是药，各种各样的药品，看起来很恐怖。王阳明每天吃的药比吃的饭都多，甚至整个人都散发着一股药味。他就是靠这些东西在延续生命。

作为王学的二代领袖，王畿和钱德洪跟船一路送到严滩（七里滩，在今杭州市桐庐县）。九月二十二，他们才与恩师依依惜别。

王阳明知道自己已不久人世，他将这次远赴广西的行程，变成了一次传播心学的布道之旅。一路之上，他接待故交，启迪后辈，讲授学理，传播阳明之学。所到之处，场面都非常隆重，礼数都极其周到，挽留都特别诚恳，送别都异常温馨。这要让远在北京的嘉靖知道，肯定又要摔杯子骂娘了。

在钱塘，王阳明游览了吴山、月岩。在严滩钓台，他留下了《复过钓台》，回忆了当年押解朱宸濠去南京时，因军备匆忙、身体欠佳而错过的情景：

> 忆昔过钓台，驱驰正军旅。
> 十年今始来，复以兵戈起。
> 空山烟雾深，往迹如梦里。
> 微雨林径滑，肺病双足胝。
> 仰瞻台上云，俯濯台下水。
> 人生何碌碌，高尚当如此。
> 疮痍念同胞，至人匪为己。
> 过门不遑入，忧劳岂得已！
> 滔滔良自伤，果哉末难矣！

船到贵溪，丁忧在家的夏言前来拜访。没错，正是后来出任大明首辅、又被老乡严嵩陷害致死的夏言。他还写下了一首《送大司马[1]王阳明总督两广》。

严嵩与夏严这两大首辅，跟王阳明都有神交，可惜都没有学到阳明心学的精华。

得知王阳明即将抵达广信，徐樾、张士贤和桂轼赶到码头等候，希望能见老师一面。但王阳明公务缠身，承诺回程时接风。另外两人悻悻而归，而徐樾却有了新的想法。

1.明朝官场将兵部尚书尊称为大司马。

王阳明行船至余干，发现后面有小船猛追。护卫还以为什么刺客呢。徐樾在船头扯着嗓子大喊："是我，徐樾！"他还真的做到了知行合一，说做就做。

王阳明被这份诚意感动，遂邀请徐樾上船。

徐樾这段时间一直在白鹿洞打坐，自以为有了禅定之感，因此很想向老师夸耀一下。王阳明早看出他修炼得根本不到火候，就让他举示心中的意境。徐樾连续举了好几种，王阳明一一给予否定，令这孩子有些沮丧。

王阳明于是告诉他："此体岂有方所？譬如这个蜡烛，光无所不在，不可独以烛上为光。"

徐樾有些蒙圈了。光不在蜡烛上，还能在水底下？

王阳明指向船内说："这也是光，这也是光。"是啊，不是漆黑一团，当然就有光嘛。

王阳明又指向船外："这也是光。"徐樾看着外面的点点微光，若有所思。

是啊，光不单单停留在蜡烛上，还可以映在你心里。思想有多远，你就能够走多远。徐樾拜谢离开，再不好意思吹嘘白鹿洞打坐的壮举了。

十月中旬，王阳明来到了南昌南浦驿，邹守益、欧阳德、刘邦采和黄弘纲等江右学派弟子早已在此恭迎，期待他传授心得。许多南昌民众也慕名前来，向这位哲人致敬。回想起平定宁王的种种坎坷、困境与辉煌，王阳明也是心潮难平，挥笔写下了《南浦道中》：

> 南浦重来梦里行，当年锋镝尚心惊。
> 旌旗不动山河影，鼓角犹传草木声。
> 已喜间阎多复业，独怜饥馑未宽征。
> 迂疏何有甘棠惠，惭愧香灯父老迎！

随后，这位南昌女婿，于千万人的夹道欢呼声中，走进了自己的福地。当地百姓早就自发组织起来了，他们打扫街道，焚香洒水，敲锣打鼓，以最高的规格，最有仪式感的程序，欢迎这位给他们带来和平与安定的前江西巡抚。

王阳明一下船，就被簇拥进了早就备好的轿子。全城百姓轮流抬轿，一直送到了巡抚衙门。

前来拜见的人，东门进西门出。王阳明从辰时（早上七点到九点）一直接待到未时（下午一点到三点），依然有许多人排在门口。随从不得不通知大家，王都堂实在太累需要休息，真的是无法再招呼大家了。

次日，王阳明参拜了南昌文庙，并在明伦堂讲《大学》。蜂拥而至的各地学子，早把大厅挤得密不透风，都为了亲耳聆听大师的教诲，亲眼一睹伟人的风采。很多人当然不会意识到，这将是王阳明最后一次公开讲学了。

在那个没有电视、没有广播、没有网络的时代，王阳明的学说和思想能够得到如此广泛的传播，产生这样大的影响力，的确非常神奇。但如果他生活在移动互联时代，面对如此之多的诱惑，他还愿意坚持自己的讲学吗？

出了南昌，从丰城到吉安的行程，与当年平定宁王叛乱时，王阳明出逃招兵之路大致相同。走这条路也许是他刻意选择的。毕竟，这条路见证了他一生最重要的事功，孕育了他最了不起的成就。在黄土脑，过往的一幕幕自然记忆犹新，与死神擦肩而过的运气怎能忘记？这位伟人诗兴又来：

> 一上高原感慨重，千山落叶正无穷。
> 前途且与停西日，此地曾经拜北风。
> 剑气晚横秋色静，兵声寒带暮江雄。
> 水南多少流亡屋，尚诉征求杼轴空。

吉安、赣州、大庾……这些当年战斗过的地方，又再次留下了这位心学圣人的点点足迹；又让他触景生情，文思如泉涌；又让所到之处的民众激动不已，兴奋得像过年。十一月初七，王阳明一行翻过梅岭，前面就是岭南大地了。

过往从无败绩的他，这次又将如何用兵？

二、巧定思、田，兵不血刃达到目的

　　十一月的北方已经是大雪纷飞，好在两广巡抚的驻地——广西梧州依然如春天般温暖。二十日，王阳明一行到达梧州，翌日开府，立即开始了平定思恩、田州的准备。

　　当王阳明提出自己的计划时，部下都惊呆了，这可不是他一贯的风格。

　　他们没想到，老大准备招安卢苏、王受。南赣剿匪时，王阳明对山贼一般都是坚决镇压，如果不投降就格杀勿论，如果投降了，也要处死以绝后患。但这一次，他为什么要改变主意，难道是年纪大了，心变软了？

　　王阳明给他们讲出了自己的考虑。这显然不是他一时冲动，而是过去两个半月行程中，他一路深思熟虑的结果。

　　别看王阳明的日程安排得那么满，活动那么多，他还能忙里偷闲思考平叛的战略决策。毕竟朝廷派他出来，可不是游学宣传，而是要打仗的。

　　卢苏、王受出身乡绅，原本可以过上富足安定的生活。他俩起兵造反，很大程度上是被环境所逼，与谢志珊、池仲容这样的惯匪有着本质区别。是姚镆错误的处置方式，让卢、王二人对朝廷产生了强烈的抵触情绪，对招安产生了强烈的绝望感。置之死地而后生，他们反而爆发出了可怕的战斗力，让官军损兵折将。

　　如果官府把招安的信息放出去，势必会使反贼的军心产生很大动摇，士兵们的厌战情绪就会释放出来。而作为首领的卢、王二人，不可能不考虑来自士兵的压力。

　　而且，思恩、田州一带与安南接壤，自从宣德二年（1427）大明朝廷废弃交趾布政司之后，这个国家独立已近百年。如果大动干戈，让卢、王逃到安南，可能会更加麻烦。

　　为了尽快解决卢苏、王受的问题，十二月二十六日，王阳明亲自带领一支军队，驻扎到了距他们地盘更近的南宁。这一下，卢、王二人更感到了前所未有的巨大压力。

　　王阳明过去用兵的辉煌经历，他们都非常清楚。自己无论兵力还是装备，谋略还是人望，都远远不如宁王，而这位老头子可以带着拼凑的两万民兵，用十四天时间闪电一般地平定宁王叛乱。现在，王阳明的兵力更充足，装备更先进，还可以调动四省军队共同围剿。如与之对抗无疑是以卵击石，自不量力嘛。

但是，王都堂真的会接受自己投降吗？卢苏和王受没有把握，将信将疑。这位老夫子当年怎么收拾掉池仲容的，他们多少也知道一些，更不想成为下一个老池。

转过年就是嘉靖七年（1528）。两百年前的九月十八日，朱元璋出生于濠州一个贫苦农家。没有他，就没有大明王朝，神州大地可能还要接受更多时间的战祸蹂躏。

朱元璋是大明缔造者，而王阳明平定宁王叛乱，当然堪称大明的拯救者。但这一年，正月初七，卢、王派出自己的心腹黄富，去南宁打探风声。

王阳明亲切地接见了黄富，好酒好肉地招待，让他劝说两位将军过来自首，可免一死。

听到黄富的回报，卢苏和王受心情非常矛盾。不去吧，人家放出话来了，自己没有回应，就是没有诚意；去吧，要是中了王阳明的圈套，不就死无葬身之地了吗？

这样的两难选择无疑最困难，也最痛苦。但经过激烈的思想斗争，最后他俩还是决定，亲自去南宁自首谢罪。

正月二十六日，天气晴好。卢苏和王受把二万多军队（号称七万）驻扎在城外，只带了几个亲兵，象征性地把自己绑了，去巡抚衙门请罪。这是他们第一次见到传说中战无不胜的王都堂，以为对方会是一个威猛的大官；谁知见到的却是一个面目慈祥的老人。而且，在与他们谈话时，老头子不停咳嗽，显然身体很差。

王阳明已经病得很重了，但他看得很清楚：这俩和池仲容确实不属一类人，他们的投降是有诚意的。因此，他也放弃了捕杀对方，然后突袭军队的想法。

场面是温馨的，气氛是热烈，交流是真诚的，酒宴也是必不可少的吧？

卢苏、王受肚子也有些饿了，就等着王大人宣布开饭。王阳明却突然收起了慈眉善目的面孔，猛地一拍惊堂木，把这俩哥们吓得一哆嗦。这翻脸比翻书还快啊。

"卢苏，王受，你俩知罪否？"

两人当然明白，自己怎么可能是清白的？过去两年，朝廷多少官军死于非命，多少银子打了水漂，多少官员受到惩罚，连嘉靖都过不安宁了，这绝对不是认错服软就能解决的。

"小人知罪，任凭都堂大人处置。"他们还敢顶嘴吗？

王阳明将二人的过失总结一番，并下令将他们杖责一百，以示惩戒。

两人到底是军人出身，也知道自己的过错，坦然接受。当然，这一百军棍基本上是象征性的，杀伤力还远不如王阳明当年受的四十廷杖，打完后都自己能爬起来吃饭。

王阳明随后命令两人裁撤军队，并告诉他们，自己要上疏朝廷，给他们封官。两人激动坏了，根本不相信有这样的好事：打了这么长时间的仗，杀了这么多的官兵，造成了这么严重的破坏，到头来不但没有杀头，还能捞个一官半职。二人都对王阳明感激不尽，当场磕头谢恩。

朝廷折腾了两年，出动近十万兵马、消耗无数银两也没有搞定的卢苏和王受，让王阳明没打一次战役、没死一个士兵，就这样兵不血刃地搞定了。广西百姓自然要把王都堂当成神明一样崇拜。消息传到北京，桂萼却大为不满，觉得自己的智商、情商以至尊严都受到了一万点的伤害。

桂萼打定主意，一定要在鸡蛋里挑骨头，找准时机，好好修理一下这个姓王的。

在招抚叛军之后，王阳明很快将重心转移到了恢复地方秩序上。他连续上了《奏报田州思恩平复疏》《地方紧急用人疏》和《地方急缺官员疏》等，为相关人员请功，举荐官员，人尽其才。

四月初六，在名为《处置平复地方以图久安疏》的奏疏中，王阳明建议把田州一分为二，让岑猛之子岑邦相佐理一州，利用岑氏家族在当地的传统影响力，维护一方稳定，安抚当地百姓。同时在老田州设立巡检司，让卢苏和王受等担任巡检，同时派驻知州作为流官。

他继续在思、田两州大办学校，让更多的孩子接受教育，并把季本等在外地的一些弟子叫来，让他们放弃内地舒适安逸的生活，到广西山区宣教。读书让人识礼，这样一来，不务正业的年轻人就大量减少了。

他继续坚持在南赣实行的"十家牌法"，各村寨及时互通信息，防患于未然，消灭盗匪大规模产生的土壤。

破山中贼易，破心中贼难。王阳明希望自己的政策，能够像春风化雨一般，逐步改变当地的风气，让更多的人能够致良知，克己守法，形成良好的风气。当然，这是一个很漫长的过程，十年树木，百年树人，他知道自己很难看到那一天了。

那么，他这把老骨头，是要留在八桂大地了？

三、出其不意，奇袭两大匪巢

王阳明走到哪里，就把神奇带到哪里。兵不血刃，无论是手下的士兵，还是他本人都觉得很不过瘾。当然，也许是上天有意安排，他很快就发现自己有事可做了。

在平定思恩、田州的过程中，王阳明不断听到当地官员反映的另一件事情。他很快得出了结论，这是比思、田叛乱问题更严重的问题，觉得有必要为当地百姓再做一件好事。

这几年，朝廷在广西的工作重点，全集中在了对卢苏、王受的围剿上，却忽略了当地还有两支以瑶民为主的叛军。他们分别以八寨和断藤峡为基地，与官军大玩游击战术。

当然，剿灭这两个地方的山贼，根本不是朝廷给王阳明布置的任务。按照桂萼的宏伟蓝图，官军平定思、田之后，应该趁机攻打安南，恢复大明的第十四个布政司。这样，后人书写历史时，他老桂的名字就可以和当年征服交趾的永乐大帝写到一起了。

断藤峡在今天的广西桂平附近，处于黔江下游，地势险要，原名大藤峡。宪宗成化元年，左金都御史韩雍带兵对这里的瑶民叛乱分子进行了地毯式清剿，放火烧掉了跨江的大藤，并把峡谷的名字改为断藤峡，其用意在于断掉瑶民造反的根。

但叛乱分子就如同山上的杂草一样野蛮生长，野火烧不尽，春风吹又生，灭了一茬又生出一茬。到了嘉靖五年，大群土匪又在此聚集。他们攻占官府，杀害官员，掠夺富户，强抢民女，称得上无恶不作。用王阳明的话说，他们"窃发无时，凶恶成性，不可改化"，与谢志珊、池仲容是一个类型的货色，必须用武力消灭。

长时间生活在深山中，瑶民们也发展了自己的优势。这些人身型灵巧，身手灵活，上山下坡如履平地，翻墙上树不费力气。他们的撒手锏是弓箭，箭一般都是喂了毒的，接触到就无药可治。

八寨顾名思义，是距断藤峡三百多里的八个村寨的总称，这里同样是瑶族大量聚居的地方。当地土匪和朝廷大玩游击战术，官军大规模过来清剿时，土匪们就狡猾地提出招安。官军撤走以后，他们又继续抢劫烧杀。

这两个地方地形复杂，环境恶劣，变数太多，内地过来的平叛官员都不愿蹚浑水，总是向朝廷提出用安抚手段解决。这几年，银子没有少花，但这些土匪一点也没安分，他们甚至摸到了朝廷的命门：我先故意把事情搞大，你肯定要带钱带物来招安。我收了财物，消停一阵子，然后再给你搞更大的破坏，让你拿更多的钱来哄我。

要说今天的一些女孩子折磨男朋友，也是用这种手段。

堂堂官府，居然被一帮没文化的土匪玩弄于股掌之中，不但很没面子，也产生了很坏的示范效应。王阳明决定，必须为当地百姓除去这大祸害。

在处理完思、田事件之后，王阳明就向朝廷写信，要求辞职回家养病。但内阁的领导们似乎对他过于害怕，担心他离开广西就要进京发展，死活都不肯答应。按他们的如意算盘，最好就让老王一直待在偏远的广西吃苦，省得他给我们美好的生活再添什么乱子。

王阳明这次请辞，更多的是做给土匪们看的。朝廷不放他，反而正好满足了他的心愿。

他故意放出风来，说自己身体很差，随时有可能离开广西。就是想让八寨和断藤峡的山贼们都放下心来，放松戒备。随后，他以四省提督的名义，命令湖广来的军队准备撤走。不打仗了，你们不用留在广西，早点回家乡吧。

同时，他把卢苏、王受叫来，给他们悄悄布置了任务。

两人听说有事可做，都非常高兴。自己刚刚投降，怎么着也得纳个投名状吧。他俩齐声说："都堂放心，我等一定做好。"

王阳明一再叮嘱，行动要隐蔽，切勿走漏风声。

嘉靖七年四月初三，初夏时节的广西，温度已经不低了。

镜头切换到了思吉，这是八寨中的一个寨子，典型的瑶民村落。

太阳就要落山了，夕阳的余晖给大地铺上了一层温和的金色。山区的傍晚比较凉爽，瑶民三三两两地聚集在一起，一边喝着自制的米酒，一边聊着他们感兴趣的话题。东家新添了一个胖小子，西家的女儿到了出嫁的年龄，哪里的猎人又被毒蛇咬了，哪里的土司又被人敲了竹杠……他们时不时发出爽朗的笑声，脸上的表情真实而又自然。

谁能够相信，他们扛起锄头是朴实的农夫，举起刀枪就是杀人不眨眼的恶魔呢？谁又能够相信，他们打劫的时候，会把妇女和婴儿残忍地杀死，甚至剖开孕妇的肚子呢？谁又能相信，这是他们最后一次聊天，最后一次看到美丽的夕阳呢？

突然之间，震耳的炮声打破了山村的宁静，突如其来的大火在他们身后蔓延。有人发出了尖叫：我家的房子着火了，我得回去看看。可还没等站起身，只见寒光一闪，他的脑袋就滚出去了好远。

成群结队的官兵杀了出来，他们先射出了一排排的火箭，把寨子变成了一片火海，随后手提钢刀和长矛，满世界追杀从大火中仓皇逃命的瑶民，不管是老人还是孩子，无论是男人还是女人，在他们的眼中已经不是活人，而是一个个天赐礼物，能给他们带来赏金的战利品。

思吉的一幕，不过是官军清剿八寨的一个小小缩影。担任主攻任务的，就是刚刚接受招安的卢苏和王受。

招安之后，二人做的第一件事是挨打，第二件事是解散军队。他们的部下号称七万，实际人数只有两万余人。在王阳明的指导下，二人大张旗鼓地裁军，一批批地送别弟兄们返乡，一场场地发表送别演说，一回回地喝分手酒吃散伙饭，一次次地当场流下难过的泪水。而实际上，他们裁掉的都是些老弱分子，战斗力最强的一万人都被留了下来，而这些士兵，就成为攻打八寨的主力。

王阳明让卢苏、王受的队伍打先锋，而让广西布政使林富、副总兵张祐等带官军进行第二轮打击。

在攻打八寨的同时，乘船撤往湖广的军队，也在参议汪必东、副使翁素和佥事汪溱等人率领下，突然向断藤峡发动了进攻。情况极为类似，完全没有思想准备的瑶族山贼被逼上绝路，他们全家齐动员，还想利用复杂地形做掩护，和官军死磕到底。但官军们早就找来了熟悉环境的向导，又有更先进的武器和重金许诺，山贼们岂是对手？断藤峡的叛乱之根，真的要被彻底斩断了。

都说险要之地，攻的一方要吃亏，守的一方占便宜。但王阳明却用自己的行动，完全打破了这个规则。从赣南开始，他收拾的山贼团队个个都有悬崖和大河做屏障，个个都有丰富的游击战经验，个个自我感觉良好，个个最后都死得很难看。这一次，当然也不例外。一月之内，官军就斩首三千余人，将这两处匪巢连根铲除。

广西的捷报传到京城，满朝文武的反应几乎一致——难以置信。朝廷征讨卢苏、王受好几年，损失了不少人马，花掉了数万两军费，王阳明不用一兵一卒就把他们搞定了；朝廷在八寨、断藤峡消耗了大量财物进行招安，那里的瑶民忽降忽叛，把朝廷玩于股掌之中，王阳明却给他们来了个地毯式清理。这两处危害广西百姓数年的匪患，老王两三个月就给清理干净了。

美女总是让人惦记的，英雄总是受人忌惮的。王阳明的文治武功，让嘉靖皇帝感到的不是开心，而是担心。这样的人一旦放入京城，还不得和曹操一样？万万使不得。

内阁和六部首脑已经分成了两派，杨一清和桂萼等人清楚，放王阳明进京，他们的位置就有保不住的风险，严防死守！而张璁则希望能把王阳明拉进内阁，挤走首辅杨一清，由自己取而代之。

每个人都在打自己的算盘，每个人都想利用王阳明，但每个人都对人家不放心。他们又想出了什么新花样，来对付这位大明军神呢？

一生伏首拜阳明

第十五章

一、归心似箭，上天偏偏不肯成全

进入嘉靖七年之后，王阳明的身体状况越来赵糟糕。七月初十，他上了《八寨断藤峡捷音疏》，恳请对相关人员进行封赏。同时，也打定了早日返回故乡的主意。

八月二十七日，他决定移驻广州——这里回浙江更近，接收朝廷信息也更方便。

从南宁去广州，郁江是必经的水路。因身体欠佳，沿途美妙的风景，王阳明已经无心也无力欣赏了，不过当行驶到横州乌蛮滩时，别人告诉他，当地有座以马援将军名字命名的伏波庙时，他突然精神振奋，下令停船上岸。

还记得年少时的梦吗？像朵永不凋零的花。

陪我经过那风吹雨打，看世事无常，看沧桑变化。

他的思绪，一下子回到了四十二年前，回到那个梦境中。没错！大殿的布局，塑像的朝向，侍卫的人数，案前的香火……都和梦中几乎一模一样。

而他的一生经历，他成就的辉煌，他遭受的陷害……和伏波将军都有惊人的相似之处。王阳明感慨道："我十五岁梦到伏波将军，今天所见，宛如梦中，人生处处岂是偶然！"

在这里，他挥笔写下了一首诗：

> 四十年前梦里诗，此行天定岂人为！
> 徂征敢倚风云阵，所过须同时雨师。
> 尚喜远人知向望，却惭无术救疮痍。
> 从来胜算归廊庙，耻说兵戈定四夷。

在即将不久于人世之时，有这样的经历，王阳明也相当欣慰了。

九月初七，王阳明一行抵达广州。第二天，朝廷特使冯恩就到了，并带来了对王阳明的亲切问候。

圣旨对这位老人平定思、田之乱的功绩进行嘉奖，并发放了一份大礼包：赏银五十两，丝四匹。在南赣，王阳明剿灭了那么多山贼，总共才得到了四十两白银。相比起来，朝廷这次的行动算是大手笔了。王阳明听说圣旨到，挣扎着从床上坐起来，坚持要行跪拜大礼。

不过还有更搞笑的事情。圣旨中居然对平定八寨、断藤峡的事情只字未提，似乎在警告王都堂，没有惩办你的自作主张，已经是格外开恩了！王阳明又怎么可能看不出这一点呢？

冯恩只是个两年前刚中进士的职场新人。他都能当特使，可见朝廷对王阳明的广西平叛成果相当不重视。小冯是一个很有想法的年轻人，他利用自己的特殊身份，请求王都堂收自己做弟子，这似乎有点"狐假虎威"的架势。但王阳明还是被其诚意打动，终于答应了。

十月初十，王阳明在病中艰难提笔，写下了《乞恩暂容回籍就医养病疏》。他再一次强调，肺病已经让自己不堪折磨了，来广西后又中了炎毒，一遇到湿热天就发作，浑身溃烂。随行的医生无法忍受这边的气候，先回老家了，无人给他治疗。希望朝廷允许他立即返回家乡养病，如果幸而不死，再回来报效陛下。话都说到这份儿上了，朝廷总得给点面子吧。

闰十月，身体稍好一些之时，王阳明去了增城（今广州市增城区），参拜了五世祖王纲的祭庙，并写下了祭文。

王纲生活在元末明初，和刘基是好朋友，并经后者推荐入朝为官，担任兵部郎中。在增城处理苗民兵乱时，王纲不幸遇害。显然，王阳明与王纲性格上有相近之处，两人最后的命运，其实也有些类似。

王阳明还顺道造访了好友湛若水故居，并题诗两首。可惜的是，两人再也无法畅谈学理了。

养病疏送出之后，王阳明盼星星盼月亮，五十天都没有等来朝廷的回复。（广州到北京距离是远，但信使四十天也能打个来回了）谁让他过去十年屡屡上疏请辞，然后又表现得比正常人精力更充沛、思维更跳跃、眼光更超前呢？嘉靖皇帝和内阁官员们很快达成共识：让王都堂在两广继续待下去，挺好的！

王阳明的病情一天天加重，他知道自己不能再等了。他还想再回山阴，最后再看一眼自己住过的房子，院前亲手栽下的花草，并和那些一直挂念自己的弟子道个别。

也许最重要的，是他太想听妻子张氏再叫一声夫君，儿子正聪叫一声父亲了。

死在这里，他实在于心不甘。管不了那么多了，老朽这就动身！

十一月初一，王阳明上疏"乞骸骨"，并请郧阳（今湖北省十堰市）巡抚林富代理自己的职位。就在当天，他离开广州，踏上了北返之路。

他，要与时间赛跑，要与死神抗争。

王阳明的学生王大用，此时正担任广东布政使。他果断地放下公务，护送老师一路北上。在了解王阳明的身体状况之后，王大用悄悄命人将上好木料装上船。

王阳明对自己的病情也很清楚。在一次谈话中，他突然问自己的学生："你知道孔明托付姜维的故事吗？"

王大用的眼泪马上就流了下来。

船家紧赶慢赶，终于行到了梅岭关。王大用吩咐用竹轿抬着老师，小心上山。正是隆冬时分，积雪湿滑，山路非常难走。侍卫们小心翼翼地走在湿滑的山路上，不敢走快；王阳明坐在轿子里非常着急，他是真担心，自己赶不回浙江了。

二十五日，翻过梅岭，就到了江西南安府地界。在赣江码头，王大用把老师送上船，眼含热泪话别。王阳明已经站不起来了，唯有吩咐船家快速前进。

南安推官周积是王阳明的学生，得到消息后火速赶到，还带来了当地最好的医生。

见到周积，王阳明猛地来了精神，居然从床上坐起来了。学生非常紧张，他却笑着问："你近来的学业进展如何？"全然不把自己的安危放在心上。

"学生还在继续攻读。"周积更关心的是，"先生的身体，是否有所好转？"

"我的病已经无药可治了，现在没有死，只是元气还没有尽罢了。"王阳明的脸上依然带着笑容。面对死亡，他真的这么从容吗？不一会儿，他突然闭上了眼睛，难过地说："我平生的学问才有所成就，还没有和同道中人好好分享，这样走我实在不甘心！"

这，才是他真实的想法。

每个人都只有一次生命，每一个生命都不能清零重来。尽管活着有太多痛苦，太多烦恼，太多无奈，太多不甘，当我们真的要告别这个世界时，还是那样的依依不舍。其实，不要追问生命的意义。生命的存在，就是最重要的意义。

二十八日晚，船只停了下来，王阳明看着窗外，吃力地问："到哪里了？

"回大人，青龙铺。"

王阳明属龙，听到这个名字，会不会产生一种飞龙在天的宿命感呢？

二十九日一早，王阳明就整理好了遗书，并向下人交待了回去之后的事务，显然特别安详从容。

到了中午，他让人把周积叫进来。

他吃力地睁开双眼，却又相当平静地说："我走了。"周积跪在床边，已经是泣不成声了："先生，您……您有什么话要交代？"

"此心光明，亦复何言？"

这是王阳明留给世界的最后八个字。

这一刻，大约是嘉靖七年十一月二十九日辰时，公元1529年1月9日8点左右，孔子之后中国最伟大的思想家停止了思考。

有些人活着，他已经死了。

有些人死了，他还活着。

世上没有永恒不灭的肉体，也未必有永远不灭的灵魂，但是，世上真的有永恒不灭的思想（前提是地球没有毁灭，人类没有消亡）。

孔子、柏拉图和西赛罗没有死去。在这个越来越拥挤的星球上，每天都有无数人和这三位大师进行精神交流；当然也有无数人靠解读他们的学说来养家糊口，甚至泡妞、找乐子。

王阳明同样没有死去。过去的五百年间，这个国家、这个民族几乎没有一天不受到他的影响。当然不同的时段，这个影响有大有小。

世间已无王圣人，十二月初三，周积一行在南野驿下船，赣州兵备张思聪、赣州知府王世芳等人也赶来了，可惜都未能见到王阳明最后一面。他们将船上的木板制成棺材，为恩师沐浴入殓。

第二天，装载灵柩的大船驶向南昌。一路之上，都是王阳明生前走过的州县。无数士兵和百姓沿江痛哭，许多家庭自发搭建灵堂祭奠，场面十分感人。

王阳明和江西缘分太深。他一生的辉煌功绩，很大一部分来自这里。二十日，灵柩运抵南昌，省城百姓更是异常悲痛，痛哭至昏厥者不可胜数，草木为之同悲，天地为之动容。

按很多官员和百姓的想法，王阳明的灵柩就不要走了，南昌会给他留下最好的栖身之所。周积和张思聪等费了很大的力气，终于做通了东道主的工作。次年正月初一，灵柩才又重新装船，开往广信。

嘉靖八年（1529）的元旦，必定是南昌百姓最不开心的一个节日。

这一年又是三年一度的大比之年。王阳明去广西时，王畿和钱德洪一路送到严滩。而今老师不在了，他俩还在京城准备会试。得知消息之后，二人自然是痛不欲生，更是有了被后世永远传为佳话的举动。

他俩果断地放弃了会试，放弃了唾手可得的进士身份，火速离开北京，第一时间前往严滩，迎候恩师灵柩。

二月，王阳明的遗体终于运抵山阴，回到了他生前日日想念的地方。亲人们难过得无以复加，张氏更是哭成了泪人。最可怜的是两岁的正聪，明明拥有这么一位伟大的父亲，却没能和他说过一句话。

王门弟子搭建了灵堂。学院的讲课照常进行，一如王阳明在的时候。显然，这是恩师生前交代过的。

李琪等人则负责修墓。

十一月十一日，王阳明的灵柩被正式安葬在了绍兴府山阴县兰亭镇花街洪溪鲜虾山南麓。这块墓地是王阳明生前亲自选定的，周围青山环绕，林木茂密。离此五里处，就是著名的兰亭，坟前不远则是洪溪。

下葬当天，亲朋好友、当地官员，还有全国各地赶来的弟子，总计超过了一千人。此时距王阳明去世，已有了十一个月之久。

一代伟人，终于得到了宁静的栖息之所。可是在人间，关于他的纷争却并没有停止。

二、立位孔庙，阳明先生成正果

阳明之死，朝廷早就得到消息了，做出的应对也让人叹为观止。

嘉靖八年（1529）二月，原任吏部尚书的桂萼兼武英殿大学士。九月，杨一清因受排挤致仕之后，张璁居然成了大明首辅。仅仅七年前，他还是个没品的礼部闲杂人员。谁要再说非翰林不能入阁，嘉靖就把张璁甩给他看。

王阳明不按桂萼的指示出兵安南，还未经许可，自行从广西返回家乡，让后者的吏部尚书当得很没面子。王阳明已经不在人间了，死者为大，桂萼却依然不肯放过这位大哲。

桂尚书给王阳明罗列的罪状包括：

一、对思恩、田州的处理恩威倒施，起不到应有的效果；

二、平定八寨、断藤峡是未奉成命，擅作主张，完全不把领导放在眼里；

三、未经许可，就从左都御史岗位擅离职守，影响恶劣；

四、自创心学，目无朱子（朱熹），纠集弟子，拉帮结派，图谋不轨。

欲加之罪，何患无辞。王阳明尸骨未寒，桂萼就处心积虑地进行报复，小人嘴脸暴露无遗。他也真是天不怕地不怕，就不害怕报应。

张璁对王阳明是有好感的，如果不是之前杨一清处处阻挠，他早就把王阳明拉进内阁了。但他的首辅权限，跟张居正可完全没法比。

朝中支持王阳明的声音依然很强劲。但有一个人的意见，却能起到一锤定音的作用，他要说王阳明不好，别人都不敢怎么反对。

此人就是当年希望王阳明入阁，后来却不放心以至于不喜欢这位大师的嘉靖皇帝。按照习惯，重要大臣去世了都要追封谥号，可嘉靖帝是怎么对待这位挽救了大明王朝的心学圣人呢？

他首先剥夺了王阳明新建伯爵位的世袭资格，让王家后代成为平民。然后，他又将王阳明的心学定为伪学，禁止传播。年少轻狂的嘉靖，以为自己的措施雷厉风行，可以在史书上留下精彩一笔，却不想他从此永远被钉在了历史的耻辱柱上。

王阳明已不在人间，他的学说也被嘉靖定为伪学，但朝廷内外有这么多王阳明的生前好友，大江南北更有无数阳明弟子，想完全禁止这个思想流派的传播，简直比禁止男人追求女人还困难。

嘉靖十一年（1531），身为大学士的方献夫，公然在北京联合四十多名官员和翰林学士，讲授阳明心学。朝廷对此事不了了之。

嘉靖十三年（1534），王阳明的两位优秀弟子邹守益与欧阳德，同时担任了南京国子监的领袖。他们知法犯法，顶风作案，无所畏惧地公开鼓吹心学。

嘉靖三十二年（1553），身为内阁大学士的徐阶，在北京灵济宫与上千阳明弟子一起讨论心学。

嘉靖是明朝在位时间第二长的皇帝，仅次于他的孙子万历。嘉靖四十五年十一月（1567年1月），这位道君皇帝终于驾崩，三子朱载垕继位，改次年年号为隆庆。

而就是在隆庆元年（1567），在首辅徐阶的倡议下，隆庆追封王阳明为新建侯，谥号"文成"。盘点整个大明王朝，拥有"文成"谥号的，也仅有王阳明和刘基二人。

儿子隆庆这么着急给王阳明平反，无疑是抽向老子嘉靖的一记响亮耳光。

遥想当年，宪宗朱见深一上台，也马上给父皇朱祁镇杀害的于谦平反，恢复名誉。可见，历史总有惊人的相似之处。

在朝廷赐予的铁券券文中，隆庆继续对王阳明不吝赞美，继续打老爹的脸："两间正气，一代伟人，具拨乱反正之才，展救世安民之略，功高不赏，朕甚悯焉！因念勋贤，重申盟誓。"

隆庆六年（1572）五月，朱载垕驾崩。六月，太子朱翊钧继位，改次年年号为万历。就在当月，张居正取代了高拱的首辅一职，进而开启了长达十年的"江陵秉政"[1]。

1.张居正为湖广布政司荆州府江陵县人。

作为江右学派拥趸徐阶的学生，张居正骨子里接受了阳明思想，现实中却坚持不懈地打击和分化阳明弟子。而他刚一死，继任的首辅申时行，却完全站在了心学后人一边。

万历十二年（1584），也就是张居正死后刚两年，在申时行的坚持之下，王阳明和陈献章两位心学大师，与另外两位学者薛瑄和吴与弼一道，被隆重地请进孔庙从祀。这时，距王阳明去世，只过去了半个多世纪。心学的传播从此不受压制与打击，信奉阳明学甚至在晚明文人中成为时尚。

王阳明九泉之下有知，无疑也会非常开心。他十三岁时立下的志愿，这时终于被朝廷正式承认了。

世间只有一个王阳明，永远不会有第二个。他为后人留下了《传习录》《大学问》等数百万字的作品，让一代代的中国人永远从中受益，滋养自己的思维，完善自己的性格。他为我们留下了太多传奇故事，激励无数在逆境中苦苦挣扎的普通人，坚持自己的理想，把握自己的机会。他用自己一生的光明磊落，践行了"致良知"的理想，验证了"知行合一"的可能。他无愧于祖先，无愧于自己，无愧于置身其中的那个时代，无愧于"孔子之后最伟大哲学家"的殊荣，无愧于心学圣人的美誉。

千古毁誉随风散，只是良知更莫疑。

后记

我与王阳明结缘，是在五年之前。当时我人在北京，工作不理想，心情很苦闷，正在考虑是否要"逃离北上广"，返回家乡。一次在书店闲逛时，我无意中发现了《传习录》。很快，我就喜欢上了这本书。

从此，王阳明走入了我的世界。对我触动最大的，无疑是他"知行合一"的主张。知而未行，只是未知。这个世界上有无数人，只会空谈努力与拼搏，面对现实，却缺乏改变与求新的勇气。为了一份收入不高也看不到前途的工作，不仅要牺牲许多业余时间，甚至要牺牲身体健康，只是因为自己不够勇敢、患得患失。

一个人不可能成了情感专家后再去恋爱，不可能把全世界的书都读完了再去创作，不可能把所有的风险都考虑在内再去创业，那样永远不可能成功。认准的事情，就勇敢去尝试，并能够承担相应的风险。这样，距离成功才可能更近一些。

王阳明的人生经历及其学说，一次次地提醒我：无论多么艰难困苦的环境，都不要放弃对成功的渴望及对美好生活的追求。相比王阳明遭受的苦难，我遇到的那点挫折根本不足为提。

我果断地辞去了工作，开启了做自由撰稿人和翻译的新生活。现在，我已经完全可以在这个城市立足，发挥自己的特长，做自己喜欢做的事情，而不是为了微薄的薪水奔波不止。

我相信，即使未来我离开了这个世界，自己写下和翻译的文字，依然会拥有很多读者，依然会对世人有所帮助。

越了解王阳明，越觉得此人身上有很多闪光点。我也萌生了写作一本通俗的王阳明传记，帮助更多人了解和认识这位心学圣人的念头。

被列为唯心主义哲学家的王阳明和我们大多数人一样，都认为人只有一次生命，因此要格外珍惜。

王阳明只活了五十七岁。他的一生非常短暂，却又十分充实。在身患严重肺病、常年服食丹药的情况下，他依然能克服各种困难，创造性地龙场悟道、创立心学，有桃李满天下之成就，还能天才般地平定南赣匪患和宁王叛乱。可以说，他把自身的潜能充分发挥了出来。

当然，王阳明本来有机会也有条件入阁，甚至担任首辅，但却因一些原因未能如愿，这既给他留下了终身遗憾，也让大明的历史留下缺憾。

阳明学说本来可以在大陆传播得更广泛一些，让更多年轻人受益，但是，这方面的工作做得还不够深入。而我自己，愿意做一名阳明心学的推广者，尽一份微薄的力量。

我相信，每个人身上都有无穷的潜力，我们要做的，就是尽量将其发掘与释放出来。人生如白驹过隙，机会稍纵即逝。我们不应该主动放弃。

如果把一个人的潜力比作冰山的话，我们一生能够开发的，也许只是冰山的一角，这是一件非常可惜的事情。我们总是认为自己这也不行，那也不行，却不知道别人并不比我们强大多少，不知道任何事情不去尝试就永远不可能成功。看清了努力的方向，就要勇敢实践，知行合一，这样才不会在抱怨与悔恨中虚度光阴。

拙作的定位是通俗读物，而非学术著作，因此力求通俗易懂，贴近大众。我想王阳明能够受到大批读者的喜爱与推崇，并非仅仅因为他的学术思想，同样因为他的传奇经历，他身上所展现出来的那种永不服输的奋斗精神，还有他在遭遇困难与危机时的从容与镇定，面对成功和荣耀时的洒脱与豁达。

本书在写作和出版过程中得到了许多同行和朋友的大力支持及无私帮助，在此一并致谢。特别要感谢磨铁图书的辛海峰和白丁，他们在我写作过程中提出了很多宝贵建议，并为本书的出版付出了很大心血。同样要感谢许葆云、吕峥、吴俣阳和赵柏田等朋友，从专业角度给出的创作与修改意见。因为学识与能力所限，书中难免有错误或者不足之处，也请各位读者拨冗指正，非常感谢。

燕山刀客

2013年4月于北京

再版后记

拙作《心学圣人王阳明》（原名《王阳明传》），是2013年8月出版付印的。

五年之前，我的努力没有白费，新书上市刚一个月就加印两次；五年之后，我也期待自己的辛苦能够继续得到读者的认同与市场的回报。

不过，五年之间的变化，可能是无数人都没有想到的。

五年之前，中国图书市场上演了一出"王阳明热"，多家出版公司都在找寻相关稿件；五年之后，中国图书市场经历了一场"IP热"，多家出版公司都试图与影视产业接轨。

看电影的人越来越多，看书的人越来越少。而且，盗版电子书也分流了很大一部分读者。

大型商场越来越多，书店越来越少。而且，很多书店的主要收入来源已经变成了卖咖啡、文具和手办，图书，更多是用来充当"道具"。

明星出的书越来越多，普通作者出的书越来越少。而且，一旦市场出现萎缩，普通作者的书"当仁不让"地成为被压缩的对象、被削减的目标、被放弃的首选。

生存，还是毁灭，这是一个必须直面的问题。

坚持，还是退出，这是一个注定痛苦的抉择。

"劣币驱逐良币"的法则会永远大行其道，认真写书的回报似乎远不及经营自己的人脉。很多比我优秀的作者，都已经被迫放弃了写作；我自己也只是苦苦挣扎。在最绝望最无助的时候，王阳明"龙场顿悟"之时的艰辛，平灭宁王之乱时的危险，罹患绝症之时的无助等，都一再提醒着我：眼前这点困难，其实真的不值一提。

"宠辱不惊，看庭前花开花落；去留无意，望天空云卷云舒。"这才是一个读书人、一个创作者应该具备的心态与境界。坚持写作，不是希冀向世界证明什么，不是为了刷存在感，更不是企图吸引异性，而只是希望，当自己白发苍苍无力提笔之时，不要留下太多的遗憾与惆怅。

市面上的王阳明传记已经多达百种，令读者产生了强烈的审美疲劳。不过，拙作过去五年的销量证明，它还是有着自己鲜明的特色和不可替代的地方的。在几乎没有任何营销的情况下，《心学圣人王阳明》奇迹般地跻身同类书前五，因此也得到了顺利再版的机会。

回想起来，这是我十年之中写得最投入、最能抛下杂念的一本书，也是文字感觉最好的一部作品，在体力最充沛、精力最旺盛、心态也最平稳的时候，遇到了自己能够驾驭的题材，还有幸贴合了市场热点，当然是可遇不可求的。

这次再版，主要是丰富和充实了王阳明心学部分的内容，增加了近三万字，让这部作品更加厚重，更有学术韵味，能真正做到雅俗共赏。当然，基本架构与风格没有改变。将悬疑小说的写作方法与喜剧解构手法相结合，为读者提供刺激畅快的阅读体验，在轻松愉悦之余还能有所回味与思考，一直是笔者的努力方向。

智能手机取代了按键电话，单反取代了胶卷相机，电子支付取代了现金，但文化与思想非但无法被取代，在新的社会背景下，反而会生发出新的需求，让文化展现出新的魅力，放射出更加耀眼的光辉。

一切历史都是当代史，每一代人写出来的文字都会打上时代发展的烙印，反映出前人未曾做到或者留意的成果。每一代写作者，也有责任与义务留下自己的作品，让它们接受市场的检验与评判。

对于广大读者来说，在知识水准与阅历不断提高的情况下，如能很好地借鉴和吸收王阳明"心即理"的宇宙观、"知行合一"的人生观、"致良知"的方法论，在学习和工作中善加利用，可能就会收到意想不到的好结果，甚至会带来脱胎换骨一般的变化。

不过，保持一颗平常心，努力做好一个平凡但不平庸的人，在生命中同样有价值与意义。

本书能够顺利上市，首先最应该感谢的，当然是广大读者的不吝厚爱，令拙著能在一片红海之中脱颖而出；其次要感谢中国友谊出版公司的编辑老师，以及当当自出版部的刘峰和方理，他们为再版付出了很多努力与心血，也为笔者提供了不少建议与帮助。另外也要感谢刘鹏、白丁、王觉仁和杜君立等朋友。

"知而不行，只是未知。"用阳明先生的一句名言，与诸位共勉。

燕山刀客

2018年10月于燕郊

三版后记

时光匆匆，岁月荏苒。不知不觉之间，五年光阴悄然逝去。拙作《心学圣人王阳明》又要出新版了。

过去五年间，我们见证了《传习录》问世五百周年（2018年），王阳明南昌平叛五百周年（2019年），王阳明诞辰五百五十周年（2022年），见证了全国各地纪念活动的有序开展，见证了相关历史建筑的相继修复，也见证了大量相关学术专著与通俗读物的陆续出版。

事实证明，拥抱现代科技与尊重古代文明，完全可以并行不悖。

更让人感动的是，在持续了整整三年的"新冠"疫情期间，面对病毒的反复肆虐，王阳明的传奇故事和他的精妙心学，反而得到了更多国人的推崇和追捧。我的《心学圣人王阳明》也得到了不少读者的肯定与喜爱，销量一直处于同类书最前列，这才有了继续出第三版的机会。

而下一个五年，我们又即将迎来阳明书院建成五百周年（2025年），王阳明广西平叛五百周年（2027年），王阳明去世五百周年（2029年）等特殊节点，国人对这位心学圣人的缅怀与热爱，势必将会更加持久。杜维明教授"二十一世纪将成为王阳明世纪"的说法在某种程度上并不夸张。而作为写作者，我也深知"珍惜羽毛"的必要，不想让自己故步自封、停滞不前。

我的陕西老乡、著名作家杜君立先生曾经说过，修改一本旧作，要比写一本新书更加困难。每一次的修订，既是与传主再度的心灵沟通，更是对自己文笔、见解与思维的一次全方位检验，其意义不容小觑，其价值弥足珍贵，其难度也可想而知。

"融合历史作品的大气，悬疑小说的张力，爆笑喜剧的效果"，一直是我追求的写作目标。本着为读者高度负责的精神，在既有文风与节奏不变的前提下，我有选择地精读了一些王学研究的最新成果，对拙作进行了全面修改与润色。

新版相比前作增加了将近两万字，丰富充实了部分重要细节，修正剔除了少许史实硬伤，并调整润色了个别略显过时的行文表达。我期盼能做到与时俱进，令修订版物有所值，为读者带来更为酣畅淋漓的阅读体验。同时，也希望帮助大家收获一定的心学知识，进一步激发读者研读国学的兴趣。

笔者深信，只有民族的，才能成为世界的。

拙作的定位是通俗读物，我当然也不会"邯郸学步"，为追求深度损害可读性。保持与专家著述的明显差异及"错位竞争"，让自己的作品有清晰的定位、鲜明的特色与不可替代性，应该是更为理智的选择。未来条件成熟时，我将会创作心学解读及王阳明的长篇小说。

当下王阳明相关作品已严重饱和，能拥有属于自己的"十周年纪念版"，肯定不是笔者有多么优秀，而是足够幸运。

衷心感谢出版方博集天卷，特别是本书的策划秦青和康晓硕的高效工作与不俗创意。

感谢过去十年来一直给予我帮助和鼓励的刘鹏、白丁、刘峰、方理、宁德伟和赵易等出版界同人，杜君立、王觉仁、吕峥、张冰筱、石继航和张程等作家朋友。

最后，特别要感谢广大读者一直以来的支持和肯定、鼓励与鞭策。

笔者深知道修订版中依然会有错误、疏漏与不足，敬请读者朋友拨冗指正，非常感谢。

燕山刀客

2023年3月于燕郊

主要参考书目

陈建：《皇明通纪》，钱茂伟点校，中华书局，2008.

吴光等编校《王阳明全集：繁体升级版》，上海古籍出版社，2020.

冯梦龙：《王阳明出身靖乱录》，浙江古籍出版社，2015.

谈迁：《国榷》，中华书局，1958.

查继佐：《明书：罪惟录》，齐鲁书社，2014.

黄宗羲：《明儒学案》，中华书局，1985.

谷应泰等：《明史纪事本末》，中华书局，2015.

张廷玉等：《明史》，中华书局，2015.

夏燮：《明通鉴》，中华书局，2014.

崔瑞德、牟复礼编《剑桥中国明代史》，中国社会科学出版社，2006.

窦德士：《嘉靖的四季：皇帝与首辅》，九州出版社，2021.

杜维明：《青年王阳明：行动中的儒家思想》，生活·读书·新知三联书店，2017.

卜正民：《哈佛中国史：挣扎的帝国——元与明》，中信出版社，2016.

冈田武彦：《王阳明大传：知行合一的心学智慧》，重庆出版社，2015.

冈田武彦：《王阳明纪行：探访王阳明遗迹之旅》，浙江人民出版社，2022.

宫崎市定：《科举》，浙江大学出版社，2018.

陈来：《有无之境：王阳明哲学的精神》，北京大学出版社，2013.

陈来：《宋明理学》，北京大学出版社，2020.

董平：《王阳明的生活世界：通往圣人之路》，商务印书馆，2018.

侯外庐等编《宋明理学史》，人民出版社，1997.

李庆：《王阳明传：十五、十六世纪中国政治史、思想史的聚焦点》，上海古籍出版社，2021.

钱明：《阳明学的形成与发展》，江苏古籍出版社，2002.

钱明：《儒学正脉：王守仁传》，浙江人民出版社，2006.

钱穆：《阳明学述要》，九州出版社，2010.

秦家懿编《王阳明》，生活·读书·新知三联书店，2011.

马勇：《中国儒家三千年》，孔学堂书局，2022.

蒙培元：《理学的演变：从朱熹到王夫之戴震》，福建人民出版社，1998.

沙爽：《桃花庵主：唐寅传》，作家出版社，2016.

束景南：《王阳明年谱长编》，上海古籍出版社，2017.

束景南：《阳明大传："心"的救赎之路》，复旦大学出版社，2019.

王勉三：《王阳明生活：昨日书林》，中州古籍出版社，2017.

王觉仁：《王阳明心学（典藏修订版）》，民主与建设出版社，2015.

熊十力等：《跟着大师读王阳明》，华中科技大学出版社，2019.

熊逸：《王阳明：一切心法（修订版）》，北京联合出版公司，2018.

杨东标：《此心光明：王阳明传》，作家出版社，2016.

张祥浩：《王守仁评传》，南京大学出版社，1997.

诸焕灿编《阳明先生年谱引证》，浙江古籍出版社，2018.